行政法论丛

第20卷

ADMINISTRATIVE LAW REVIEW VOL.20

姜明安／主编

教育部人文社科重点研究基地
北京大学宪法与行政法研究中心／主办

法律出版社
LAW PRESS CHINA

目录

卷首语

论文

经验研究

域外撷英

书评

访谈

卷首语

●不断探索和创新公法理论

姜明安

《行政法论丛》(以下简称《论丛》)从创办至今已近20个年头。《论丛》能一直坚持下来,能一直受到读者诸君的厚爱,关键在于创新。在《论丛》的编辑出版过程中,我们经常收到读者给我们来信,来信内容除对我们的工作进行鼓励外,有时也会对《论丛》提出一些批评,批评的主要内容是《论丛》创新尚有所不够。因此,我们的《论丛》要继续办下去,就必须加大创新力度。本卷卷首语特就党的十八大以来中国特色法治理论(含公法理论)的探索与创新谈些看法。

习近平同志在2015年5月召开的哲学社会科学工作座谈会上指出,"理论的生命力在于创新。创新是哲学社会科学发展的永恒主题,也是社会发展、实践深化、历史前进对哲学社会科学的必然要求"。哲学社会科学如果没有主体性、原创性,"跟在别人后面亦步亦趋,不仅难以形成中国特色哲学社会科学,而且解决不了我国的实际问题"。

公法学是哲学社会科学的重要学科,公法理论是法学的重要理论。公法理论要适应我国的社会经济发展,要解决全面推进法治中国建设的实际问题,关键同样在于创新。

党的十八大以来,我国在实施依法治国战略,开辟建设中国特色社会主义法治道路方面突破了一个又一个制度难关,取得了重大进展,这与我们不断创新中国特色法治理论,不断创新中国特色公法理论是分不开的。

党的十八大以来中国特色法治理论(中国特色公法理论是中国特色法治理论的组成部分,下同)创新主要表现在下述六个方面:坚持中国特色的法治发展道路;坚持法治国家、法治政府、法治社会一体建设;坚持执政党依宪执政、依法执政；不断提高领导干部运用法治思维、法治方式治国理政的能力；不断推进实施"互联网＋法治"的行动计划；不断推进依法治党、从严治党和反腐倡廉建设。

一、坚持中国特色的法治发展道路

习近平同志2015年在省部级主要领导干部学习贯彻十八届四中全会精神，全面推进依法治国专题研讨班开班式上指出，"我们要坚持的中国特色社会主义法治道路，本质上是中国特色社会主义道路在法治领域的具体体现"。也就是说，中国要全面推进的法治不是一般的法治，不是传统的法治，而是中国特色社会主义的法治。尽管中国特色法治也有一般法治和传统法治的某些共性，如有法可依、有法必依、执法必严、违法必究，否则，就不能称之为法治。但中国特色法治更重在其特色。中国特色法治的特色是什么？主要体现在三个方面：其一，坚持党的领导、人民当家作主和依法治国的有机统一。在中国推进法治为什么要坚持党的领导？因为中国共产党是中国特色社会主义事业的领导核心，处在总揽全局、协调各方的地位。在中国推进法治为什么要坚持人民当家作主？因为中国特色社会主义的本质是保障人民当家作主，在中国推进法治的目的就是要保障和促进人民民主。在中国推进法治为什么要坚持党的领导、人民当家作主和依法治国三者的有机统一？因为中国的国情决定了中国法治的成功取决于此三者关系的正确处理。此三者关系处理得好，使三者有机统一，可以促进法治发展；此三者关系如果处理不好，片面强调某一个或某两个方面而忽略另外的某一个或某两个方面，将使法治变形、异化，要么导致可能人治和专制，要么可能导致社会失序或多数人暴政。其二，坚持人民代表大会制度的基础。中国特色法治是建立在人民代表大会制度的基础之上的。中国推进法治为什么要坚持人民代表大会制度，以人民代表大会制度为基础而不是以三权分立制度为基础？因为中国人民在长期的争取国家独立、民族解放、人民民主的历史进程中认识到，人民代表大会的政治制度最适合中国国情，最有利于加强和巩固全国各族人民的团结和凝聚力，最有利于调动人民群众的积极性，以实现中华民族复兴的中国梦。其三，坚持个人利益与公共利益相结合、个人富裕与共同富裕相结合的价值追求。保护公民的个人权利、自由和利益，保护公民的私有财产和公民追求个人福祉的权利是所有法治的共性,中国特色法治作为法治,同样要依法保护个人利益和促进个人福祉。但是,中国特色法治的特色在于,它在保护个人利益的同时,特别注重维护公共利益,在促进个人富裕的同时,特别注重促进共同富裕。中国特色法治在价值追求上,特别注重个人利益与公共利益、个人富裕与共同富裕的结合与平衡。

二、坚持法治国家、法治政府、法治社会一体建设

习近平总书记在2013年2月主持十八届中央政治局第四次集体学习时提出了"法治国家、法治政府、法治社会一体建设"的法治中国理念。这一理念是十八大以来中国法治理论的一项重要创新。

建设法治中国为什么必须坚持法治国家、法治政府、法治社会一体建设?这缘于法治国家、法治政府、法治社会建设三者的关系:法治国家建设是法治政府建设的前提,法治政府建设是法治国家建设的关键;法治国家建设是法治社会建设的基础,法治社会建设是法治国家建设的条件。

法治国家建设为什么是法治政府建设的前提?其一,法治政府必须是依法行政的政府,依法行政则必须有法可依。要保证政府行政有法可依,国家就必须有健全的立法机关,有保障立法机关正常运作,及时向政府提供所需法律的立法制度,而健全的立法机关和完善的法律制度乃是法治国家必需的要件。其二,法治政府必须是依良法行政的政府,而"良法"的产生取决于法治国家建设,取决于法治国家的科学立法、民主立法的机制。其三,法治政府必须是权力受监督制约的责任政府,而政府权力的监督制约不能只来自政府内部,更有效的监督制约应来自外部,如人大的预决算审查制度、特定问题调查制度、质询制度,行政诉讼制度、法院独立审判制度。其四,中国特色社会主义制度决定了中国共产党的领导在法治建设中的特殊作用。法治政府的依法行政在很大程度上取决于中国共产党的依法执政。据此四者,法治政府必须以法治国家为前提。没有法治国家,不可能有法治政府。

法治政府建设为什么是法治国家建设的关键?其一,政府及其部门是国家机关中规模最大、公职人员最多、职权最广泛,公民与之打交道最经常、最直接的机关。因此,法治政府建设的目标、任务实现了,法治国家

建设的目标、任务也就绝大部分实现了。法治政府建设推进不了，法治国家建设就无从谈起。其二，政府承担着管理国家内政外交的职能，国家治理的法治化，很大程度上取决于国家内政外交事务管理的法治化。而建设法治政府，则是实现国家内政外交事务管理法治化别无选择的途径。其三，法治国家建设的目的、目标在很大程度上最终要落实在法治政府建设目标、任务的实现上。

法治国家建设为什么是法治社会建设的基础？其一，建设法治社会需要法律，需要良法为人们行为提供规范，确立社会关系准则。而建设法治社会所需法律，所需良法，需要法治国家供给。其二，法治社会需要相对稳固的经济基础和相对稳定的社会秩序支撑，而相对稳固的经济基础和相对稳定的社会秩序有赖法治政府的保障。其三，法治社会需要国家公正司法提供有效的解纷机制。法治社会虽然能自生一定的多元化解纷途径，但是国家司法制度毕竟是解决争议、维护社会公正的最后一道防线。如果没有国家的公正司法，法治社会将难以为继。其四，法治社会公民自治主体的生长、发育需要获得政府的宽容、支持和保障，而能宽容、支持和保障公民自治主体生长、发育的政府只能是法治国家的法治政府。其五，社会公权力也需要法治国家、法治政府予以一定的监督、制约。

法治社会建设为什么是法治国家建设的条件？其一，法治国家建设需要法治社会建设的配合、支撑。只有在加强法治国家建设的同时加强法治社会建设，法治国家建设才能获得适宜的环境。只有不断打造整个社会尊法、信法、守法、用法的法治社会环境，才可能不断推进法治国家的建设。其二，法治国家建设有赖于法治社会为之提供一定的协助治理机制。现代国家治理不同于传统的国家管理，需要社会的广泛参与。所谓“国家治理现代化”，最重要的特征就是治理主体的多元化。而在多元治理主体中，最重要的主体就是社会公权力主体。其三，法治国家建设的主体是人民，而人民是生活在各种不同的社会共同体之中的，他们同时是各种不同的社会共同体的成员。各种不同的社会共同体的成员素质就是人民的素质。建设法治国家需要有高素质的人民，高素质的人民只能源于各种社会共同体的供给，源于法治社会的供给。

三、坚持执政党依宪执政、依法执政

习近平同志在庆祝中国共产党成立95周年大会上和其他多个场合均指出，办好中国的事情，关键在执政党。建设法治中国，同样关键在执政党，关键取决于执政党依宪执政、依法执政。

建设法治中国为什么关键取决于执政党依宪执政、依法执政？其一，中国共产党作为执政党不同于西方国家的政党，它是整个国家的领导，决定国家和社会治理的目标和方式，建设法治中国，就是中国共产党确立的治国理政的目标。然而，这一目标的实现，关键取决于中国共产党自身能不能实现法治，能不能将自身建设成法治执政党。如果执政党自己的各级组织、各级党委不实行法治，不依宪依法执政而任性执政，建设法治社会的目标无疑会落空。其二，建设法治国家和法治社会，涉及各种利益关系的协调和平衡。执政党要协调和平衡好法治国家、法治社会建设过程中的各种利益关系，必须依宪依法办事。否则，人民群众反映的突出问题就不可能得到解决，党自身也可能失去执政的资格。其三，法治国家和法治社会在建设过程中，不可避免地会受到各种阻碍，会遇到各种各样的困难和干扰。对此，执政党对法治的坚定信念，对法治国家、法治社会目标的坚守是法治国家、法治社会建设顺利进行的关键。只有执政党在领导法治国家、法治社会建设的过程中，坚定不移地依宪依法执政、法治中国建设才能不断有序地向前推进。否则，法治中国建设的目标就难有实现的希望。

四、不断提高领导干部运用法治思维、法治方式治国理政的能力

习近平同志2012年12月4日在首都各界纪念现行《宪法》公布施行30周年大会上的讲话中指出，推进依法治国，“各级领导干部要提高运用法治思维和法治方式深化改革、推动发展、化解矛盾、维护稳定能力，努力推动形成办事依法、遇事找法、解决问题用法、化解矛盾靠法的良好法治环境，在法治轨道上推动各项工作”。

提高领导干部运用法治思维、法治方式治国理政的能力在法治中国建设中具有极为重要的作用。毛泽东同志曾经说过，政治路线确定之后，干部就是决定的因素。同理，全面推进依法治国的治国方略确定之后，干

部，特别是领导干部，就是决定的因素。领导干部是否具有运用法治思维、法治方式治国理政的能力，即关系到法治中国建设的成败。

领导干部的“法治思维”，是指领导干部在法治理念的基础上，运用法律规范、法律原则、法律精神和法律逻辑对所遇到或所要处理的问题进行分析、综合、判断、推理和形成结论、决定的思想认识活动与过程。法治思维是建立在法治理念基础上的，一个平时没有法治理念的领导干部，遇到问题不可能突然形成法治思维，运用法治方式。所谓“法治方式”是指公权力执掌者通过制定、执行法律、法规、规章，运用法律创制的制度、机制、设施、程序处理各种经济、社会问题，解决各种社会矛盾、争议，促进经济、社会、文化的发展。

五、不断推进实施“互联网＋法治”的行动计划

习近平同志在2016年4月19日网络安全和信息化工作座谈会上的讲话中指出，现在，互联网越来越成为人们学习、工作、生活的新空间，越来越成为获取公共服务的新平台。从而，全面推进依法治国，建设法治中国，必须不断推进实施“互联网＋法治”的行动计划。

“互联网＋法治”的行动计划包括电子政务、电子商务等多方面的内容。其中也包括对互联网言论和网上舆论的治理。这具体包括两个方面的要求：其一，坚决制止和打击利用网络鼓吹推翻国家政权、危害国家安全，煽动宗教极端主义，宣扬民族分裂思想，教唆暴力恐怖活动等犯罪行为；坚决管控利用网络进行欺诈活动、散布色情材料，进行人身攻击，兜售非法物品等违法行为。要通过法治手段形成和维护网上良好有序的舆论氛围。其二，发挥网络舆论的监督作用，通过网络舆论监督加大把权力关进制度笼子里的力度。习近平指出，网上不能只有一个声音、一个调子。“对网上那些出于善意的批评，对互联网监督，不论是对党和政府工作提的还是对领导干部个人提的，不论是和风细雨的还是忠言逆耳的，我们不仅要欢迎，而且要认真研究和吸取”。

六、不断推进依法治党、从严治党和反腐倡廉建设

在推进法治中国建设过程中，不断推进依法治党、从严治党和反腐倡廉建设是中国特色法治理论创新的另一项重要内容。习近平在庆祝中国

共产党成立95周年大会上的讲话中指出，治国必先治党，治党务必从严。在依法治国的大环境下，从严治党自然应以法治为前提，无论是治理党内政治生活，还是治理党的作风，特别是治理党内腐败，均要注重完善法制，保证有法可依，保证依法治理。依法治党的法，既包括国法，也包括党规。十八届四中全会决定将党内法规体系确立为中国特色社会主义法治体系五大子体系之一。只有健全完善党内法规体系，才能保障依法从严治党。

习近平同志指出，我们党作为执政党，面临的最大威胁就是腐败。如何有效治理腐败，现代法治理论认为要综合解决公职人员和党政干部不想腐、不敢腐、不易腐、不能腐的问题。通过法治教育促使公职人员和党政干部"不想腐"自然是最理想的治腐方略，但这又是最难在短时期内取得效果的方略；通过严厉惩治腐败威慑已滋生了腐败念头的公职人员和党政干部，使之"不敢腐"，这也应该是治腐的较优方案，但有强烈腐败欲望的人往往抵制不住腐败的诱惑，他们即使冒着被惩治的风险也不收手。因此，治理腐败的最优方略应认为是健全和完善制度，特别是健全和完善行使公权力的程序制度，将权力关进制度的笼子里，使有腐败欲望的人，哪怕是有强烈腐败欲望的人也不易腐、不能腐。

以上六项，是党的十八大以来中国特色社会主义法治理论的主要创新。法治中国建设的实践在不断推进，中国特色法治理论的创新也将不断发展。

论文

●日本公私合作模式研究

——以 PFI 立法过程为中心的考察

王锡锌　郑雅方*

日本的"PPP"模式是指在公私合作基础上,向社会开放公共行政服务。日本最初引入 PPP 机制的目的是"缩小政府规模"。日本的 PPP 模式借鉴了英国的 PPP 理念,确切地说,是借鉴了英国的 PFI 模式。PFI(Private Finance Initiative)是 20 世纪 90 年代初诞生于英国的一种项目融资模式,通常被称为"私人主动融资""私人融资计划"或"私人资本融资"等,是指以获取最大化价值的公共服务为基本原则,在公共产品(公共设施等)的设计、建设、维护管理及运营上充分、有效地运用民间资金、技术、知识及管理能力,以民间为主导提供公共产品的运营方式。它一改由政府负责提供基础设施的传统,采取促进私人部门参与基础设施、公共产品和服务的全新方式,在一定程度上克服了传统基础设施建设中的高投入、低效率和资源高消耗等弊端。PFI 属于 PPP 的范畴,是 PPP 的一种类型,强调社会资金的主动介入,政府的目的在于获取有效的服务,而并非最终的设施所有权。

日本在公共建设的推动上,曾主要采用由政府编列预算发包的传统

* 本文是教育部人文社会科学重点研究基地重大项目《行政法视野下的公众参与研究》(项目编号 14JJD820015)以及 2015 年国家社科基金青年项目《行政法视野中的成本收益分析方法研究》(项目编号 15CFX034)的阶段性成果。

王锡锌,北京大学法学院教授,博士生导师,研究方向为行政法学,公共政策学等;郑雅方,对外经济贸易大学法学院副教授,北京大学宪法与行政法学研究中心兼职研究员,研究方向为行政法学等。感谢王刚同学对本文前期日本资料整理的贡献。

模式办理，后来逐渐转向由“第三部门”[①]办理。日本政府为了管理第三部门，于1986年制定《运用民营企业活力加速兴建特定公共设施临时措施法》，1987年又订定《综合保护区域整备法》等相关法律。

但第三部门在实际运作过程中面临公私部门经营理念不同、相互推诿责任、缺乏人事自主权等困境。1999年，日本政府又面临财政窘迫、税收减少、老龄化及出生率降低等社会问题，以及多数公共建设面临更新换代的需要等难题，因此制定了《运用民间资金促进公共建设完善法》（以下简称PFI法），作为推动完善相关公共建设事业的依据。为了使PFI法更具可操作性，日本政府逐步在行政层面制定落实PFI法的基本方针、实施指导方针及标准契约格式，使政府与民间机构签订的合同更具法律效力。

一、日本PFI公私合作模式的发展历程

日本是亚洲最先以法律的形式推行PFI的国家，从1997年开始探讨PFI的导入问题以来，不到10年的时间内，PFI事业迅速扩张并取得了良好的经济效益和社会效益。政府推动是日本PFI事业发展的主要特征。1997年10月，日本通商产业省设立了“民间资本主导型公共项目开发研究会”，该研究会的主要任务是借鉴英国的实践经验，研究如何吸收民间资本进行公共项目开发，这是日本第一个由政府设立的专门进行PFI研究的机构；同年11月，日本颁布《21世纪紧急经济政策》，明确提出研讨PFI、BOT等新的社会资本整备方法在日本应用的可能性；12月，建设省设置“社会资本检讨委员会”，专门研究日本推行PFI的基本思想，作为研究成果，该委员会于1998年10月5日发布了报告《日本版PFI指导手册》；此后，政府和各政党不断成立新的组织，促进PFI事业的发展，如1998年2月自民党设立“PFI推进调查会”，同年3月自民党设立“PFI项目机构”，9月经济企划厅设立“PFI推进研究会”，这些机构的设置，为促进日本PFI事业的法制化、规范化发挥了巨大的作用。

1998年5月，自民党在国会上提出《PFI推进基本法案》，该法草案经过不断修订，最后形成PFI推进法，于1999年9月由日本国会正式颁布实

---

① 日本的第三部门并非如同我国非营利团体或非政府组织，而是由政府与民间共同出资筹组之股份有限公司，共同经营并提供公共服务。

施。从此,日本 PFI 事业以法律的形式正式展开。此后,分别于 1999 年 12 月、2001 年 12 月、2005 年 7 月、2011 年 6 月和 2013 年 6 月对该法的个别条款进行修正,并出台多项相关政策进行配合和补充,使日本 PFI 事业的法制建设逐渐完善。在政府的推进和鼓励下,日本 PFI 事业迅速发展。从 2002 年开始,每年新增项目为 40 个左右,到 2014 年 9 月 30 日,处于运作中或运作结束的 PFI 项目达 468 个,为 2000 年的 36 倍,日本 PFI 事业逐渐趋向规范和成熟。PFI 事业已经成为日本基础设施建设的重要力量,为促进日本经济建设和提高人民生活水平发挥着越来越重要的作用。②

从日本政府制定或修订相关法令、指导方针以及出台政策这个角度来看,日本 PFI 事业的发展历程如下:

表 1　日本 PFI 事业发展历程

序号	时间	发展
1	1999 年 7 月	PFI 法制定
2	1999 年 8 月	总理府内政审议室中设立 PFI 推进室
3	1999 年 9 月	PFI 法实施
4	1999 年 10 月	PFI 事业推进委员会成立
5	2000 年 3 月	根据 PFI 法第四条规定,内阁总理大臣发布"基本方针"
6	2001 年 1 月	PFI 推进室调整到内阁府
7		制定《关于 PFI 项目风险分担的指导方针》
8		制定《关于 PFI 项目实施流程的指导方针》
9	2001 年 7 月	制定《关于 PFI 项目 VFM(Value For Money)的指导方针》
10	2001 年 12 月	PFI 法修订
11	2003 年 6 月	制定《关于 PFI 项目合同的指导方针》
12		制定《关于 PFI 项目监督的指导方针》

② 参见胡振等:《日本 PFI 事业发展及政府管制问题研究》,载《建筑经济》2007 年第 6 期。

续表

序号	时间	发展
13	2004 年 6 月	PFI 推进委员会发布进展报告
14	2005 年 8 月	PFI 法修订
15	2007 年 6 月	修改《关于 PFI 项目 VFM(Value For Money)的指导方针》
16		修改《关于 PFI 项目实施流程的指导方针》
17	2008 年 7 月	修改《关于 PFI 项目 VFM(Value For Money)的指导方针》
18	2009 年 4 月	发布《关于 PFI 项目合同相关业务要求规格书的基本思路》
19		发布《关于 PFI 项目合同签订相关问题的基本思路》
20	2010 年 4 月	制定《PFI 标准合同 1(公用设施维护及服务购买型项目适用)》
21	2013 年 9 月	修改《关于 PFI 项目风险分担的指导方针》
22		修改《关于 PFI 项目合同的指导方针》
23		修改《关于 PFI 项目监督的指导方针》
24		制定《关于公共设施等的运营权及公共设施等的运营的指导方针》
25	2014 年 6 月	修改《关于 PFI 项目 VFM(Value For Money)的指导方针》
26		修改《关于 PFI 项目实施流程的指导方针》
27	2015 年 3 月	PFI 法修订草案提交国会

二、PFI 立法过程、理念及特色

PFI 法完整体系由《关于促进以民间资金之活用进行公共建设等整备之法律》与《标准合同》、六项实施指导方针以及相关下位法令等构成。日本 PFI 法律体系的内容丰富,特别是在立法理念、政府对民间资本的优惠政策、组织机制与程序框架以及风险防范机制等方面体现出鲜明的特色。③

（一）PFI 法的基本内容

居于日本 PFI 核心的 PFI 法主要包括总则、基本方针、指导方针、运营权的设定、优惠措施、促进委员会等。PFI 法的基本方针明确了法律颁布的根本目的、理念，并对公共建设、特定事业、公共建设管理人、运营权进行了界定。其中，明确把道路、铁路、港湾、机场、河川等列入公共建设范围之内，特定事业的业务包括公共设备的设置、制造、整建或改建、维护管理或营运或与其相关的计划、为国民提供服务等。对费率的制定与收取、特定业者的选定等进行了明确说明，要求基本遵循公开性、公平性、透明性的原则，保障特定业者的独创性、自主性、有效性。标准契约中对特定事业的起止日期、保证金的缴纳、社会资本与公共建设管理人的职责、土地使用、建设过程中注意事项等都做了明确说明，可操作性强。六项实施指导方针分别包括关于 PFI 实施程序的指导方针、关于 PFI 风险分担的指导方针、关于 VFM 的指导方针、关于 PFI 契约的指导方针、关于 PFI 监督机制的指导方针、关于公共设施等的运营权及公共设施等的运营事业的指导方针等。

表 2　日本 PFI 法、下位法令及相关基本方针、指导方针

序号	类型	名称	实施年份及文号
1	法律	关于促进以民间资金之活用进行公共建设等整备之法律（PFI 法）	1999 年法律第 117 号
2	政令④	关于促进以民间资金之活用进行公共建设等整备之法律（PFI 法）施行令	1999 年政令第 279 号
3		民间资金利用事业推进委员会令	1999 年政令第 280 号
4		民间资金利用事业推进会议令	2011 年政令第 177 号
5		公共设施运营权注册令	2011 年政令第 356 号

③ 参见日本内阁府 PFI 推进室：《PFI 的现状》（2014/2013 年度）。

④ 政令：相当于我国的行政法规。

续表

序号	类型	名称	实施年份及文号
6	内阁府令⑤	关于促进以民间资金之活用进行公共建设等整备之法律(PFI 法)施行规则	2011 年内阁府令第 65 号
7		公共设施运营权注册令施行规则	2011 年内阁府令第 66 号
8	基本方针	关于 PFI 事业实施的基本方针	2000 年总理大臣发布,最新修改于 2013 年 9 月
9	指导方针	关于 PFI 项目风险分担的指导方针	2001 年 1 月制定,最新修改于 2013 年 9 月
10		关于 PFI 项目实施流程的指导方针	2001 年 1 月制定,最新修改于 2014 年 6 月
11		关于 PFI 项目 VFM⑥(Value For Money)的指导方针	2001 年 7 月制定,最新修改于 2014 年 6 月
12		关于 PFI 项目监督的指导方针	2003 年 6 月制定,最新修改于 2013 年 9 月
13		关于 PFI 项目合同的指导方针	2003 年 6 月制定,最新修改于 2013 年 9 月
14		关于公共设施等的运营权及公共设施等的运营的指导方针	2013 年 9 月制定
15	标准合同	PFI 标准合同 1(公用设施维护及服务购买型项目适用)	2010 年 3 月发布

日本 PFI 法的主要构成及各条文的基本内容如下:

⑤ 内阁府令:相当于我国的部门规章。

⑥ Value for Money 即物有所值,简称为 VFM。VFM 评估基本上是通过比较公共部门比较值(Public Sector Comparator,PSC)和 PFI 项目的全生命周期成本(Life Cycle Cost,LCC)来进行。PFI 项目实施机构计算的 PSC 和 PFI 项目的 LCC,原则上在项目被确定为 PFI 项目时对外公布。

表 3　日本 PFI 法条文

章节	条文	内容
第一章 总则	第 1 条	目的
	第 2 条	定义
	第 3 条	基本理念
第二章 基本方针	第 4 条	基本方针
第三章 特定项目的实施	第 5 条	实施方针
	第 6 条	实施方针的提案
	第 7 条	特定项目的确定
	第 8 条	社会资本的选择
	第 9 条	不适格事由
	第 10 条	技术提案
	第 11 条	客观性评估
	第 12 条	地方公共团体议会的决议
	第 13 条	管理者的指定
	第 14 条	选定项目的实施
	第 15 条	实施方针编制计划的公告
第四章 公共设施等的运营权	第 16 条	公共设施运营权的设定
	第 17 条	公共设施运营权指导方针的补充
	第 18 条	实施方针相关条款
	第 19 条	公共设施运营权设定时间
	第 20 条	费用的收取
	第 21 条	公共设施运营开始义务
第四章　公共设施等的运营权	第 22 条	公共设施运营权实施合同
	第 23 条	公共设施使用金
	第 24 条	公共设施运营权的性质
	第 25 条	权利界限
	第 26 条	处分的限制
	第 27 条	权利的注册
	第 28 条	管理者的权限
	第 29 条	公共设施运营权的撤销
	第 30 条	对公共设施运营权者的补偿
第五章 PFI 事业推进机构有限公司对特定项目的支持　第一节 总则	第 31 条	机构设置的目的
	第 32 条	机构的唯一性
	第 33 条	股份的政府独占性
	第 34 条	股份、公司债及借债的批准
	第 35 条	政府的出资
	第 36 条	商号的使用
第二节 设立	第 37 条	章程及相关事项
	第 38 条	设立的批准
	第 39 条	

续表

章	节	条文	内容
第五章 PFI事业推进机构有限公司对特定项目的支持	第二节 设立	第40条	设立时董事及监事的选任及解除
		第41条	对公司法相关规定的解释
		第42条	公司法规定适用的例外
	第三节 管理	第43条	董事及监事选任的批准
		第44条	董事的保守秘密义务
		第45条	PFI事业支援委员会的设置
		第46条	PFI事业支援委员会的权限
		第47条	组织
		第48条	运营
		第49条	备忘录
		第50条	事项的登记
		第51条	章程的变更
	第四节 义务	第52条	业务范围
		第53条	支援标准
		第54条	支援决定
		第55条	支援决定的撤销
		第56条	股份的转让及处分
	第五节	第57条	信息提供
第五章 PFI事业推进机构有限公司对特定项目的支持	第六节 财务及会计	第58条	预算的批准
		第59条	剩余资金的分配
		第60条	财务报表
		第61条	政府担保
	第七节 监督	第62条	监督
		第63条	报告和检查
		第64条	与财务大臣之间的协商
		第65条	业绩评估
	第八节	第66条	解散
		第67条	合并等的决议
第六章 对选定项目的优惠措施		第68条	国债的负担
		第69条	行政财产的借用
		第70条	
		第71条	国有财产的无偿使用
		第72条	无息贷款
		第73条	资金保障及地方债
		第74条	土地的取得
		第75条	支持等

续表

章节	条文	内容
第六章 对选定项目的优惠措施	第 76 条	规制放宽
	第 77 条	合作
	第 78 条	人员的派遣等
	第 79 条	咨询及技术支持
	第 80 条	担保不动产的运用
第七章 PFI 事业推进会议	第 81 条	PFI 事业推进会议
	第 82 条	会议的组成
	第 83 条	PFI 事业推进委员会
	第 84 条	委员会的组成
第八章 杂则	第 85 条	对政令的授权
第九章　罚则	第 86 条	相关处罚条款
	第 87 条	
	第 88 条	
	第 89 条	
	第 90 条	
	第 91 条	
	第 92 条	

（二）PFI 法立法的基本理念

PFI 法立法理念中特别强调两点：一是保障公平、公开、透明，二是政府干预最小化。首先，为保障公平性、竞争性、公开性的基本原则，要求政府对政策制定、信息、草案等提早公开，特定事业的选取、特定业者的选取涉及的相关资料也要公开，确保公平、公正、透明。其次，政府最小化干预具体体现为要求遵循公开、透明、公平、有效的基本原则，保障民间资本的独创性、自主性，使其经营能力、技术能力可以得到更有效的发挥。当利用民间资金、经营能力及技术能力得以有效实施的事业，被认为由社会资本实施更为适当时，国家应于可能范围内委由社会资本实施，并尽可能最少干预，在特定事业方案的制订、特定业者的选取、政策制定时，将数据、资料公开，保障公平。

（三）PFI 法制定及修订过程

1. 1999 年 PFI 法制定

1999 年制定的 PFI 法除了规定 PFI 的基本理念、对象设施、项目实施主体（公共设施的管理者等）以外，还规定了基本方针、指导方针以及 PFI 项目的实施流程、公有财产使用上的优惠措施、财政及金融支持以及 PFI

事业促进委员会等。

表 4　日本 PFI 法制定时的条文

条文	内容	条文	内容
第 1 条	目的	第 13 条	无息贷款
第 2 条	定义	第 14 条	资金保障及地方债
第 3 条	基本理念	第 15 条	土地的取得
第 4 条	基本方针	第 16 条	财政等支持
第 5 条	实施方针	第 17 条	规制放宽
第 6 条	特定项目的确定	第 18 条	合作
第 7 条	社会资本的选定等	第 19 条	技术支持
第 8 条	客观评估	第 20 条	担保不动产的运用
第 9 条	地方公共团体议会的决议	第 21 条	PFI 事业推进委员会
第 10 条	确定项目的实施	第 22 条	委员会的组织
第 11 条	国债负担	第 23 条	对政令的授权
第 12 条	国有财产的无偿使用等		

2. 2001 年 PFI 法修订

2001 年 PFI 法修订主要完善了以下两点:

一是公共设施管理者范围的扩大。PFI 法将向民间委托实施 PFI 项目的国家机构主体称为“公共设施管理者”,在这次修订中,又增加了众议院议长、参议员议长、最高法院院长以及会计检查院院长等作为公共设施管理者。这样,相关机构管理的公共设施的完善即可纳入 PFI 事业中,众议院、参议员的议员会馆的改建以及法院办公楼的改造等都可通过 PFI 形式完成。

二是行政财产⑦借用等优惠措施的创设。当时,根据国有财产法以及地方自治法的相关规定,行政财产上一般被限制设定私权。另外,在 PFI 项目中,会出现社会资本需要使用土地等行政财产建造、运营公共设施,在项目终止时向公共设施管理者转移公共设施所有权的模式。这种情况下,

⑦　行政财产:国家及地方自治体为行使行政目的而直接控制的财产,如办公用房及土地等,与财政财产(收益财产)相对。

行政财产的有效运用就显得不可或缺。但这次修订,只认可公共设施和民间设施合建的情形下,该双重身份设施所租用的土地能够借用行政财产。

3. 2005 年 PFI 法修订

2005 年 PFI 法修订主要涉及以下两点:

一是行政财产借用范围的扩充。和 2001 年相比,不仅公共设施和民间设施合建时的租用地可以借用行政财产,以合建以外的其他方式建造有民间设施时,也可以获得借用的资格。同时,之前行政财产的借用仅限于 PFI 项目人,此次修订把范围扩大到获得 PFI 项目人转让权的第三方。

二是明确了选定社会资本的评估方法。在 PFI 项目人的选择上,公共设施管理者为了能够有效发挥社会资本的技术、经营资源及其创新力,原则上为根据价格以及向消费者提供服务的质量等条件对社会资本进行评估。

同时,本次修订进一步明确了 PFI 项目以服务领域为对象以及公有财产的有效运用方式等,进一步完善了关于 PFI 项目和指定管理者制度整合的相关规定。

4. 2011 年 PFI 法修订

2010 年 5 月,PFI 事业推进委员会针对 PFI 制度面临的新课题及今后的发展方向发布了“中期报告”,基于该报告的相关内容,对相关条款进行了修订,主要体现在以下四个方面:

一是 PFI 项目对象范围的扩大。随着 PFI 事业的不断发展,一些 PFI 法制定时未考虑到的领域也显现出应用 PFI 方式的优势。所以,在本次修订中,增加了公营住宅以外的公租住宅、船舶、航空器等的运输设施及人工卫星作为 PFI 项目的对象。

二是引入社会资本发起提案制度。PFI 方式是通过有效运用民间资金及能力来快速有效地整合全社会资本的方法,改变了以往行政主导公共设施建设的现状。基于此,为了充分发挥社会资本的技术及资源,本次修订增设了在政府制定项目实施方针时,由社会资本发起提案的制度。

三是引入公共设施运营权制度。本次修订引入的公共设施运营权制度具有以下两个优点:(1)设施使用费的决定和收取权限由社会资本行使;(2)公共设施运营权上可以设定抵押,从而可以保证资金筹措的顺利。引入这一制度,社会资本可以实现较为稳定且独立性强的运营权,从而提供符合消费者需求的高品质服务。

四是创设 PFI 事业推进会议。为了进一步推进 PFI 事业的发展,内阁府以及项目主管部门、其他相关机构需要相互不断协调沟通,以做好 PFI 事业相关决策的审议和相关制度的完善。从这个角度出发,本次修订创设了由内阁相关机构组成的阁僚级会议“PFI 事业推进会议”。

本次修订还完善了技术提案制度、实施方针编制计划的公示等相关规定。

5. 2013 年 PFI 法修订

为了推进根据2011 年 PFI 法修订引入的公共设施运营权等独立核算型的 PFI 项目,需要设立相应的机构向这一类项目提供金融支持,并掌管政府与社会合作创建的基础设施基金。由此,本次修订中明确了 PFI 事业推进机构有限公司设立的相关规定。

该机构具有如下特点:

(1)机构为有限责任公司形式的法人;

(2)机构的主要职能是根据内阁总理大臣确定的支持标准,向独立核算型 PFI 项目出资或融资(包括优先股、次级债的取得等);

(3)机构由政府和社会共同出资(国家出资占 50% 以上),政府担保等;

(4)为了确保机构开展业务的中立和公平,采取了在机构内设置 PFI 事业支持委员会以及由国家监督等措施;

(5)机构设置了 15 年的运营年限。

6. 2015 年 PFI 法修订草案

2015 年 3 月 24 日,在日本国会第 189 次例会上,日本内阁府向国会提交 PFI 法修订草案。此次修订创设了向公共设施运营权人派遣国家或地方公务员的制度,目的在于进一步促进公共设施运营权及公共设施运营事业的顺利且有效实施。主要内容如下:

一是公共设施运营权人必须签订包含派遣公务员业务内容及业务期限在内的公共设施运营权实施合同;

二是可以根据任命权人的要求,公务员派遣可以采取退职派遣的方式;

三是关于派遣公务员的待遇,派遣以退职派遣到期后重新恢复原公务员职位为前提。

三、日本 PFI 模式的类型化研究

日本内阁府为了便于分析统计本国 PFI 项目运营情况,一般把项目

分为教育和文化、生活和福利、健康和环境、产业、城市建设、安全、政府办公楼和公寓及其他 8 大领域，共有 27 个种类。⑧ 具体运用领域及分类如表 5 所示。

表 5　日本 PFI 项目的分类

领域	种类	设施内容
教育和文化	文教设施	小学、初中、高中、大学校舍、社会体育设施、食堂等
	文化设施	公民馆·市民活动中心等、图书馆、美术馆、文化交流设施等
生活和福利	福利设施	老人福利院、残疾人福利院、智障人福利院等
健康和环境	医疗设施	医院
	保健卫生设施	卫生实验场所
	自来水设施	自来水上水道设施
	废弃物处理设施	废弃物处理设施、余热利用设施等
	殡仪馆	殡仪馆
	净化池	净化池
产业	商业振兴设施	观光设施
	农业振兴设施	批发市场、灌溉及排水设施、农业技术支持设施等
	工业振兴设施	产业孵化中心等
	渔港	渔港
城市建设	道路	停车场、自行车停车场
	机场	机场及航空相关设施
	公园	城市公园、自然公园
	下水道设施	下水道设施
	海岸维护及港湾设施	港湾设施
	公营住宅	公租房及其他公营住宅
	市区街道再开发	街道再开发、土地规划整备等
安全	警察设施	警察设施
	消防设施	防火及其他消防设施
	行刑设施	监狱、看守所等设施
政府办公楼和公寓	办公楼和公务员公寓	办公楼和公务员公寓
其他	综合设施	综合设施
	车站	车站
	其他	航天卫星、防灾直升机的维护等

⑧ 参见日本内阁府 PFI 推进室《PFI 的现状》(2014/2013 年度)。

四、日本PFI公私合作模式的特性

(一)法律规范体系的完备性

在规范PFI项目具体实施方面,从法律、政令、内阁府令到业务指导方针,日本形成了完备的法律规范体系。在法律层面,有PFI法;在政令层面,分别有《PFI法施行令》《民间资金利用事业推进委员会令》《民间资金利用事业推进会议令》《公共设施运营权注册令》等;PFI事业主管部门的内阁府也出台相关规定加以规范,如《PFI法施行规则》《公共设施运营权注册令施行规则》等,在实务操作层面,还发布了6个业务指导方针。

(二)五原则——公众参与的重要作用

根据PFI法第3条规定,PFI的基本理念是"按照政府和社会所应发挥的作用和承担的责任,对于公共设施的建设和维护等,如果被认为由社会资本实施更为适当,则政府应尽可能委托给社会资本实施"。按照PFI法确定的"基本方针",在PFI项目实施过程中,要坚持"五原则和三主义"。

五原则指的是公共性原则、充分利用社会经营资源原则、效率性原则、公平性原则和透明性原则等在PFI事业推进过程中必须坚持的原则。

一是公众参与性原则,即PFI项目对象必须具备公共性,有效的公众的参与是PFI合法性的前提,并且是作为立项的必要要件,没有公众的参与不能启动;

二是充分利用社会经营资源原则,即PFI项目必须充分利用社会资本的资金、经营能力、技术能力等经营资源;

三是效率性原则,即尊重社会资本的自主性和独创性以有效、迅速地实施PFI项目;

四是公平性原则,即在项目的选定和社会资本的选定要确保公平性;

五是透明性原则,即项目从发起到终止的全过程要确保透明。

(三)三主义——中立评估和必要的成本收益分析

三主义包括客观主义、契约主义和独立主义。客观主义指的是在项目实施的各阶段的评估工作中必须保持客观性,评估过程及重大决策中必须使用成本收益分析方法;契约主义指的是公共设施的管理者和PFI项目实施机构之间关于责任及风险的分配等的约定必须纳入合同且要清晰明确；独立主义指的是项目实施机构在法人人格上要保证独立性，也要保证会计核算等独立性。在社会资本的选定上，要保证公开竞争、过程透明，尊重社会资本的技术能力。

（四）公私合作模式实施的公开性、透明性与合作性

在PFI项目的具体实施过程中，在项目发起、社会资本的招标、选定、合同的签订、项目的实施、监管等各个阶段，都必须明确项目实施机构和社会资本需要承担的工作、享有的权利以及应尽的责任等。日本专门制定了“关于PFI事业实施流程的指导方针”（2001年3月制定，最新修订时间为2014年6月）对此予以规定。“指导方针”对各流程的规范作用如下：

1. 流程一：项目的发起（包含社会资本提议发起）

在项目发起阶段，对于公共设施的管理者（项目实施机构）来说，需要做好以下工作：

一是探讨项目以PFI模式实施的可行性，积极回应社会资本对项目发起的提案，探讨其可行性；

二是完善针对社会资本提案的受理和评估等各项机制；

三是向社会资本提供必要的信息，对于被认为将来有可能以PFI模式实施的项目，制订计划并发出公告；

四是对于适合作为PFI项目来实施，且符合国民需求的项目，要着手做好制定实施方针的准备工作。

2. 流程二：实施方针的制定和公告

在实施方针的制定和公告阶段，公共设施的管理者（项目实施机构）需要做以下工作：

一是根据PFI法第15条的规定，向社会公布实施方针的编制计划；

二是及时制定并公布实施方针，并要保证公平性和透明性；

三是实施方针要包含社会资本的参与等具体性内容，并按照沟通探讨的进展逐步补充完善；

四是实施方针要明确公共设施管理者（项目实施机构）的职能、项目风险及其分配方式等内容；

五是实施方针中还需要明确需要取得批准许可等，社会资本可以对公共设施进行维护管理或者运营的范围、可以适用的国家补助金以及项

目融资方式等具体内容。

3. 流程三:项目的评估、选定和公布

在项目的评估、选定和公布阶段,公共设施的管理者(项目实施机构)需要做以下工作:

一是要确定项目评估标准,即通过采取 PFI 模式,能够有效且迅速的实施该项目(相同服务水平情况下公共财政负担的缩减,相同财政负担水平情况下公共服务标准的提高等);

二是以定量评估为原则,在定量评估存在困难时可以采取能够确保客观性的定性评估;

三是在公布选定结果时要保证透明。

4. 流程四:社会资本的招标、评估、选定和公布

在社会资本的招标、评估、选定和公布阶段,公共设施的管理者(项目实施机构)必须做到:

一是在保证充分竞争的同时确保过程的透明;

二是注重发挥社会资本的独创性,保证社会资本享有充足的提案准备时间;

三是要灵活运用公开招标方式中的竞标等任意契约方式(竞争性谈判);

四是在进行综合评估时,要考虑价格以外的因素,且要保证评估标准的客观性;

五是灵活运用技术提案制度;

六是向社会资本提供信息时确保公正性;

七是根据民间提案对制定实施方针的贡献度,评估中可以设置加分项,原则上,知识产权可以作为评估对象;

八是在公布选定结果时要确保公开透明。

5. 流程五:项目合同的签订

在项目合同的签订阶段,公共设施的管理者和选定的社会资本应按照规定签订合同并保证合同的公开。

一是明确规定当事人之间的权利义务以及风险分担方式、风险的减少、消除等;

二是明确规定当事人双方所付债务的明细及其履行方式;

三是要明确规定公共设施管理者对社会资本的最小化干预,但为了保证社会资本提供适当的公共服务,在合同中可以约定公共设施管理者可以干预下述事项。

(1)对社会资本提供的公共服务水平进行监督;

(2)可以要求社会资本定期提供项目实施状况、财务情况报告;

(3)项目出现问题时的及时报告或者委托第三方提供报告;

(4)为了保证提供公共服务而采取的合理有效的措施;

(5)在安全、环境保护方面允许政府适当干预。

四是明确规定项目终止、项目难以持续情况下合同解除相关事项;

五是明确规定向第三方转让项目的事项;

六是明确规定合同履行中出现不同理解时的解释权等。

6. 流程六:项目的实施、监督

在项目的实施和监督阶段,公共设施管理者和社会资本必须做到:

一是社会资本要根据基本方针以及实施方针的规定,按照项目合同的约定做好项目的实施;

二是公共设施管理者(项目实施机构)按照项目合同的约定对以下事项进行监督。

(1)对社会资本提供的公共服务水平进行监督;

(2)要求社会资本按照合同约定定期提交项目实施状况的报告;

(3)要求社会资本定期提交由注册会计师提供的财务报告;

(4)当出现对项目可能会产生重大不良影响的事态时,要求社会资本提交报告或者提交由第三方提供的专门调查报告。

三是公共设施管理者为了确保项目实施过程的透明,对于上述监督结果,可以根据需要对外公开。但公开不应损害社会资本的权利及其他正当利益;

四是针对社会资本的要求,或者为了提高公共服务的质量,公共设施的管理者可以向项目提供职员派遣、培训等人才支持。

7. 流程七:项目终止

项目合同约定的项目终止时间到时,需要对土地等的出让、合同约定资产的处理等采取针对性措施。

（五）关于VFM的规定

日本于2014年6月发布了最新修订的《关于VFM的指导方针》，指导方针的基本构成如下：

关于PFI事业VFM的指导方针
一、VFM评估
1. VFM的定义
2. PFI项目类型和VFM评估
3. VFM评估实施时间
二、PSC的计算
1. 计算的前提条件
2. 计算方法
3. 间接成本
三、PFI项目LCC的计算
1. 计算的前提条件
2. 计算方法
四、VFM评估中的注意事项
1. 风险的定量化
2. 关于风险分担的调整
3. 现值的换算
4. 评估结果的公布
五、对公共服务水平的评估
1. 公共服务水平
2. 其他事项

（六）关于PFI项目合同的规定

在规范PFI项目合同管理方面，日本于2003年制定了《关于PFI项目合同的指导方针》，并于2013年进行了修改并重新发布。本指导方针共7章41节，全面系统介绍了PFI项目合同体系，说明项目各方在PFI项目中的角色及订立相关合同的目的，阐述PFI项目合同的主要内容和核心条款，具体分析合同条款中的风险分担原则、基本内容和权利义务安排，并对服务对价的支付进行了规定。

按照指导方针的规定,PFI 项目相关合同包含以下合同或者协议:

一是 PFI 项目合同。由项目实施机构(项目管理者)与社会资本缔结的合同,规定了政府和社会资本的权利义务。即社会资本应当通过项目设施的设计、施工、维护管理及运营等,并按照要求提供公共服务,而政府应当向社会资本支付服务对价。

二是项目关联合同(业务委托合同,业务承包合同等)。社会资本根据 PFI 项目合同的约定,实施项目的设计、建设、维护管理及运营等业务,在将上述业务委托给第三方企业时,需要与第三方企业或者企业联盟签订委托合同、承包合同以及分包合同等。

三是融资合同。在融资金融机构向社会资本提供融资支持时,双方签订的合同。主要规定贷款意向、资金用途、贷款手续、贷款条件、本金返还、利息支付、延迟赔偿金以及保证等。

四是担保相关合同。融资机构为取得项目资产及权利的担保权而签订的合同。通过设定担保,保证融资的顺利收回。金融机构作为担保权人对其他债权人具有优先权。担保权的对象包括社会资本的权利、股份以及项目资产。

五是债权人之间的合同。多个融资机构组成融资团提供融资的情况下,需要通过缔结合同来约定债权以及担保权的行使。

六是股东之间的协议。社会资本的股东(联盟企业或者其他出资人)之间关于 SPC 的经营以及项目的运营中的责任分担等事项的协议。主要规定股东的出资比例、股东的转让及限制、股东之间的业务类别等。

指导方针的基本构成如下:

关于 PFI 项目合同的指导方针	
前言	
1. 项目整体事项	
1－1 合同目的	1－6 法律法规适用
1－2 项目的宗旨	1－7 选定社会资本的资金筹措
1－3 合同期限	1－8 国有用地的租借
1－4 项目日程	1－9 审批的取得
1－5 项目概要	1－10 向居民的说明义务

2. 设施的设计、建设工程相关事项

2－1 设施的设计相关事项

2－1－1 设施的设计、设计规划书的提交

2－1－2 设计的变更、法律变更导致的设计变更

2－2 设施的建设工程相关事项

2－2－1 设施的建设工程

2－2－2 土地的交付

2－2－3 建设工程需要的各项调查

2－2－4 施工计划书的提交

2－2－5 第三方施工

2－2－6 工程监理的设置

2－2－7 工期的变更

2－2－8 第三人造成的损害（设计、建设阶段）

2－2－9 不可抗力导致的损害（设计、建设阶段）

2－3 项目实施机构的确认事项

2－3－1 现场检查

2－3－2 完工检查

2－3－3 维护管理、运营业务机制的保障

2－4 设施的交付事项

2－4－1 设施的交付

2－4－2 交付延迟

2－4－3 设施瑕疵担保

3. 设施的维护管理、运营事项

3－1 维护管理、运营的实施

3－2 第三方实施

3－3 业务规格书

3－4 业务报告

3－5 第三人造成的损害

3－6 不可抗力导致的损害

3－7 合同期限终止前的检查

4. 服务对价的支付	
4－1 基于项目费用回收办法对 PFI 项目的分类	
4－2 服务对价的支付	
4－3 服务对价的减额	
4－4 服务对价的变更	
4－5 公共设施使用费相关事项	
5. 合同终止	
5－1 项目实施机构的解除权	5－4 解除的效力
5－2 选定社会资本的解除权	5－5 违约金
5－3 不可抗力导致的解除	5－6 合同终止时的相关事务
6. 其他事项	
6－1 选定社会资本权利义务的处分	6－6 投保义务
6－2 选定社会资本股份的转让	6－7 保守秘密义务
6－3 经营状况的报告	6－8 争议的解决
6－4 延迟损害金	6－9 不可抗力导致的损害的处理
6－5 履约保证	

（七）关于公共设施运营权及公共设施运营的规定

为了减少政府对特定项目的干预，让社会资本拥有较为稳定且独立性强的运营权，从而提供符合消费者需求的高品质服务。2011 年 PFI 法修订引入了公共设施运营权制度。公共设施运营权制度具有以下两个特点，(1)设施使用费的决定和收取权限由社会资本行使；(2)公共设施运营权上可以设定抵押，从而保证资金筹措的顺利进行。⑨

运营权主要适用于那些要征收使用费的设施，将运营该设施的权利交付于社会资本。运营权属于财产权的一种，可以转让以及设定抵押等。运营权的框架如图 1 所示。

⑨ 参见张改平等：《日本 PFI 法吸引民资进入公共设施领域的分析》，载《综合运输》2013 年第 10 期。

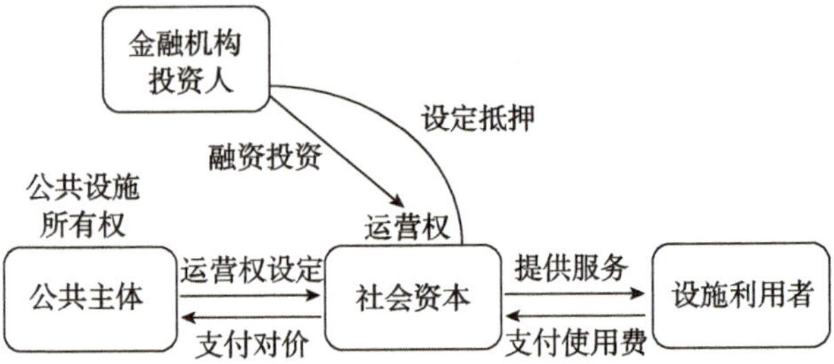

图 1　公共设施运营权运行框架

公共设施运营权及其运营流程图如图 2 所示。

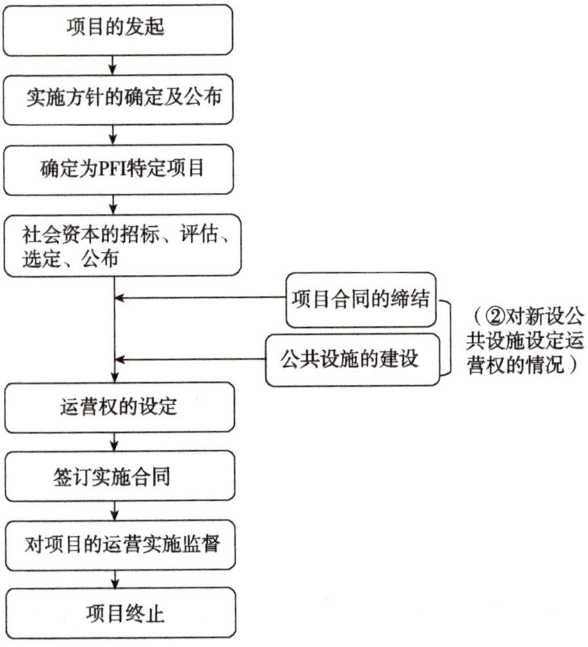

（①对既有公共设施设定运营权的情况）

图 2　公共设施运营权及其运营流程

为了规范公共设施运营权及公共设施运营相关事项，日本于 2013 年 9 月 20 日发布了《关于公共设施等的运营权及公共设施运营的指导方针》，[10]指

⑩　关于 PFI 公共设施运营权及公共设施的运营，指导方针发布后，应用的项目案例之一是“关西国际机场及大阪国际机场特定机场运营项目”，在两个机场运营上设置运营权，通过公开招标方式选定社会资本参与机场的运营，承担两机场跑道、航站楼、安保设施的维护管理、运营等，项目周期自 2015 年起，预定为 45 年。

导方针共15章24节,对社会资本的选定、风险分担、设施使用费、运营权对价、VFM的评估、运营权的设施、监督、追加投资及新设投资、运营权人的股份转让及债权的流动、运营的终止等进行了规定。整体构成如下。

关于公共设施等的运营权及公共设施运营的指导方针
一、公共设施运营权制度的概要
二、实施方针
1. 实施方针
2. 确定实施方针时的注意事项
三、社会资本的选定
1. 选定方法
2. 技术提案制度的适用
3. 竞争性谈判方式
4. 运营权对价提案所需信息的公开可能性
四、风险分担
五、设施使用费
六、土地等的租赁(运营权和土地等的租赁的关系)
七、运营权对价
1. 运营权对价的性质、计算方法
2. 运营权对价计算所需的信息
3. 支付方法
八、VFM的评估
九、运营权的设定
1. 设定手续
2. 与指定管理者之间的关系
十、监督
十一、追加投资、新设投资
十二、运营权人的股份转让及债权的流动
十三、运营权的转让

十四、运营权的取消 1. 注意事项、合同解除 2. 施工过程中运营权设定前的合同解除 3. 补偿相关注意事项 十五、运营的终止 1. 项目周期终止时项目的价值评估、收买 2. 项目周期的延长

五、日本公私合作模式对我国的借鉴意义

我国也曾在PPP模式的应用层面上做过积极尝试。起始于2003年[11]北京市地铁4号线的建设项目。我国学界近十年来对PPP模式的理论研究大多只涉及财政学、经济管理和工程学等领域。事实上,通过对比借鉴外国PPP的理念与应用模式,有助于解决我国PPP发展过程中所产生的问题,将PPP模式进行本土化改造。由于我国目前同时缺乏掌握PPP运行模式和规律的专业人士致使我国PPP项目实际实施运营数量和规模仍处于初始阶段。因此,从法律层面上对PPP进行立法,对PPP模式的法律合同和风险控制、纠纷处理等方面作出具体规定,无疑将大大促进PPP模式在我国的发展,从而发挥PPP模式在社会经济改革中的优势作用。

(一)日本引入PFI的意义

日本引入并大力推进PFI事业,原因在于PFI具有的内在功能性优势,也与日本财政状况、传统公共产品供给方式的效率性紧密相连。

1. 采取PFI方式,能够有效发挥PFI自身固有的功能性优势,获取最大化的VFM。

第一,事业风险由政府公共部门转移给社会资本后,风险责任明确,社会资本对风险管理的动力增强,社会资本长期积累的风险管理经验和能力得以发挥,比政府公共部门更有能力对转移给他的风险进行最适管理,从而达到降低事业费和缩短工期之目的;

---

⑪ 湛中乐:《PPP协议中的公司法律关系及其制度抉择》,载《法治研究》2007年第4期。

第二，全部工程进行统一招标，由单一社会资本承接，这样社会资本就可以整个工程实施期和使用期为对象，充分发挥社会资本在技术和管理上的优势，采取各种有效的方式和方法，最经济、最有效地推进公共设施的运营，以达到降低成本的目的；

第三，以 PFI 方式提供公共产品和服务，要求政府部门改变传统的招投标方式，由传统的"式样性招标"转变为"职能性招标"。两者最大的不同是前者的招标已经给社会资本详细规定材料、结构、设计方法等的规格和方法，社会资本对公共产品的设计和职能的改进并没有多大的发言权，很难采用创新的技术和方法。而职能性招标只规定产品的基本性能，在满足这一性能的前提下，采取的具体方法由社会资本自己决定，这样，社会资本从自身利益出发会采用最先进的技术和最优良的方法进行创造性的招标设计和施工，从而达到降低成本之目的。

2. 采取 PFI 方式供给公共产品，能够缓解公共财政压力，提高公共产品的供给效率和企业的竞争性、创造力。

第一，运用民间资金，缓解公共财政压力。在当今日本，财政状况之恶化当属发达国家之首。一方面政府公共机构的膨胀速度超过了财政收入增长速度导致公共财政负担加重，同时公共财政功能突破财政平衡预算进一步扩展到经济运行调整上，调节经济几乎成为公共财政的必然职能，从而财政资金不足成为一种恒常的现象。虽然财政重建的呼声不绝于耳，但受财政资金短缺困扰而始终没有根本性转变。因此，推进 PFI，公共产品的投资资金由原来的政府融资转为民间企业自己融资，承担建设成本，这样就在公共产品的生产和供给中引入了民间资金，有利于减轻公共财政的压力，缓解财政危机以实现财政重建和小政府的结构改革目标。

第二，运用民间技巧，提高公共产品的供给效率。传统上，在政府主导的公共产品生产和供给体制中，公共部门对公共产品投资的资本收益性并不太重视，导致成本观念薄弱，提供相同品质和数量的公共产品需要更多的公共投资，同时公共部门处在垄断供给的情况下，缺乏改进质量降低成本的动力，在公共产品的供给上常常存在非效率现象。引入 PFI，运用民间企业的优良技术、丰富的管理经验和能力，民间企业成为公共产品的供给者和管理者，公共产品由政府组织型供给方式转变为市场组织型的新的供给方式，由此，必然改变由政府主导下的公共产品的效率评价标准。[12] PFI 运行机制以 VMF 为评价标准，重视公共产品供给和服务的经济性、效率性和有效性，社会资本按照市场原则，通过追求其自身的经济效益来增进和改善公共产品投资的收益性，进而可以提高公共产品供给的数量和质量，在一定程度上能够有效克服传统公共产品供给方式的非效率性。

第三，引入竞争机制，促进优秀企业脱颖而出。传统公共产品生产与供给的委托代理关系具有强烈的行政化色彩，民间事业者的选定缺乏竞争性，而 PFI 方式所形成的委托代理关系淡化了公共部门的行政化色彩，引入了市场原则和竞争机制选定民间事业主体，从而增强了民间主体间的竞争性和创造力，有利于更优秀的民间事业者脱颖而出。

（二）日本 PFI 对我国的借鉴意义

日本是亚洲最先以法律的形式推行 PFI 的国家，从 1997 年开始探讨 PFI 的导入问题以来，不到 10 年的时间内，PFI 事业迅速扩张并取得了良好的经济效益和社会效益。政府推动是日本 PFI 事业发展的主要特征。通过对日本的 PFI 事业发展历程的研究，笔者认为有以下几点对我国 PPP 模式的进一步实践拓展的借鉴意义：

第一，一个领域只立一部法，建立总体的 PPP 立法。

在我国的基础设施和公用事业投资领域，特许经营和 PPP 的本质是同一个概念，探讨的是同一个问题。针对同类事物进行管辖的法律应当一致，因此建立统一的 PPP 立法将有助于统一解决特许经营问题。如果分别对特许经营和 PPP 进行立法，很有可能造成法律适用上的分歧，造成市场管理混乱的局面。

第二，立法应对 PPP 采用宽泛定义。

目前国际上对 PPP 没有统一定义，但对其基本特征或核心要素有一定共识，建议立法中应对我国 PPP 项目的定义进行统一，使其能够涵盖 PPP 的全部基本形式。[13]

---

⑫ 参见刘敬伟：《日本 PFI 与公共投资效率化》，载《现代日本经济》2007 年第 4 期。

⑬ 参见财政部《关于印发政府和社会资本合作模式操作指南（试行）的通知》财金〔2014〕113 号。我国目前对 PPP 合同并未进行明确界定。

第三,建立真正意义的 SPV[14],帮助 PPP 项目融资,并同时实现风险隔离。

SPV 是项目实施的载体和实现破产隔离的源头,不同于一般公司法意义上的公司,其他权利和义务均应受到一定限制,包括须保证本项目的收入用来覆盖本项目的投资,且不得从事或开展其他业务等。建议鼓励社会资本从金融市场参与 PPP 项目。

第四,虽然目前我国 PPP 项目资产证券化的条件并不成熟,但可以给未来项目资产证券化预留空间,立足现阶段推进项目融资。

现行资产证券化主要包括银行贷款的资产证券化,和基于项目未来收益的资产证券化。前者资产证券化的动力不足,一是收益率较高项目,银行一般不愿资产证券化;二是收益率较低的项目,即使资产证券化,也可能遭买方市场冷遇。后者资产证券化的条件尚不成熟,存在一系列制约因素,诸如现行破产法等法律制度规定的破产清偿顺序,制约资产证券的兑付、PPP 项目普遍周期长、风险大、收益低,未来现金流存在不确定性等。因此,应当明确特许经营 SPV 的独立性,鼓励特许经营项目在控制基本成本的前提下,考核项目运行的财务成本,明确收益方式和渠道,保障项目自身还款收益的来源,并确保财政补贴等制度性安排的合理性。同时,强化政府信用考核,争取银行等金融机构对项目的较优评级,通过贷款等直接融资手段解决项目资金需求,并鼓励社保基金、保险等长期资金参与特许经营项目。

---

⑭ Special Purpose Vehicle (SPV),即特殊目的公司。指境内居民法人或境内居民自然人以其持有的境内企业资产或权益在境外进行股权融资(包括可转换债融资)为目的而直接设立或间接控制的境外企业。参考《国家外汇管理局关于境内居民通过境外特殊目的公司融资及返程投资外汇管理有关问题的通知》。

●行政诉讼立案登记制检视

闫尔宝*

一、引言

2015 年 5 月 1 日，新修订的行政诉讼法（以下简称新行诉法）正式实施。基于该法第 51 条的规定，我国行政诉讼以立案登记制取代了旧行诉法（以下简称旧行诉法）建立的立案审查制。为配合新行诉法的实施，最高人民法院发布了《关于适用〈中华人民共和国行政诉讼法〉若干问题的解释》（以下简称适用解释），对立案登记制进一步细化。本文认为，新行诉法建立的立案登记制依然存在一些模糊问题，有必要进一步明晰乃至进行制度完善。以下，本文通过回溯我国行政诉讼由立案审查制向立案登记制的转变过程，借助于中外制度比较，指出当前立案登记制存在的一些问题，进而提出制度完善的建议。

二、行政诉讼立案登记制的建立历程

（一）立案审查制与其实施效果

1. 立案审查制的基本内容

关于人民法院如何接受相对人提起的行政诉讼救济请求，并开启司法程序的问题，旧行诉法作出了规定。按照目前的通识，旧行诉法确立的是立案审查制。如旧行诉法第 41 条对起诉条件的规定，要求相对人提起诉讼应当符合下列条件：原告是认为具体行政行为侵犯其合法权益的公民、法人或者其他组织；有明确的被告；有具体的诉讼请求和事实根据；属

---

* 闫尔宝，南开大学法学院副教授，法学博士。本文系中国法学会 2015 年度部级法学研究课题《新行政诉讼法实施问题研究》（CLS〔2015〕D038）的阶段性成果。

于人民法院受案范围和受诉人民法院管辖。第 42 条规定，人民法院接到起诉状，经审查，应当在七日内立案或者作出裁定不予受理。原告对裁定不服的，可以提起上诉。如果再结合该法有关行政复议与行政诉讼关系的规定（第 37 条），起诉期限的规定（第 39 条），可以认为，在旧行诉法之下，相对人提起的司法救济请求能否为法院接受，必须满足一系列条件。这些条件综合起来，即构成了行政诉讼立案审查制。

根据旧行诉法及相关司法解释的规定，可以对行政诉讼立案审查制作出以下界定，即人民法院依法对行政相对人的起诉是否符合法定条件进行审查，以决定是否开启行政诉讼程序的制度。结合旧行诉法以及 2000 年《最高人民法院关于执行〈中华人民共和国行政诉讼法〉若干问题的解释》（以下简称《若干解释》）的规定，可以认为，在立案审查制度之下，人民法院对相对人的起诉需要审查确定以下问题：

第一，起诉状的形式审查。虽然旧行诉法对相对人提交的起诉状应包含哪些内容未作出明确规定，但根据《若干解释》第 97 条的规定，人民法院可以参照民事诉讼法的有关规定，对起诉状的形式进行审查。①

第二，诉讼费用。依照《民事诉讼法（试行）》（1982 年 10 月 1 日实施）和最高人民法院发布的《人民法院诉讼收费办法》（1989 年 9 月 1 日实施）的相关规定，行政相对人在向人民法院提起行政诉讼的同时，需要预交案件的受理费。

第三，起诉条件。当事人的起诉需符合旧行诉法第 41 条关于起诉条件的规定。

第四，其他内容。如起诉期限、是否复议前置、是否重复起诉、是否违背一事不再理原则。

2. 立案审查制的特点及其影响

旧行诉法之下，相对人起诉能否被人民法院接受，需要经过对相关事项的严格审查，而相关事项的审查判断在性质上存在差别，有的只是形式审查，如起诉状内容是否符合法律规定，诉讼费用是否缴纳；有的却可能

① 依照当时实施的《民事诉讼法（试行）》第 83 条的规定，起诉状应当记明以下事项：（1）当事人的姓名、性别、年龄、民族、籍贯、职业、工作单位和住址，企业事业单位、机关、团体的名称、所在地和法定代表人的姓名、职务；（2）诉讼请求和所根据的事实与理由；（3）证据和证据来源，证人姓名和住址。

涉及案件的实体问题,如起诉人是否具有原告资格,所起诉的被告是否适格,是否属于行政诉讼受案范围,是否属于重复起诉,是否违背一事不再理原则。在判断后一类事项是否符合法律规定时,人民法院可能会介入到案件的实体问题。如原告起诉是否属于行政诉讼受案范围问题,有的案件较容易判断,只要起诉人提交一份以其为处罚对象的《行政处罚决定书》即可,但有些案件则较难判断,如司法实践中经常出现的被诉公权力行为是"刑事司法行为"还是"行政行为"的案件,②以及在起诉被告不作为的案件中,起诉人是否属于被告执法依据所保护的对象问题。③ 因此,不区分审查事项的复杂程度,不区分事项的形式审查与实质审查的属性,一概在起诉阶段进行严格审查,很可能会引起以下问题:(1)在案件受理阶段提前介入案件实体问题,有"未立先审"嫌疑;(2)在相关问题难以查清的情况下,会引发拖延立案;(3)在草率判断的情况下,会导致一些应该受理的案件未被法院受理,影响当事人的诉权实现。

在修订行政诉讼法的过程中,社会各界普遍认同旧行诉法实施中普遍存在"三难"问题,即"立案难""审理难"和"执行难"。其中,"立案难"排在第一位。其实际表现一般被概括为"三不政策":不接诉状,接了诉状不回复,不立案也不出具书面裁定,使行政相对人投诉无门。④

造成立案难的原因很多,既有外部违法干预问题,也有人民法院自我设限的问题,当然也有旧行诉法制度设置缺陷问题。其中,旧法之下的立案审查制被认为起到了推波助澜的作用。其表现为:借口严格审查而长期拖延,使相对人的起诉石沉大海;未经严格审查草率以起诉人没有原告资格、起诉超期、起诉对象不属于行政诉讼受案范围等为由,口头告知其起诉不予受理,等等。

由于立案审查制的实施以及实践中一些人民法院采用的"三不政

② 代表性案例如:《山东省平度市公安局与山东省日照金融市场扣押银行承兑汇票解讫通知及赔偿纠纷上诉案》,载 http://www.pkulaw.cn/case/PFnl_117625611.html,最后访问时间:2016 年 7 月 23 日。

③ 代表性案例如:《田家乐诉北京市朝阳区民政局撤销婚姻登记纠纷案》,载 http://www.pkulaw.cn/case/pfnl_1970324837161317.html? keywords = 田家乐 &match = Exact,最后访问时间:2016 年 7 月 23 日。

④ 也有的表述为:"不立案,不说明理由,不出具书面裁定。"参见应松年主编:《〈中华人民共和国行政诉讼法〉修改条文释义与点评》,人民法院出版社 2015 年版,第 166 页。

策”,旧行诉法实施二十多年来,人民法院实际受案数量一直在低位徘徊,根据笔者收集到的资料,全国法院一审受案情况大致如下:2000 年受案 83,533 件,2001 年受案 98,372 件,2002 年受案 80,728 件,2003 年受案 87,919 件,2004 年受案 92,613 件,2005 年受案 96,178 件,2011 年受案 136,353 件,2012 年受案 129,583 件,2014 年受案 141,880 件。[5] 每年一审的受案数量与我国 13 亿人口的数量相比,实在少得可怜。有数字显示,德国人口 8000 万,其每年受理的行政诉讼案件竟高达 60 万件。[6]

基于以上说明可知,解决行政诉讼立案难的问题,除破除一些体制性障碍、加大对违法司法的惩戒力度外,还需要从完善立案制度方面寻求突破。

(二)行政诉讼立案登记制的确立及其效果

1. 立案登记制的确立过程

引发我国立案制度变革的直接动因是《中共中央关于全面推进依法治国若干重大问题的决定》(2014 年 10 月)(以下简称十八届四中全会决定)。在执政党的政策文件中,明确提出以下要求:改革法院案件受理制度,变立案审查制为立案登记制,对人民法院依法应该受理的案件,做到有案必立、有诉必理,保障当事人诉权。这就从中央政策层面对当前我国三大诉讼普遍实施的立案审查制转向立案登记制提出了明确要求。十八届四中全会决定发布之时,旧行诉法正值修订期间。按照参与修订人员的介绍,旧行诉法修正案草案原本没有作出登记立案的规定,在修改决定表决通过前夕,十八届四中全会决定公布,由此,有关登记立案的规定才被写进新行诉法之中。[7]

对行政诉讼从立案审查制向立案登记制转变产生影响的除新修订的行政诉讼法之外,还有以下文件和司法解释:

(1)中央全面深化改革领导小组第 11 次会议通过的《关于人民法院推行立案登记制改革的意见》(2015 年 4 月 1 日发布)(以下简称立案登记改革意见)。该意见对人民法院推行立案登记制改革的指导思想、立案情形、

⑤ 资料来源:最高人民法院历年工作报告。

⑥ 最高人民法院行政审判庭:《做依法治国的实践者和捍卫者——人民法院实施新行政诉讼法一周年综述》,载《人民法院报》2015 年 5 月 11 日第 4 版。

⑦ 参见李广宇:《新行政诉讼法司法解释读本》,法律出版社 2015 年版,第 13 页。

登记立案程序、健全配套机制、制裁违法滥诉、加强立案监督等问题提出了明确要求。其中与行政诉讼立案登记制有关的主要内容包括:①重申当事人起诉符合起诉条件的,人民法院应当登记立案;②明确违法起诉或者不符合法定起诉条件的以及不属于人民法院主管的所诉事项,人民法院不予登记立案;③立案登记的程序操作。

(2)最高人民法院《关于人民法院登记立案若干问题的规定》(2015年4月13日发布)(以下简称《登记立案规定》)。该司法解释对一审民事起诉、行政起诉和刑事自诉实行立案登记制作出了详细规定。其中相当多的内容涉及行政诉讼,如诉状书写、相关材料提交、起诉指导和释明、立案期间、不予登记立案的情形以及起诉人的权益救济。

(3)最高人民法院《适用解释》(2015年4月20日发布)。该司法解释第1条进一步对行政诉讼立案登记制的实施作出了明确规定。此外,该解释第2条、第3条也与立案登记制有关。

2. 行政诉讼立案登记制的核心内容

根据新行诉法和最高人民法院相关司法解释的规定,行政诉讼立案登记制包括以下基本内容:

(1)诉状接收

立案登记制首先要解决旧法之下存在的"拒收诉状"的问题。除新行诉法第51条第2款对接收诉状有明确规定外,最高人民法院相关司法解释一再予以重申。《登记立案规定》第2条规定,对起诉、自诉,人民法院应当一律接收诉状……《适用解释》第1条第2款规定,对当事人依法提起的诉讼,人民法院应当根据行政诉讼法第51条的规定,一律接收起诉状。依据上述规定,立案登记制首先赋予了人民法院接收相对人起诉状的程序义务。

(2)全程留痕

新行诉法及相关司法解释进行了"全程留痕"的制度安排,以更好地保护起诉人的程序权利。基本内容包括:第一,出具书面凭证并注明收到日期。新行诉法第51条第2款规定,(人民法院)对当场不能判定是否符合本法规定的起诉条件的,应当接收起诉状,出具注明收到日期的书面凭证……《登记立案规定》第2条规定,对起诉、自诉,人民法院应当……出具书面凭证并注明收到日期。第二,书面告知需要补正的内容。新行诉法第51条第3款规定,起诉状内容欠缺或者有其他错误的,应当……一次性告知当事人需要补正的内容。《登记立案规定》第7条第1款规定,当事人提交的诉状和材料不符合要求的,人民法院应当一次性书面告知在指定期限内补正。《适用解释》第1条第3款规定,起诉状内容或者材料欠缺的,人民法院应当一次性全面告知当事人需要补正的内容、补充的材料及期限。第三,退回诉状并记录在册。《登记立案规定》第7条第3款规定,当事人在指定期限内没有补正的,退回诉状并记录在册……第四,不予立案须作出载有理由的书面裁定。新行诉法第51条第2款规定,不符合起诉条件的,作出不予立案的裁定。裁定书应当载明不予立案的理由。《适用解释》第1条第3款规定,当事人拒绝补正或者经补正仍不符合起诉条件的,裁定不予立案,并载明不予立案的理由。

(3)方便起诉

新行诉法及相关司法解释规定了以下便利相对人起诉的程序措施:第一,起诉指导与释明。新行诉法第51条第3款规定,起诉状内容欠缺或者有其他错误的,应当给予指导和释明,并一次性告知当事人需要补正的内容。不得未经指导和释明即以起诉不符合条件为由不接收起诉状。《登记立案规定》第2条规定,对不符合法律规定的起诉、自诉,人民法院应当予以释明。第3条规定,人民法院应当提供诉状样本,为当事人书写诉状提供示范和指引。第7条第1款规定,当事人提交的诉状和材料不符合要求的,人民法院应当一次性书面告知在指定期限内补正。《适用解释》第1条第3款规定,起诉状内容或者材料欠缺的,人民法院应当一次性全面告知当事人需要补正的内容、补充的材料及期限。在指定期限内补正并符合起诉条件的,应当登记立案。第2条第2款规定,当事人未能正确表达诉讼请求的,人民法院应当予以释明。第二,提供各种形式的诉讼服务。《登记立案规定》第3条第2款规定,当事人书写诉状确有困难的,可以口头提出,由人民法院记入笔录。符合法律规定的,予以登记立案。第14条规定,为方便当事人行使诉权,人民法院提供网上立案、预约立案、巡回立案等诉讼服务。

(4)监督与救济

新行诉法及相关司法解释提出了侵害相对人起诉权的监督与救济措施。新行诉法第51条第4款规定,对于不接收起诉状、接收起诉状后不出具书面凭证，以及不一次性告知当事人需要补正的起诉状内容的，当事人可以向上级人民法院投诉，上级人民法院应当责令改正，并对直接负责的主管人员和其他直接责任人员依法给予处分。第52条规定，人民法院既不立案，又不作出不予立案裁定的，当事人可以向上一级人民法院起诉。上一级人民法院认为符合起诉条件的，应当立案、审理，也可以指定其他下级人民法院立案、审理。《登记立案规定》第13条规定，对立案工作中存在的不接收诉状、接收诉状后不出具书面凭证，不一次性告知当事人补正诉状内容，以及有案不立、拖延立案、干扰立案、既不立案又不作出裁定或者决定等违法违纪情形，当事人可以向受诉人民法院或者上级人民法院投诉。人民法院应当在受理投诉之日起十五日内，查明事实，并将情况反馈当事人。发现违法违纪行为的，依法依纪追究相关人员责任；构成犯罪的，依法追究刑事责任。《适用解释》第1条第4款规定，当事人对不予立案裁定不服的，可以提起上诉。

3. 立案登记制实施的效果

2015年5月1日，新行诉法正式实施，《登记立案规定》及《适用解释》同时实施。从目前掌握的情况来看，立案登记制的实施很好地保护了相对人的行政诉权，大大提升了人民法院受理行政案件的数量。

2015年5月4日，是新行诉法实施后的第一个工作日，全国各级法院行政一审共登记立案2000多件，与上月相比翻了近一番。据了解，2014年全国法院工作日日均行政一审立案600件左右，2015年4月全国法院工作日日均行政一审立案1132件左右。⑧

为说明立案登记制实施一年来人民法院受案工作发生的明显变化，笔者还检索到两个数字。第一，2016年3月13日，最高人民法院院长周强在第十二届全国人民代表大会第四次会议所作的《最高人民法院2015年工作报告》指出，2015年，最高人民法院受理案件15,985件，审结14,135件，比2014年分别上升42.6%和43%；地方各级人民法院受理案件1951.1万件，审结、执结1671.4万件，结案标的额4万亿元，同比分别上升24.7%、21.1%和54.5%。认真贯彻新修改的行政诉讼法，解决“民告官难”问题，各级法院受理一审行政案件24.1万件，审结19.9万件，同

⑧ 《新行政诉讼法实施首日立案数量翻番》，载《法制日报》2015年5月6日第1版。

比分别上升59.2%和51.8%。[9] 第二，2016年5月11日，最高人民法院召开“人民法院立案登记制改革一周年回顾与展望座谈会”。会上透露，据最高人民法院的统计数据显示，2015年5月1日实行立案登记制改革，截至2016年3月，全国法院登记立案1420万余件，同比增长28.44%。其中，民事起诉979万余件，同比增长25.40%；行政起诉22万余件，同比增长60.97%；刑事自诉9882件，同比增长58.01%。[10]

从上述数据可知，立案登记制取代立案审查制以后，人民法院行政诉讼受案数量出现了较大幅度的增长，行政相对人起诉难的问题在很大程度上得到了缓解。

三、行政诉讼立案登记制存在的问题

虽然实行立案登记制之后，我国行政诉讼受案数量有了显著的增长，但笔者认为，从规范意义上讲，目前有关立案登记制的相关规定依然存在模糊不明之处，焦点问题是：在法院立案阶段，对是否符合法定起诉条件的判断究竟掌握何种尺度，也就是说，对起诉条件的相关内容如何判断。

（一）起诉条件的内容

无论是《立案登记改革意见》《登记立案规定》，还是新行诉法及《适用解释》，在对人民法院的登记立案工作作出规定时，都明确将“符合法定起诉条件”作为前提要件。也就是说，无论如何，起诉条件的具备都是法院决定是否立案的必备要件。

《立案登记改革意见》规定，登记立案范围有下列情形之一的，应当登记立案……（二）行政行为的相对人以及其他与行政行为有利害关系的公民、法人或者其他组织提起的行政诉讼，有明确的被告、具体的诉讼请求和事实根据，属于人民法院受案范围和受诉人民法院管辖的。由该项规定可知，是否符合行政诉讼法规定的起诉条件，是立案登记的前提。

《登记立案规定》第10条第1项规定，违法起诉或者不符合法律规定的（起诉）；人民法院不予登记立案。对于该项规定中“不符合法律规定”

⑨ 周强：《最高人民法院工作报告——2016年3月13日在第十二届全国人民代表大会第四次会议上》。

⑩ 刘子阳、李豪：《立案登记制推动司法制约行政》，载《法制日报》2016年5月11日第3版。

究竟如何理解的问题,最高人民法院立案庭负责人对此语焉不详,只笼统地说:“为防止敌对势力和别有用心之人利用立案登记制恶意炒作,作为攻击我国司法制度的平台,对于涉及意识形态方面等的违法起诉或者不符合法律规定条件的,不属于人民法院主管的,危害国家主权和领土完整的,危害国家安全的,破坏国家统一和民族团结的,破坏国家宗教政策的,不属于登记立案范围,一律不予接受诉状、不登记、不立案。”⑪其大意是认为《登记立案规定》中的“不符合法律规定”似乎与意识形态领域方面的起诉有关。但从《立案登记规定》制定根据之一的《立案登记改革意见》的规定内容来看,“不符合法律规定”的起诉就是指“不符合法定起诉条件”(该意见规定,违法起诉或者不符合法定起诉条件的,不予登记立案)。本文认为,就文义而言,《登记立案规定》第10条第1项中的“不符合法律规定”依然指向法定起诉条件,具体到行政诉讼制度,是指法定的提起行政诉讼的条件。

新行诉法第51条规定,人民法院在接到起诉状时对符合本法规定的起诉条件的,应当登记立案。所谓“本法规定的起诉条件”是指第49条的规定,即“提起诉讼应当符合下列条件:(一)原告是符合本法第25条规定的公民、法人或者其他组织;(二)有明确的被告;(三)有具体的诉讼请求和事实根据;(四)属于人民法院受案范围和受诉人民法院管辖”。

(二)如何确定符合起诉条件

根据上述规定可知,人民法院进行登记立案时,必须判断当事人的起诉是否满足起诉条件。但考察法定起诉条件的内容可知,对行政诉讼而言,起诉条件包含了多项内容:当事人资格(原告资格、被告适格),事实根据和理由,行政诉讼受案范围,法院的管辖权。此外,根据《适用解释》第3条第1款的规定,诸如法定起诉期限、复议前置、重复起诉等内容,同样属于是否受理相对人起诉的条件,决定当事人的起诉能否进入司法审查

⑪ 姜启波:《〈关于人民法院登记立案若干问题的规定〉的理解与适用》,载《人民司法(应用)》2015年第9期。

程序。[12] 由此提出以下问题:(1)上述内容是否在接收当事人的起诉材料时都要作出判断(如果不称审查的话)。(2)在进行判断的时候,是进行形式判断(如起诉状中列明了起诉人和被起诉人,有一般意义的事实根据和理由,指明起诉的法院并认定其具有管辖权即可),还是要进行必要的实质判断(如起诉人是否具有原告资格、被起诉的行政行为是否属于行政诉讼受案范围,当事人起诉是否超期,是否经过复议前置)。(3)如果肯定做必要的实质判断,则是否与立案登记制的设置初衷存在抵牾。(4)在做实质判断时,因案件复杂程度不同,人民法院掌握的尺度将变得不好把握。有的案件起诉条件在登记立案当时即可作出判断(如在提交处罚决定书的情况下,案件的原、被告确定),有的案件则难以即时作出判断,需要借助于对案件的实体审查(如房屋承租人可否以原告身份对人民政府作出的房屋征收决定提起诉讼;开发区管委会能否作为行政诉讼被告)。由上述问题可知,虽然立案登记制明确要求"有案必立,有诉必理",但在新行诉法仍将是否符合法定起诉条件作为立案登记考察内容的情况下,人民法院在立案登记时将面临一个问题,如何对起诉条件的各项内容进行判断,是只进行形式判断,还是要进行实质判断(接近于审查)。

(三)理论与实务界对立案登记制的理解

综合考察立案登记制实施以后的各种理论观点,可以认为,对立案登记制的实施尤其是对起诉条件的判断,主要有以下不同的认识:[13]

1. 只对诉状进行形式审查

王亚新认为,实施立案登记制之后,法院在原告起诉阶段只对诉状作形式上的审查,具有实质意义的审查是在案件登记并系属于诉讼程序之后。[14] 孙邦清认为,起诉唯一的法定条件是提供符合形式的诉状,这是立

---

⑫ 该条规定,有下列情形之一,已经立案的,应当裁定驳回起诉:(一)不符合行政诉讼法第四十九条规定的;(二)超过法定起诉期限且无正当理由的;(三)错列被告且拒绝变更的;(四)未按照法律规定由法定代理人、指定代理人、代表人为诉讼行为的;(五)未按照法律、法规规定先向行政机关申请复议的;(六)重复起诉的;(七)撤回起诉后无正当理由再行起诉的;(八)行政行为对其合法权益明显不产生实际影响的;(九)诉讼标的已为生效裁判所羁束的;(十)不符合其他法定起诉条件的。

⑬ 行政法学界对立案登记制的本质和内容讨论不多,以下说明主要参照民事诉讼法学理论界和实务界的观点。

⑭ 参见王亚新:《推进法治中国建设的重要一步》,载《人民法院报》2015年4月16日第2版。

案登记制的核心要求。同时，他指出，我国民事诉讼法典混淆了起诉条件与诉讼要件，将诉讼要件纳入起诉条件，导致起诉条件扩大化。⑮ 宋朝武认为，立案登记制要求办案人员只对当事人的起诉进行形式性判断，只要原告向人民法院提交起诉状并缴纳诉讼费用，人民法院就应当一律接收诉状，当场登记立案，不得拒绝接收当事人的起诉状，也无须再对其他实质要件进行审查。对于当事人主体资格、证据能力及证明力等诉讼要件问题均在诉讼程序中集中进行审查，同时赋予当事人在庭审过程中对上述问题的申辩权。⑯ 上述观点的共同之处在于，认为立案登记制实施之后，人民法院只对起诉状进行形式审查，无须审查法定的起诉条件。不过，从前述立案登记制的相关规定来看，此种对立案登记制的理解与现有规定并不一致。

2. 诉状与材料 + 起诉条件形式审查

熊秋红认为，以立案登记制取代立案审查制，不意味着绝对没有审查，而在于审查的限度。在立案登记制下，当事人仍然需要证明案件符合民事诉讼法、行政诉讼法、刑事诉讼法等规定的“立案条件”（如当事人为直接利害关系人、有明确的被告、具体的诉讼请求和事实依据、属于受诉人民法院管辖范围），才能获得“登记立案”，只不过法院的审查转变为形式审查，即主要审查当事人提交的材料是否符合形式要件，不涉及案件证据充分与否的问题。⑰ 上述观点虽然指出立案登记制只审查当事人递交的材料是否符合形式要件，而不涉及实质内容，但对如何判断当事人的起诉是否符合法定立案条件（如直接利害关系人、法院管辖权），语焉不详。

3. 适度审查

禹爱民、李明耀指出，根据目前的制度设计，立案部门的适当审查权限还将保留。例如，民事诉讼中“与本案有直接利害关系”这一原告资格

---

⑮ 参见孙邦清：《立案登记制的适用范围：司法权的边界》，载《人民法院报》2015 年 4 月 25 日第 2 版。

⑯ 宋朝武：《立案登记制是践行司法为民的重要举措》，载《人民法院报》2015 年 5 月 6 日第 2 版。

⑰ 熊秋红：《保障当事人诉权破解“立案难”》，载《人民法院报》2015 年 4 月 18 日第 2 版。

就仍需立案部门进行适当审查。[18] 依此观点,立案登记制度实施之后,人民法院仍要针对起诉条件涉及的问题,比如,原告资格等进行适当审查,而非仅仅针对诉状本身进行形式审查。

4. 小结

由以上介绍可知,我国虽然实施了立案登记制,但人民法院在确定是否立案时,起诉条件依然是一个绕不开的问题,是单纯对诉状进行形式审查即可立案,还是对诸如原告资格(是否与被诉行政行为有利害关系)、被告适格、受案范围等问题进行必要的实质审查后再作出决定,会因为各地法官理解有别、掌握尺度有异而出现不同的结论。人民法院在登记立案过程中,如果按照法律的规定,对当事人的起诉是否符合起诉条件进行实质性判断的话,难免又会重走立案审查制度的老路。

四、立案登记制的真实图景:比较法考察

如前所述,立案登记制下绕不开如何对待起诉条件的判断(审查)问题:如是单纯的诉状形式审查,则新行诉法和《适用解释》“能够判断符合起诉条件的,应当当场登记立案”的规定将失去意义;如依法对各项起诉条件的内容进行实质判断,又与推行立案登记制的初衷相违。问题到底出在哪里? 笔者认为,对照国外的立案制度,或许可以发现问题的症结所在。

(一)日本:“诉讼三阶段构造”下的立案制度[19]

在日本,行政诉讼除特殊程序事项(比如,撤销诉讼的复议前置、起诉期限制度)外,整个诉讼流程基本适用民事诉讼法的规定。所以,考察日本的所谓“立案”制度,可以从考察日本民事诉讼流程着手。

总体而言,日本的民事诉讼流程主要分为三个阶段:第一阶段是诉讼是否适法提起的判断,其要件称为起诉要件;第二阶段是诉讼是否适法系属的判断,其要件称为诉讼要件;第三阶段是对原告的请求进行审理、判决阶段,即从实体法的权利构成要件对其诉求是否得到支持进行判断,该

---

⑱ 禹爱民、李明耀:《立案登记制如何穿越现实屏障》,载《人民法院报》2015 年 5 月 4 日第 2 版。

⑲ 参见[日]中村英郎:《新民事诉讼法讲义》,陈刚、林剑锋、郭美松译,法律出版社 2001 年版,第 152 ~ 157 页。

要件称为权利保护要件或“本案要件”。

起诉要件是指起诉合法必需的要件，如欠缺该要件，则视为起诉不成立。其内容包括：(1)诉状必须写明必要记载事项；(2)贴用收入印纸，交纳规定的手续费；(3)将诉状送达于被告。审判长对上述要件是否具备进行审查，如有欠缺，责令定期补正，否则依命令驳回诉状。

诉讼要件是指诉讼适法系属于法院，法院进行审理、判决的前提条件。其内容包括：(1)有关法院的要件。包括：本国法院有裁判权；法院享有地域、事务管辖权等。(2)有关当事人的要件。包括：当事人本人须具有当事人能力；具有诉讼能力；具备必要的特别授权；无诉讼能力者，须由法定代理人适法代理；起诉后，诉讼代理权的存在成为诉讼要件；当诉讼执行权发生问题时，当事人必须具备诉讼进行权。(3)有关诉讼对象的要件。包括：诉讼对象必须是特定的；有权利保护的利益；对同一事件诉讼不能系属同一当事人间；对同一事件，不存在有既判力的判决；原告对同一事件已经起诉，经终局判决宣告后，无撤诉的事实。诉讼要件属于法院职权调查事项，不待当事人申请。其审理适用于诉讼系属中的各个阶段，如不具备诉讼要件，法院可以判决驳回起诉而终结诉讼。

权利保护要件是法院认同原告诉讼请求(本案审理对象)的要件。如有欠缺，则法院会作出驳回诉讼请求的判决(本案判决)。

由以上介绍可知，在日本，当事人提起诉讼时，只要提交符合法定内容要求的诉状，缴纳规定手续费，并将诉状送达于被告，则法院即行接受其起诉，并使案件进入诉讼系属之中，其实质也就是立案受理了相对人的起诉。而对于如法院管辖权、当事人适格以及是否具备诉讼行为能力、是否重复起诉等程序事项，则是在受理起诉之后，作为第二个阶段的审查任务，且要经过当事人双方的口头辩论，如上述程序要件均满足，法院继而进行实体问题的审理，以确定是否支持原告的诉讼请求。从功能主义观点出发可以看出，在日本，法院受理原告起诉时，仅要求其提交符合要求的诉状(加上交纳相关费用)，至于法院管辖权、当事人适格等我国立法中有关起诉条件的内容，则是在受理起诉之后，通过诉讼审理程序判断。由于立案条件简单，日本不会出现如我国那样立案难的问题；法院在接受诉状时完全是形式审查，而不对所谓的“起诉条件”进行审查。

（二）德国法中的“立案登记制”

德国行政法院法并无类似我国的起诉受理制度（立案登记制），该法第 81 条规定，诉讼以书面方式向法院提起。在初级行政法院的起诉也可以在法院办事处的书记官处作成笔录的方式提起……起诉状与其他所有书状应做成复本送交其他当事人。第 82 条规定，起诉状必须列明原告、被告及诉讼请求所指向的对象。起诉中应包含一个确定的请求。应提交作为理由的事实与证据材料，应以原件或复件附具被诉的处置与复议决定。如果起诉状不符合上述要求，首席法官或《法院组织法》第 21g 条规定的主管案件的专职法官（主办法官）应要求原告在一定期限内作出必要的补正……第 90 条规定，争议事项因起诉而系属于法院。⑳

德国学者胡芬指出，在行政法院进行的第一审程序，以诉的提起作为开始。随着诉到达法院，即发生诉讼系属，而不是随着诉被送达对方当事人才出现。㉑

根据上述立法规定和学者的说明，可以认为，在德国，法院受理当事人起诉时，同样仅是基于对诉状和相关材料的形式审查，而没有如同我国新行诉法规定的“符合起诉条件”的其他要求。

（三）美国

受公私法不分传统的影响，美国并无统一的司法审查法，其“行政诉讼”案件的立案程序，可以参照联邦民事诉讼规则的相关规定。按照联邦民事诉讼规则第 3 条的规定，民事诉讼从原告向法院提交起诉状时开始。第 8 条（a）规定，起诉状应包括：该法院享有管辖权的依据；原告寻求的救济判决的请求；原告有权获得救济的对于诉讼请求简要明确的陈述。一般情况下，原告在起诉状中提出的主张应简单、明了和直接。除了关于欺诈、错误以及其他较少的情形外，联邦民事诉讼规则对原告的主张不要求作详细陈述。起诉状只需要合理地通知被告关于原告诉讼请求的内容及其依据。

---

⑳ 相关法条引自刘飞：《行政诉讼制度专题研究：中德比较的视角》，法律出版社 2016 年版中的最新文本翻译。

㉑ 参见［德］弗里德赫尔穆·胡芬：《行政诉讼法》，莫光华译，法律出版社 2003 年版，第 550 页。

(四)小结

通过比较可以看出,国外的诉讼立案条件与我国的制度设计存在较大差别。

首先,作为立案制度实施的前提,相关国家的诉讼阶段划分与我国存在差别,基本将诉讼程序分为三个阶段:立案、程序事项审查、实体事项审查。立案作为一个单独程序,只解决案件系属问题,诸如当事人适格、法院管辖权等事项作为程序审查事项,在案件进入诉讼程序之后再进行审查判断。我国当前的诉讼程序设计并未严格区分立案和程序事项审查。人民法院在立案阶段依然要对当事人资格、法院管辖权等属于国外程序审查事项的内容作出判断。虽然有观点认为在立案阶段对程序审查事项是进行形式审查,但毕竟没有将上述内容的审查完全放在登记立案之后,而是延续到了审理程序。

其次,立案阶段审查的内容存在差别。相关国家在决定是否立案时,多以当事人提交具备法定内容要求的起诉状或相关诉讼材料作为判断标准。至于当事人是否适格、法院对诉争有无管辖权、当事人起诉是否超期等程序事项,则在立案进入诉讼程序之后,再通过审理作出判断。在我国的立案登记制下,人民法院除对相对人的诉状和相关材料进行形式审查外,依照法律的规定,还要对起诉条件进行审查(审查尺度目前存在争议)。

五、我国行政诉讼立案登记制的将来走向

(一)当前立案登记制下的可能做法

在当前立案登记制依然要求相对人的起诉符合法定条件的情况下,鉴于对起诉条件相关内容的审查尺度如何掌握没有明确结论,在理论上可以推知,人民法院将可能有两种不同的实施策略:

1. 立案阶段实行彻底形式审查

借鉴国外经验,在起诉受理阶段,人民法院只针对起诉人提交的诉状以及相关材料进行形式审查,符合要求的,即当场立案。对起诉条件实质内容的审查,则放在立案之后,经审查不合规定的,再裁定驳回起诉。由此,“登记立案制下的立案审查分为两个步骤:一是登记前登记要件的审查,审查诉状是否符合登记要求;二是登记后即立案后审理要件的审查,

审查登记所立之案是否为真正的可审案件”。[22]

2. 立案阶段实行适度审查

人民法院按照新行诉法以及《适用解释》的有关规定，在接收诉状阶段，即对起诉人的原告资格、行政诉讼受案范围等内容进行必要的实质审查，能够直接得出结论的，裁定不予立案。不能立即得出结论的，先行立案，待进入诉讼程序之后，再对起诉条件的相关内容进行进一步的审查，经审查仍不符合法律规定的，裁定驳回起诉。

对比上述两种实施策略可知，第一种处理方式是在我国立案登记制的名义下，直接按照国外的立案制度进行操作。其优势是，在立案阶段不对起诉条件做实质审查，当事人提交的诉状和相关材料过关，即登记立案，有利于保障相对人诉权。其缺陷在于形式上不符合当前立法和司法解释的规定，将起诉条件审查的规定虚置。第二种处理方式则是在严格贯彻立案登记制的前提下，对法定起诉条件的审查区分情况作出处理。其优势在于符合当前的法律、司法解释规定，其劣势在于各地如果在立案前后对起诉条件相关内容的尺度把握不统一的话，有可能出现对同一类起诉作出不同的处理，甚至可能恢复到原立案审查制实施的状态。

从最高人民法院《适用解释》第3条的规定内容来看，其认可第二种处理方式，也就是说，在立案登记制对起诉条件的审查依然有明确要求的情况下，人民法院可将起诉条件的审查分为两个阶段：一是在接收诉状阶段，能够直接判定起诉不符合法定条件的（如起诉人明显无原告资格、起诉的行政行为明显不属于行政诉讼受案范围，受诉法院明显无管辖权），直接作出不予立案的裁定；二是在接收诉状阶段无法判明起诉是否符合法定起诉条件的，先行立案，进入诉讼程序之后，再进行实质性审查，经审查不符合起诉条件的，裁定驳回起诉。该种审查方式被最高人民法院行政庭负责人称为“两道审查”，即“对于不符合法定起诉条件的，当然在立案阶段能够审查清楚的就应当作出不予立案的裁定。可能有些问题需要做更深入的调查或者双方当事人去陈述、辩论，才能把一些条件查清楚，如果确实还是不符合法定的起诉条件，也要裁定驳回起诉……搞两道审

---

[22] 许尚豪：《“立案登记制”后如何审查立案》，载《人民法院报》2014年12月24日第5版。

查，说到底还是出于更慎重，更对当事人负责，因为在行政庭作出进一步的审查，这时候要听取当事人的意见，辩论、质证等等，这对于保护当事人的诉权，给他提供一些陈述申辩的机会还是更为负责的”。[23]

（二）完善的方向

从前述对国外立案制度的介绍及我国目前立案登记制下人民法院的处理方式介绍可以得出以下基本认识：

1. 当前理论界并未对立案登记制的内容形成统一认识。有的认为立案登记制只是要求对诉状进行形式审查，有的认为除对诉状、起诉材料做出形式审查外，还要对当事人适格等起诉条件进行必要的审查。理论的认知歧义必将导致制度实施的混乱。

2. 我国的立案登记制与国外的立案制度仍存在较大差别。我国的立案登记制依然把程序事项审查作为立案登记的考察内容。虽然理论界有观点认为我国在立案阶段只实施对诉状和相关起诉材料的形式审查，但毕竟立法没有排除对程序事项的审查。其原因在于我国的行政诉讼流程并未将国外的诉讼要件审理和权利保护要件（本案要件）的审理作出阶段上的划分，登记立案阶段承载着部分起诉条件审查的任务。

3. 最高人民法院行政庭提倡的“两道审查”是在当前立案登记制之下的一种策略性选择，而且存在一定的隐患。两道审查为最高人民法院行政庭倡导，其是对起诉条件作为登记立案条件的一种对应。既部分实现了立案登记制的目标，也没有违背当前立法的规定。但是，将起诉条件作为登记立案前后两个阶段都要考察的内容，可能因各地法院尺度把握程度不同而产生法律适用的不统一。甚而言之，如果个别法院在登记立案阶段即对起诉条件的实体内容进行审查，则立案登记制的设置初衷必将会落空。

基于以上认识，本文认为，要想真正做到十八届四中全会提出的“有案必立，有诉必理”，真正实现以立案登记制替代立案审查制的目标，有必要对当前我国的诉讼过程（不限于行政诉讼，还可以包括民事诉讼、刑事

---

[23] 《贯彻落实新行政诉讼法的重大司法举措——最高人民法院行政庭负责人就〈关于适用《中华人民共和国行政诉讼法》若干问题的解释〉答记者问》，载《人民法院报》2015 年 4 月 28 日第 3 版。

诉讼)实施更彻底的改造。参照国外经验,对登记立案与程序事项审理(相当于我国起诉条件内容的实质审查)、实体事项的审理作出必要的阶段划分。在登记立案阶段,人民法院主要审查当事人是否满足起诉条件(诉状形式及相关起诉材料是否齐备),如果满足,登记立案,使案件进入审理阶段;在审理阶段,人民法院再进一步针对当事人是否真正适格,法院的管辖权、行政诉讼受案范围、起诉期限、复议前置等问题进行判断,为案件的实体审理作出准备。如果前述条件存在欠缺,则可以裁定驳回起诉;如果没有问题,则对案件的实体问题,即被诉行政行为是否违法、原告的诉讼请求能否得到判决支持进行审理,并根据审理的情况作出相应的实体判决。果真如此,则当前立案登记制下起诉条件的审查尺度不好把握的问题当可得到较好的解决,人民法院的诉讼流程也将趋于科学合理。

六、结语

本文回顾了我国行政诉讼立案登记制的建立历程,对当前立案登记制的不同理解进行了介绍和分析,对人民法院司法实践中可能的操作方式进行了概括,同时,借助于对域外经验的对比,指出了困扰当前学界与实务界的“起诉条件如何把握与审查”这一问题的产生根源,得出的一个基本结论是:鉴于我国立案登记制存在的不足,有必要科学划分诉讼阶段,将当前属于起诉条件的内容作为程序审查事项置于登记立案之后,在登记立案阶段只解决诉讼系属问题,在案件进入法院之后,再分别就相关程序问题与实体问题展开进一步审理,由此,执政党关于立案登记制的决策和行诉法修订的初衷方可得到很好的实现。

●党内治理法治化初探:国家化的路径

程　迈*

十八届四中全会之后,对党内法规性质的学术研究出现了一个小高潮。在这些学术讨论中,一个焦点问题是党内法规与国家正式法律之间的关系。学者们在普遍不愿明确承认党内法规具有正式法律地位的情况下,却又纷纷深入讨论如何保证党内法规的制定和实施符合宪法和法律的要求的问题;[①]在不愿将党内法规纳入国家正式法律体系的同时,又希望党内法规会在宪法和法律的实施中发挥积极的作用,反映出一定的矛盾心理。

其实在党内法规与国家正式法律的关系这一问题的背后,是更深层次的关于党内治理秩序与国家治理秩序之间关系的问题。党内法规是党内治理秩序运作的产物,国家法律是国家治理秩序运作的结果。政党是国家共同体内部具有特殊政治功能的小共同体。如果认为党内法规不能成为国家法律的组成部分,在这一观点的背后,是经典的市民社会自治与国家、社会分立的思想。按照这种思想,政党只是产生于市民社会的一个私法组织,是公民结社自由的产物,从保护市民社会自治、公民结社自由的原则出发,国家不应干涉政党的创建和内部组织活动。产生于政党内部治理秩序中的各种争议,属于私法争议,国家对这些争议的处理和干

---

* 程迈,南昌大学立法研究中心研究员,南昌大学法学院副教授。本文受2015年度江西省高校人文社会科学重点研究基地研究项目:“立法活动中政党引导作用的比较宪法研究”,项目编号:JD1506资助。

① 参见孙才华、方世荣:《论党内法规与国家法律的相互作用》,载《湖北社会科学》2015年第1期;曹秋龙:《论党内法规与宪法法律的关系》,载《江汉大学学报》(社会科学版)2015年第3期;方世荣:《以党内法规促进依宪治国》,载《人民日报》2014年12月4日第5版;马立新:《党内法规与国家法规规章备案审查衔接联动机制探讨》,载《学习与探索》2014年第12期;蒋劲松:《政党的国法治理》,载《法学》2016年第1期。

涉，只能采取私法的法律手段。相应地，在政党内部产生的各种规范性文件，其效力也只能及于政党内部组织和活动，不能对市民社会中的其他组织甚至国家生活产生法律上的约束力。

反之，如果认为党内法规是国家正式法律的组织部分，就是认同党内治理秩序是国家治理秩序的组成部分，党内治理秩序将国家化，成为整个国家治理秩序的有机组成部分。此时，政党将不再可以借助市民社会与国家的分离以及结社自由为依据反对国家机关的直接干涉。相应地，党内工作人员将具有国家工作人员的身份，党内治理秩序也应当受到国家法治的监督，有权机关可以撤销违宪、违法的党内法规，党内机关作出的处分普通党员权利的决定，也要相应地接受司法机关的公法审查。

因此，相对于党内法规是否应当成为国家法律组成部分的问题，党内治理秩序是否应当成为国家治理秩序的组成部分，即是否应当国家化的问题，这不仅是解决前一问题的前置问题，更是一个对依法治国、依宪执政而言更深层次的问题。

一、党内治理秩序国家化的理论考虑

在中国共产党领导的多党合作和政治协商制度中，②中国共产党具有执政党的地位，这种执政党地位也在一定程度上得到了中华人民共和国宪法序言的承认。虽然在实践中对宪法序言是否具有法律约束力存在争议，但是即使只考虑中国共产党在中国国家政治生活中事实上的主导地位，也有必要将党的内部治理秩序国家化。

（一）反对党内治理秩序国家化的一般理由

1. 基于整体人民观不承认政党的宪法地位

在西方经典宪政理论中，政党没有合法的政治地位，只不过是公民联合起来与国家进行对话时一种暂时的中间组织，不是一种独立、稳定存在的法律主体。在国家主权面前活动的是一个个原子化、相互平等的公民，这些完全同质的公民通过政治过程中的讨论、协商，最终聚合成一个神圣

② 《中国人民政治协商会议章程》（2004 年 3 月 12 日中国人民政治协商会议第十届全国委员会第二次会议最后修订）。

的整体人民,行使人民主权。[3] 因此,人民主权应当是整体人民的主权,任何阻碍作为个人的公民聚合成整体人民的组织和制度,都不具有宪法上的正当性。在理论构想中,作为人民主权理论的大家,卢梭的观点具有相当大的代表性,他对公意与众意的区分,[4]对英国代议制的轻蔑[5]无不反映出他对整体人民观的推崇。

这种整体人民观也在第二次世界战以前施行的欧美国家宪法文本中得到了体现。[6] 例如,法国第一共和国宪法序言《人类与公民政治权利宣言》第26条规定,任何一部分人民不得行使全体人民的权力,[7]其正文第29条规定,每位代表都属于整个法国。[8] 第二共和1848年宪法第34条也规定,国民议会的成员不是选举他的省的代表,而是整个法国的代表。[9] 德国魏玛宪法第21条同样规定,帝国议会的代表是整个人民的代表。[10] 在这种整体人民观中,这些经典宪法文本往往采取无视政党的态度。例如,在美国宪法、法国第一、第二共和宪法中都没有提及“政党”一词,或者对政党采取贬义的规定。例如,德国魏玛宪法第130条规定,公务员是整体人民而不是某个政党的公仆。[11] 在这种从整体人民观出发蔑视和排斥政党的态度中,作为人民内部小团体组织者的政党将无法获得宪法的任何肯定承认,也就更谈不上将政党内部治理秩序国家化的可能了。

---

③ 有关西方经典宪政理论中对政党地位的看法,可参见程迈:《欧美国家宪法中政党定位的变迁——以英美法德四国为例》,载《环球法律评论》2012年第3期。

④ [法]卢梭:《社会契约论》(第3版),何兆武译,商务印书馆2003年版,第35~36页。

⑤ [法]卢梭:《社会契约论》(第3版),何兆武译,商务印书馆2003年版,第128页。

⑥ 有关整体人民观的讨论,参见程迈:《德国联邦议院党团法律制度研究》,载《德国研究》2014年第4期。

⑦ “ART. 26. – Aucune portion du peuple ne peut exercer la puissance du peuple entire”; Declaration Des Droits De L' homme Et Du Citoyen, La Constitution du 3 septembre 1791.

⑧ “ART. 29. – Chaque député appartient à la nation entière.” La Constitution du 3 septembre 1791.

⑨ “ART. 34. – Les membres de l' Assemblée nationale sont les représentants, non du département qui les nomme, mais de la France entière.” La Constitution du 4 novembre 1848.

⑩ Artikel 21. „Die Abgeordneten sind Vertreter des ganzen Volkes. Sie sind nur ihrem Gewissen unterworfen und an Aufträge nicht gebunden.“ Die Verfassung des Deutschen Reiches (“Weimarer Reichsverfassung”).

⑪ Artikel 130. „Die Beamten sind Diener der Gesamtheit, nicht einer Partei.“ Die Verfassung des Deutschen Reiches(“Weimarer Reichsverfassung”).

2. 为保护政党自治自由排斥国家干涉

19世纪下半叶之后，欧美国家的民主政治开始进入大众民主政治阶段，伴随着民众政治参与规模的扩大，事先组织、联合公民有序参与政治活动的中介组织显得愈加重要。但是受西方经典宪政思想的限制，在政党的实际作用日益重要的同时，政党的宪法地位却迟迟得不到宪法的明文肯定，也使得宪法失去了对政党活动进行规制的可能，形成了宪法文本规定与政治现实的强烈反差，最终使得在意大利、德国，反民主的极权政党利用宪法程序以形式合宪的程序攫取了国家权力、成功推翻民主政体并走上了军国主义道路，最终酿成了第二次世界大战这一人类历史悲剧。出于对这些历史悲剧的反思，在“二战”结束后，在这两个国家的宪法中都对政党问题作出了专门的规定，开创了在资本主义宪政民主国家中，政党地位宪法化的先河，并迅速扩大到世界其他国家的宪法立法实践中。⑫

正是因为这种政党地位宪法化是对历史教训反思的结果，因此政党地位宪法化的目的也是充分发挥政党在现代民主政治中的积极作用，抑制其消极作用。从历史教训出发，这些国家的制宪者认为，实现该目的的前提条件之一，是政党可以在很大程度上排除国家对政党活动的干涉，使得政党真正成为帮助公民有序有效参与国家政治生活的中介组织，而不是国家借以操纵民意的政治控制组织。例如，《德国基本法》第21条第1款第2句规定：“（政党）的建立是自由的。”联邦宪法法院认为，这种自由，首先是政党相对国家的自由，即免于国家干涉的自由，⑬最终表现为政党自治的自由。为了保证政党这种免受国家干涉的自由，党内治理秩序非但不能国家化，相反还应赋予政党抵抗国家干涉的权利。党内治理秩序也应当在很大程度上成为政党自治、自主决定的事项。

---

⑫ 何立平：《政党法律制度研究》，黑龙江人民出版社2003年版，“附录一：七十五个国家（地区）宪法中的政党条款”。

⑬ BVerfGE 20,56,72.

（二）支持党内治理秩序国家化的一般理由

1. 监督政党履行其宪法义务

如前所述，宪法承认政党宪法地位、保护政党自治自由的一个背景考虑，是希望其发挥出制宪者期待的特定政治功能。因此反过来说，如果政党的纲领或者活动违背了这种期待，政党非但不应获得宪法对政治自治的承认与保护，反而有可能受到宪法的惩罚如被取缔。实践中也的确有许多国家的宪法文本在肯定政党的宪法地位的同时，又规定了取缔违宪政党的程序。⑭ 为了保证政党能够忠实地履行自己的这种宪法义务，国家有必要对党内治理秩序进行一定的监控。当国家行使这些监控权时，例如，国家机关审查政党的纲领；政党向国家机关提交年度活动和财政报告；国家机关对政党违宪、违法的活动进行制裁，对其合宪、合法的活动进行鼓励。此时，国家将在一定程度上获得控制党内治理活动的权力，党内与国家治理秩序之间的界限也将极大模糊化。

2. 政党内部治理活动已经在政治现实中构成了国家治理的组成部分

在宪法框架内活动的政党，其主要活动目标就是利用宪法规定的程序尤其是选举程序获得国家权力，从而推广本党的意识形态和实现本党的政治利益。此时，党内治理实际上是在为国家治理活动做准备。对于那些在国家政治生活中拥有重要政治能量的政党，例如，执政地位相当稳固的政党，其内部的组织和决策活动，会很大程度决定国家正式政治生活走向和决策。例如，在这些政党对本党参选国家领导人候选人的决定，已经基本上能够决定正式的国家领导人人选；其内部对于重要政治方针的决策，将通过其在立法机关中的主导地位，顺利转化为国家的正式法律。此时党内治理过程中的各种政治博弈和对话，相对于正式的国家政治生活，如行政机关首脑选举或者议会立法活动，反而更具有实质的政治博弈意义。这些政党表面上的“内部治理”活动，会对整个国家形成强烈的外部效应。为了实现普遍规定于各国宪法中的法治国家、人民主权等原则，这就不能再墨守西方经典宪政思想中无视政党存在，或者保护政党自治

---

⑭ 何立平：《政党法律制度研究》，黑龙江人民出版社2003年版，“附录一：七十五个国家（地区）宪法中的政党条款”；再如，《德国基本法》第21条第2款规定：“政党宗旨或党员行为有意破坏或推翻自由民主的基本秩序，或有意危害德意志联邦共和国生存的，该政党属违反宪法。政党违宪由联邦宪法法院予以裁判。”

自由的成规,相反需要对党内治理过程进行相当强度的宪法规制。否则,如果这些宪法原则仅仅适用于国家正式的治理活动,却对执政党党内违宪的制度和活动视而不见,在这些党内治理活动会对整个国家的政治生活产生强烈的外部效应的同时,宪法的原则却无法对这些党内治理活动发挥指导效应,这些宪法原则将不可避免地在很大程度上被架空。

(三)在中国语境中党内治理秩序国家化的理论考虑

1. 党内政治过程与人民政治过程的重合问题

前文对于政党党内治理活动与国家政治活动关系的讨论,在很大程度上建构在对政党内部活动的溢出效应,即对整个国家政治活动的影响的分析上。当人们认为政党的内部活动对整个国家的政治活动并没有决定性的影响时,政党的内部治理活动相应地也应当远离人民的政治过程;当党内政治活动会实质性地影响到国家的政治过程时,政党的内部治理活动自然也会与人民的政治过程存在重合现象。

在有中国特色的社会主义民主法治体系中,中国共产党的领导地位是一个核心问题。虽然现行八二宪法仅在序言中规定了中国共产党的领导地位,在实践中也造成了中国共产党的领导地位是否具有宪法约束力的争议。[15] 但在2001年,时任全国人大常委会委员长的李鹏在官方公开讲话中明确表示,宪法序言具有法律效力。[16] 因为这是中国最高权力机关的最高领导人的官方发言,此后又没有相反的解释出现,因此我们应当可以认为宪法序言与其正文一样具有约束力,中国共产党也将据此成为宪法上的执政党。

如果认为党的执政党地位得到了宪法的承认,那么在中国的宪法实施语境下,反对政党内部治理秩序国家化的各种一般理由就失去了说服力。在党是宪法执政党的情况下,通过党的组织和活动参与国家生活是中国人民主要的参政渠道,发生在党的组织和活动之外的其他政治活动,对国家政治过程的影响将非常小。而且借助其他政治组织和人民团体参与政治过程的那部分人民,根据作为中国宪法惯例制度的多党

---

⑮ 参见殷啸虎、李莉:《宪法序言的功能与效力研究》,载《上海交通大学学报》(哲学社会科学版)2004年第6期。

⑯ 许崇德:《中华人民共和国宪法史》(上册),福建人民出版社2005年版,第481页。

合作与政治协商制度,这些政治组织和人民团体本身也需要接受党的政治领导。[17] 在这种有中国特色的宪法和政治制度中,受党直接领导,或者说加入党的内部治理秩序中的那部分人民,实际上是真正能够影响国家政治活动的人民,是代表整体人民发声的部分人民。这是与西方经典宪政思想中整体人民观完全不同的人民观,是马列主义的无产阶级或者人民民主专政思想的产物,即公民的整体集合并不等同于人民。[18] 不过自"三个代表"的思想写入党章以后,党本身也在努力扩大自己代表群体的范围。

2. 党内治理秩序国家化对政党内部活动自由的影响

前文提及的反对党内治理秩序国家化的一个重要理由是,国家对政党内部活动的过度干涉会对政党活动自由产生消极影响,从而削弱政党发挥出其应有的功能。但是在中国的民主法治实践语境下,从党的宪法执政党的地位出发,出于对政党自治自由的保护而反对党内治理秩序国家化的理由,似乎不能在中国的宪法实施语境下适用。为保护政党自治自由而反对国家干涉党内治理秩序,其根本目的是防止在政治生活中具有多数地位的执政党借助国家机关的权力,干涉处于少数地位的政党的活动,破坏公平竞争的政治过程。在承认了中国的宪法执政党地位后,从理论上说,已经不再存在其他政党利用其对国家机关的控制来干涉执政党的内部活动的可能了。

3. 政党内部治理秩序国家化对宪法实施的影响

宪法承认中共的执政党地位,是为了更好地建设有中国特色的社会主义民主法治,西方经典宪政思想中政治过程至少具有形式上的开放性,政党的内部决策空间也较大。但是与西方经典宪政的价值中立性不同,中国的宪法秩序具有高度的价值倾向性,而党作为宪法执政党,其内部的决策倾向与宪法的价值导向自然将具有高度的同向性,也正是有这种同

---

⑰ 参见《中共中央关于进一步加强中国共产党领导的多党合作和政治协商制度建设的意见 中共中央关于进一步加强中国共产党领导的多党合作和政治协商制度建设的意见》,载 http://cpc.people.com.cn/GB/64162/71380/102565/182142/10993406.html,最后访问时间:2016年8月6日。

⑱ 有关人民、公民、选民这几个概念在中国宪法语境下的不同,参见许崇德:《中华人民共和国宪法史》(第2版),福建人民出版社2005年版,第132页。

向性，才能保证中国宪法在党的领导下可以得到最好的实施。此时，作为宪法上的执政党，党的内部治理活动无疑对整个国家的政治生活具有强烈的外部效应，在这一背景下，党内决策是否符合其党内决策程序的要求，是否从法律上可以被认为是党，而不是党内部分领导人违反党内实体和程序法规作出的无效决定，对这些问题的判断，也会实质性地影响到宪法的实施。

4. 党在国家政治生活中的重要事实影响力要求将其内部治理秩序国家化

即使不考虑党的执政党地位是否具有宪法约束力，面对党在目前中国政治生活中事实上的领导地位，人们同样应当支持将党的内部治理秩序的国家化。在中国的政治生活现实中，我们经常看到，党内的各种决策和决定将一锤定音地决定正式的国家选举和立法活动，甚至是否具备党员身份或者受到党纪处分，都会影响到当事人的政治甚至民事权利。目前世界上可能没有哪个国家的单个政党的内部治理活动，会像中国共产党这样，如此牵动一个国家甚至整个世界的神经，对国家甚至整个世界具有强烈的外部效应。此时，为了兑现宪法对人民主权、保护公民政治权利的承诺，人们已经有更强烈的理由支持将党内治理秩序国家化，承认党内活动是正式的国家政治活动的组成部分，以更好地兑现各种宪法承诺。

二、政党内部治理秩序国家化的实证研究：中国的例子

上文是在理论层面上讨论政党内部治理秩序国家化的问题。从这些理论基础出发，我们对中国现实状况分析后将发现，党的内部治理秩序实际上已经在很大程度上国家化了，即表现为党内工作人员具有了国家工作人员的地位，党内机关实际上履行着国家机关的职责，而且这种国家化在一定程度上是党的领导人有意推动的产物。但是这种国家化还处于比较低的水平，需要以国家治理秩序为范本，大力改善，并且加强对党内治理活动的法治监督。

（一）党的内部治理秩序已在很大程度上国家化

1. 人事管理国家化

在现代民主政治中，政党的一个重要功能就是向各种国家机关输送

领导和办事人员。在这一输送过程中,这自然会带来政党内部人事管理与国家人事管理的重叠之处。这种重叠不仅发生在执政党,更会发生在反对党的活动中。例如,人们常说的“影子内阁”现象。所以政党的内部治理秩序国家化的第一个表现是人事管理的国家化,这种国家化同样也发生在中国。例如,在国务院2006年公布的《公务员法实施方案》中,规定了七类机关列入公务员法实施范围,其中排在第一位的便是“中国共产党各级机关”,排在“行政机关”甚至“各级人民代表大会及其常务委员会机关”之前。至于在实践中,包括中共在内的各政党的工作人员和组成部门自中华人民共和国成立之日起,就在国家政治生活中履行着重要的公职职责,并由国家财政支撑其运作,与正式的公务员和国家机关并无差别。而且对于国家各级各类公务员,其中包括领导人员的推荐和安排,党的各级组织部门在其中都扮演着重要的角色,尤其通过“党管干部”的原则表现出来。此时,党的各级组织部门无疑在履行着重要的国家职能,而并不是仅仅服务于政党,党的人事管理已经在很大程度上国家化了。

2. 党内决策效力国家化

无论实行何种政党体制的国家,国家的决策最初都是以某些政党的内部决策作为雏形而产生出来的。作为政治过程中最重要的当事人,政党的党内决策对整个国家的大政方针的走向有着非常强的外部影响作用。从中国的政党体制来看,我们同样可以发现,在前文提及的人事管理的国家化之外,党内机关与国家机关在许多事务管理上也存在大量重叠之处,一个最常见的现象就是党内机关经常与国家机关联合发布具有事实约束力的文件,许多党内决策的影响力也早已跨越出了纯粹党内治理的范围,已经实质上成为了国家法律的组成部分。其中最常见就是中共中央与国务院即党的最高决策机关与最高行政机关联合发布的文件,上述《公务员法实施方案》便是一例,该文件由中共中央与国务院联合发布。在这种示范效应的带动下,不仅中央层面的党政机关,甚至比较低层级的党政机关也经常出现联合发文的情况。例如,2009年4月7日,中共中央组织部、中共中央宣传部、教育部、公安部、民政部、财政部、人力资源和社会保障部、农业部、中国人民银行、国家林业局、国务院扶贫办、共青团中央、全国妇联印发的《关于做好大学生"村官"有序流动工作的意见》的通知,[19]决策机关横跨党、政和群众组织。

在这些人事与立法活动交叉重叠现象之外,有时党内治理活动甚至会不借助国家机关,直接对国家正式生活产生影响。例如,2014 年 11 月中共十八届四中全会的公报提议在 12 月 4 日建立国家宪法日,但是在最高立法机关针对此项倡议尚没有正式立法举措的情况下,当年 12 月 4 日,各级各类党政机关就在全国展开了许多正式的纪念宪法日的活动。[20]这种直接在国家正式生活领域产生影响的党内决策,甚至会及于公民的一些重要的宪法权利,其中最引人关注的现象就是对党员采取的各种"双规"措施。[21]

3. 党内治理秩序以国家治理秩序为模板

在人事管理、党内决策影响国家化的同时,党内治理秩序的建设,也在主动以国家治理秩序作为建设模板,进一步削减了两种治理秩序的差别,使两者的衔接更加平滑。一国的宪法体制,也会影响到该政党的内部组织结构。例如,在实行联邦制的美国、德国,政党的内部治理活动也具有强烈的联邦主义和纵向分权色彩。而实质单一制的法国、日本,党的中央领导机关在政党的内部治理活动中往往会扮演更重要的作用。例如,在中华人民共和国成立之初,党的第一代领导人就有过以国家体系为模板建设党内治理体系的想法。[22] 在近年来采取的各种扩大党内民主的措施中,各级党委实际上是在向人大、行政机关学习,实际上是宪法规定的

---

⑲ 《中组部就〈关于做好大学生"村官"有序流动工作的意见〉答问》,载 http://renshi.people.com.cn/GB/11684691.html,最后访问时间:2016 年 8 月 11 日。

⑳ 中宣部、司法部、全国普法办:《关于开展国家宪法日暨全国法制宣传日系列宣传活动的通知》,载 http://www.moj.gov.cn/fzxcs/content/201411/17/content_5847262.htm? node = 271,最后访问时间:2016 年 5 月 19 日。

㉑ 参见王金贵:《"双规"与自首:合宪性问题研究》,载《法学》2008 年第 8 期。

㉒ 1956 年,毛泽东提道:"是否可以依照人民代表大会的办法,设党的常任代表。我们有人民的国会,有党的国会,党的国会就是党的代表大会。"《毛泽东文集》(第 7 卷),人民出版社 1999 年版,第 54 页。邓小平在中共八大修改党章的报告中也说:"(为了)把党的民主生活提高到更高的水平,党中央委员会在党章草案中,决定采取一项根本的改革,就是把党的全国的、省一级和县一级的代表大会,都改作常任制,多少类似于各级人民代表大会那样。"《邓小平文选》(第 1 卷),人民出版社 1994 年版,第 233 页。

人民民主在带动党章规定的党内民主。[23] 2012 年发布的《中国共产党党内法规和规范性文件备案规定》也规定要建立党内法规和国家法律文件相衔接的备案审查机制。[24] 2012 年 7 月 1 日开始实施的《中国共产党党内法规制定条例》第 19 条也规定:“与群众切身利益密切相关的党内法规草案,应当充分听取群众意见。”这里的群众,显然是指党外群众。党内治理与国家治理的界限被进一步有意模糊化。

(二)党内治理与国家治理的协调问题

上文已经揭示出,党的内部治理秩序在现实中并不排斥国家化,相反已经在很大程度上国家化。但是这种国家化更多的是党基于革命党传统的影响,是其在执政过程中党国紧密联系实践的产物,有可能民主法治国家的原则上还有着深入发展的空间。

党内治理秩序国家化、党内治理秩序吸收入国家治理秩序中来的一个重要前提,是党内治理秩序与国家治理秩序在价值和制度设计上应当尽量同质化,以减少两者的摩擦。如果在国家治理秩序谈民主、讲参与的同时,党的治理秩序却在倡纪律、严服从,两者之间不可避免地会在价值层面上就发生严重的冲突。再如,如果国家治理秩序是建立在普选制度的基础上,而党内治理秩序却更多的是通过自上而下的任命、指定来形成各级党的领导机关,同级层面国家机关和党的领导机关的领导人员之间的效忠方向也将不可避免地发生冲突。在这两种情况下,党内治理秩序国家化对党内治理秩序和国家治理秩序都会产生严重的冲击。

为了避免这种两败俱伤的局面,就需要以正式的国家治理体系为模板设立一套相似的党内治理体系,前文提及党的第一代领导人以国家治理秩序为蓝本建设党内治理秩序的思想也有这种殊途同归的作用。此时,国有宪法,党有党章,党章将成为党内治理体系的“最高宪法”。在前文提及的党内治理向国家治理学习的过程中,人们会发现,党内治理体系相对于国家治理体系还处于比较落后的发展阶段。

---

[23] 金安平:《“党内民主”与“党的民主”——党内民主示范、带动人民民主机制的思考》,载《社会科学研究》2009 年第 1 期。

[24] 《中国共产党党内法规和规范性文件备案规定》第 14 条规定:“建立党内法规和规范性文件备案审查与国家法规、规章和规范性文件备案审查衔接联动机制。”

表 1　八二宪法与中共党章章节比较

<table>
<tr><td>中华人民共和国宪法(2004 年修正)</td><td>中国共产党章程(2012 年通过)</td></tr>
<tr><td>第一章　总纲</td><td></td></tr>
<tr><td>第二章　公民的基本权利和义务</td><td>第一章　党员</td></tr>
<tr><td rowspan="9">第三章　国家机构
第一节　全国人民代表大会
第二节　中华人民共和国主席
第三节　国务院
第四节　中央军事委员会
第五节　地方各级人民代表大会和地方各级人民政府
第六节　民族自治地方的自治机关
第七节　人民法院和人民检察院</td><td>第二章　党的组织制度</td></tr>
<tr><td>第三章　党的中央组织</td></tr>
<tr><td>第四章　党的地方组织</td></tr>
<tr><td>第五章　党的基层组织</td></tr>
<tr><td>第六章　党的干部</td></tr>
<tr><td>第七章　党的纪律</td></tr>
<tr><td>第八章　党的纪律检查机关</td></tr>
<tr><td>第九章　党组</td></tr>
<tr><td>第十章　党和共产主义青年团的关系</td></tr>
<tr><td>第四章　国旗、国徽、首都</td><td>第十一章　党徽党旗</td></tr>
</table>

通过表 1 我们可以看到,党章与宪法的结构具有一定的相似性。除去宪法中规定了各种宪法基本原则的“第一章　总纲”,宪法和党章的其他各个章节的排布和内容基本类似,都是从规定共同体基本成员的权利和义务入手,然后再具体规定党内各种组织的组成和相互关系。而且两者都是首先规定中央层面的组织机关再规定下级机关,反映出中央机关对两种共同体都非常重要。但是如果仔细分析宪法与党章的内容,就会发现党章在立法制度与专业化的权力运行制度上存在严重不足。

1. 党内治理秩序还需要加强规范性建设

为共同体生活制定一定的规范是保证共同体生活有序进行的前提。在国家政治生活中,立法也是其有序进行的起点,因此宪法高度重视立法问题,“法律”一词是宪法中出现了 83 次的高频词,在对全国人大及其常委会、地方人大及其常委会职权的规定中,都有对制定法律、法规或其他规范性文件权限的明确规定。㉕ 而且对于宪法的修改,宪法也规定了相对于普通法律更严格的程序。㉖

㉕ 有关全国人大的立法权限见《宪法》(2004 年最后修订)第 62 条第 1、2、3 项,有关全国人大常委会的立法权限见第 67 条第 1、2、3、4 项,有关地方各级人大的立法权限见第九十九条,有关地方各级人大常委会立法权限的规定见第 100 条。

㉖ 《宪法》(2004 年最后修订)第 64 条。

但是在党章中没有对党内法规的制定程序和内容的明确规定。例如,在党章第3章"中央组织"的规定中,对全国代表大会职能描述基本上围绕着选举活动展开,其中第19条第4项有关"修改党的章程"的规定,是在党章中仅有的涉及党内规范制定问题的规定。至于"党内法规"一词亦只出现在党章中两次,而且都规定在第44条对党的各级纪律检查委员会任务的规定中。党章对党章本身也没有规定相对于普通党内法规不同的修改程序。

目前有关党内法规制定权限和程序的问题,原则框架性的规定都规定在了《中国共产党党内法规制定条例》中,[27]但是相对于规定国家立法活动的《立法法》,《中国共产党党内法规制定条例》的规定同样显得过于简略。

表2 《中华人民共和国立法法》与《中国共产党党内法规制定条例》章节比较

中华人民共和国立法法	中国共产党党内法规制定条例
第一章 总则	第一章 总则
第二章 法律 第一节 立法权限 第二节 全国人民代表大会立法程序 第三节 全国人民代表大会常务委员会立法程序 第四节 法律解释 第五节 其他规定	第二章 规划与计划 第三章 起草 第四章 审批与发布 第五章 适用与解释 第六章 备案、清理与评估 第七章 附则
第三章 行政法规	
第四章 地方性法规、自治条例和单行条例、规章 第一节 地方性法规、自治条例和单行条例 第二节 规章	
第五章 适用与备案	
第六章 附则	

[27] 该条例于2012年7月1日开始实施,此前,在1990年,中共中央印发了《中国共产党党内法规制定程序暂行条例》。

2012 年制定的《中国共产党党内法规制定条例》全文共 36 条，相对于 2000 年修订、全文共 96 条的《立法法》，在篇幅上就显单薄。从内容上看，《立法法》对不同立法主体的立法程序和权限、不同立法主体制定的规范性文件存在冲突时的解决机制作出了比较详细的规定；而《中国共产党党内法规制定条例》的重点是对党内法规规定单线条的纵向制定程序，虽然对于各种党内法规制定主体的权限以及相应规范性文件的效力等级也有所涉及，但是只有非常简单且缺乏可操作性的规定。例如，《中国共产党党内法规制定条例》第 28 条规定了党内法规的冲突解决机制，它规定中央纪律检查委员会、中央各部门和省、自治区、直辖市党委发布的党内法规同中央党内法规存在抵触时，中央有权责令改正或者予以撤销，但是“中央的撤销权”如何在中共中央委员会、中央政治局、中央政治局常务委员会和中央委员会总书记间分配，当“中央”不行使撤销权时，其他非中央层面上的党内组织是否可以启动申请撤销程序，撤销的标准又是什么，《中国共产党党内法规制定条例》都没有作出规定。对于这些类似的复杂问题，《立法法》在第 5 章用了一章的篇幅详细规定了各种规范的权力等级。例如，新法与旧法、上位法与下位法、特别法与普通法，以及各类不同规范发生冲突时的解决机制。例如，地方性法规与部门规章之间发生冲突时如何解决。这进一步反映出，如果以国家立法制度作为判断标准的话，党内立法制度相对国家立法制度还需要进一步加强规范制度建设，以充分实现有法可依。

2. 党内治理秩序需要进一步提高权力监督和专业化建设

中国宪法虽然没有引入西方经典宪政思想下的分权制衡理论，但是在不同的国家机关之间，还是设立了各种权力之间的纵向和横向分工监督机制。通过对以党章为核心的法规体系的分析我们可以看到，目前党内治理秩序在不同党内权力主体之间相互关系的问题上规定得相当简略，表现出党内治理秩序建设目前还是更多地停留在“有法可依”的层面上，至于这些党内法规如何能够得到切实的落实，如何实现“有法必依”，制度上还没有成熟的设计。

例如，我们可以对《中国共产党章程》，编辑于不同时期的《中国共产党党内法规选编》,[28]2012 年年底中共中央颁布的《党内法规制定工作五年规划纲要(2013—2017 年)》[29]的编排体系进行一个比较。

表 3　党章、党内法规汇编与党内法规五年纲要的体系对比

中国共产党章程	中国共产党党内法规选编				2013—2017 年五年纲要
	1978—1996 年	1996—2000 年	2001—2007 年	2007—2012 年	
总纲	中国共产党章程等……	中国共产党章程等……	中国共产党章程	党章及相关法规制度	
第一章　党员	党员		党员	党的领导和党的工作	党的领导和党的工作
第二章　党的组织制度	党的组织制度	党的组织制度	党的组织制度	思想建设	思想建设
第三章　党的中央组织	党的中央组织	党的中央组织	党的组织	组织建设	组织建设
第四章　党的地方组织	党的地方组织	党的基层组织		作风建设	作风建设
第五章　党的基层组织	党的基层组织	党的干部	党的干部	反腐倡廉建设	反腐倡廉建设
第六章　党的干部	党的干部	党的纪律	党的纪律	党的机关工作	民主集中制建设
第七章　党的纪律	党的纪律	党的纪律检查机关	党的纪律检查机关		

---

[28] 中共中央办公厅法规室、中共中央纪委法规室、中共中央组织部办公厅:《中国共产党党内法规选编(1978—1996)》(第 2 版),法律出版社 2009 年版;中共中央办公厅法规室、中共中央纪委法规室、中共中央组织部办公厅:《中国共产党党内法规选编(1996—2000)》(第 2 版),法律出版社 2009 年版;中共中央办公厅法规室、中共中央纪委法规室、中共中央组织部办公厅:《中国共产党党内法规选编(2001—2007)》(第 1 版),法律出版社 2009 年版;中共中央办公厅法规室、中共中央纪委法规室、中共中央组织部办公厅:《中国共产党党内法规选编(2007—2012)》(第 1 版),法律出版社 2014 年版。

[29] 《中央党内法规制定工作五年规划纲要(2013—2017 年)》,载 http://news.xinhuanet.com/ziliao/2013 - 11/28/c_125775991.htm,最后访问时间:2016 年 8 月 19 日。

续表

中国共产党章程	中国共产党党内法规选编				2013—2017年五年纲要
	1978—1996年	1996—2000年	2001—2007年	2007—2012年	
第八章　党的纪律检查机关	党的纪律检查机关	其他	其他		
第九章　党组	党组				
第十章　党和共产主义青年团的关系	其他				
第十一章　党徽党旗					

从表3中我们可以看出,党章的篇章体系极大影响了党内法规体系的建设思路,使得党内法规仿佛是党章的被动延伸。在宪法与各部门法的关系间则不存在这种现象。例如,在宪法中规定得较少的民商事法律制度是我国目前最发达的法律部门,而宪法中主要涉及的国家权力组织和基本权利保护领域,在立法实践中规定得反而比较少,这从另一个角度反映出宪法实施的专业化水平在某些领域已经得到了比较好的发展。而且这种专业事务的划分也可以在一定程度上起到分工协作、相互监督的作用。

但是这种专业分工体系在目前党内治理秩序中的发展还是不够成熟的。在2007年以前,党内法规体系的划分基本上都是按照党章的规定展开,而党章本身具有比较强的纵向组织法的色彩,即对整个党的组织按照民主集中制的原则从党员到中央组织,再从中央组织到地方和基层进行构建后,然后再以纪律检查机关保证这种民主集中制运作的有效性,其体系建构的主要目标在于上下畅通和团结有力,而不在于不同机关之间的权力划分,更不在于事项处理的专业化,其后果自然是领导权力过大、党内活动缺乏制约,易于造成权力滥用甚至腐败的问题。不过从表3我们可以看到,自2007年以来,党内法规体系的划分开始出现了一定的横向划分现象，例如，开始以事项进行体系区分，2012 年年底的《党内法规制定工作五年规划纲要（2013—2017 年）》继续了这种划分体系，这说明随着党内治理法治化程度的提高，党内机关间的分工合作、相互监督机制也在缓慢地发展。

三、党内治理秩序国家化的未来方向

党的内部治理秩序国家化后，党内法规将成为国家法律的组成部分，可以在行政和审判过程中被直接引用；党内工作人员将成为国家工作人员；党内各种活动也应当得到国家预算的资助。反之，政党不可再以这些活动仅是党内事务、没有法律约束力为由，拒绝国家机关的干涉，各种国家机关将可以直接干涉党内治理活动，例如，对党员权利处分决定进行行政法上的审查。

在党内治理秩序将成为国家治理秩序的一部分后，随之而来的是党内治理与国家治理的其他领域关系的问题；宪法和法律在适用于党内治理领域时，是否会产生不同于适用于其他国家治理领域时的要求；公民在党内治理中作为党员与他在其他国家治理秩序中的权利义务地位会有什么差异等问题。

党的内部治理秩序国家化的最终目标，是在中国特色社会主义民主法治体系下，通过加强党的内部治理的理性化程度，在加强党内民主建设、提高党的执政能力同时，实现人民有序的政治参与、国家生活的民主化和法治化。因此，在回答前述问题时，需要始终将这些背景目标考虑在内。

（一）以党政分离来保护党的政治基础

党内治理秩序的国家化，并不意味着党的机关可以无限制地利用国家机关来服务于自己的政治目的，例如，制定要求人民服从政党领导的法律，并由国家机关来保证这些法律的执行。相反，政党活动需要与正式的国家机关的活动保持清晰的界限，在国家正式法律可以直接适用于党内治理秩序的同时，党内决策原则上不可以直接适用于党外生活。党内决策虽然具有了正式的国家法律地位，但是其作用对象要限于党内事务，就像在我国，地方性法规是国家法律的组成部分，但是其作用范围只限于地方一样。

首先,无论在何种具体的政党制度体制下,政党都需要植根于社会、来自于人民,它的权威都来自于人民对其政治纲领和组织活动能力的信任。通过一份自上而下加于人民、对人民规定忠诚义务的法律文件来巩固政党的执政地位,不仅丝毫不能从本质上增加政党的权威,更有可能会从心理上加深人民的拒斥。考虑到政党的成员在人民之中只会占据非常少的人口比例,例如,中国共产党目前虽然有八千多万党员,[30]但是依然不及中国人口的十分之一,在这种情况下,如果还规定党内决策具有普遍直接的外部法律效力,无论政党内部的组织和决策过程如何民主,都不能完全消除人民对党内治理秩序会取代国家治理秩序的猜疑。

其次,当政党不具有正式的宪法机关地位时,因为民主选举制度的存在,公民对某个暂时执政的政党的不满不会直接转化为对整个宪法制度的不满;当实行多党政治时,执政党与反对党的政治竞争更可以分散公民对国家政治活动的不满,在这两种背景环境中,政治过程中的某些小冲突不会立即带来质疑整个宪法框架合法性的影响,政党与国家机关从而可以互为政治缓冲器,有利于整个国家的政治稳定。在中国的宪法实施语境中,党的宪法执政党地位已经大大限制了选举制度的政治缓冲作用,如果进一步抹杀政党与国家机关之间的差别,这种决策与执行界限模糊的情况不仅会为国家权力的稳定有序运行带来障碍,党也要直接面对始终困扰着国家机关的各种官僚主义的指控,更要在国家机关作出一些政治上不明智的决策后,为此承担全部政治后果,公民对国家机关的任何不满都会转变为对党以及整个国家宪法制度的不满,这将是一种高度紧张且没有回旋余地的体制。

因此,在党内秩序国家化的同时,虽然国家可以针对党内治理活动颁布直接适用的法律规定,或者将普遍适用的法律规定直接适用于党内治理过程,但是反过来,党内治理活动应当与国家机关的活动保持清晰的界限,党内的决策和措施,在其可以直接适用的部分,应当仅仅涉及党内事务,例如,对党员党内权利的处分、党内组织制度的安排。对于一些会对党外成员或者党外政治生活造成影响的领域,必须通过宪法规定的人民

---

[30] 《中国共产党党员达 8779.3 万》,载 http://politics.people.com.cn/n/2015/0629/c1001-27226368.html,最后访问时间:2016 年 8 月 19 日。

代表大会制度作为中介，转变成正式的国家法律，允以执行。像前文提及的党的机关与国家机关联合发布文件的做法，就存在比较大的模糊两者界线的嫌疑。而且无论是《立法法》还是《中国共产党党内法规制定条例》，都没有规定这种党政联合发布的文件的法律效力，这些文件的法律效力实际上是存在非常大的疑问的。

（二）为保障党的政治领导能力限缩宪法权力组织原则的要求

政党内部治理秩序国家化的目的之一，是监督党内组织活动符合宪法和法律对国家权力组织方面的规定，例如，决策过程民主化，以免当政党事实上控制了国家权力的同时，却可以在内部组织和活动上无视这些原则的要求，结果在事实上架空这些宪法和法律的要求。

不过将这些抽象的宪法原则适用于党内治理秩序时，需要根据党内治理秩序的特点，适用符合政党功能的具体要求，这也是宪法和法律在适用于不同的具体领域时普遍存在的现象。例如，宪法人民主权原则在适用于国家机关的组织与活动时，往往表现为决策民主化的要求，但它在具体适用于立法、行政和司法机关时将表现为不同的具体要求：适用立法机关需要在其决策过程中进行最充分的讨论；适用行政机关需要在法律规定的框架内谨慎地行使行政裁量权，适当地引入社会与公众参与；适用司法机关要根据形式法治的要求做到依法审判。这种不同在很大程度上是由这三种国家机关宪法功能差异造成的。

基于相同的理由，将各种宪法权力组织原则适用于党的内部治理秩序时，同样需要考虑党作为政党的独特之处。政党作为综合、提炼民意的中介组织，内在地具有集中化的要求，即经过党内活动，能够产生一个清晰、明确的政策主张，能够推举出一个有号召力的候选人，政党本身也能够创造出一个清晰且团结的外在政治形象，也只有这样的政党才是一个有能力承担起政治领导地位的政党。此时对党内治理秩序不可以简单施加国家政治过程中的开放、多元与平等的要求。相反，将各种宪法权力组织原则适用于党内治理秩序时，应当始终考虑到党内集中化与保障政治领导能力这样的前提要求。此时决策民主化、尊重地方积极性的各项宪法原则，因为其有可能会削弱党内集中化，影响到政党的政治领导能力，在适用时的强度应当有所下降，尤其是不能以其适用于立法机关或者适用于国家正式选举活动时的相同强度，适用于党内治理秩序，相反要在一定程度上尊重党内机关的决策和判断。但是这些宪法原则的基本要求还是需要得到保证,例如,在党内决策过程必须赋予普通党员一定的施加影响力的渠道,地方党组织也能够在一定程度上参与党中央机关的决策活动,不能完全架空宪法权力组织原则的要求。

(三)区别对待党员与党内治理是否相关的权利

为了保障党的政治领导能力,将宪法权力组织原则适用于党内治理秩序时,可以适当地限缩其要求强度。与此逻辑相一致,党的内部领导机关对于党员权利,也可以从保障党的政治领导能力出发,进行一定的克减。例如,党的领导层可以在党内选举过程中对不同性别、出身和教育程度的候选人比例作出一定的规定,其目的是在党外造成本党具有最广大代表性的形象,如果普通党员对此提出异议,认为自己的平等选举权和被选举权受到了党内机关的侵犯,无法享受普通选民面对国家机关时同等强度的法律保护。再如,为了加强党内团结,减少党外认为政党内部分裂,无力发挥政治领导功能的质疑,党内领导机关可以对党员言论进行一定的限制,并对发表与党的政治纲领不协调言论的党员做出一定的纪律处分,直至剥夺其党员身份,此时党员同样不可以简单地相对党内机关主张自己言论自由。

不过正是因为党内机关对党员权利的处分,其目的在于实现党的政治领导能力,因此对党员权利的限制,其出发点应当始终限制在服务于政党的政治目的的范围内。与这些目的无关的处分,例如,要求购买本地生产商提供的产品以支持当地经济发展,则是违宪或者违法的。对于与党内治理无关的党员权利,党内领导机关也无权作出区别于普通公民的不同规定,处分这些权利的权力,还是保留在国家机关的手中。例如,当在任的国家公职人员被剥夺党籍后,并不当然地带来其将失去该公职的后果。

需要注意的是,在这些权利上并不存在简单的非此即彼的区分,可以将某些权利明确地定义为可受党领导机关处分的权利,与此同时将其他权利排除出去。例如,如果党的政治纲领强调保护普通劳动者的权利、实现社会公正,但是在现实中,党的大部分成员都属于企业高级管理人员或者积极从事资本投资活动,这会对党的政治形象造成严重的矛盾。此时,从实现党的领导能力出发,党内机关有理由对党员的民商事权利做出一定的限制。因此,对党员权利处分的区别对待将是一个程度问题,越接近政治权利、对政党的政治领导能力影响越大,政党领导机关的处分权力就越大;越远离政治权利且对政党的政治领导能力的影响越小,政党领导机关的处分权力就越小。具体的保护强度,将由行使审查权的国家司法机关在个案中,从尊重党的机关的判断权出发,作出具体的判断。

(四)以法治护民主

本文的思路,在很大程度上还是借鉴了西方经典宪政思想,尤其是其对于政党的定位与功能的理解。但是需要注意的是,在中国特色社会主义民主法治体系中,党的宪法执政党地位的确立,在保证了政治稳定的同时,也在一定程度上有可能限制政治参与的渠道。而且这种对某个特定政党的宪法执政党地位的肯定,是西方经典宪政思想从来没有讨论过的,相应地也会带来对其理解的适用力有限的问题。例如,为了保障政党的政治领导力而降低党内组织活动的民主化强度、对党员政治权利的行使作出一定的限制性规定,在西方经典宪政思想设想的多党民主政治中,可以通过多党之间的政治竞争而对党的领导层形成一定的压力,使其不敢完全忽视党内普通党员的意见独断专行。再如,普通党员对自己的言论自由受到政党领导机关的限制不满时,可以索性退党,加入其他意识形态和政治纲领更符合自身要求的政党,或者索性独立组建政党。但是在中国的宪法实施语境中,这种党外政治制约的力量非常小,在政治制约下降的时候,就需要利用法治制约来加强调控,实现党内治理的理性化,这也是本文建议中共党内治理秩序国家化的一个重要背景考虑。

以法治护民主,其中涉及两个重要问题:法从何来,法由谁行。在中国的人民代表大会制度中,各级人民代表大会依然是最重要的立法机关,虽然党对各级人大具有政治上的领导地位,但是人大与党组织毕竟是两个不同的组织,在各级人大立法过程还是能够吸取一定的党外不同意见,给予执政党更好的政治反思机会,最终通过人大立法最好地反映整个人民的意志。反过来,如果党重视这种党外意见渠道的话,在严守党政分离、接受法治监督基础上的党内治理秩序国家化,也将起到让人民代表大会制度更好发展的作用。

其次,在党内治理秩序国家化后,这将排除阻止国家机关尤其是司法机关监督党内治理秩序的障碍,如主张这些事务属于政党内部事务、不具有法律约束力，相反，国家司法机关的管辖权将覆盖到党内治理秩序上。此时，由这个最远离政治控制链条但是政治基础也最小的国家机关来实施对党内活动的法治监督，可以最好地在尊重党的领导机关政治判断并保障其政治领导能力的前提下，通过事后、个案的审查，来倒催党内治理秩序理性化程度的提高。

知易行难，希望本文这些尚且抽象和模糊的设想，能够为加强党的内部治理的法治化、提高其执政能力，最终实现党内民主与人民民主发展的齐头并进，起到一个投石问路的作用。

●裁量与权衡:论权衡方法在行政裁量中的应用

邬　蕾*

一、引言

行政裁量是行政法学中的核心概念,①行政裁量广泛地存在于行政领域之中,甚至有论者认为,行政裁量是行政权的核心。② 行政机关在法定的范围内具有判断和行动的自由对行政权的行使而言具有重要意义,它既是行政权对法律的执行,也是其发挥创造性的条件。行政裁量的复杂性正是对行政与立法、行政与司法复杂关系的集中反映,其理论争议也最大。尤其是,面临着行政任务的复杂性、多变性等困难,一方面行政权被寄予厚望,另一方面行政权的扩张也需要加以控制。对行政权,尤其是对行政裁量的规制是行政法研究中的重要课题。一般而言,对行政裁量的控制是从两个方面进行的:合法性和合理性。根据依法行政原则,行政裁量的合法性规制自不待言,然而对行政权的合理性化则因其缺乏判定合理性的客观标准以及对行政机关的行政裁量领域的自主性的尊重,从而合理性控制始终难收其效。

为实现行政目标,在行政裁量领域行政机关需要在不同利益冲突之间权衡取舍。这些冲突既存在于公共利益和私人利益之间,也在公共利益之间和私人利益之间广泛存在。对行政裁量的合理性控制通常体现在

---

* 邬蕾,西南政法大学行政法学院讲师,北京大学哲学博士。

① 我国行政法语境下,"自由裁量"比"行政裁量"的使用更为广泛,但是从对英文"discretion"的翻译来看,自由并不确切,因为没有完全自由的裁量权,而学界逐渐开始更为规范地使用"行政裁量"这一概念。参见王贵松:《行政裁量的构造与审查》,中国人民大学出版社2016年版,第9~10页。

② [美]伯纳德·施瓦茨:《行政法》,徐炳译,群众出版社1985年版,第566页。

如何合理地权衡各种利益,并通过行政裁量实现最佳的法效果。阿列克西发展的原则权衡理论为行政裁量的合理化控制提供有益的启示,虽然权衡理论最早提出并非为应对行政裁量中的权衡问题,但以权衡作为方法在行政裁量实践中可以为行政机关实现合理的裁量效果提供一条有益的思路。为此,本文将采取以下几个连续的步骤来加以论证:第一步,剖析行政裁量的逻辑结构;第二步,分析行政裁量中采取权衡方法的范围及其可能性;第三步,对原则权衡理论在行政裁量运用加以评估;第四步,对可能存在的质疑加以回应。

二、行政裁量的逻辑构造

(一)行政裁量的一般逻辑

论及行政裁量的合法性和合理性控制,则必须讨论的是行政裁量的基本逻辑结构。行政裁量归属于行政行为的范畴,按照其一般分类,法律对行政行为的约束程度可以划分为两种:拘束行为与裁量行为。这一分类为行政自由裁量的司法控制提供基本的观念前提,行政机关受制于法,但并不意味行政机关的一切行政行为都要受到司法控制。法律是普遍的规则,因此无法涉及所有案情的具体细节,由此对行政权的司法控制必须划定一个确定性的范围。行政裁量虽然赋予行政机关一定的判断和行为自由,但是行政裁量依然属于法律的适用范畴。具体言之,行政裁量发生在法律规范适用于具体案件的过程中。行政裁量对法规范的适用过程与一般的法律规范的适用过程在逻辑上并无本质差异。从适用的规范类型而言,行政机关和一般的司法机关适用的两类规范:形式规范和实体规范。前者决定机关适用规范所必须遵守的程序;后者决定司法和行政的行为的内容。③ 从程序规范而言,行政裁量严格受到立法的控制,采取何种步骤作出决定,行政裁量并不存在。而涉及行政裁量的是实体规范,在实体规范和案件事实之间,行政裁量要对二者进行涵摄,满足一个三段论式的推理过程。其中,法律要件作为大前提,案件事实作为小前提,然后从大前提得出结论,也就是特定的法效果。从这一三段论中得知,行政裁量和一般法律适用的逻辑程序是一致的。行政裁量不受司法控制的原

③ [美]凯尔森:《法与国家的一般理论》,沈宗灵译,商务印书馆 1995 年版,第 146 页。

因，并非它采取了完全不同于一般法律适用的特殊方法，而是行政裁量的精神图示与一般的法律适用过程完全不同。

（二）行政裁量的精神构造

在一般的私法诉讼中的逻辑，是平等主体之间的权利冲突在第三者那里寻找定分止争的途径，而这第三者就是法院，其最高的第三者就是主权者。它的一般私法诉讼结构图1可以表达为：

法院 审判

原告 个人　　　被告 个人

图1　一般私法诉讼结构

法院根据规范和案件事实的关系加以涵摄，从而对原告与被告作出有利或者不利的判决。而在行政诉讼构造与一般的私法诉讼不一致，因为其被告一方是政府。我们可以将行政诉讼结构图2④表达为：

法院 审判

原告 个人　　　被告 政府

图2　行政诉讼结构

在行政诉讼的过程中，政府被置于被告的位置，由此政府作为法律人格可能为其行为承担法律责任，从而《行政诉讼法》强化了法治政府和责任政府的理念。然而，在行政裁量则与此完全不同，我们可以将行政裁量过程与法庭判决过程相类比，得到行政裁量的精神构造图3：

政府 审判

原告 政府　　　被告 相对人

图3　行政裁量的精神构造

设若对政府原告身份的假定是成立的，这一精神结构图3的特殊之处在于，政府虚拟出一个原告身份负责举证，而被告作为行政裁量的相对人当然可以进行抗辩，不过不同于一般行政诉讼的地方在于，这里承担审判职能的同样也是政府。为什么行政裁量在行政法中如此重要，也难以被控制的，它如此危险，使得我们想起西方的名谚："任何人都不能充当自己的法官。"这也是说明了在行政裁量中说明理由的重要性，2004年出台

④　陈端洪教授将行政诉讼的结构图示表达为"民告官"从而揭示出个人与政府对峙的关系，参见陈端洪：《对峙——从行政诉讼看中国宪政出路》，载《宪治与主权》，法律出版社2007年版。

的《全面推进依法行政实施纲要》第20点就提出要求："行政机关行使自由裁量权的，应当在行政决定中说明理由。"[⑤]所以有论者认为，不说明理由或者说明理由不具体都是行政恣意行为。[⑥] 当然，容忍"自己当自己的法官"的主要理由在于，我们推定行政裁量是以公共利益为根据的。揭示这一精神图示的好处在于让我们更加清晰地认识到行政裁量的独特之处。可能的疑问在于行政裁量并不限于个案裁量，行政裁量还包括制定抽象规则的立法裁量以及对未来进行设计的行政规划裁量等三个类型。但是，从行政裁量所处理的法律关系中，我们依然可以发现其内在的相似性。行政裁量无论是哪一种类型，究其大端，无非是在处理"公共利益——个人利益""社会秩序——个人自由""行政效率——个案公正"之间的价值冲突，依然可以将冲突方带入这一模式之中。

（三）行政裁量的法律适用

根据一般的裁量理论的解释，行政裁量既存在于法律要件的认定之中，也存在于法律效果的选择之中，由此形成关于行政裁量范围的几种不同理论。

T：存在T的情况

R：行政机关可以采取手段R1或R2

其中在T表达的是要件裁量，而R表达的是效果裁量。第一种理论认为，裁量只存在于要件之中，只要行政机关的裁量在于补充要件，则必然发生确定的法效果R，由此效果裁量将不复存在。第二种理论认为，行政裁量在于效果裁量，在确定要件构成的情况下，效果裁量存在R1或者R2或者其他效果。第三种理论认为，行政裁量既存在于要件裁量也存在于效果裁量，行政机关既可以补充要件，也可以得出不同的裁量效果。根据行政裁量的精神图3，我们可以判定，行政裁量对行政机关课以举证之责，由此行政机关既可以补充相应的要件，也可以根据特定的要件构成，形成不同的法效果。从而，我们拒绝第一种和第二种理论，从而接受第三种理论，行政裁量既存在于要件裁量，也存在于效果裁量。因此，在复杂的行政裁量的判断过程中大致包括：确定案件事实，解释法律要件，涵摄，

---

⑤ 《全面推进依法行政实施纲要》，载《国务院公报》2004年第16期。

⑥ 王贵松：《行政裁量的构造与审查》，中国人民大学出版社2016年版，第78～79页。

最后决定特定的法律效果。王贵松教授对行政裁量的法律适用流程做了详细的分析,得出图4:⑦

确定案件事实

↓

解释法律要件——不确定法律概念:(1)经验性概念;(2)价值性概念

↓

涵摄

↓

决定法律效果:(1)决定裁量;(2)选择裁量;(3)时间裁量;(4)程序裁量

图4　行政裁量的法律适用流程

包括涵摄在内的之前的流程都是要件裁量的内容,而决定法效果为效果裁量。显然,从行政裁量的整个流程来看,裁量的对象是完全缺席的,整个过程都是行政机关按照法律和事实情况对法律的适用。由此,行政裁量展示了其在逻辑上存在的必要性,行政裁量直接接入了规范和事实之间的关系之中。

三、权衡方法在行政裁量中运用的可能性

根据以上论述,行政裁量是一个法律适用的过程,行政的自由空间存在于解决事实与规范之关系,它使用的基本逻辑是涵摄抑或等置。涵摄表达的是将确定的事实代入法律,看是否满足法律的要件要求。而阿列克西的权衡理论认为,法律规范可以分为两种:其一是规则;其二是原则。对于规则而言,法律使用采取的是涵摄。规则在事实上和法律的可能上构成一种决断,规则是确定性的命令(definitive commends),对于一条规范而言,它要么是一条规则,要么是一条原则。而原则是与规则在质上而非在量上不同的法律规范,原则被认为是最佳化命令(optimization commends)。原则要求在事实上和法律上可能的范围内尽其最大可能被实现的规范。⑧ 对规则的适用采取的是涵摄,而原则的适用则与此不同,原则适用的方法是权衡。对于行政裁量是否可以以及在何种范围内可以

---

⑦　王贵松:《行政裁量的内在构造》,载《法学家》2009年第2期。

⑧　[德]罗伯特·阿列克西:《法:作为理性的制度化》,田雷编译,中国法制出版社2012年版,第131~133页。

适用权衡方法取决于在行政裁量过程中采取法规范的性质。

(一)规制行政裁量的规范性质

行政裁量要受到法律的规制是毫无疑问的,甚至由于行政裁量的特性,行政裁量更加需要规制。在实践中,制定法的硬法以及软法都是对行政裁量加以规制的手段。而且软法规范承担了规制行政裁量权的主要任务。按照一般理论,规制行政裁量的途径包括以下六种:(1)法律程序;(2)立法目的、立法精神;(3)基本原则;(4)行政惯例;(5)政策;(6)裁量基准。[⑨] 从这些规制行政裁量的规范看,立法目的、立法精神,基本原则,裁量基准以及政策和惯例等毫无疑问是一些原则性规范,具有软法的性质,而法律程序具有硬法的性质。

根据控制主体、控制理念、控制制度和控制技术,针对不同的行政裁量类型有四种控制模式。王锡锌教授认为,这四种控制类型分别是:(1)通过规则命令的控制模式;(2)通过原则指导的控制模式;(3)通过程序竞争的控制模式;(4)通过监督审查的控制模式。[⑩] 这四种控制模式都试图使行政裁量实现理性化,其中规则控制试图压缩行政裁量空间,尽其可能排出人的主观因素。根据规则的性质,行政裁量不能逾越规则确定的范围,而只能享有规则之内的自由空间。由此,行政裁量的权衡空间就只能涉及事实的认定和规范的解释,事实的认定是一个认知问题,而规范的解释也具有相对客观性的标准。而程序竞争控制模式是从行政裁量过程中的技术层面对其加以控制,尽力遏制行政裁量的非理性化倾向。监督审查的控制模式通过第三方的介入来对行政裁量实施控制,既对行政裁量的过程也对行政裁量的结果加以监督,从具体的实施主体而言可以有内部的监督审查控制,也存在司法的监督审查。

真正涉及权衡理论运用的是第二种控制模式即原则指导的控制模式,正是因为规则控制的对行政裁量自由空间的压缩,这对行政裁量完成行政任务带来的不利影响,从而对行政裁量的控制可以采用更为灵活和多样的控制手段,而且在尊重行政裁量的基础上可以赋予执法者更多的

---

⑨ 关于行政裁量的规制途径的论述,参见姜明安主编:《行政法和行政诉讼法》(第6版),北京大学出版社2015年版,第211~213页。

⑩ 王锡锌:《行政自由裁量权控制的四个模型——兼论中国行政自由裁量权控制模式的选择》,载《北大法律评论》2009年第10卷第2辑。

判断、慎思空间。原则指导的控制模式可以让执法者在法治的基本价值和行政需要之间寻求平衡。行政法有很多基本原则，这些原则之间如何选择并使用存在多种可能性，如信赖保护原则、比例原则、法律优位原则、诚信原则、正当法律程序原则。这些基本原则的选择是存在裁量的选择余地的，这些原则如何选择需要执法者理性选择。而权衡理论可以为执法者对原则的选取提供基本的方法论指导。

(二)行政裁量适用规范的性质

行政裁量适用规范的逻辑是涵摄，也就是说按照权衡理论，是规则而非原则在发挥作用。由此推论，似乎权衡方法在行政裁量具体的法律适用过程中并无用武之地。法律的使用是一个将法律规范具体化与具体案件抽象化的互动过程，这一过程被考夫曼生动地描述为“是一种在事实中对规范的在认识，以及在规范中对事实在认识之过程”。[11] 执法者始终在“大前提与生活事实间之眼光的往返流转”。探究权衡理论是否可以运用于行政裁量的具体过程，需要深入分析行政裁量的内在逻辑之中。按照前论，行政裁量既存在于要件裁量，也存在于效果裁量。从效果裁量的角度看，行政裁量可以采取以下裁量手段：决定裁量（是否采取措施）、选择裁量（采取何种措施）、时期裁量（何时决定、采取措施）、程序裁量（如何决定、采取措施）。这些效果裁量可以按照行政裁量的一般特征可以划分为不同的刻度，在公共利益和个人利益之间加以权衡，此时公共利益和个人利益便可以同原则理论所体现的价值相类比。由此，权衡理论在效果裁量上就存在应用的可能。有疑问的是要件裁量是否可以采取权衡的方法，这就需要我们对要件裁量的流程进行逐一分析。

1. 案件事实的认定

在任何行政裁量发生之地，执法者首先要对案件事实加以认定。这种认定包括对行为主体以及事实本身两个方面加以确认。案件事实的认定并无裁量余地，其存在行政裁量瑕疵的可能性在于执法者是否按照法律的规定进行证据调查。从行政裁量的主体上看，案件事实认定不依赖执法者的主观判断，而是一个认知问题，并在法律上确认证据的法效果。

[11] [德]亚图·考夫曼：《类推与“事物本质”——兼论类型理论》，吴从周译，学林文化事业有限公司1999年版，第95页。

即便存在“事实认定的裁量”也不过是执法者采取何种方法对事实加以认定,并不能改变事实的固有性质。因此,我们可以认为,案件事实认定上,裁量都不能发生,逞论权衡方法的运用。

2. 法律要件的解释

行政裁量在法律要件的解释上存在较大的裁量空间,执法者需按照相关法律条文来实施裁量,而一个特定的法条乃是一个规范性的语句,而规范性语句的意义才是规范。规范都是一些抽象性的规定,如何解释规范的意义并将其适用,执法者是存在裁量空间的。在适用到具体案件时,法律规范需要加以解释。而法律概念中大多为不确定的法律概念,除了诸如数字之类的确定性概念之法,不确定的法律概念占行政裁量适用规范的绝大部分。而这类概念又可以划分为:经验性概念和价值性概念。经验性概念可以通过社会常识予以判断,从而裁量的空间才有效。比较有疑问的是价值性概念。诸如“公共利益”“必要性”“公共安全”,对这些概念的理解根据不同的案件背景可能并不相同,难以获得唯一的答案。正是由于其唯一解释并无可能,所以这就为执法者预留了对法律加以认识和判断的空间,故而对要件裁量才是可能的。虽然如此,这也并不表示执法者可以随意行使裁量权。在实践中,也发展了相应的方法来控制行政裁量对不确定法律概念解释的随意性,一方面,可以将价值概念去价值化,也就是将其转化为具有客观经验内的概念,另一方面,对价值概念实施价值补充、分解和具体化。虽然要件解释具有一定的裁量空间,但只要适用的规范是规则而非原则,则权衡方法也无法在要件裁量中予以适用。权衡理论中的比例原则的三个子原则(适切性原则、必要性原则和狭义的比例原则),其满足的条件在于只有原则之间存在原则碰撞(Collisions of principles)才是可能的。这一原则被表述为:“在某些条件下一个原则优先于另一个原则,这些条事实就有效的构成了一项规则,这项规则赋予优先原则以法效果。”因此,在法律要件的解释的过程中,可能存在权衡理论应用的情形在于,对于不确定的价值概念存在冲突的可能,并且执法者要对这些价值概念之间必须做出选择才可能运用权衡方法。

3. 比例原则的性质

在具体的行政裁量中除对一个特定的法规范加以使用的情形外,还存在对行政法原则的运用。行政法原则广泛存在于行政裁量过程中,无论是实体性的基本原则还是程序性的基本原则都是行政裁量过程中可以适用的法律规范。其中在实体性的基本原则中本身就有比例原则,行政机关在作出行政行为时要兼顾行政目标的实现和适当性手段的选择,从而保障公共利益和相对人的权益的均衡。从权衡理论比例原则的三个子原则看,第一,执法者在准备实施行政行为,尤其是要对相对人的权益不利时,只有认定裁量意图达至的法效果能对应特定的行政目标才是可以被实施的。若一个裁量效果不能达至特定的行政目标,则应放弃并选择另外的裁量方案。这就满足了比例原则的第一个子原则,适切性原则。第二,在能满足特定的行政目标时,行政裁量在所有备选方案中,必须选择对行政相对人的利益最小损害的裁量方案。第三,在满足适切性和必要性原则之后,行政裁量要根据权衡原则来比较裁量获得的利益与损失的利益之间的关系。这就是狭义的比例原则。

在行政裁量的过程中,执法者要根据行政法规范与具体案件相结合而作出判断并作出相应的行政决定,而从行政裁量合理性的角度看,行政裁量判断过程若能更加理性地运用权衡方法,则行政裁量的合理性控制将是可预期的。合理性判断的行政既要考虑实体的合理性也要考虑程序的合理性,而在事实的调查取证上也要遵循科学的方法。在实体合理性方面,若按照比例原则来考虑行政裁量所采取的不同手段,权衡方法具有重要的启示意义。诸如平等原则、价值合理性原则、目的合理性原则都将可以在权衡理论中得到相应的价值衡量。从而帮助执法者选取何种原则在具体案件中的成本与收益。

四、权衡方法在行政裁量中的应用的必要性

行政裁量具有特殊的内在结构,在立法授权的范围内,执法者具有广泛的判断和行动的自由。而行政裁量权的滥用与扩张则尤为值得警惕,对行政裁量的规制既可以从外部着手也可以从内部着手。从外部而言,立法和司法都可以实现对行政裁量的规制,然而无论是立法还是司法规制都有其限度,二者都不可能将行政裁量的自由压缩殆尽,因此在我国的行政裁量实践中,一般采取行政机关自我规制,自我规制目标最重要的乃是实现行政裁量的理性化。而实现理性化最重要的是在如何更为精确的意义上实现利益的权衡。论及权衡方法在行政裁量中应用的必要性,首

先要予以解决的问题是裁量与法的关系。从极端情况,第一,如果裁量完全受到法律的约束和指导,则裁量中适用权衡理论几无必要。第二,如果行政裁量依赖于行政主体的自我规制,那么权衡理论在多大程度上对裁量主体的自我规制是有意义的。

(一)一元论与二元论

裁量一元论和裁量二元论是行政裁量领域中的一个重要论题,二元论认为裁量问题与法律问题是两个独立的领域,其结果是法院不能审查裁量问题。一元论认为,裁量问题与法律问题并不是两个不同的问题,裁量也是法律问题只不过是法律中那些不太重要的问题。二元论长期占据行政裁量理论的主流,然而,进入20世纪中叶之后,二元论大有被一元论所取代的趋势。[12] 权衡方法在行政裁量中的应用依赖于行政主体自我规制,在权衡运用的范围内,行政机关有更大的独立性。若坚持行政裁量一元论,则权衡方法的应用将是非常有限的。而坚持二元论,权衡方法会有一定的应用空间。虽然从历史发展的总体趋势而言,一元论逐渐占据优势,但是论及权衡方法应用的必要性需要从逻辑上对行政裁量的结构加以讨论。

前论已经指出,行政裁量也是一个法律适用的过程,我们也尝试将其与一般私法审判和行政诉讼审判的逻辑结构加以类比。发现在行政裁量过程中,行政机关其实扮演了两个不同的角色。一者是公共利益的辩护人,另一者是公共利益和相对人之间发生利益冲突时的裁决者。虽然在具体的行政裁量实践中,并不存在真实的审判过程,但是从其内在逻辑观察,行政裁量过程依然是一个服从司法审判的逻辑三角结构。从二元论的角度观察,行政裁量过程是一个独立封闭结构,在这个结构中,行政机关可以有较大的裁量自由。从一元论的角度看,行政裁量却是一个开放的受到司法审查的领域。从几何学意义上,三角结构最为稳定,若不附加其上位司法审查的限制,行政机关可以在这个结构中享有充分判断的自由。而在裁量过程中,行政机关违反裁量界限时才构成违法,从而成为司法审查的对象。在行政裁量内部结构范围内,基于法律意图的多义性,立法者在授权中的不确定性才可能成为行政裁量自由的前提。从裁量的界

---

⑫ 王天华:《从裁量二元论到裁量一元论》,载《行政法学研究》2006年第1期。

限来看,这些界限包括:(1)外部界限,法律授权的界限;(2)不确定法律概念的界限;(3)因裁量瑕疵而产生的界限。从行政裁量的结构看,只有(1)是逾越三角结构之外的界限。而对(2)和(3)的界限认定乃是行政裁量范围自由判断的领域,难以接受司法的审查,从而对不确定的法律概念和行政瑕疵需要行政主体进行自我规制。

(二)自我规制的理性化

行政裁量接受司法审查是有限度的,无论是一元论还是二元论都需要行政机关在裁量过程中进行自我规制,而这种自我规制的目标就是实现理性裁量。实现裁量的理性化需要对行政裁量的结构加以清理,行政裁量是一个复杂的过程,但从其本质观察无法涉及三个核心要素:公共利益、私人利益和裁量的正义。一般认为,行政机关需要在公共利益和私人利益之间加以平衡,这一理论的图示是将行政裁量视作一个"行政主体——行政相对人"的二元结构,如果行政机关也有义务实现行政,也就是满足行政裁量的三角结构,则行政机关不仅是公共利益的辩护者和代理者,而且有可以实现正义的义务。这单纯设置再多的行政裁量基准未必能满足不同案件中的各种复杂利益和价值诉求。

1. 公式化

在行政裁量中运用权衡理论的好处在于:首先可以将裁量过程呈现于可以进行数学表达的公式之中。权衡理论的一个重要点在于可以将需要保护的若干原则加以公式化处理,阿列克西在分析德国基本法所保护的基本权利时,对不同的原则加以赋值,并列于公式之中,从而可以在具体案件中何种原则将应优先适用。在行政裁量过程中,若能采取公式化的方式将公共利益和需要保护的相对人的利益表达在一个可以加以比较的公式之中,则裁量结果将更为理性,也对行政相对人而言具有可接受性。

2. 参与性

行政机关的实践理性和行政相对人的理性判断可以实现互动的过程。行政机关在行政裁量过程中若能遵循一个中立的客观标准,那么行政相对人和行政机关之间就存在商谈的可能。在具体运用权衡理论过程中,行政机关和行政相对人可以对各自的利益进行充分的表达,对最终赋值的可以形成一定的公式,从而尽可能消除冲突。

3. 公开性

行政裁量的具体结构可以实现公开化,从而行政机关可以更好地实现自我约束。权衡理论是一个可以加以公开表达的理论,在作出行政决定的过程中,行政机关可以将裁量理由和利益诉求进行公开表达,其公开性本身就行政机关而言就能受到自我约束的效果。

五、权衡理论的调整与应用

权衡理论在行政裁量领域中运用具有可能性和必要性。从必要性上,无论是裁量问题和法律问题的一元论还是二元论,从理性化的角度看,权衡理论都有其必要性。再则,权衡理论的应用依然属于行政机关自我规制的范畴,从自我规制的理性化、参与性和公开性等角度,权衡理论都可以在实现行政裁量理性化中发挥作用。而权衡理论的具体应用一方面要解决行政裁量过程可能的运用范围,另一方面还要对权衡理论加以调整,毕竟权衡理论的主要运用在宪法基本权利的权衡方面。

(一)权衡理论的调整

论及权衡理论是否可以适用于行政自由裁量权,则首先需要检讨权衡理论的适用范围。阿列克西主要将权衡理论适用宪法的基本权利解释,因为宪法中的基本权利都是一些高度抽象的原则,基本权利的实现具有价值判断的意义,对其实现程度可以进行判断。在吕特案中,法官发表了这样的看法,"基本权利首先是公民对抗国家的防御权;但《德国基本法》中的基本权利规定同时也体现为一种客观的价值秩序(Wertordnung),其作为宪法上的基本决定而对所有的法领域发生效力"。⑬ 其权衡方法在于将宪法中的基本权利规范转化为原则,在原则之间进行价值权衡。以言论自由和人格权为例,这两项基本权利都载于《德国基本法》(第 5 条第 1 款第 1 项以及第 2 条第 1 款及第 1 条第 1 款)。在个案之中,这两个权利出现冲突,则需要确定两个基本权利受侵害的程度,并在二者之间形成比例关系。只有采取的手段和方法在基本权利之间造成一种此消彼长的关系时,权衡理论才是可以适用的。那么,在行政裁量中是否可以适用权衡

⑬ 关于吕特案的判决的要旨,参见张翔主编:《德国宪法案例选释》(第 1 辑),法律出版社 2012 年版,第 22 ~ 23 页。

方法,取决于在适用规范的过程和作出行政裁决过程中是否可以形成利益权衡关系。根据前面的论述,行政裁量权的使用其实质是在相对人的利益和行政权的所追求的利益之间进行权衡以及在适用法律过程中对各种行政选择加以权衡取舍。前者涉及行政裁量决定中的权衡,而后者涉及对行政裁量权加以规制的原则的权衡。对于规制行政裁量权的原则的取舍可以与宪法基本权利的原则性规范加以类比,而对行政决定中的权衡问题涉及公共利益和私人利益之间的权衡。这种利益比较可以进行原则性转化,方能诉诸权衡理论。根据阿列克西的权衡理论,原则之间的比较关系是通过公式化的比较得到的,具体而言涉及对原则的赋值。公共利益和行政相对人的利益之间若能赋予特定的价值刻度,那么对于裁量中的行政决定就可以适用于权衡理论。

(二)权衡理论运用的展示

一个具体的行政裁量案件中可能涉及多种规范,首先要对这些规范加以区分,从而区分出规则和原则。对于法律规则而言,行政裁量应该无条件加以适用,应为规则的性质决定了规则要么适用,要么不适用,除非可以有例外条件。而原则则不然,原则是最大化的命令。对于行政裁量的约束性原则和行政决定的价值权衡在适用权衡理论的逻辑方面并无本质差异,从而只要充分理解权衡理论的逻辑实质,则对权衡理论的运用就是可行的。我们以对行政裁量的约束性规范为例对其加以展示。

根据比例原则,在具体案件中首先要确定的是可以适用的原则以及原则之间的关系。第一种情形是原则碰撞,阿列克西将其表述为:

"在某些条件下一个原则优先于另一个原则,这些条件事实上就有效地构成了以一项规则,这项规则赋予优先原则以法效果。"

形式化的表述是:"假如原则 P_1 在条件 C 中优先于原则 P_2:即(P_1 P P_2),并且 P_1 在条件 C 中可以推导法效果 R,就会产生一条有效的规则,这条股由有效的事实 C 和法效果 R 过程:即 $C \rightarrow R$。"⑭

对于行政自由裁量而言,原则碰撞的意义在于:若在裁量权选择软法规范时,一个软法若明显优先于其他软法规范,则裁量中使用优先的规

⑭ [德]罗伯特·阿列克西:《法:作为理性的制度化》,田雷编译,中国法制出版社2012年版,第134~136页。

范，而拒绝其他规范。这样的好处在于避免裁量过程不作区分的使用所有规范。而权衡法则使用的条件是可以将最佳化命令转化为比例原则（*the principle of proportionality*）。其中比例原则蕴涵三个子原则：(1)适切性原则；(2)必要性原则；(3)狭义的比例原则。

(1)适切性原则

适切性原则要求采取适当的手段来实现确定的目标。若在自由裁量之中，为了促进原则 P_1 而采用了 M，但是侵害了原则 P_2。既然 M 对于促进 P_1 并不适当，而且还损害了 P_2。那么综合考虑，P_1 和 P_2 都排斥 M。由适切性原则可知，在自由裁量领域要对裁量行为可以进行适当性约束，排斥不能满足任何原则的自由裁量行为。

(2)必要性原则

必要性原则要求如果采取的手段 M_1 和 M_2 都促进了 P_1，同时 M_2 对 P_2 造成的损害比 M_1 更小，那么就应该选择 M_2 而拒绝 M_1。同理，若 M_3 造成的损害比 M_2 还要小，那么就应该选择 M_3 而拒绝 M_2，以此类推。必要性原则对于自由裁量的意义在于，行政主体在裁量中所采取的手段应当是在更少地侵害其他原则的前提下而能促进某一原则。

(3)狭义的比例原则

适切性原则和必要性原则的约束使得裁量中在事实上和法律上得以最大可能地实现行政合理性，但是还应考虑到所有对立的情况，它要求所采取的手段与造成的损害之间成比例，这对应的是阿列克西的权衡法则，他将其表述为："对某一原则的侵害越大，另一个原则实现的重要性就越大。"⑮在一个具体案件中，行政裁量若采取手段 M，那么原则 P_1 在一个此裁量案件的分量就可以表述为：

$$W_{1,2}=\frac{I_1}{I_2}$$

由公式可知，在具体案件中 P_1 对于冲突原则 P_2 的具体分量，I_1 表示使用手段 M 时，P_1 未获满足或者损害的程度，也就是采取 M 对 P_1 的干涉程度。I_2 表达的是当采用 M 时 P_2 满足的重要性程度，也就是如果不采用手

⑮ [德]罗伯特·阿列克西：《法：作为理性的制度化》，田雷编译，中国法制出版社2012年版，第138页。

段 M 时，P_2遭受损害的程度。从权衡法则看，一个具体的权衡可以被分解为三个步骤：第一步确认一个原则不满足的程度，即公式中的 I_1；第二步确认对立原则 P_2被满足的重要性程度；第三步对立原则的被满足能否证立对另一原则的损害或不满足。为了使这个公式具有数学上可计量性，这就需要对 I_1 和 I_2进行定级（Graduation）。阿列克西采取了三分刻度来刻画 I_1和 I_2程度：l（轻度）、m（中度）、s（重度），并分别加以赋值为：2^0、2^1、2^2。实际上，阿列克西对这一公式还进行补充，也就是要加入 P_1 和 P_2 的具体分量，他将其标为 W_1和 W_2。除此之外，在特定案件中还要考虑使 I_1满足而 I_2不满足的经验性假设的可靠性，也就引出第三组变量：R_1 和 R_2，并按照 r（确实可靠）、p（貌似真实）和 e（非明显错误）进行定值，分别是：2^0、2^{-1}、2^{-2}。这样就获得了更为完整的权衡公式：

$$W_{1,2}=\frac{I_1 \cdot W_1 \cdot R_1}{I_2 \cdot W_2 \cdot R_2}$$

权衡公式的意义在于对于采取特定手段，如何论证原则 P_1的满足程度是否构成对原则 P_2的正当化干涉。经过定值和商数处理，如果 P_1的具体分量 $W_{1,2}$是大于 1 的，那么 P_1是优先于 P_2的，如果小于 1，则 P_2优先于 P_1。如果出现等于 1 的情况，阿列克西认为，这时实施或者放弃手段 M 都是可以的。由此，权衡理论在行政自由裁量过程中如何选择手段，并采取到底满足何种原则将是非常有意义的。设若在特定的行政自由裁量的案件中，以政策性规范和裁量基准为例，若政策性规范要求行政机关更好地履行保增长的义务，而裁量基准要求限制行政自由裁量权从而切实保护公民的权利。我们将其进行原则性转换，其权衡的一方是公共利益 P_1，而另一方是尊重和保护公民的权利的原则 P_2。行政主体在具体裁量过程中采取的手段为 M 并且可以满足适切性和必要性原则，到底应该偏重原则 P_1还是 P_2则可以采取比例原则。设若 I_1为 2^0，而 I_2为 2^1，并且公共利益的 P_1和 P_2的抽象分量同等重要，赋值为 $W_1=2^2$，$W_2=2^2$，而经验假设的可靠性都是确实可靠的。实际裁量过程中的情况可能更为复杂，本文在这里将其加以简化假设其相同。那么，得到 P_1的分量：

$$W_{1,2}=\frac{2^0 \cdot 2^2 \cdot 2^0}{2^1 \cdot 2^2 \cdot 2^0}$$

计算得到 $W_{1,2}=1/2$，其结果小于 1，这意味裁量中 P_2优先于 P_1。这一计算的重要意义在于对于任何裁量行为中的原则价值和行政决定中的利益都可以加以衡量,从而提高行政自由裁量的理性化程度。

六、反思与评估

通过以上展示,我们在行政裁量过程中对权衡理论的应用做了尝试,其优点在于将行政裁量中的权衡本质以公式的方式进行直观性的表达。行政裁量的规制是行政法中的核心论题,任何行政决定的作出都牵扯多方利益的角逐和竞争,行政主体在行政法律关系中具有较大的行为自由。其中涉及法律解释、行政效能的实现、相对人的利益保护以及行政公正性等问题,而且随着行政裁量案件纷纭复杂,行政机关要作出合法且合理的行政裁决并非易事,权衡理论在行政裁量中的运用也是有限度的,并且并非无可指责。而且权衡理论本身作为一种宪法基本权利的衡量理论也并非无可指摘。哈贝马斯就对阿列克西的权衡理论提出了一些中肯的评判。其中就涉及权衡理论可能导致宪法规范的规范效力的减损,并且是否能够保证权衡过程的理性化也是颇有疑义的。权衡理论依赖于法官的判断,其实质依然是法官对法律的解释行使的判断权,其最终的理性程度依然受制于法官的最终决定。在行政裁量领域的权衡理论可能遭受的评判亦如是。

首先,行政裁量在具体实践上的表现并非是法官判案的结构,虽然我们试图将行政裁量过程与法官断案过程加以类比,但行政裁量的本质依然是行政机关按照法律规范直接作出决定的过程。其次,行政裁量所处置的案件具有高度的复杂性,有的裁量过程极为复杂,有的裁量过程可能非常简单,需要迅速及时的作出裁量决定。而权衡理论的运用需要高度理性化的训练,在较为简单的行政处罚决定中使用权衡理论是不现实的。再次,权衡理论试图将利益和原作加以赋值,这种赋值行为依然是具有主观的意义,虽然在行政裁量过程中容纳相对人和不相关者的利益诉求提供了公开商谈和论辩的可能性,但最终决定必然要表达为具体的数学关系,是否能穷尽人类生活的复杂性还需要论证。最后,行政裁量中对权衡理论的应用也是有限度的,对于非原则性或者不存在利益权衡空间的行政裁量案件则权衡理论不复适用。

七、结语

对行政裁量的规制是行政法研究中重要问题,司法审查对行政裁量的规制具有一定的限制和局限。行政裁量的理性化更多地需要依赖行政主体的自我规制。从分析行政裁量的逻辑开始,行政裁量难以规制的主要原因在于行政裁量具有一种立法授权范围内的封闭性。行政主体在适用原则规范和作出行政决定过程中都具有较大的判断和行为自由,由此其理性化的规制需要一套行之有效的方法。权衡理论为实现行政裁量的理性化提供了可供借鉴的方法论指引。权衡理论的运用区分了原则和规制,适用规则采取的涵摄,而对原则的适用则是权衡。行政裁量具有显著的利益权衡本质,无论是从行政裁量适用原则规范还是作出行政决定中都可能涉及权衡方法的应用。权衡方法对于实现行政裁量的理性化具有重要的意义。首先是可以将行政裁量过程以直观的数学公式表达之,可以裁量过程实现形式理性。其次,权衡理论应用的过程中,可以让行政主体和行政相对人充分的表达意见,从而尽可能地消弭冲突和纷争。最后,采取权衡理论还可以让行政过程公开化,从而使裁量过程公开透明。

●反思政治/行政二分法的投射效应

——以公共行政的责任机制为视角

宋京霖*

一、前言

随着政府职能向社会转移,政府不再是行使公共权力的唯一主体,也不再垄断公共物品的提供,私主体常常与公共行政机关共同行使行政权,承担公共职能。公私部门之间的合作关系越来越紧密,社会管理的方式和手段也随之多样化。尤其体现在基层社会管理领域,这种多样化的行政管理模式,产生了"直接协商式的多元政治过程"。① 如在欧洲,网络化机构、规制委员会、开发型协作方式、执行官员的操作式合作等模式被广泛应用在能源规制、金融服务、食品和药品安全、数据保密、环境保护、反歧视及基本权利保护等领域。在美国,也可见到同样的模式,尤其是在教育和福利等公共服务领域以及核能、食品加工和环境污染等公共卫生和安全风险的规制领域。②

多元主体在发展了行政的同时,也带来了一个问题:行政责任的空心化与模糊化。

首先,多元主体的参与使得责任"空心化"。政府、市场以及社会多元主体在参与公共事务过程中共同行动,一方面主体之间相互协作和依赖,

---

* 宋京霖,国家检察官学院讲师,北京大学法学博士,研究领域:公法、公共行政、检察理论。

① Sabel C. F. ,Zeitlin J. *Experimentalist governance in the European Union:towards a new architecture*. Oxford University Press,2010,p. 116.

② Sabel C. F. ,Simon W. H. *Minimalism and Experimentalism in the Administrative State*. Social Science Electronic Publishing,2011,100(1):53 -93.

另一方面也使得责任界限模糊。不同主体的利益立场完全不同,公权力主体以公共利益为依归,私部门以追求利润为目标,在不少公私合作关系中还存在志愿参与者;合作关系的实现依赖所有参与方的共同努力,但不同的参与者在规范层面和实践层面都存在显著差异而难以统一,某一主体对另一主体承担责任的情况可能取决于第三方主体,因此很容易产生责任推诿;参与治理的社会组织成员或公民具有自愿性、自发性和流动性,组织分工缺乏清晰明确性导致责任主体模糊;而治理目标的复合性和多样性,又往往造成责任内容的界定困难以及追责力度的欠缺;社会组织实现自治,也使得政府责任被架空。

其次,现代社会的不确定性使得行政责任"模糊化"。按照传统责任机制的要求,首先要预先制定出明确的目标和规则,从而确定行政在执行中的义务和职责,继而在实践中控制目标和规则的实现。但固定的规则显然不可避免地滞后于剧烈变动的环境,现代社会复杂而多变,责任的具体内容、标准、程序和范围等都难以预先明确,传统责任机制更无法有效应对变动情势中责任主体究竟承担何种责任以及责任如何在多元主体之间分配的问题。特别是在许多领域,公共政策的制定和执行已经合为一个过程,彼此紧密相连无法区分。③ 谈判途径以一种新的决策模式取代了复杂的立法机制和公共行政权威,传统责任机制中可明确区分的政治责任和行政责任已无法确认。

现代行政历经百余年的发展后,为何在当代遭遇上述责任困境?行政法作为围绕行政而建立的一套责任机制,为我们提供了反思的视角和进路。

---

③ 以瑞典一项控制工作场所安全性标准的出台为例:首先,安全行政机构 ASU 召集由劳工、企业和行政机关代表组成的委员会来商议出台一项控制工作场所安全性的标准;其次委员会将所形成的草案发送给各地方工会收集评论和建议;接着委员会将根据各地反馈讨论最终方案,如果委员会无法达成合意,则由 ASU 决定最终的方案;最后,公布正式的标准。劳工代表来自于瑞典工会的中央组织—瑞典工会联合会,企业代表来自于瑞典各种雇主协会中的领导组织—瑞典雇主联合会。三方代表所组成的委员会对标准制定的讨论是非正式的,不进行记录。参见 Kelman S. *Regulation Job Safety and Health:A Comparison of the U. S. Occupational Safety and Health Administration and the Swedish Worker Protection Board*, Harvard University,1978。另参见[美]史蒂芬·布雷耶:《规制及其改革》,洪雷、宋华琳、苏苗罕、钟瑞华译,北京大学出版社 2008 年版,第 264 ~ 265 页。

二、二分法与传统责任机制

(一)自由主义民主模式与"传送带"式的传统责任机制

传统责任机制诞生于国家/社会二元区分的背景之下。在摆脱专制权力的压制之后,社会逐步世俗化,工业社会的发展体现了个人不断增长的自我满足需要。自由不仅意味不受政治权威侵犯的"消极自由",还意味个人有能力选择的"积极自由"。民主国家应当提供必要的条件,保护个人不受专制的威胁而自由地参与经济活动,追求个人利益。

这个时期政治的范围是有限的。它不再囊括城邦或共和国内的所有共同事务,而与经济、文化等领域一同成为特定而独立的领域,或者说,政治仅代表着政府的活动和制度。自由的原则在公民与政府权力之间划分了界限,也区分了国家与社会、公共领域与私人领域。私人领域的自由是国家活动的界限,政府活动或政治的范围被限定在尽可能少的限度。

这种区分蕴含着自由主义民主的理想蓝图,也产生了传统的行政法模式:通过对行政的法律控制从而维护自由主义的民主价值,"将行政机关设想为一个纯粹的传送带,行政机关的职责是在特定案件中执行立法指令"。④ 不受选民控制的行政官员对私人自由的侵入只须证明来自立法机关的指令,便获得合法性。

"传送带"模式设定了行政的合法性就是通过维护"法治"来保护个体的自由和权利。这一模式包含两大预设:首先预设了理想的立法者角色。行政向人民负责首先意味对政治价值和公共政策的选择交给受政治责任直接控制的立法过程。这是建立在自由主义民主模式上西方现代国家共同的特征,普通法系和大陆法系国家均发展出了相类似的法律原则。例如,美国的禁止授权原则和德国的依法行政原则。其次预设了理想的司法审查机关的角色。"传送带"模式同时也描绘了司法审查的角色。选民无法以政治责任直接控制行政人员,因此需要另一个政府机构对行政权进行监督,以确保其行使处于立法指令的范围之内。但司法审查是被动的,前提是存在明确的立法指令,倘若缺乏法律标准,司法审查也无从

---

④ [美]理查德·B. 斯图尔特:《美国行政法的重构》,沈岿译,商务印书馆2011年版,第10~11页。

衡量。

（二）政治/行政二分法

自由主义所提出的代议制民主模式将国家与社会区分开，将政府活动与市民活动区分开。政治/行政二分法进一步将政府活动区分为政治领域和行政领域。在政治领域中，人民与民意代表或立法机关之间、政府首脑与立法机关或人民之间所形成的责任关系，来源于民主选举机制所设定的政治职责或义务，归为政治责任。而行政领域，行政部门及其人员向立法机关或政府首脑等民意代表负责。传统责任机制旨在通过控制行政的“合法律性”（legality）以确保行政活动符合民意。

这种理想主义蓝图正是建构在政治/行政二元区分上：关于社会目的性价值的集体选择乃是通过宏观的政治过程（选举和立法辩论）得以塑造和产生，并以符合社会理想的立法形式得以表达，而目的的具体实现则是交由专业知识的行政官员在具体适用中得以实现。

三、二元分立与传统责任机制的架空

（一）二元分立下的传统责任机制

早期提出政治/行政二元区分的理论家们未曾预料到的问题是：行政“去政治化”的后果是什么？国家能动主义立场突破了传统自由主义观念下对政府活动范围的限制；与此同时，在这种立场下，行政的管理主义面向绝对地追求效率和科学化，而对效率和科学化的追求反过来又支撑着国家能动主义的立场。这推动了行政摆脱政治的控制，传统责任机制在民主与行政之间构建的控制实际上已经崩溃。自由主义合法性之所以被称为“理想蓝图”，正是因为“传送带”的设想完全低估了行政的另一个面向——“管理主义面向”在后来的现代化进程中的作用，或者说完全高估了政治对行政的控制能力。这一趋势引发了行政的合法性危机。

在二分法中，古德诺区分了三种政府行政活动，只有纯粹的执行功能应当受到政治的控制，而行政管理功能与准司法行政功能应当与政治脱离。政治/行政二分法在美国“进步时期”被提出来之后，伴随着文官制度改革的完成以及市政改革运动的兴起，行政活动的焦点从遏制腐败转向了对效率的关注。行政的管理功能受到格外重视，强调行政应以工具理性追求科学化和效率最大化。与此同时，新政时期宽泛的立法授权，使得纯粹的执行功能和准司法行政功能都摆脱了政治的干预。政治与行政开始走向二元分立，例如，魏洛比曾在1927年的教科书《行政学原理》(Principles of Public Administration)中认为："行政研究只关注行政部门的运作，而不论及立法部门和司法部门的政府运作。"⑤这就意味将行政与政府特定组织部门相关联，行政可以从政治过程中彻底分离出来。二元分立的趋势也体现在，在制度理论的影响下，当时的行政研究将重点放在行政部门的政府机构与政府公务员，关注高度结构化组织管理效率的改进，不重视政治过程与功能的运作，不关注在源头上对政治/行政二元区分加以探讨，也不关注如何划定政治与行政之间的界限。⑥ 行政以及行政研究成为封闭的体系这一趋势延续到新政时期。

在制度主义组织理论基础上，新政时期受到科学管理主义的影响，行政继续沿着工具理性的路径发展。这种路径旨在将行政彻底技术化：将问题技术化、将解决问题的方案技术化以及将组织变革工具技术化。⑦ 这样一来将组织打造成纯技术化的管理工具。当时的人们认为一切管理均具有普遍性和共性，即管理在所有组织，无论经济组织还是政治组织乃至宗教组织，都具有重要的作用。⑧ 发端于私人经济领域企业管理的科学管理主义被引入到国家层面的行政活动研究中。简化为管理的行政，将泰勒的科学管理方法应用于工作流程，设计出效率最大化的组织方案。

让行政如此专注于对封闭式的政府组织进行人、事、物以及程序的精细化科学设计，似乎只要通过组织优化或技术优化，就能实现行政的目的。有学者主张："行政的目标乃是追求对可供行政官员处置资源的效果最大化。"⑨更有观点模糊公共行政与私人行政之间的区别，进而认为：任何对行政基于"公共"与"私人"机构之间的区分而进行的描述，都必然是

---

⑤ Denhardt, R. *Theories of Public Organization*, Pacific Grove, Brooks/Cole Pub. Co., 1984, p. 49.

⑥ Denhardt, R. *Theories of Public Organization*, Pacific Grove, Brooks/Cole Pub. Co., 1984, p. 50.

⑦ [法]埃哈尔·费埃德伯格：《权力与规则·组织行动的动力》，张月等译，上海人民出版社2005年版，第355页。

⑧ [法]H. 法约尔：《工业管理与一般管理》，周安华、林宗锦、展学仲、张玉琪译，中国社会科学出版社1998年版，第56页。

⑨ Leonard D. White, *Introduction to the Study of Public Administration*, The Macmillan Company, 1935, p. 2.

不切实际的。[10] 这使得行政中的“公共性”被掩盖了，行政在二元分立的趋势上走得更远。

二元分立将二分法中政治与行政之间的关系简化为“目的与手段”的关系，刻意回避了行政活动与国家目的之间关系。这样一来，行政的目的也通常不在行政官员思考范围之内，行政官员只关注行政的手段，甚至担心对行政目的的关注会对履行职能造成事实上的影响，二元分立的结果就是“对行政目的的考虑也成为不可能了。”[11]原本二分法中具有两个面向的行政，在二元分立下被简化为“行政管理”，弱化了与民主政治相联系的规范性面向。

责任机制也进行了相应的发展，美国新政时期提供了典型的实例。首先是行政的“合法律性”突破了普通法系的自由主义合法性。新政时期之前，在自由主义观念下，普通法系传统的法律观念乃是从司法角度，认为法律是由调整人们行为的确定性规则构成的，派生于法院所执行的各类规定之中，不像大陆法系存在发达的成文法体系指引行政法的发展。而新政时期，伴随着法律实用主义的兴起，通过国会的授权立法，行政机关所普遍实施的政策取代了普通法通过法院所采取的分散性、渐进性模式而成为社会管理的主要方式。

普通法传统所坚持的契约自由，以及经济领域自由放任原则，在新的时代背景下，显示出极大的危害，将既定的财产权和民主控制隔离开，无法保护社会弱势群体；在经济萧条中，作为多数的劳动者不得不忍受雇主的压榨。普通法所维护的市场秩序以及财富和权利的分配也很难在道德的角度被视为是中立的和无偏袒的。侵权、合同和财产权并非是自然的产物，而是涉及公民之间权利义务的社会选择和政府干预，因此不应该被认为完全排除在政府活动范围之外。罗斯福总统强调“市场秩序和市场价值之所以要受制于政治，原因在于这些在现实中始终是政治的一种产物。”这些观点在普通法体系的私法原则之上建立起通过制定法进行行政干预的行政法体系。以制定法为依托，住房权、福利权、就业权、教育权等

---

[10] Lane W. Lancaster, “Private Associations and Public Administration”, *Social Forces*, Vol. 13, No. 2 (December, 1934), pp. 283 - 291.

[11] Egbert S. Wengert., “The Study of Public Administration”, *The American Political Science Review*. Vol. 36, No. 2 (1942), pp. 313 - 322.

第二代基本权利拓展了早期自由主义的财产权和合同自由。

其次，新政期间政府机构也进行了创新，联邦分权与制衡无法实施全国统一的有效行动，各州没有能力应对严重的社会问题，这使得权力从各州转移到了联邦政府，中央集权得到了加强，过去国会、州以及普通法院的权力向总统转移。国会还创建了大量的管制机构，赋予广泛的自由裁量权。宪法根本没有料到这些管制机构的出现，并且这些机构在日复一日的行政中占据越来越重要的地位。

面对现代化的需求，国会通过宽泛的委任立法将政策制定权交给行政机关。[12] 专家行政模式诉诸公共利益，认为行政机关并不仅是民主的"执行工具"，而是通过其自身的专业知识和技能成为公共利益的保护者。新政期间的立法，无论是否明示，都应当被认为隐含了国家通过管理国民经济的各个部门实现经济的复苏以实现公众福祉的目的。一旦目的确定，行政就是采取一切可能的措施，最大化地实现目标、效率从而成为行政的首要价值。既然公共行政与私人行政都以效率为首要目标，则同样地可以将商业管理模式引入到公共行政中。因此行政管理与商业管理一样，需要具备专业管理知识和技能的专家式行政官员，以最科学最富有效率的方法实现上述国家任务。而行政官员实施这些措施应当具有广泛的自由裁量权，才能与促进经济生产发展的需要相适应。对行政最终的测试是其所形成的政策，而非参与者之间争议性的公平处置。[13] 相比于经济发展而言，为追求公共利益的行政裁量权应当排在首位，责任机制如正式法律听证和司法审查仅仅充当有限的补充。[14]

相似的情形同样也存在于魏玛宪法时期下的德国。尽管从君主立宪制的普鲁士帝国迈入议会制的魏玛时代，议会却无法实现对行政的有效控制。魏玛宪法赋予了总统享有紧急命令权，即紧急情况下，总统可采取必要的措施以使公共安全和秩序回复原状。措施所实施的范围不仅是对抗骚动暴乱，还包括了经济、社会以及财政上所出现的困境。尽管魏玛宪

---

⑫ 参见案例 *Panama Refining Co.* v. *Ryan*，293 U. S. 388（1935）以及 *A. L. A Schechter Poultry Corp.* v. *United State*，295 U. S. 495（1935）。

⑬ Landis，J. M. *The Administrative Process*，Yale University Press，1938，pp. 6 –46.

⑭ Wolfe，A. B. *Will and Reason in Economic Life*，Soc. Phil，1J.（1936），pp. 218，238 –39.

法也规定了对总统紧急命令权形式的限制:须得议会内阁的签署以及议会的颁布法律进行追认和进一步详细规定,但魏玛宪法赋予了总统任命内阁总理以及解散议会的权力,实际上总统的紧急命令权不受政治限制也不受法律保留原则的限制。魏玛时期,经济危机以及党派竞争之间的激烈冲突,总统运用紧急命令权反而成为常态。⑮

表面上而言,"传送带"模式仍然维持着行政与民主的连接,但实际上已经名存实亡。行政法在新政时期所发展出的专家行政模式如实地反映了这一情势。

(二)民主的限缩:现代人的困惑

韦伯最早敏锐地看到了专家型的行政对于现代国家而言是必需的、不可避免的。⑯ 行政任务的增多,选举权的普及,社会福利需求的增加,公民要求平等的待遇,需要管理主义的标准化和程序化,现代社会国内国外的冲突更是离不开技术理性。"官僚组织相对于其他任何形式的组织具有绝对的技术优势",但是正因为官僚掌握专门知识与信息,掌握着重要的权力,如何制约官僚体制才是自由得以实现的核心问题。⑰

然而,现代工业化已经限缩了"民主"的空间,人民实际上已经不再是统治者或决策者,而是选择者,选择"谁能够决策"。⑱ 民主本身不再意味目的,而是实现人民目的的一种手段或机制。这种民主机制将政治活动(公共政策的制定)实际上交给了少数精英。人民在这种民主机制中将各种不同的利益诉求表达出来提上议程,就需要对不同的诉求进行筛选,选出那些最适合作为整体的公共利益的考量,显然只有富有经验和才能的人才能做出最有利的筛选。⑲ 而公共政策的执行同样交给具有专业经验和才能的专家式的行政人员,为了能够最大化地实现目标,行政人员必须

---

⑮ 陈新民:《行政法总论》,三民书局1995年版,第76~78页。

⑯ 从技术的角度而言,庞大的现代国家必须绝对地以官僚制为基础。国家越大,他的权力越大,就越是如此。与外部的冲突范围越广泛,内部统一管理的需要越迫切,这一特征就越不可避免,官僚结构也就越会逐步获得其发展途径。参见[德]马克斯·韦伯:《经济与社会》(上卷),商务印书馆1997年版,第971页。

⑰ [德]马克斯·韦伯:《经济与社会》(上卷),商务印书馆1997年版,第971~973页。

⑱ [德]马克斯·韦伯:《经济与社会》(上卷),商务印书馆1997年版,第336页。

⑲ C. B. Macpherson, *The Life and Times of Liberal Democracy*, Oxford University Press, 1977, pp. 78–80.

拥有足够的自由裁量空间。

从二元区分到二元分立的转变，在行政学家怀特看来是行政“合法的和规范的方面”被弱化。[20] 而更深刻的原因或许是政治领域的民主本身被弱化，以至于无法向行政输出足够的民主责任。工具理性不仅占领了行政，也吞噬着政治。

现代化进程推动着工业社会的逐渐成形，经济领域的劳资对立和贫富悬殊，导致了社会矛盾丛生。传统的社会道德在工业社会中已经消失，新的社会道德还没有建立。这个时期工业社会带来了社会大分工，传统的社会结构已经瓦解，新的社会结构正在建成，人们对刚刚到来的分工社会充满了困惑，个人似乎被现代社会所吞噬，个人的主体性与自由在工业社会被限制，人与社会之间是怎样的一种关系？

亚当·斯密认为人性中含有“互通有无，物物交换，互相交易”的倾向，而人正是通过自利而建立起交换的经济市场，“一切人都成为商人，而社会本身，严格而言，也成为商业社会”。[21] 人与社会就是“经济人”与“市场”的关系。但是涂尔干显然不满足于此，他从经济层面深入到道德层面去探究人与社会的关系，认为社会分工不仅构建了市场，也构建了市场所依赖的社会。分工使得“两个‘不完整的人’形成相互依赖关系”，[22]正是这依赖关系构成了社会道德规范的基础。很显然，面对社会分工的潮流，涂尔干认为“专才”而非“通才”才是分化的社会所需要的个体。[23]

亚当·斯密的“经济人”和涂尔干的“社会人”，揭示了现代人的两种面向，也揭示了工业社会带来的现代性矛盾：社会作为一个庞大复杂的有机体，将人的特性抹掉，保留人的一般性，进而又在经济交换和社会分工的环境下，将人塑造成专门化的螺丝，装入社会的大机器中。社会分工不

---

⑳ L. D. White, *Introduction to the Study of Public Administration*, Third Edition, 1948 [J]. Annuals of Japanese Political Science Association, 1950, 1: 153 – 162, p. 7.

㉑ [英]亚当·斯密：《国富论》，田要武、张兴、龚双红编译，北京出版社 2007 年版，第 13 ~ 20 页。

㉒ 只有分工才能使人们牢固地结合起来形成一种联系，这种功能不止是在暂时的互让互助中发挥作用，它的影响范围是很广的。参见[法]爱弥儿·涂尔干、马塞尔·莫斯：《原始分类》，汲喆译，上海人民出版社 2005 年版，第 15 ~ 25 页。

㉓ [法]爱弥儿·涂尔干、马塞尔·莫斯：《原始分类》，汲喆译，上海人民出版社 2005 年版，第 4 ~ 6 页。

但不会带来人的自由,反而会带来人受禁锢而异化的问题。

人在现代化工业社会中受到压制,这一点韦伯看得十分透彻。韦伯认为直接民主并不具有实践价值,大众缺乏专业的知识,又不愿意参与政治。而只有少数有才能的人才能够从事政治。有才能的政治领袖,与官僚行政管理和议会制度,才能处理现代社会日益复杂的政治问题。㉔ 韦伯对人的本质所产生的困惑,以及对普罗大众能力的轻视,在那个时代并不罕见。熊彼特同样看到了现代国家的民主与卢梭式古典民主的背离,大众民主是不切实际的,现实的经验已经展示了竞争性的精英领袖模式不可抵挡。㉕

的确,卢梭式的"人民意志"乃基于理性人的假设,但是个人的理性是有限的。法国社会心理学家勒庞揭示了群体存在非理性的危害:个人理性在群体中存在非理性的倾向。㉖ 这样看来,以"人民"这个集合概念来主张"共同利益"是虚构的、空想的,掩盖了人民内部利益差别、身份差别以及相互斗争的实质。在现代社会,都市规模远远超过了古代城邦村落,而工业化社会生活带来了科学技术的复杂问题,大众民主在决策和管理上存在现实的困难。古典的民主观念与现实是如此的格格不入。在20世纪初,代议制国家民主现实状况与古典的人民主权空想相悖,选举并不是实行人民统治的方式,而是选举"能干的领袖",选举不过是政治精英之间的游戏。选民唯一作用在于淘汰无能的领袖,而在政治决策上并无太多选择的空间。现代社会的民主根本不是也无法是"人民统治",民主不过是指"人民有机会接受或拒绝要来统治他们的人的意思……民主就是政治家的统治。"㉗

民主在现代社会已经被限缩为一种选择机制,而不再意味人民的权力或人民从事自我管理的一种方式,更不意味人民能够通过政治参与实现自我。民主就是选出领袖并使之合法化的制度安排。

㉔ [德]马克斯·韦伯:《经济与社会》(上卷),商务印书馆1997年版,第949页。

㉕ [美]约瑟夫·熊彼特:《资本主义、社会主义与民主》,吴良健译,商务印书馆1999年版,第386页。

㉖ [法]古斯塔夫·勒庞:《乌合之众:大众心理研究》,冯克利译,中央编译出版社2005年版,第37页。

㉗ [美]约瑟夫·熊彼特:《资本主义、社会主义与民主》,吴良健译,商务印书馆1999年版,第355~356页。

四、二元混合与传统责任机制的发展

政策制定本是二分法理论中政治价值选择和利益分配过程,应当经由政治程序而确定,而二元分立下行政机关通过委任立法,取代了民主程序,由专家代替人民对价值选择和利益分配作出安排。新政时期几乎不受责任机制控制的专家行政模式,由于存在严重而明显的民主缺陷而饱受质疑,最终只是昙花一现。二元分立下行政在去政治化方向上的偏离,引发了"二战"后对行政规范性面向的重视,并最终引发了对政治/行政二分法的全面批判。直至20世纪70年代以前,尽管行政重新回归政治,二分法走向二元混合,但是尚没有找到新的理论基础取代二分法。责任机制仍然沿用了二分法下的传统模式,但为了适应新形势,受到程序主义的影响而有所发展。

(一)二元混合下的传统责任机制

一方面,二元混合是在"事"的要素上无法区分。二分法理论自提出以来,沿袭韦伯所开创的事实与价值的区分,并试图将价值排除在行政之外。这种绝对的区分造成了对手段与目的的区分。"目的"决定了在民主治理过程中,行政是否以及如何具备"合法性",决定了究竟什么是"负责任的"行政。二元分立在逻辑实证主义的指引下,将事实与价值分离,从而将行政的目的设定在效率之上,认为效率只是一个价值中立的概念,一个衡量社会表现的公正和客观的手段,主张效率赋予了行政实质的独立合法性。效率作为行政核心价值,成为行政区别于政治的标签。然而,效率绝非是一个价值中立的概念,而是一个包含了一种非常强大道德价值的概念。"在相当程度上,对效率的赞美可被看作新教伦理的世俗化和物质化。"[28]在实践中,决策过程中事实与价值不是机械地结合在一起,而是有机地结合在一起。行政过程不仅是对事实的处理也是对价值的取舍。

另一方面,政治与行政在"人"的要素上也是相互影响的。二分法从形式上将选举产生的民意代表或政治官员与行政官员区分开,但这两者在实践中对公共政策的影响难以区分。

---

[28] Dwight Waldo, *Development of Theory of Democratic Administration*, American Political Science Review, Vol. 46, No. 2 (Jun., 1952), pp. 494 - 503.

质疑产生于对二分法中"政治"的界定与进一步区分。从早期学者们的论述中不难发现,二分法最初所反对干扰行政的政治是"政党政治",针对的现实情况是当时美国政党分赃制所带来的政治腐败和行政低效。经过了一系列改革之后,政党分赃制已经不复存在。到了新政时期,政治的目标不再是恩惠或分赃,而是旨在争夺主导"公共政策的方向"。政治/行政二分法被理解为政策/行政二元区分。㉙ 首先由政治决定应当做什么,再由行政去执行。行政只是工具而非大脑。因此,今天大多数人所理解的二分法意味不仅要将行政从"政党政治"中排除,也从"政策制定"中排除。㉚

就政府的最高层面活动而言,"政党政治"可以与其他政治或行政相区分开。"政党政治"只是关注富有争议性的议题,而其他议题通常由立法机关或行政机关解决。具有高度争议性的议题往往由政治家们以斡旋与协商以争取多数支持得以解决,行政官员在此无法起到任何作用。

但是"政策政治"就很难在实践中与行政相区分。按照二分法,"公共政策是由具有立法权者制定的并由行政人员国家公务员执行的法律和法规"。㉛ 但是现代社会所出现的复杂问题,往往无法区分政策的制定与执行。随着行政的扩张,行政裁量权的广泛存在,动摇了政策/行政二元区分。政党政治过程中的协商或妥协的痕迹可能在立法中留下痕迹,如用语的模糊不清或目标过于宽泛;国会大量的委任立法更是直接扩大了行政裁量权的范围。这就使得行政机关在执行政策时留下裁量的空间,

---

㉙ "The distinction, so often made in the literature of administration, between policy question and questions of administration" 参见 Simon, *Administrative Behavior*, Macmillan Publishers,1997,p.55。这一表述已被广泛地使用,政治/行政二元区分与政策/行政二元区分之间是"并存,混用,以及相互替代",参见 A. Dunsire, *Administration: The Word and the Science*, Wiley,1973,p.91。例如,学者瓦尔多就将政治/行政二元区分理解为"决策"与"执行"或"决定"与"行动"的二元区分。

㉚ R. C. Chandler and J. C. Plano, *The Public Administration Dictionary*, Santa Barbara, 1988,pp.98-99.

㉛ 对公共政策范围的界定并不一致,对公共政策的理解也随着行政的扩张而越来越宽泛,如威尔逊认为"公共政策是由政治家即具有立法权者制定的而由行政人员执行的法律和法规";更宽泛的定义是政策科学创立者美国学者哈罗德·拉斯韦尔与亚伯拉罕·卡普兰认为公共政策是"一种含有目标、价值与策略的大型计划";美籍加拿大学者戴维伊斯顿认为"公共政策就是对全社会的价值做权威的分配"。参见陈庆云:《公共政策分析》(第2版),北京大学出版社2011年版,第4~8页。

这个意义上很难将行政机关的行为界定为纯粹的执行。并且,就行政机关系统内部而言,上级行政机关的命令可能过于宽泛甚至会增加立法的模糊性,使得下级行政机关在具体执行中自行解释法律以及政策。通过日常行政事务中具体无数细小的决定,行政人员决定了政策的产生和执行。"通过行政裁量权,行政人员如同政治官员一样参与到社会管理的过程中。"㉜

这就导致了行政等同于政策制定的政治,二分法是相当的不切实际。㉝ 政府所处理的任何问题,既是政策问题同时也是行政问题。㉞ 公共政策是为了处理大多数民众的问题,政府制定并实施公共政策,就是为了解决问题。因此,公共政策制定的成功与否取决于政策实施的社会效果和期望值,这两个方面是紧密相连无法区分的。政策的制定和执行表明了政治和行政之间根本不是相互分隔的过程,而是在同一过程中相互关联的两个方面。从行政体制的内部来看,这两者的区别取决于政府的科层制:对本级行政机关而言,上级命令是"政治"或"政策",而留给下级处理的是"行政"。而对外部而言,政策和行政在政府的任何一级都是混同的。这样看来二元区分是毫无意义的。㉟

从"人"的要素上,学者们探讨了政治官员和文职官员之间不同类型的关系。Peters 提出了五种渐变类型。㊱ 另有学者认为二者之间更多的是互为合作补充的关系,而非传统的对立关系。二元互补模式认为,政治

㉜ John A. Rohr, *Ethics for Bureaucrats: An Essay on Law and Values*, 2nd ed., Marcel Dekker, 1989, pp. 285 - 291.

㉝ M. E. Dimock, "The Study of Administration American", Political Science Review, Vol. 31, No. (Fev., 1937), pp. 28 - 40.

㉞ H. A. Simon, *Administrative Behavior: A Study of Decision-Making Process in Administrative Organization*. 4th ed., Free Press, 1997, p. 24.

㉟ Paul H. Appleby, *Policy and Administration*, University of Alabama Press, 1949, p. 21.

㊱ Peters 提出了五种类型:正式法律模式,指代传统政治/行政二元区分;乡村生活模式,政治官员和行政官员来自政府最高级别的精英团体,具有相似的价值取向,在融洽有共识的环境中共同决策;功能性乡村生活模式,与前一种非常相似,只是有些政治官员和行政官员结合的"乡村"与外部的利益团体进行网络结合;对抗模式,与前几种相互合作相反,两者之间呈现对抗关系;最后是行政国家模式,代表行政主导政治,与第一种传统二元区分正好相反。参见 B. Guye Peters, *Comparing Public Bureaucracies: Problems of Theory and Method*, The University of Alabama Press, 1988, p. 258。

官员以及他们的下属(行政官员)应视为“问题解决团队”。[37] 互补模式主要由美国学者 Svara 提出并论证。[38]

传统责任机制在二元分立时期形同虚设,显示了自由主义民主的理想图景在现实中的虚弱。针对专家行政模式的严重民主赤字,1946 年美国颁布了行政程序法,行政机关可以获得国会的广泛立法授权以行使行政职权,但必须受到正式的程序约束。这显示了两个重要的发展:其一,承认对行政机关进行广泛的立法授权才能顺应现代化进程的现实需要;其二,程序主义的兴起,旨在通过控制程序以加强行政对政治的民主责任。这两个重要的发展显然突破了“传送带”模式中关于理想立法者和理想司法审查者的预设。

自由主义者认为民意代表们所制定的法律比行政机关所制定的法规更具民主性。历史的经验展示了现代化进程如何动摇了这一信念,行政机关早已取代了立法机关成为实际的社会管理者。授权行政机关通过制定法规来管理社会,对缺乏强大成文法体系的普通法系国家而言的确是重要的转变。美国自新政之时加速转变,而英国直到撒切尔政府启动改革之后才提速。与英国保守主义的社会氛围不同,尽管授权立法一直都存在反对者,但务实的美国人以实用主义或功能主义的态度对现代化显

---

[37] N. E. Long, Public Policy and Administration: The Goal of Rationality and Responsibility, *Public Administration Review*, Vol. 14, No. 1(1954), pp. 22 – 41.

[38] 互补模式将选举官员和行政官员之间的关系特征总结为:相互依赖;广泛互动;区分但重叠;政治主导;行政从属但两者同时对政策制定和行政产生影响。互补意味政治和行政在民主治理中一体化,调和了行政中所存在的对抗,模糊政治与行政之间的区分,淡化行政的从属地位与自治要求,尤其是要求高度政治控制与高度独立的行政之间的矛盾。政治与行政之间的紧张可以通过参与双方的道德承诺与相互尊重得以缓解。选举产生的政治官员主导着行政实践但必须尊重行政人员的能力和承诺,而行政人员虽然可以在实践中运用客观的资源成为“自我主导”,但在互补模式中必须将自己限定在责任的承诺范围内,双方之间所形成的对等价值观构成了互补模式的基础。参见 J. H. Svara, “Complementarity of Politics and Administration as a Legitimate Alternative to the Dichotomy Model”, Administration and Society, Vol. 30, No. 6(January 1999), pp. 676 – 705。互补模式描绘了理想的政治与行政之间的关系,并给出了达成这一理想模式的指导方案。这一模型因为基于历史分析、理论分析以及实证分析,从而具有相当的可行性。但批评者认为互补模式似乎过于“天真”,将现实中的权力斗争忽略了,完全基于参与人员的道德自律而难以实现,参见 M. M. Harmon, *Public Administration's Final Exam: A Pragmatist Restructuring of the Profession and the Discipline*, The University of Alabama Press, 2006, p. 18。

示出积极的接纳。[39] 这或许也是美国能在“二战”之后迅速成为世界现代化强国的重要原因。

立法机关对行政的控制可以分为两类:其一,直接监督。包括:(1)反应性监控,只有当行政行为不当引起立法机关注意时,才发生惩罚或修正。例如,立法机关建立“警报器”机制(fire alarm),[40]启动选民监督,从选民处获得行政机关的信息。(2)抽样监控,这种方式类似于“警察巡逻”,通过各种抽样程序发现特定行政机关的问题。例如,瑞典的监察专员制度(监察专员制度通常被视作一个独立的部门,是否单说“议会”对行政的监督为妥?仅供参考),在其他国家获得了推广。(3)集中监控,对于容易偏离的行政活动进行密切而持续的监控。

其二,间接监督,通过指导性立法设计程序和结构,旨在建立起行政机关事前的控制方式,包括要求(或排除)行政机关考量某项事项,保护利益相关人的参与权,将规制计划提交立法机关讨论,等等。美国国会颁布一系列的法律,如行政程序法、信息公开法、新闻自由法、隐私法预算法,明确要求行政机关在行政活动中实现正当程序,限制专断肆意的行政行为,公开行政程序接受公众监督。相对于直接监督,事前对行政程序作出安排的间接监督模式被认为是比直接监督更佳的方式。这些理由可归纳为:第一,控制更有效;第二,成本更低;第三,摆脱了政治的不连续性,由于政治的变动性和立法者的更替,也会影响到对行政官员监控的连续性,而程序控制的方式化解了上述困难。

(二)多元主义民主与程序主义的兴起

韦伯及熊彼特没有考虑到,除了能够在竞争中胜出的精英,他们眼中的那些孤立个人同样可以结合成团体参与政治。现代化进程中社会越来越世俗化,利益需求多样化,而资源缺乏与需求无法满足,促成“利益集团”或“压力集团”与自由结社权相伴而生。利益集团围绕社会阶级、宗

[39] 有研究表明美国人只不过在理论上赞成民主的各种观点而已,参见 William H. Flannigan and Nancy Zingale, *Political Behavior of the American Electorate*, CQ Press, 1994, Chapter 8。

[40] Mathew D. McCubbins, Thomas Schwartz, “Congressional oversight overlooked: Police patrols versus fire alarms”, *American Journal of Political Science*, Vol. 28, No. 1 (Feb., 1984), pp. 165 – 179.

教或种族等之间存在的差异而形成，包括了政党、工会、商业组织、宗教集团、学生、妇女集体。利益集团之间的斗争——例如，市场上的资本一方和工人一方分别以拒绝投资和罢工破坏经济增长和社会稳定——提出了新的问题，多元主义者关注于整合有组织的利益集团来处理这些问题。

多元主义建立起“一种利益代表制，使得有选举权的个体被组织成一定数量的各自独立的、负有义务的、等级制的和具有不同功能的团体，并赋予这些团体在不同领域内特定的代表垄断权，以在某种程度上控制其领导人的选择和需求与支持的表达。”[41]当不同的利益集团为了影响公共政策而相互竞争，最终通过与政府官员进行利益交易的过程，反而会形成有利于公民的“竞争性均衡”的趋势。[42] 民主与专制的区别就在于“若干个少数派的政府与一个少数派政府之间的区别。相比一个独裁的政治过程，多头政治的特征就是很大程度上扩展了少数派的数量、规模和差异，而这种少数派的偏好将影响政府决策的结果。”[43]

二分法发展到二元分立乃是基于精英主义民主模式，而由精英控制政治的局面在多元主义民主模式下，扭转成普通公民通过团体对政治领袖实施控制的局面。即使存在卓越而富有影响的政治精英领袖，也是立足于获得利益团体的共识和支持。利益集团的出现，使得权力被分散了，社会中代表不同利益的各种团体都享有权力，因此也不存在集中的单一的决策中心。有组织的利益集团之间通过竞争形成共识最终体现为公共政策，这种相互冲突、作用的模式渗透到了国家组织和行政的各个方面之中。多元主义在输出端最终体现在政府力求能够调和各个利益集团之间的竞争性要求，而作为输入端的行政如果不考虑到多元利益竞争，而仅追求通过专业化科技化实现效率并获得独立合法性，将无法适应复杂的社会需求。

程序控制所发挥的重要作用，反映了多元主义民主模式取代自由主义民主模式成为责任机制的核心。政治为多元利益提供博弈场所和政策产生机制，而行政过程和司法过程同样也被视为政治的“微观类似品”。

---

[41] P. C. Schmitter, Still the Century of Corporatism? The Review of politics., Vol. 36, No. 1(1974), pp. 91 – 94.

[42] Robert A. Dahl, *A Preface to Democratic Theory*, Phoenix Books, 1956, p. 133.

[43] Robert A. Dahl, *A Preface to Democratic Theory*, Phoenix Books, 1956, pp. 132 – 133.

公共选择理论作为主要动力推动了这一发展。公共选择理论将政府也假定为自利性主体,政治便成为赤裸裸的为追求个人或集团利益的交易过程。公共选择理论揭示了对立法和行政如何展开策略性操纵,显示了与法律理想主义支持者们完全不同的政治和行政图景。首先,该理论描绘了立法者所制定的程序安排有利于政治过程中处于优势的利益集团或利益联盟。当立法者将公共政策传递给行政机关时,行政机关可以设计出从自身立场出发的执行方案。为了防止行政机关的偏离,让利益当事人参与到行政程序中,重新复制政治的博弈状态,以此维持在政治环节所达成的交易。

这种多元主义民主的视角显然与自由主义民主模式不同,并非以保护个体的自由和财产为基础,但吊诡的是以自由主义民主模式的形式得以实现:赋予个体以程序性权利并通过司法救济途径以实现实体性的社会目的(利益调和)。在这个"旧瓶装新酒"的过程中,法律提供了一个相当具有说服力的方案以调和个人权利与社会目的之间地冲突。暂且不论这一方案是否真的具有伦理哲学意义上的说服力,现代性所带来的个体与社会之间的张力只会越来越严重,但法律至少在这一特定的领域提交了答卷。

由此也促成行政法的利益代表模式的形成,将获得参与行政机关政策制定过程的程序权利和法院救济拓展到所有可能的利害关系人,从而建构了具有合法性过程的新模式。利益代表模式中立法机关将监督和控制程序转移到了法院,以法院为中心,司法机关在监督程序设计中起着重要作用。尽管政治/行政二分法走向了二元混合,但这个时期尚且缺乏新的理论基础,因而利益代表模式不过是对"传送带"式传统责任机制的改造,仍旧没有突破原有的构造。

五、余论:尝试性建构

(一)新的理论基础

历经百余年的二分法时至今日,虽被认为已经过时,但其所揭示的民主政治与公共行政之间难以调和的矛盾并没有过时。尽管传统责任机制在多元主义民主模式中通过程序主义进行了拓展,但显然二分法已无法为行政的责任机制提供有效的合法性支撑。要解决当代行政的责任困境，首要在于能够找到一种新的理论基础，不仅能从理论层面如实地映射和有力地阐释社会民主与公共行政的新发展，还能从实践层面指导新责任机制的形成。目前，有望能够取代二分法理论地位的主要是：治理网络理论和行政宪政主义。

治理是"公共机构、私人组织或个人管理其共同事务的诸多方式的总和。治理是使相互冲突或不同的利益得以调和并且采取联合行动的持续的过程，这既包括有权迫使人们服从的正式制度和规则，也包括各种人们同意或认为符合其利益的非正式的制度安排。"[44]治理网络理论是在政策网络的基础上形成的。政策网络是"一群复杂的组织因资源依赖而彼此结盟的状况，它们又会因资源依赖结构的断裂而相互区别。"[45]参与公共政策的利益集团在资源配置运行中相互依赖密切关联，从而形成一个网络状态。根据治理网络理论，网络不再局限于政府与利益集团之间的互动关系，进一步扩大多元主体参与的民主价值取向。非政府组织、私营部门、公民个人等同样作为政策网络中的主体。

相对于二分法，治理网络理论具有以下特点：其一，适应了协商参与民主模式和政治发展的需求。网络化结构突破了二分法的局限，不仅着眼于政府与利益集团之间互动关系，更能够有效地分析不同层次上微观个体行为特征和宏观社会结构之间的互动，同时也能描述不同利益相关主体之间的沟通、协商和依赖。尤其是在政治泛化的趋势下，网络从最初的关注政策结果扩大到通过民主参与以增进公民能力和发展公民社会。[46]其二，治理网络已经突破了单纯的理论解释和描述力，不仅能反映政体结构的变化，而且在规范层面具有制度建构力。治理网络理论从二分法关注国家与社会之间的互动关系，发展为重塑政治、经济和社会的治理模式。

另一种理论建构来自于行政宪政主义。该理论主张，通过发掘公共

---

[44] Commission on Global Governance. Our Global Neighborhood. Oxford University Press 1995：23.

[45] R. A. W. Rhodes. Understanding Governance：Policy Networks，Governance，Reflexivity and Accountability. Buckingham：Open University Press，1997.

[46] H. Pemberton，Policy networks and Policy Learning：UK economic policy in the 1960s and 1970s，*Public Administration*，Vol. 78，No. 4（2000），pp. 771 –792.

行政的宪政角色而论证其独立的合法性,也即公共行政扮演着"亦仆亦主"的角色。1984年五位美国学者联合发表了"黑堡宣言",主张公共行政与宪法之间的直接关联,认为行政官员无须通过政治官员来承载宪法价值。[47] 公共行政作为一个整体,可以与总统一样代表人民,而不用在民选官员上寻找代表性。[48]

相对于二分法理论,行政宪政主义有着其显著特点:其一,政治/行政二分法理论下,行政作为政治的"仆人"并不具有独立的合法性。但新时代中,行政机关独立角色越来越凸显,早已突破了多元主义民主的利益代表模式。行政机关在面对经济绩效与环境恶化、能源保护、就业、生命健康之间,摆脱生产者利益集团的影响而更加偏向于后者。[49] 生产者利益集团已经很难影响环境、健康安全以及消费者保护等领域公共政策,更是无法影响政府对金融业、银行业、通信业、航空铁路运输业等领域采取措施。[50]

行政宪政主义将行政的合法性建立在宪法层面,行政具有宪政层面角色或地位。行政作为行政国家的支柱,只有整合权利、代表、参与和分权,才能真正合宪。尤其是政治程序无法实现真正的民意时,行政机关以及公职人员当以其专业能力维护公共利益。将行政视为独立承担宪政价值的,为公共利益而服务,意味行政不需要通过民意代表的中介来承载宪政的价值,而是与政治一同分担民主所提出的治理任务。

其二,与政治/行政二分法理论固守西方现代性核心要素的"工具理性"相比,行政宪政主义适应了"交往理性"的需求,发展出了"商谈——

㊼ Rohr, J. A. Professionalism, Legitimacy and the Constitution//Willa Bruce. Classics of Administrative Ethics. Boulder: Westview Press, 2001: 381 - 385.

㊽ Metin Heper. The Public Administration and the Government Process: Refocusing the American Dialogue//The State and Public Bureaucracies: A Comparative and Historical Perspective. Bogazici University, 1985: 82.

㊾ 例如,我国2013年修订环保法,国务院公布了"国十条",环保部也作出了具体的环境规划;2013年开始对食品安全监管的全面改革。

㊿ 利益集团的影响无法超越公共决策对安全健康的考虑,参见 Sidney A. Sharpiro, Occupational Safety and Health: Policy Options and Political Reality, *Hous. L. Rev.* Vol. 31, No. 13(1994), pp. 22 - 37。

建构范式”的行政法新模式。[51] 在这种范式下,行政机关成为一个“半独立的、永久性”的机构,以构建持续性的开放的决策过程。该范式的决策过程具有以下特征:其一,保持信息的充分流动,不仅仅是专家知识还纳入经验和公众评论等各类知识和信息。其二,要求能够平衡各种考量因素,对可替代方案进行彻底审查,并进行广泛的分析,对过往问题保持反思和回顾。其三,决策中的商谈是用以提出问题、共同思考问题的非正式交流过程。

与利益代表模式最主要的区别在于,商谈并不是为了回应公众民主性,而是以“解决问题”为目标的公共理性的审议、反思和学习过程。“商谈——建构范式”从根本上而言,乃是后现代社会对现代性的批判和建构,看到了工具理性的弊端以及科学固有的不确定性,科学不过是通过话语包装来树立意识形态领域的强权。[52] 在批判和反思现代性的过程中以交往理性取代工具理性,最终动摇了行政机关的权威地位。

(二)新的责任机制

治理网络理论和行政宪政主义均可取代政治/行政二分法为集体行动提供新的合法性基础。同样地,调和民主政治和公共行政之间矛盾和张力的责任机制也需要有全新的替代。这是对政治/行政二分法投射效应进行反思而得出的必然结论,也构成了另一个全新的议题,并非本文的重点,本文在此对新的责任机制尝试勾勒一二,以抛砖引玉。[53]

其一,应责性与行政的有效性。“应责”这一术语对应的是英文中的accountability(通常翻译为“问责”或“课责”)。考虑到新的责任机制应当强调应责的有效性,本文使用“应责”的表述。

应责机制对“有效性”的强调,整合了政治/行政二分法下行政的两个面向。传统政治/行政二元区分下的公共行政模式对公共利益的守护能力已经远远无法应对科学技术的发展和不确定性的剧增,治理网络在变

---

[51] 该模式具体内容参见[英]伊丽莎白·费雪:《风险规制与行政宪政主义》,沈岿译,法律出版社2012年版。

[52] 例如针对布什政府退出全球变暖国际条约、推迟新的饮用水砷含量标准、反对燃料效率标准,其不过是利用科学研究以适应其政治议程。

[53] 本人另文对“应责网络机制”展开了进一步阐释,参见宋京霖:《后现代行政责任的基础框架》,载《甘肃行政学院学报》2016年第4期。

动环境下所形成的革新性管理结构对应责机制也提出了新的衡量标准。有效性既涵盖了管理主义面向对效率的追求，也涵盖了规范性面向与民主的连接。

效率所要求的是能以最低成本的方式实现目标，但是治理背景下目标总是复杂而多样的，根本无法准确限定何种范围内是最低成本的方式。而民主要求回应民意，但真实的民意并非总能得以通畅表达，很容易受到各种“策略操控”，现有的民主制度往往是“有偏差的”的集体决策机制。

而有效性，指的是在纷繁复杂的治理任务环境下得出最可靠、最行得通的解决办法。在高度不确定性的世界中，有效性强调决策要经过充分的审议和反思，要求能够回应治理网络政策目标明显而确定的信号指标（例如，价格成本），也能够回应细微、不规则或缓慢微弱的信号指标（例如，文化或观念的改变、社会风险认知或民主理念的变迁）。

其二，情境化动态应责。应责机制对有效性的强调，进一步体现为情境化（contextual）动态性（dynamic）应责。

在高度复杂化和技术化的现代社会中，传统责任机制无法解决行政官僚体制通过“委托授权”所获得的宽泛自由裁量权导致的“民主赤字”或“合法性危机”难题，但治应责网络机制以动态应责提供了一条有效的解决方案。

以提供卫生保健、残疾人护理、教育培训等公共服务领域为例，在不同的地域或社区中，治理的过程是“直接协商式的多元政治过程”，而科技的发展、社会家庭机构以及人口多样化的变化都对统一标准化的公共服务产生冲击。因此公共服务提供的“有效性”意味应当满足个体或小团体的个性化需求。[54] 这意味应责机制不再像传统机制那样，控制行政执行政治所制定的规则以及下级行政官员执行上级的详细命令或指导，而必须能够适应不同个案中个性化规划从而呈现多样化的方式。在传统责任机制的“传送带”模式下，作为“代理人”的行政机关必须遵守僵硬的规则并

---

[54] 典型的如儿童福利领域的治理模式运作，参见 K. Noonan, C. F. Sabel and W. H. Simon, *Legal Accountability in the Service-Based Welfare State*, Law & Social Inquiry Vol. 34, No. 3(2009), pp. 523 - 568；以及关于社区决策模式的研究参见 W. H. Simon, *The Community Economic Development Movement: Law, Business, and the New Social Policy*, Stanford University Press, 2001。

接受各方的监督,通过奖励或惩罚以激励“代理人”达成目标。而应责机制则并不存在预先设定的目标或方案,参与治理的各方主体具有充分的空间在解决问题的实践过程中不断地调试目标与手段,从而应责也意味持续地收集全面的信息、绩效测量,受到其他主体的持续监督以及持续性地提供规则解释和说明理由。

●论行政程序价值序列的多元化

何于彬*

一、引言

随着行政国家的兴起,行政管理事务日渐繁杂,行政行为的种类也日益增多。可以说:有多少种行政,就有多少种行政程序。在当代,行政程序的重要性自无须多言。然而,面对行政的日益多样化,不同的行政程序是否具备着同样的价值?对这一问题的关切,影响着法律对程序保护的程度,更决定了当行政程序所代表的法益被侵犯时,行政机关所应承担的责任界定。

这突出体现在司法审查过程中。我国原《行政诉讼法》对于程序违法行为采取单一的制裁立场,即但凡"违反法定程序"的行政行为一律"撤销或部分撤销"。这种一元化的简单处理模式,导致司法实践中对于程序违法行为的进退维谷,因为并不是所有程序违法都必须动用否定评价,将行政行为完全推翻。法官面对一些程序上违法的行政行为,不愿选择撤销的方式应对,只能强行违逆制定法的立场,将程序违法的行为解释为轻微的程序瑕疵从而维持行政行为的合法性。

其后,随着《行政诉讼法》的修订,立法层面上的一元化立场有所转变。新《行政诉讼法》第 74 条增加了确认违法的判决形式,其中第 2 款"行政行为程序轻微违法,但对原告权利不产生实际影响的","人民法院判决确认违法,但不撤销行政行为"。这就相当于在原有的"违反法定程序"导致行政行为被撤销的法律后果之下增加了一个层次,意味程序违法

---

* 何于彬,北京大学法学院宪法学与行政法学专业 2016 级博士生。

将对行政行为产生不同的司法后果。

然而,这一立法安排仍然没有触及问题的实质:我们应当根据怎样的标准,来判断"程序违法"的后果?由是,法官们仍然对于程序违法的制裁方式存在各异的理解。根据检索,在新《行政诉讼法》实施后,司法上对于"程序瑕疵"的判决有撤销行政行为、确认行政行为违法、驳回诉讼请求、维持行政行为等不同的司法反应,①对于"程序轻微违法"也有"确认违法"②和"驳回诉讼请求"③等不同的司法对策。一个典型的案例是,某县国土资源局在行政处罚中根据相对人的申请决定举行听证,送达听证通知书后不满七日即举行了听证会,违反了《行政处罚法》第42条规定的时限要求。但相对人准时参加了听证会,并且当时未提出异议。对此,一审法院和二审法院均认定为程序瑕疵,然而一审法院认为"听证时间的提前虽有瑕疵,但还不足以影响被告行政处罚案件的公正处理",以"程序基本合法"为由维持了该行政行为,二审法院却认为"不能因当事人当时参加了听证和没有提出异议而否认其违法性",判决撤销了该行政处罚决定。④ 其中的差异,反映出各界对于行政程序合法问题的共识并未完全搭建。但在更深的层面上,则反映出程序价值理论的缺失,以至于实务缺乏足够的理论指引。

更进一步而言,程序价值理论对于抽象行政行为的审查也是十分重要的。在行政规则制定日益扩张的今天,新《行政诉讼法》的修订为行政规范性文件的司法审查打开了豁口。在此背景下,如何对抽象行政行为的程序合法性进行审查?现实之中,做法各异。比如,十余年前的乔占祥案,就涉及铁道部上调春运票价的重大决策是否程序合法。其时,法院在《价格法》明文规定应当召开听证会的情况下,却选择以"国家尚未建立和制定规范的价格听证制度"为由驳回了乔占祥的诉讼请求,⑤引发了广

① 参见姜富穴与镇平县国土资源局处罚上诉案,案号:(2015)南行终字第00083号;骆巧芳诉东阳市人民政府批准案,案号:(2015)浙金行初字第53号;邓国敏与织金县公安局处罚上诉案,案号:(2015)黔毕中行终字第80号;乌兰与大连市公安局经济技术开发区分局黄海路派出所处罚上诉案,案号:(2015)大行终字第163号。

② 王喜瑞与九台市公安局等处罚上诉案,案号:(2015)长行终字第61号。

③ 陈春玉与桑植县公安局处罚上诉案,案号:(2015)张中行终字第62号。

④ 姜富穴与镇平县国土资源局处罚上诉案,案号:(2015)南行终字第00083号。

⑤ 参见乔占祥诉铁道部铁路旅客票价管理案,案号:(2001)高行终字第39号。

泛的讨论。在很长一段时间里，司法上对于行政规范性文件合法性的审查标准是相当低的，比如，在方才女诉淳安县公安局处罚行政争议案中，法院所采取的是“制定依据”标准，即该行政规则只要具有制定依据，系由上位法授权的行政机关制定，就推定其合法有效。⑥ 这显然不足以控制行政机关巨大的自由裁量权，随着对抽象行政行为司法审查的扩展，这一问题也将日益突出，从而需要相应的程序价值理论作为支撑。

综上，对于行政行为的程序审查，我国目前缺乏一个清晰而有理论支撑的判别标准。故而，本文拟提出一个判断行政程序价值序列的体系，针对行政行为的性质差异，提出不同的行政程序价值序列，以期对行政行为的程序合法性判断提供一个更加坚实的理论基础。

二、从法理学到行政法：程序价值序列的一元化逻辑

行政程序之中蕴涵着哪些价值？为了避免大而无当的探讨，我们的解读从有关程序违法的理论开始。关于程序违法的后果，各种探讨集中在违法的“程度”而非“性质”上，即当前主流观点基本认可程序违法应当获得一定制裁，但轻微程序瑕疵未必直接导致行政行为无效或撤销的司法后果。⑦。然而，对于行政程序所保障的价值这一侧面，学界的观点不尽相同，大致可以区分为下述方案：

其一，实体权益保障标准：程序违法轻微，对行政决定的实体内容不产生实际影响，行政机关可以采取相应补正措施，仅当违反法定程序损害了相对人的实体性合法权益，法院才应当判决撤销，否则为了法的安定性，应尽量设法维持其效力。⑧

其二，保护实体权益和重大程序权利标准：当不影响行政行为实体结

---

⑥ 参见方才女诉淳安县公安局处罚行政争议案，案号：(2015)杭淳行初字第18号。

⑦ 严格而言，“程序瑕疵”在广义上指具体行政行为不符合应具备的合法要件的，为具体行政行为的违法或瑕疵，按瑕疵的程度，具体行政行为的瑕疵可以分为明显轻微的瑕疵、一般瑕疵和重大而明显的瑕疵三类。但本文基于司法实践上的普遍认识，出于探讨便利，将程序瑕疵限定在狭义范围内，即明显轻微的瑕疵，标准为不损害当事人实体上合法权益的明显轻微的对程序规则的违反。关于“程序瑕疵”的定义，参见姜明安主编：《行政法与行政诉讼法》(第6版)，北京大学出版社、高等教育出版社2015年版，第196~197页。

⑧ 参见王麟：《对一种行政判决的思考和分析——关于“违反法定程序”的判决》，载《行政法学研究》2005年第4期；张丽：《质疑违反法定程序之行政行为的撤销》，载《理论学刊》2007年第3期。

论的判定和当事人重要的程序权利时，对于程序违法的行政行为可以不予撤销，而选择制裁程度较轻的司法应对方式，比如，有条件地维持行政行为、确认行政行为违法后再行补正、违法补正责任甚至忽略不计。⑨

其三，公正优先于效率标准：为了发挥程序对行政机关的约束机制，应当强化程序违法的后果和责任，除非行政行为是授益行政行为或者当撤销行政行为可能对社会公共利益造成重大危害时，才限制撤销。⑩

上述三种标准的提出，背后蕴涵着对于行政程序价值序列的不同理解，在司法审查行政程序合法性时应当迁就于实体正义的判断，还是侧重于程序权利的保障，恰恰蕴涵着对于程序工具价值和内在价值何者为先的考量，与之相对应的是当代法理学界乃至于行政法学界对于程序价值序列的判断。

法理学界关于程序价值的总体趋势是对工具主义程序价值理论的修正。

程序工具主义主张程序是用以实现实体正义的手段和工具，认为程序的终极功用完全依赖于实体法的功用，程序法的唯一正当目的是给予实体法最大化的执行和效果。⑪ 而庞德的社会秩序导向和波斯纳的经济效益最大化分析，也是程序工具主义的表现形式。随着德沃金的理论批判，程序工具主义又演化出了绝对工具主义程序理论和相对工具主义程序理论的区分。⑫ 我国对于程序价值的讨论迟至20世纪80年代末90年代初才开始进行。在最早引发程序价值讨论的《法律程序的意义》一文中，季卫东的观点就更多偏向程序的工具价值，认为“程序公正性的实质

---

⑨ 参见陈振宇：《“不予撤销的程序违反行为”的司法认定》，载《上海政法学院学报》（法治论丛）2012年第3期；石佑启：《行政程序违法的法律责任》，载《法学》2002年第9期；彭情宝：《行政程序违法补正责任的确立及适用》，载《人民司法》2012年第9期；余凌云：《对行政程序轻微瑕疵的司法反应》，载《贵州警官职业学院学报》2005年第4期；邓刚宏：《我国行政诉讼设立补正判决之基本构想》，载《学海》2012年第1期；陈莹莹：《程序瑕疵与程序公正——江苏省工商局处罚南京市煤气公司行政诉讼案评析》，载《法学》2001年第7期。

⑩ 杨伟东：《行政程序违法的法律后果及其责任》，载《政法论坛》2005年第4期；杨海坤、黄学贤：《违反行政程序法行为法律责任比较研究》，载《法学评论》1999年第5期；魏建良：《论违反行政程序的法律后果》，载《浙江大学学报》（人文社会科学版）2001年第2期。

⑪ See Jeremy Bentham, *The Works of Jeremy Bentham*, vol. 2, Simplin Marshall, & Co., 1843, 6.

⑫ 参见陈瑞华：《程序价值理论的四个模式》，载《中外法学》1996年第2期。

是排除恣意因素，保证决定的客观正确”。[13]

在罗尔斯、萨默斯、贝勒斯、马肖等人的程序价值理论影响下，学界迅速开展了反思和修正，整体思潮是反对纯粹的程序工具主义，[14]并借鉴萨默斯等人对于程序好结果效能和过程价值的划分，[15]发展出强调程序过程价值的理论。如今，对于程序工具主义的批判已经成为法理学和诉讼法学中关于程序价值的主流观点，普遍的认识是程序兼有工具价值（或称外在价值、结果价值）和内在价值（或称过程价值、目的价值、独立价值），但对于如何处理二者关系，存在几种不同的意见。

第一种观点主张工具价值是目标，内在价值是手段，[16]认为由于派生性是程序的根本性质，因此保障结果正确是程序的根本价值，而“过程正当”体现的是一般价值，一旦发生冲突，过程冲突要服从保障结果正确。[17]第二种观点则认为，在程序公正与实体公正两个价值目标发生冲突时，程序公正优先是我们现实的、理性的、必然的价值选择。[18] 相对于外在价值而言，内在价值发挥着基础性、决定性的作用，是行政程序的底线伦理。[19]第三种观点并不直接在工具价值和内在价值之间作出孰先孰后的选择，而是进入一种综合性的价值分析框架，其典型代表就是贝勒斯的综合性程序价值理论，[20]该理论的拥护者在丰富其理论模型的基础上，提出了人的基本权利、过程利益、直接成本、错误成本几个价值维度之间权衡的经

---

⑬ 季卫东：《法律程序的意义——对中国法制建设的另一种思考》，载《中国社会科学》1993年第1期。

⑭ 较早提出对程序工具主义的反思的如陈瑞华，其指出了在刑事审判中，程序正义具有尊重程序参与者地位和提高法院裁判的被接受程度两个独立内在意义。参见陈瑞华：《程序正义论——从刑事审判的角度分析》，载《中外法学》1997年第2期。

⑮ See Summers, Robert S., Evaluating and Improving Legal Processes A Plea for Process Values, *Cornell Law Review*, Vol. 60, Issue 1, pp. 1 – 52.

⑯ 参见孙笑侠：《程序的法理》，商务印书馆2005年版，第104页。

⑰ 参见裴苍龄：《程序价值论》，载《河北法学》2011年第12期。

⑱ 参见冀祥德：《程序优先：实体公正与程序公正的冲突选择》，载《诉讼法论丛》2003年。

⑲ 崔卓兰、曹中海：《论行政程序的内在价值——基于对行政程序底线伦理的探索》，载《法制与社会发展》2006年第3期。

⑳ ［美］迈克尔·D. 贝勒斯：《程序正义——向个人的分配》，邓海平译，高等教育出版社2005年版，第143～157页。

济分析方法。[21]

一些新的观点认为,工具价值和内在价值的划分已经不足以说明程序对于法治的重要性,进而提出构成性内在价值,认为在异质社会中已经丧失了独立的实质价值判断标准来宣称某一结果是正当的。只有经过公共理由辩驳并致力于达成共识的程序本身才能做到这一点。因而,程序的价值就在于通过商谈来达到正确性。[22] 这样的立场主张将不同层面的实质性价值都纳入程序之中进行可比较性和可沟通性的处理,以此在多元化背景下达成更广泛的共识。[23]

事实上,这一观点不过是主张程序内在价值的一种理论变种,具有广泛的拥护者,正如日本学者谷口安平所说,在实体的正义被相对化、纠纷所涉及的关系越来越复杂的当代社会中,人们难以就实体上某一点达成一致,程序是其唯一能达成一致的地方,而且他们一旦同意了程序,则无论是何结果,都必须接受所同意的程序带来的结果。正因如此,程序公正必须被视为独立的价值。[24] 也就是说,基于实体法的不确定性而对于程序优先性的拥护,其实是对于程序内在价值——共识与可接受性的一种认可。

而行政法学界对于程序价值的关注则在很大程度上源自于行政国家之下"传送带"模式失灵导致的行政合法性危机。[25] 在此背景下,控制行政权的必要性推动了行政法模式的革新,用程序控权来取代实体控权,被认为是当代行政法发展的主流。[26]

---

[21] 参见丁建峰:《法律程序的多维价值比较——基于法律经济分析的综合框架》,载《法制与社会发展》2013 年第 2 期。

[22] 参见雷磊:《法律程序为什么重要? 反思现代社会中程序与法治的关系》,载《中外法学》2014 年第 2 期。

[23] 参见季卫东:《法律程序的形式性与实质性——以对程序理论的批判和批判理论的程序化为线索》,载《北京大学学报》(哲学社会科学版)2006 年第 1 期。

[24] [日]谷口安平:《程序的正义与诉讼》,王亚新、刘荣军译,中国政法大学出版社 2002 年版,第 1 ~ 21 页。

[25] 有学者指出,行政程序的主要功能并不在于保障当事人权利,而在于:在这个行政合法性日趋丧失、社会矛盾越来越突出的社会中,起到增强行政行为合法性、从而整合社会的作用。参见张步峰:《论中国行政程序的正当化——兼论比较行政法研究的一点认识》,载杨建顺主编:《比较行政法——方法、规制与程序》,中国人民大学出版社 2007 年版。

[26] 孙笑侠:《程序的法理》,商务印书馆 2005 年版,第 248 页。

传统观点主要追随着法理学的话题探讨,对于行政程序价值采取工具价值和内在价值的二元区分视角,并在行政法的视域下对二者进行单一化的价值排序。少数学者主张行政程序的核心价值是效率,认为该价值优先于程序内在价值。[27] 更为主流的观点基于对"重实体轻程序"传统的矫正,主张行政程序的内在价值优先,[28]一种急于扭转程序工具主义的思潮选择性地忽略、抑制了行政程序工具价值,[29]甚至视之为程序工具主义的遗毒。[30] 第三种观点是行政程序既具有工具价值也具有内在价值,应当坚持二者辩证统一。[31] 可见,传统观点与法理学的程序价值理论并无二致,差别仅仅在于讨论的语境由抽象的程序实体法律概念具象化为行政过程。[32]

对于单一序列的行政程序价值理论,目前已经出现了至少两种类型的反思。

第一种反思主张在行政程序中应避免反实质化的误识,呼吁抛弃僵化的形式主义程序观念,建立一种实质与形式平衡的行政程序主义。[33] 此

㉗ 参见关保英:《行政法的价值定位》,中国政法大学出版社 1997 年版,第 282 ~ 285 页。

㉘ 崔卓兰、闫立彬:《行政程序的价值与功能》,载《宪政与行政法治评论》2005 年第 00 期;林莉红、肖志雄:《论行政程序的道德基础》,载《求索》2014 年第 10 期;周功满:《论行政程序的权力化及其权力制约功能的缺失》,载《理论探讨》2010 年第 4 期。

㉙ 参见姜明安主编:《行政法与行政诉讼法》(第 6 版),北京大学出版社、高等教育出版社 2015 年版,第 328 ~ 330 页。

㉚ 比如,崔卓兰指出:"行政程序内在价值须先行满足、先行实现,唯其如此方能摆脱法律工具主义、法律实证主义、功利主义的思维定式,保证人们基本权利和自由的优先实现,促进社会的公平和正义",参见崔卓兰、闫立彬:《行政程序的价值与功能》,载《宪政与行政法治评论》2005 年第 00 期。

㉛ 参见湛中乐:《现代行政过程论——法治理念、原则与制度》,北京大学出版社 2005 年版,第 129 页;吕新建:《行政法视域下的正当程序原则探析》,载《河北法学》2011 年第 11 期;周佑勇、李煜兴:《行政程序价值的反思与定位》,载《河南省政法管理干部学院学报》2002 年第 2 期。

㉜ 除此之外,还有一些极端的观点,主张"法即程序",实体仅仅是程序的阶段性成果而非目的,程序是为利益分配过程本身的公平设计的,言下之意即行政程序完全不具备工具价值。此类观点趋于极端,乃至于泯灭了程序和实体的区分,批评者甚众,在此不作赘述。参见肖凤城:《论"法即程序"——兼论行政程序法的重要性》,载《行政法学研究》1997 年第 1 期;肖凤城:《再论"法即程序"》,载《行政法学研究》2001 年第 3 期;肖凤城:《三论"法即程序"——程序与实体的关系》,载《行政法学研究》2002 年第 3 期。

㉝ 参见刘艺:《行政程序中的形式与形式主义》,载杨建顺主编:《比较行政法——方法、规制与程序》,中国人民大学出版社 2007 年版。

类反形式主义的程序观反思了当前我国将程序价值独立于行政法价值之外，甚至人为扩大程序意义的行政程序滥用现象。其认为，行政法发展的新的历史阶段是更加务实、强调有用性和提升行政积极性主动性的后现代行政法，应当将行政系统视为正常而理性的存在物，不应基于对行政消极的认可而夸大程序价值。[34] 此类反思落足于在一种更具能动性的行政管理的面向下，应当强调易被忽视的程序工具价值的地位。隐含的意思为行政法具有多元的价值目标追求，尤其是实体性目标的需求，因此应当根据不同的行政目标调整程序的价值定位。

第二种反思更进一步地提出了根据不同情境衡量行政程序价值的必要性与方法，指出不应轻易断言何种价值更为重要，而要进行价值权衡和取舍。该观点认识到行政领域的个别化和行政活动方式的多元化二者加合起来对行政程序价值体系的要求更加细致，在行政程序价值体系的构建中要注意一般化与特殊化的合理界分。[35] 因此，对于性质、过程、结果完全不同的行政活动，有必要就其程序价值加以区分，以设定不同的程序，适应不同行政活动的过程特征，体现不同的程序价值追求。[36]

区分情境价值选择的理论反思内部也存在区分标准与价值选择上的差异。一类区分标准从“手段特征”的角度，区分“权力行政与消极行政”“非权力行政与积极行政”，指出二者的价值核心分别为人权保障和行政民主化。[37] 另一类区分标准则从“结果特征”角度划分为两类，一类是行政活动的结果只对该过程的参与者产生权利义务上的影响，另一类是行政活动的结果对不确定的对象具有开放的普遍的影响，即执行性行为和立法性行为。[38] 该划分的理由是，行政决定的制作过程更多的是将实体行政法规范所设定的权利义务关系以及通过这些权利义务关系的配置而体现的价值予以落实，因而保障实体法权利义务的准确、有效的实施和程序过程的公平显得更为重要。相比较而言，行政立法过程的最主要特点就

---

[34] 参见关保英：《行政程序滥用研究》，载《现代法学》2015年第3期。

[35] 杨彦虎：《行政程序价值体系的法理论证》，载《行政法学研究》2010年第1期。

[36] 参见王锡锌：《行政程序法：理念与制度研究》，中国民主法制出版社2007年版，第244页。

[37] 参见杨彦虎：《行政程序价值体系的法理论证》，载《行政法学研究》2010年第1期。

[38] 参见王锡锌：《行政程序法：理念与制度研究》，中国民主法制出版社2007年版，第244页。

在于这一过程涉及价值的选择和各种相互竞争的利益的权衡。它是价值的设定过程和利益的权衡过程。在民主社会中,能够为这种价值选择和利益权衡的结果提供正当性的制度化机制主要就是公开的、民主的参与制度。[39]

三、问题的可能方面:程序价值序列的多元化立场

工具价值和内在价值诚然是程序的两个基本面向。法理学领域对于程序工具价值和内在价值的二元区分以及双方关系的阐释,固然是程序价值分析的基础框架,然而,这一系列讨论在进入行政法学领域时却可能存在一些问题。

法理学对于程序价值的探讨,更多的是基于审判程序,尤其是刑事审判程序的。倘若简单套用单一公式,无法应对行政国家的兴起所带来的日益复杂的行政事务划分,以及不同行政过程的价值目标与功用。当涉及程序对判决结果的塑造力时,这种进路更容易捉襟见肘。

单一序列的行政程序价值理论之不足也在于此。当行政程序存在多重价值的情况下,必然需要有价值高低排序的区分,从而确定采取何种行政手段以达致相应的行政目标。而单纯主张内在价值高于工具价值或工具价值优于内在价值,不分具体情境地抑此扬彼,是绝对化的,是一种无视行政国家多样化程序需求的过于简单化的理论模型。

主张程序工具价值优先于内在价值的观点仍未摆脱压制型法的思维范式,即奉行原始的工具主义,放任自由裁量,将秩序作为首要目标,[40]其核心理念是追求行政效率,并确立行政积极主义。[41] 而程序内在价值优先的主张者所持的理念则是自治型法的思维范式,产生自急于摆脱中国过去工具理性主义的转型冲动,弥补压制型法的缺陷,由是呼吁行政程序价值的内在转向,将程序视为防范与制约权力滥用、实现个人权利与尊严的

---

[39] 王锡锌:《行政程序法:理念与制度研究》,中国民主法制出版社 2007 年版,第 309 页。

[40] 参见[美]诺内特、塞尔兹尼克:《转变中的法律与社会》,张志铭译,中国政法大学出版社 1994 年版,第 57 ~ 58 页。

[41] 参见关保英:《论行政法中的程序相对主义》,载《江淮论坛》2011 年第 6 期。

重要保障。[42] 在其看来，强调法律与政治分离的自治型法通过严格的法律规则和程序限制公共权力行使中的恣意，对于现阶段的中国法治具有重要意义。[43] 这在当前社会转型的背景下固然具有一定的意义，却容易滑向程序中心主义，将法律秩序的首要目的和主要效能视为规则性和公平性，主张严格遵循实在法规则而易忽视了对实质正义的关注。[44] 而所谓的“辩证统一”是建立在反思程序工具主义和程序本位主义的绝对化理论之上的，观察到了程序具有尊重人权与达成行政目标（查明真相、实现实体正义等）的双重功能，[45]却是一种无功无过的理论立场，缺乏对行政国家问题的真正回应，未探求规则和政策内含的价值，[46]从而很难依托理论在如何“辩证统一”这一问题上给出切实可行的方案。

同理，呼吁更加关注行政能动性的理论反思，固然是对纯粹行政程序限权论的修正，有助于更全面地关照到行政活动的实体目标和程序目标，从而发展一种更加立体全面的行政程序价值理论。但该理论反思仅仅停留于批判，而缺乏更具回应性的建构。

区分情境的价值反思理论具备足够的建构性，但划分标准的确立需要基于充分的理由，否则有可能损害价值体系构建的科学性和准确性。而“权力行政与消极行政”和“非权力行政与积极行政”的划分就显得过于草率，以至于论者不得不在该类型划分之后，又从权力行政中划除了行政立法和行政计划两种特殊形态，从非权力行政中划除了撤销福利给付这一行政行为。[47] 而基于“落实实体法价值”和“设定价值”标准进行划分的行政立法与行政决策类型则更显科学，但论者没有进一步说明类型划分之后，不同价值之间的优位选择，比如，对于行政决定而言，论者认为

---

[42] 参见崔卓兰、曹中海：《论行政程序的内在价值——基于对行政程序底线伦理的探索》，载《法制与社会发展》2006 年第 3 期。

[43] 王锡锌：《行政程序法：理念与制度研究》，中国民主法制出版社 2007 年版，第 30 页。

[44] 参见［美］诺内特、塞尔兹尼克：《转变中的法律与社会》，张志铭译，中国政法大学出版社 1994 年版，第 60 页。

[45] 参见周佑勇、李煜兴：《行政程序价值的反思与定位》，载《河南省政法管理干部学院学报》2002 年第 2 期。

[46] ［美］诺内特、塞尔兹尼克：《转变中的法律与社会》，张志铭译，中国政法大学出版社 1994 年版，第 88 页。

[47] 参见杨彦虎：《行政程序价值体系的法理论证》，载《行政法学研究》2010 年第 1 期。

“保障实体法权利义务的准确、有效的实施和程序过程的公平显得更为重要”，但这一优位价值选择实际上混杂着工具价值和内在价值，那么在这一组优位价值的内部又如何进行价值选择，论者并未提及。

总之，当回归实践，以司法审查为导向时，上述理论模型对于法官应当如何在行政程序的问题之中进行价值权衡和选择判断，均有所不足。在程序单一价值序列的指引下，当讨论程序对于行政判决的塑造力时，既有观点将仅仅停留于主张加重程序违法后果，或者呼吁关照程序瑕疵时对于行政效率的兼顾。然而，在一种回应型法的范式下，更少形式主义、更多探求“我们真正要干的事”，[48]将呼唤建立一种程序价值序列的多元化立场，根据不同的行政过程，搭建不同的价值序列等级，从而使程序为不同行政行为的合法性提供不同的支撑。为此，我们需要在法理学程序价值二分法的基础框架上有所突破，立足行政国家的需求与机理，以司法审查为导向，探求在行政诉讼中如何根据各行政过程的价值导向差异，来权衡程序要求与实体审查之间的关系，确定行政程序合法性对于司法判决结果的独立塑造能力。

四、当代行政程序的模式与多样化的程序价值

想要区分多样化行政活动中的程序价值，首先需要了解各项行政活动中程序的目标定位，根据不同的程序目标可以区分出各异的行政程序模式，这决定了程序在多大程度上服务于实体，即在不同行政活动中程序具备多少独立价值，继而得以确定程序违法与否对于行政行为合法性的支撑力度。

一种合理的界分标准必须立足于行政活动所要达致的最重要的几类价值，与之相应也是行政程序的价值追求。对此，美国学者盖尔霍恩根据行政机关所面临的普遍挑战，归纳出行政程序设计所要体现的四类价值，分别为：公正、准确、效率与可接受性。[49] 这一归类基本涵盖了各类行政活动过程所追求的价值目标。其中，“准确”和“效率”更多地聚焦于如何正

---

[48] ［美］诺内特、塞尔兹尼克：《转变中的法律与社会》，张志铭译，中国政法大学出版社1994年版，第88页。

[49] Ernet Gellhorn, Ronald M. Levin, *Administrative Law and Process: in a Nutshell*, Thomson/ West, 2006, 4 – 6.

确地或低成本地达到结果,因此偏重程序的工具价值。“可接受性”则强调公众或利益相关方对于规制过程的信任与遵从意愿,更侧重于程序的内在价值。“公正”既包含对结果公正的判断,也涉及当事人在行政活动中获得充分而平等的参与权所带来的公平感,因而兼具程序工具价值与内在价值的考量。

而在不同行政行为中,何种价值居于核心地位是不同的。我们可以根据各类行政活动的目标与特征,将其程序模式划分为民主模式、公正模式和效率模式。

其一,民主模式——以行政规划为例。

民主模式之下的行政程序包括行政立法、行政规划等宏观性、前瞻性的行政活动。此类行政活动因为其行政性与立法性兼备,因此程序的设置目的往往不是追求一元的“正确答案”,抑或说,在此类行政活动中实体正确难以判断,故而此类行政活动程序的价值取向是更好地保护社会多元价值,平衡多方利益。

以行政规划为例,行政规划是“利益权衡、信息处理、方向确定、手段选择的综合过程”。[50] 故而,对于此类行政活动,程序设置应当趋向于强化民主参与,增强公民认同与可接受度,基于该程序模式的特点,程序对于实体的服务作用并不十分明显,对于此类行政活动中行政裁量的控制也应以程序控制为主。如果试图从规划的权限、内容、条件等实体方面对行政规划给予严格控制,追求有“标准”或“正确答案”的行政规划,必然会束缚行政机关的手脚,遏制行政规划应有效能的发挥。但是,行政规划往往直接或间接涉及公民个人的权利和利益,并事关社会资源配置是否合理,从程序上对行政规划进行规范是非常必要的。[51]

其二,公正模式——以行政裁决为例。

至于以公正为价值取向的行政程序,则指行政裁决、行政复议等具有司法性质的行政活动程序。

以行政裁决为例。行政裁决作为行政机关以中立的第三者裁决争议

---

[50] [德]汉斯·J. 沃尔夫、奥托·巴霍夫、罗尔夫·施托贝尔:《行政法》(第2卷),高家伟译,商务印书馆2002年版,第180页。

[51] 姜明安主编:《行政程序研究》,北京大学出版社2006年版,第100页。

各方民事纠纷的一种行为,其第一要义是公正,为了保证裁决的公正,必须要保证裁决是建立在查明事实的基础上的,而这一点非有相应的程序制度无从保障。同时,裁决是对查明的事实适用法律规则的过程,而非行政机关对自己政策的执行,因此,必须使相应的法律观点得到充分地辩论,而这也需要程序保障。这种程序显然不能是行政机关的决定程序,而只能是一种准司法性质的程序,它虽然不需要像民事诉讼那样严格烦琐,但仍然保留了相当的司法程序的特征。因此,通过设计一种准司法的程序,以便在追求效率的同时,保障最低限度的公正,是行政裁决程序设计的基本思路。[52]

可见,在行政裁决等行政行为中,行政程序既服务于探求真相的实体目的,也具有保障公正与正义感的内在价值。

其三,效率模式——以行政调查为例。

在第三类行政程序模式中,行政程序的目标以查明事实、节约行政成本、提高行政效能为主,其代表性的行政行为即行政调查。

贝勒斯曾指出,在官僚调查模式下,决定人承担了调查证据和事实以作出决定的主要责任。比起对抗式审判模式下的目标,官僚调查的目标更具一种手段/目的的特性。这个模式的潜在价值是定性/分类(classification)的确定性或者规则性(regularity),并进而借这种确定性或规则性来实现长期一致性。[53]

在韩国2004年发生的某案例中,保健福利部所属公务员与健康保险评审院职员未经事先通知抵达某医院,为确认是否构成保险给付不当请求进行了现场调查。在实施调查后,发现了不当请求事例,采取了收回措施,并作出停业等行政制裁。针对院方提出的该调查未经事前通知这一程序瑕疵,首尔行政法院在判决中回应道,《国民健康保险法》并没有规定实施现场调查的公务员将调查事实向调查对象事前通知的义务。在确认疗养机构的违法事实并其进行调查的情形下,如果调查事实提前被泄露,调查对象为了防范,有可能实施关门停业、隐匿资料或者与患者通谋等措

---

[52] 姜明安主编:《行政程序研究》,北京大学出版社2006年版,第207~208页。

[53] [美]迈克尔·D.贝勒斯:《程序正义——向个人的分配》,邓海平译,高等教育出版社2005年版,第205页。

施，面对这种隐患，为达成调查目的，需要一定程度的保密性。[54]

在日本，关于行政调查，最高法院判决在广泛的范围内承认行政厅的裁量，认为"关于实定法上没有特别规定的实施细目……有盘问检查的必要，并且，在将其和相对人的私人利益的衡量上，限于社会通常观念认为相当的限度内，是委任给有权限的税务职员的合理选择的。"[55]根据这种观点，调查日期、场所等事前通知、调查理由等告知，当然是不必要的。只要不成为调查目的的阻碍，才有必要留意事前的通知或者调查时的理由公开等。[56]

由此可见，行政调查的程序设置原则当以不影响调查职能的发挥为限，行政调查程序更多地服从于实体正义的探求，其根本目的在于行政机关以更少成本、更快速度、更加准确地查明事实真相。与之类似的行政活动包括小额的行政处罚程序等。

根据当代国家的行政程序模式，我们可以看出，在不同的行政活动中，程序设置的目标和特征不同，程序模式决定了程序发挥何种价值，是不可一概而论的。这契合并引出了本文主题：不同行政活动中的程序价值需要区分讨论，程序内在价值与工具价值何者优先不是一个单一序列的问题，行政国家需要建立一个更加复杂的行政程序价值序列。在行政立法、行政规划等行政活动中，由于实体正确与否难以衡量，而公众参与所塑造的民主合法性是程序更加重要的意义，因此行政程序更多地发挥内在价值，或者称考虑程序的内在价值应超过工具价值。而在行政调查等旨在查明真相、发现事实的行政活动中，程序的工具价值往往优先于内在价值。至于奉行公正模式的行政裁决、行政复议等行政活动，程序的工具价值和内在价值兼备，何者为先需要作进一步的衡量。

而多样化行政活动中程序价值的多元序列对于实践的意义就在于，在司法判决中，程序合法与违法对于判决结果的独立塑造力是不同的。根据不同行政活动中程序内在价值与工具价值的序列，法官需要在何种程度上考虑程序违法的严重性，是值得加以区分的。

---

[54] 余凌云主编：《行政调查的理论与实践》，中国人民公安大学出版社 2014 年版，第 368 ~ 369 页。

[55] 最高法院判决，昭和 48 年 7 月 10 日。

[56] [日]盐野宏：《行政法》，杨建顺译，法律出版社 1999 年版，第 186 ~ 187 页。

五、法适用过程与类政治过程的程序违法后果

本文旨在提出，当代国家的行政程序价值序列已经渐趋复杂，程序的内在价值与工具价值何者优先将取决于特定行政活动的性质以及程序本身的目的。本文无意于针对行政国家的每一项行政活动都划定特定的程序价值序列，但一个具备分析可能的坐标轴或许是必要的。那么如何确定坐标系？

我们可以回顾一下问题的出发点——行政国家的产生。其一大特征就在于行政立法的大量出现打破了原有的宪政平衡。[57] 而这在今天竟然成为一个必要且不可逆转的趋势，我们已经无法承认行政机关仅仅作为一个"执行者"，行政活动的目标不再仅仅是认定事实，随着福利社会、风险社会的到来，行政机关所要面对的是一系列具有不确定因素的价值选择。

于是我们可以在行政活动这个连续光谱上找到两个极点，一个极点上，行政机关代表着纯粹的"执行角色"，其目标就在于准确地事实认定和严格适用法律；另一个极点上，行政机关是一个全能的管家，制定规则，确定标准，制定政策，并应对各种风险。

在这一光谱上，行政机关政策选择的问题越接近于一个权衡相互冲突的利益群体主张的政治过程，就越缺少明显合理的理由去支持法院改变立法机关对行政机关的授权。[58] 也就是说，法院作为一个适当的法律守护者和一个不适当的政策衡量者，在这一光谱的两个极点发挥的作用是不一样的。当行政机关趋向于严格的法适用过程时，法院可以对此进行程序审查，并加入适当的实体衡量，以确保行政机关在一个封闭过程中准确适用了法律，实现了实体正义和程序正义。此时，程序既具有工具价值，也具有内在价值，而当行政机关成为政策制定者时，法院则不适合衡量政策决定的实体正确性，正确性问题由此转化为了价值选择问题，此时程序应发挥其内在价值——比如，可接受性与民主性——支撑行政行为

---

[57] 参见陈端洪：《对峙——平衡》，载罗豪才、姜明安、宋功德等：《行政法平衡理论讲演录》，北京大学出版社2011年版，第125页。

[58] ［美］理查德·B.斯图尔特：《美国行政法的重构》，沈岿译，商务印书馆2011年版，第180～181页。

的合法性。

其一,法适用过程。

位于光谱一侧的是法适用过程。法适用过程指行政机关较为机械地、严格地适用法律作出行政裁决、行政决定、行政处分的过程。

正如贝勒斯所指出的,负担/利益决定程序的内在目的是发现真相和解决问题。发现真相的目的主要是避免经济和道德错误成本。解决问题则是为了实现让人们更可能实际接受相关决定等这样一些过程利益,尽管过程利益有独立于人们对决定的实际上或心理上的接受的价值。[59] 可见,法适用过程的程序,既有发现真相与实体正确这一工具价值,也有增强人们对结果的接受性这一内在价值。

正因如此,我们在审查具体行政行为时,不能一味地主张公正优先或者效率优先,应当有条件地承认程序瑕疵的存在。一个基本原则是,程序的工具价值优先于内在价值,仅当程序设置具有直接的保护内在价值的意义时,程序的内在价值才优先于工具价值。

这就意味,首先,对于一般性的程序权利,应当服从于实体的衡量,当实体正确,或者程序正确与否不可能影响实体,或者存在情势判决的情形时,程序违法并不导致撤销,而落入确认违法或者补正的司法后果。

然而,如果根据程序设置目的,程序要求属于公正导向或者尊严导向,比如,避免偏私的回避、相对人的知情与参与,那么一般应当无论结果与否均加以保护,除非在成本收益分析中,撤销该违法行政行为将对公共利益造成严重损害。

其二,类政治过程。

而在社会转型期,行政机关同时承担了诸多类政治的行政职能。类政治过程指行政机关发挥更大裁量权,以更加政治性的身份主导经济社会重大决策的过程,包含行政机关制定创设性的行政规则和作出重大决策的过程。在类政治过程中,程序正当对于行政行为的合法性将发挥更大、更加独立的支撑作用。

原因在于,类政治过程涉及行政机关的价值选择、技术标准选择与风

---

[59] [美]迈克尔·D. 贝勒斯:《程序正义——向个人的分配》,邓海平译,高等教育出版社2005年版,第164页。

险控制等过程。而这一过程既可能是高度政治性的,也可能是高度技术化的,然而风险的不确定性和价值的多元化决定了在这一过程中作出实体正确的判断是十分困难的。而司法机关既非民主机关,也不具备技术要素,作出这样的判断是十分困难的。

譬如,在风险规制方面,美国最高法院也曾经尝试将看门人的角色分配给联邦地区法院,此后这一进路被证明存在诸多不可行之处。

(最高法院)要求初审法官在普通法诉讼中了解专家证言的科学基础,决定该证言是否将科学原则足够可靠地运用于足够坚实的科学数据,并由此论证了专家们的科学结论。同时,初审法官必须决定科学证言是否与陪审团要作出的事实裁决有关。这样将多伯特式看门人的角色分派给那些被卷入行政机关风险评估司法审查的法院,被认为是极其糟糕的主意。第一,联邦法官并不适合对风险评估数据及分析的科学基础进行严格审查,在涉及科学数据分析、复杂模型演练、高度不确定性时,法官能力有限;第二,对风险评估实施"多伯特化"司法审查会将政策制定者的角色强加给法院,而这对于一个不负政治责任的机构来说,一点也不合适;第三,强化对行政机构风险评估所包含科学决策决定的司法审查,可能扩大司法权力,从而导致严重的组织角色问题;第四,行政机关风险评估的"多伯特化",对规制政策会产生可以预见的影响,而这一影响的方向与促成健康、安全与环境方面多数立法的风险防范政策恰恰相反。[60]

而在实体正确难以判断的情况下,民主参与与专家论证的程序就自动补足一个"民主赤字"程序中的合法性缺失。正如议会立法一样,行政立法结构中的裁量权更加广阔,因此应当服从于高度的民主负责制。[61] 我们可以考虑采纳将行政过程视为一种政治过程,通过向这一过程注入更

---

[60] [美]Thomas O. Mcgarity:《风险评估司法审查多伯特化的前景》,载金自宁编译:《风险规制与行政法》,法律出版社 2012 年版。

[61] Henry M. Hart, Jr. & Albert M. Sacks, The Legal Process: Basic Problems in the Making and Application of Law (1958) (unpublished manuscript, available at William M. Raines Law Library, Loyola Law School); see Vincent A. Wellman, Dworkin and the Legal Process Tradition: The Legacy of Hart & Sacks, 29 ARIz. L. REv. 413, 413 (1987) (discussing influence of manuscript). Cited in Francis, Leslie Pickering, Law and Philosophy: From Skepticism to Value Theory, *Loyola of Los Angeles Law Review*, Vol. 27, Issue 1 (November 1993), pp. 65 – 88.

多的民主化要素而使行政过程及其结果获得合法性的思路。[62]

此外,与民主性的内在价值相类似,可接受性也是提供合法性的一种进路。正如罗尔斯所说,民主决策和民主法律之所以合法,并不是因为它们是正义的,而是因为它们是按照一种为人们所接受的合法的民主程序而合法地制定出来的。一种合法的程序产生合法的法律和按照该法律制定的合法政策,而合法的程序可能是习惯性的、长期确定起来的和人们已经接受的。[63]

可见,在类政治过程中,程序内在价值应当发挥更基础、更核心的作用,程序内在价值在序列上应当优先于程序工具价值。这代表着,法院对于类政治过程的司法审查应当更加着眼于程序,对于实体问题则应当采取更为尊重行政判断的态度,仅仅通过程序的合法与否来控制行政裁量,相当于运用民主性等程序内在价值吸纳了程序工具价值。当承载着代表程序内在价值的核心环节合法时,法院倾向于认为该政治过程也合法。当程序违法,尤其是政治过程中的民主参与或专家论证不足时,意味程序设置所保护的最重要法益受到侵犯,行政活动的合法性补充不足,那么法院就要在进一步的成本—收益分析中,给予行政行为一定的否定评价。

但法院的程序审查并不意味形式审查,在这方面的代表是美国的严格审查学说。严格审查学说在美国是以司法机关尊重行政机关的裁量与更彻底之司法审查的中间道路出现的。这一学说的目标是确保行政机关严格审查相关证据与政策选择方案,并且在具体案件中合理行使其裁量。利益集团提交的证据必须予以充分考量,目的是防止任何具体集团的观点控制或俘虏作出决定的行政机关。因而这是一种"强调程序"的进路。[64] 可见,法院进行程序审查的目的,应当是控制行政机关合理选择政策方案,保证利益相关方的意见都被听取。

六、结语:复杂而均衡的价值体系及序列

当然,本文提出的仅仅是初步构想,必须指出的是,在多样化的行政

---

[62] 王锡锌:《当代行政的"民主赤字"及其克服》,载《法商研究》2009 年第 1 期。

[63] [美]约翰·罗尔斯:《政治自由主义》,万俊人译,译林出版社 2011 年版,第 396 页。

[64] [英]保罗·P. 克雷格:《英国与美国的公法与民主》,毕洪海译,中国人民大学出版社 2008 年版,第 148 页。

活动面前，行政程序的价值序列应当是复杂而均衡的，需要考虑和平衡的因素可能远多于本文的论述。然而，可以确定的是，在行政国家多样化的行政活动中，行政程序的价值不能以简单的“内在价值优于工具价值”或“工具价值优于内在价值”或“兼顾内在价值和工具价值”予以概括。我们不仅要摒弃单一化的程序价值序列思维，还要根据不同行政活动的特征和程序设置目标，来设立一套复杂而均衡的程序价值序列，以此为司法判断程序违法严重性搭建思考框架，帮助法官们更好地理解程序价值，并妥善处理好程序合法性与行政行为合法性之间的关系。

●我国宪法解释与宪法实施的动力机制研究

李　兴*

一、问题的提出：我国的宪法解释机制为什么沉睡？

“徒法不足以自行”，一种法律制度的创建，在文本意义上完成起草与颁布的程序之后，更为关键的一环在于这一法律制度真正地参与到社会政治变迁的过程中去，成为运行中活的法律，这已成为法律政治科学的基本常识。根据这一观念，对于处于一国法律体系“金字塔”顶端的宪法规范来说，其能否有效回应社会变迁中所产生的规范性需求，以及这一回应过程的不同路径选择，是观察一个社会法治水平的最终标准。

宪法如何有效回应社会需求？从法律制度运行的一般规律出发，同民事、刑事等法律部门一样，宪法本身也需要真正落实其自身所规定的各项基本制度，使得这些制度架构能够形成持续稳定运行的规范系统，并且其本身还要符合某种共同体的价值观所支撑的评判标准。这种落实简而言之也即宪法的实施，其最终结果是要达到某种宪法在社会中起到价值引导作用的宪治状态。由于宪法规范的特殊地位所造成的模糊性、开放性、原则性等特征，宪法的解释对于宪法的实施而言就显得尤为重要。①因此，对于一部宪法来说，由宪法解释机制所搭建的沟通宪法文本与社会需求之间的桥梁，为宪法的具体实施提供了最为基本的路径，从而使宪法的权威真正落到实处。

---

* 李兴，北京大学法学院宪法学与行政法学专业2014级博士研究生。

本文系中国法学会部级法学研究课题《人大释宪制度的完善：以“一国两制”下人大解释基本法制度和实践为视角》[课题编号：CLS（2014）C07]的阶段性成果之一。

① 韩大元：《〈宪法解释程序法〉的意义、思路与框架》，载《浙江社会科学》2009年第9期。

我国宪法对于自身的解释机制作出了明确的规定，但恰恰正是这一规定本身，构成了我国宪法学理论中关于宪法实施制度的诸多争论的根源。目前来说，无论对于这一机制持有赞许或批评的态度，还是抱有积极或消极的期待，有一点能够形成共识的是，这一解释机制并未有效地运作起来，而是在某种程度上处于沉睡之中。

在一定意义上，宪法解释机制的沉睡与宪法本身的沉睡是同一含义的两种轻重不同的表述方式。对于我国的宪法制度来说，同样成为常识的是，宪法本身在改革开放后三十年的历史进程中能够经历四次修改而保持大体的稳定是以普通公民在社会生活中对其感知甚少为代价的。② 不同于民事、刑事甚至行政法律部门有着系统性的司法场域的运用机制，宪法制度及其相关理念更多存在于官方的话语体系之中，或者是学术界与民间思想界旁逸斜出的讨论之中，这二者之间话语体系无法有效对接经常会给社会造成撕裂性损伤。

究其原因，宪法及其相关的制度与理论体系在我国全部社会主义法律体系之中的特殊性往往被归结为关于宪法共识的匮乏，抛开转型社会的政治文化背景与瞬息万变的社会思潮的影响，仅从法律文本的意义上来看，如前文所述，共识的匮乏在于我国宪法的解释机制尚未得到有效运行以来厘清必然存在于宪法文本及其所构建的制度之中原则性规范的含义，因此无法有效发挥其沟通不同社会阶层观念，凝聚社会共识的作用。

众所周知，我国的宪法及相关法律制度并非没有对其自身的实施这一重大问题做出回应。宪法与立法法的相关规定构造了一个以最高国家权力机关常设机构——全国人大常委会主导宪法解释与适用的释宪机制。现行宪法第 67 条规定全国人大常委会的职权之一为“解释宪法，监督宪法的实施”；立法法对于全国人大常委会审查并纠正违反宪法法律的行政法规等法律规范作出了较为具体的程序性规定，这一审查机制可以视为中国版的违宪审查制度。因此，在这个层面上，中国的宪法实施路径基本有二：一是全国人大常委会主动作出宪法解释；二是对于相应法律规

② 宪法学者王人博教授在 2012 年 10 月 11 日于中国政法大学举办的以“纪念宪法颁布三十周年——回眸与展望”为主题的“蓟门决策”研讨会上将八二宪法相对于新中国成立后其他三部宪法的稳定性称之为“乌龟效应”，意指其并未获得真正有效的实施。

范进行违宪审查。在第二条路径中，宪法解释是进行违宪审查的基本方法，违宪审查本身也可以看作释宪机制的一个重要组成部分，故可以说，宪法解释贯穿宪法实施的全过程中。具体到违宪审查制度来说，学术界的一个共识是，1982 年宪法对这一制度作出了全面的规定，但同时亦留下了更多的缺陷，导致现行宪法颁布以来，违宪审查的实践几近空白，尽快完善发展我国的违宪审查制度成为一项急迫的课题。③ 违宪审查实践的匮乏，导致宪法解释技术也没有太大的用武之地。无论是全国人大常委会的主动解释，还是根据立法法规定的程序所进行的违宪审查，我国宪法的实施现状总体而言不尽如人意，释宪机制所收获的效用没有实现构建这一法律制度时的预期。

二、回应：对于宪法解释与实施现状的学术阐释

这一制度有效性的匮乏，成为宪法学界关注的焦点问题，针对我国宪法解释机制沉睡的现状，学术界对其原因给出了不同的解释，同时也提出了各种不同的解决路径。下文试从一个学术思想史的角度略述之。

（一）重提“宪法司法化”：违宪的宪法实施路径？

在世纪之交，宪法学界中关于宪法实施机制的讨论，毫无疑问是在“宪法司法化”的潮流引导下进行的，而且这一学术思潮本身得到了实务的呼应，遂一时蔚为大观。顾名思义，宪法的司法化指宪法法律制度通过司法场域个案适用的方式融入社会生活中去，宪法自身含义的明确也主要以司法机关在个案中进行解释的方式完成。在这种以司法场域为中心的观念之下，对于成文宪法国家来说，宪法法律能否像民事、刑事法律那样获得司法机关的有效实施，成为判断一国宪制存在与否及完善程度的重要标准。因此，在某种意义上，“宪法的司法化”似乎成为我国宪法发展的未来方向。④

这一主张带有较为强烈的规范价值追求的取向，理想主义色彩较为浓厚，其基本内容更多取径于域外的经验，如美国式的普通法院或者欧陆

③ 胡锦光主编：《违宪审查比较研究》，中国人民大学出版社 2006 年版，第 324 页。

④ 王磊：《宪法的司法化——21 世纪中国宪法学研究的基本思路》，载《法学家》2000 年第 3 期。

的专门法院司法审查模式，其核心关注在于司法权力在社会中的日常运用，⑤并且，这种主张背后暗含了一个以宪法规范价值对于我国制度现实的审视与评价。但这样的追求是否会与我国的具体宪法制度相扞格？⑥这一问题在一定程度上被“宪法司法化”的美好前景所遮蔽，而这恰恰是对该主张的批评者所主要强调的。将这一主张与我国宪法自身所规定的解释与实施制度相比较，确实能够发现其“超越”时代之处。比如，许崇德教授认为：“‘宪法司法化’不仅语义不清晰，而且表述的内容欠妥。全国人大及其常委会解释宪法，监督宪法的实施，已由宪法明文规定。这个体制从我国的国情出发，符合人民代表大会制度的本质要求。它迄今已延续了半个多世纪，成了我国社会主义宪政制度不可分割的组成部分。宪法确定了的体制，是不宜轻易改变的。”⑦

值得注意的是，批评“宪法司法化”主张的学者并非反对宪法的实施，他们所反对的主要是脱离中国宪法制度规定，带有理想主义色彩，以司法场域为中心的个案式宪法解释模式。相对于后文将要提到的政治宪法学的主张，他们与主张宪法司法化的学者一样，都重视宪法文本的规范价值，在某种程度上，他们甚至更加坚守这一价值，因而主张严格依照宪法规定的程序来实施宪法，如童之伟教授所主张的：我国宪法适用只能主要走最高国家权力机关立法适用和监督适用的路径；“司法化”的宪法适用路径背离现行宪法，没有前途；鼓励“宪法司法化”不仅无助于促进宪法适用，还会妨碍我国宪法适用体制的完善和宪法适用效能的提升；法院审理案件援引宪法与“宪法司法化”没有必然联系；我国法学界应当以现行宪法为文本基础确立理性的宪法适用理念。⑧

---

⑤ 从比较宪法的角度来探讨我国宪法司法化的发展方向是这一学术路径较为常用的论证模式，即比较欧美主要宪政国家的宪法实施方式，特别是其司法审查制度的异同，进而提出我国宪法实施应借鉴何种模式的主张。参见蔡定剑：《中国宪法司法化路径探索》，载《法学研究》2005 年第 5 期。

⑥ 事实上，主张以某种价值规范来对我国现行宪法规定的释宪机制进行审视的学术倾向往往同时具有改造这一机制的冲动，比如，一直以来就有学者主张建立欧陆模式的专门法院作为替代性的释宪机关。参见范进学：《宪法解释的理论建构》，山东人民出版社 2004 年版，第 103 页；孙峰：《宪法的守护者：试论中国宪法法院建构》，载《学理论》2011 年第 32 期等。

⑦ 许崇德：《“宪法司法化”质疑》，载《中国人大》2006 年 6 月 10 日。

⑧ 童之伟：《宪法适用如何走出“司法化”的歧路》，载《政治与法律》2009 年第 1 期。

前文提到,“宪法司法化”的主张在实践中得到了实务部门的呼应,此即宪法学界热议的“齐玉苓案”,围绕这一案件本身的争议与关于“宪法司法化”的争议具有同质性。有主张认为这一案件对于我国的宪法解释与实施来说有着重大的意义,它开创了法院保护公民依照宪法规定享有的基本权利之先河,创造了宪法司法化的先例,首次正式提出以民法方法保护公民在宪法上的基本权利。⑨ 对其批评也主要集中在认为这样的“宪法司法化”尝试是一种超越现行宪法体制的带有非理性色彩的趋向,而在实践中又不当地扩张了司法机关的权力,因此最高人民法院关于该案的批复在2008年被废止,意味一种宪法适用的理性化转向。⑩

“宪法司法化”的学术主张目的在于为中国构建某种形式的司法审查制度,无论这一制度是以英美法系的普通法院审查制还是以欧陆法系的宪法法院模式为旨归,关键是要由司法性的权力通过在具体案件中解释宪法、适用宪法来使宪法获得实施。这可以看作“激活”我国宪法制度的一次重要尝试,但从实践结果来看,其成效并不理想。并且,正如前文所说,这种激活尝试所依赖的理论与实践资源主要取径于域外,特别是像“马伯里诉麦迪逊”案这样的美国式宪政经验为很多学者所津津乐道,其在创造司法审查这一重要制度中所表现出的司法能动力被中国的研究者移情于中国的司法机关,期望其能够担当起类似的重任。美国的司法机关在没有宪法明确规定的前提之下通过这一案件为自己创造性地争取到了司法适用宪法的权力,但这是否就意味这种模式成为一个公理,从而适用于中国的司法机关?⑪ 一个不容忽视的事实是,中国宪法制度所构建的不同权力机关之间的关系模式与美国式标准意义上的“三权分立”有着本质的区别,与欧陆议会制模式下司法与立法、行政之间的关系也仅仅存在

⑨ 黄松有:《宪法司法化及其意义——从最高人民法院今天的一个批复谈起》,载《人民法院报》2001年8月13日。

⑩ 董和平:《废止“齐案”批复是宪法适用的理性回归——兼论“宪法司法化”的理论之非与实践之误》,载《法学》2009年第3期。

⑪ 比如,有学者认为,我国现行宪法规定的全国人大行使宪法监督权并不排除法院对宪法的适用与解释,按照宪法与立法法的规定,违宪审查的权力由全国人大常委会行使,但法院可在具体案件中适用宪法,解决宪法上的公民私权冲突。这种主张并不要求司法机关“僭夺”国家权力机关的违宪审查权力,但仍认为司法机关在个案中适用与解释宪法是宪法制度的内含之义。参见蔡定剑:《宪法实施的概念与宪法施行之道》,载《中国法学》2004年第1期。

大体形式上的可比性,因此司法机关能否承担起这样的重任这一问题在一定意义上被当作一个虚拟的前提而不加讨论地接受了下来。另一方面,现有制度体系内的释宪机制由于并没有在现实中产生显著的效果而被认为是一种有缺陷的制度,从而在一定程度上受到了忽视。

到目前来看,“宪法司法化”的主张远未实现预期的目标,宪法通过日常的司法解释获得实施的前景仍停留在设想阶段。不过在接受制度现状的前提下,是否宪法解释就失去了意义?很显然并非如此,宪法规定的全国人大常委会解释宪法的机制对于宪法的实施来说并非无足轻重,事实上,宪法解释是宪法实施的一种客观需要,并不以司法机关的违宪审查制度为前提,只要有依据宪法判断争议的需要,宪法解释就是必不可少的。[12]只是“宪法司法化”的主张没能成功地激活这一机制,而且在推动宪法实施的目的之下仍不免受到“违宪”的质疑,其所坚持的究竟是“宪法的理念”还是具体的“宪法文本”并没有得到认真的解释,这往往容易使自身陷入悖论之中。[13]

(二)另一种解释:来自政治宪法学的观点

如果说关于“宪法司法化”的争论焦点在于具体的宪法解释与实施机制是否应当严格以现行宪法的规定为依归的话,政治宪法学与传统的规范宪法学(和更为狭义上的宪法解释学)之间在宪法实施问题上的分歧则触及到了宪法文本背后更深层的历史语境与现实制度变迁问题。

最近几年兴起并大有占去宪法学界半壁江山之势的政治宪法学对于传统宪法学术思想形成了巨大的冲击。就本文关注的主题而言,由于引入了历史主义的视野,政治宪法学对我国宪法实施状况的评价跳出了文本与制度的范围限制之外,不再将重点放在寻找宪法运行系统的“启动按钮”,而是从中国社会宪政转型所形成的历史脉络中对之进行更为深入的审视。传统宪法学理念由于受西方宪法学与政治学理论的影响,在一定程度上视司法场域主导的宪法实施为理所当然,但在目前的宪法制度之下,虽经多年呼吁,却无法突破现状,形成真正的“宪法司法化”的宪法实

---

⑫ 张翔:《宪法释义学:原理·技术·实践》,法律出版社2013年版,第15页。

⑬ 参见强世功:《宪法司法化的悖论——兼论法学家在推动宪政中的困境》,载《中国社会科学》2003年第2期。

施模式，从而将希望寄托在未来历史的发展，期待在将来某一个历史的节点，某种形式的宪法解释与实施制度会突然“激活”。[14] 政治宪法学在某种程度上也将希望寄托在未来，理由却是出于一种不同于传统观念的对于当代社会的历史判断。

政治宪法学认为，由司法机关来实施宪法的主张有一个隐性的预设前提，即我们国家是一个较为成熟的“宪政国家”，社会的主要纠纷都是“人民内部矛盾”，可以通过司法机关的力量来化解矛盾，定分止争，起到缓解社会分歧的作用，宪法法律制度层面的争议也不例外。从比较的角度而言，域外那些被我们所称道的存在某种形式的司法审查的国家基本上都是这种状况。不过，政治宪法学认为，中国的特殊性在于，这一不加辩证的预设前提事实上并不存在，也即中国目前的宪法法律制度并非处于一个稳定的状态，而是处于“从非常政治到日常政治”的变革之中。[15] 在这样一个宪法法律制度随着时代的发展变化而急遽变迁的过程中，传统宪法学所主张的宪法实施机制，所积累的宪法解释技术以及呼吁落实的宪政理念，在某种程度上成为缺少现实社会根基的“空中楼阁”。但对于时代的“误判”，并不意味传统宪法学的研究失去了意义，其研究成果可以对应未来某个“海晏河清”的时代，为其所用，这里便在宪法学的讨论中引入了历史的视野。简单来讲，政治宪法学虽然并不直言中国目前仍然处于革命时代，但其基本判断则是我们“尚处于革命时代、非常时刻，或者说处于尚待‘反革命’的时代，亟待转向平常时刻的时刻；而传统的规范宪

---

[14] 2005 年年底，中国人民大学宪政与行政法治研究中心承担了司法部《宪法解释程序研究》课题，由中国法学会宪法学研究会会长、中国人民大学法学院教授韩大元主持，中国政法大学、山东大学、国家行政学院、首都师范大学等单位的多位专家学者共同参与研究。课题组研究了大陆法系和英美法系宪法解释制度，召开了三次学术研讨会。在此基础上，课题组最终形成了《中华人民共和国宪法解释程序法》（以下简称《宪法解释程序法》）的专家建议稿。该建议稿在现行宪法规定的宪法解释模式基础上对之进行了具体化，同时也对立法法规定的解释机制做出了突破，特别是规定了具体性解释机制，各级法院与当事人认为所适用的法律、行政法规、地方性法规、自治条例和单行条例、规章等规范性文件同宪法相抵触，可以通过该法规定的途径提请解释主体进行解释。对于后文将要提到宪法解释机制的动力来源来说，相较之于其他途径，这一提请解释途径不失为一种强劲的来源，虽然其实现的可能性有待商榷。参见：《〈中华人民共和国宪法解释程序法（专家建议稿）〉及其说明》，载 http://www.calaw.cn/article/default.asp? id = 10166，最后访问时间：2015 年 12 月 15 日。

[15] 高全喜：《政治宪法学的兴起与嬗变》，载《交大法学》2012 年第 1 期。

法学或宪法解释学的理论出发点则是“以我们处于平常时刻,而绝不是纯粹的非常时刻为预设,诸多事件可在平常时刻的框架中处理。因此倡导围绕文本、围绕规范形成思想。”⑯

从这样的分歧出发,对于我国宪法的解释与实施制度来说,按照政治宪法学的理解,重要的不再是采取什么具体制度更有利于激活宪法本身,使宪法的每一个条文的具体含义得到确切的解释,能够更加有效回应社会的需求,而是在于挖掘从非常政治到日常政治变革的过程中,隐藏在规范背后的支配政治社会运转的真实规则,从而为这种转型提供更为清晰的理论指引。规范宪法学或宪法解释学在宪法文本与制度基础上的“知识积累”虽然在目前看来回避了当代社会的真实宪法问题,但在社会转型过程完成之后,则可以派上更为重要的用场。⑰ 由此看来,政治宪法学与规范宪法学或宪法解释学分别对应的是社会转型与转型后的不同历史阶段,而它们之所以能在现今针对宪法的实施问题展开辩论,则是缘于一场“时空错位”。

不同于前文所述的“宪法司法化”主张以及对之进行的批评,政治宪法学对于这种似乎过于技术性的宪法学研究路径兴趣不大,⑱其学术关怀在于宪法文本背后更为广阔的政治变迁过程,即“革命”与宪法的“反革命”问题。⑲ 即使对于从宪法文本出发展开政治宪法学进路研究的学者来说,其主要的关注重点亦不在拓展宪法解释的范围,而是在于提炼现行宪法中“真实”发挥作用的宪制原则。⑳ 这种提炼出来的宪法原则因来源于社会运行的真实“游戏规则”而具有鲜活性与实用性,但有时候也往往容易过于迁就现实政治的需要而招致有着规范价值追求的学者的批评。㉑

---

⑯ 郑磊:《我们处于什么时代——简析规范宪法学与政治宪法学院之根本分歧》,载《苏州大学学报》(哲学社会科学版)2011 年第 3 期。

⑰ 高全喜:《宪法学研究与时代判断》,此文为 2012 年 12 月 5 日“中国宪法学研究方法之辨”的发言,载《中国宪法年刊》,法律出版社 2013 年版。

⑱ 但这一学术研究进路也对“宪法司法化”的主张提出了批评,如翟小波:《人民的宪法》,法律出版社 2009 年版。

⑲ 高全喜:《宪法与革命及中国宪制问题》,载《北大法律评论》2012 年第 2 期。

⑳ 陈端洪:《论宪法作为国家的根本法与高级法》,载《中外法学》2008 年第 4 期。

㉑ 如高全喜教授认为政治宪法学本身也有着规范主义的追求,这一点也是判别“政治宪法学”究竟是“宪法学”还是“政治学”的标准,为此他批评陈端洪、强世功等学者的观点过于为现实政治权力背书,从而在“政治宪法学”内部区分出了左右两派,参见高全喜:《政治宪法学的兴起与嬗变》,载《交大法学》2012 年第 1 期。

如果简言之的话，在这一学术脉络里，宪法并非没有获得实施，而是以一种不同于主流传统理解的方式实施。由于处于这样一个特殊的政治转型的“历史三峡”中，因此宪法自身规定的解释与实施机制尚未到时机成熟以便其顺利运转的地步，而普通公民对宪法沉睡状态的观感也可以在这一语境下获得解释。不过，虽然这样的解释背后的逻辑与前述“宪法司法化”的主张迥异，但最终结果同样是架空了现行的释宪制度，因此换句话说，宪法文本中的释宪机制的激活问题同样受到了冷落。

三、症结：宪法解释与宪法实施的动力机制

抛开前文所述的相关具体学术争论不谈，仅就宪法规定的释宪机制而言，有一个首要的问题是，全国人大常委会有没有足够的动力去启动这一机制？虽然在一部民主宪法的框架之下，任何制度的运行，都要受到终极性的民主压力的驱动，但在同样的民主压力之下，不同的制度设计所获得的制度运行功效殊为不同，良好的制度设计，在受到一定程度的民主压力之下，可以形成高效良性的制度运行模式，其所耗费的社会成本相对较小而法律制度的目的容易实现，从而获得较高的制度收益。设计不善的制度则因种种原因而难以发挥其预期作用，即使由于外部压力导致制度能在一定程度上得到实施，其运行功效也往往难乎众意，有限的收效经常被巨大的制度设计及运行成本所抵消。具体到我国宪法中规定的释宪制度而言，其之所以能在改革开放后三十余年的时间里保持沉寂的状态，并未有效回应社会对于宪法制度发挥其应有效用的强烈需求，必然有着复杂的动力匮乏根源。㉒

根据我国现行宪法的规定，司法机关由国家权力机关产生并对其负责，这样一种设计决定了其在制度层面抗衡立法行为的能力受到较大的限制。因此，从表面看来，宪法中规定的宪法解释机制是与立法、行政和

㉒ 2003年因“孙志刚案”引发的“北大三博士上书全国人大要求审查《城市流浪乞讨人员收容遣送办法》合宪性”以及2009年因“唐福珍案”等暴力拆迁案件引发的“北大五教授就拆迁条例上书全国人大”等社会热点事件反映了随着社会的发展变迁，我国公民对于启动释宪机制，进行某种形式的违宪审查的需求越来越强烈，虽然这两次事件最终都取得了积极的成果，但却是以一种“曲线救国”的方式完成的，对于激活我国的释宪机制这一更具有长远意义的目标来说，这两次事件并未取得突破性进展。

司法之间的结构关系相适应的,这为前述反对宪法司法化主张的观点提供了坚实的法律与制度规范理据,却仍无法解释释宪机制的动力匮乏问题。除宪法规定之外,立法法对于以违宪审查的方式解释宪法的路径作出了更加详细的规定,下文对这一宪法与立法法共同创造的制度结构进行简要的分析。

本文开头部分曾经提到,宪法中规定全国人大常委会的职权之一是“解释宪法”,立法法中又对全国人大常委会根据申请对行政法规等违反宪法法律的规范进行审查作了规定。因此全国人大常委会对于宪法的解释主要可以通过两条路径来进行,一是根据时代的需求,主动对宪法比较原则性的条文含义进行解释,二是在审查下位法律规范的过程必然要进行的对相关宪法条文的解释。我国现行法律对于第二条路径的规定比较全面。2015 年新修订的《立法法》第 99 条用了两个条款分别对有权国家机关及有权国家机关之外的社会团体、企事业组织与普通公民申请全国人大常委会启动释宪机制的程序进行了规定:

国务院、中央军事委员会、最高人民法院、最高人民检察院和各省、自治区、直辖市的人民代表大会常务委员会认为行政法规、地方性法规、自治条例和单行条例同宪法或者法律相抵触的,可以向全国人民代表大会常务委员会书面提出进行审查的要求,由常务委员会工作机构分送有关的专门委员会进行审查、提出意见。

前款规定以外的其他国家机关和社会团体、企业事业组织以及公民认为行政法规、地方性法规、自治条例和单行条例同宪法或者法律相抵触的,可以向全国人民代表大会常务委员会书面提出进行审查的建议,由常务委员会工作机构进行研究,必要时,送有关的专门委员会进行审查、提出意见。

通过这一规定,可以看出,国务院等有权国家机关如果提出审查要求,则必然会启动宪法与立法法所共同规定的审查机制,如果审查请求的理由为行政法规、地方性法规、自治条例和单行条例存在违宪情形的话,则全国人大常委会势必要对宪法相关条款作出解释,否则无法判明被提请审查的法律规范是否真的违宪。由此也更加证实,立法法所规定的这一解释宪法的权力虽然不是司法性的,但其仍是以某种形式的违宪审查为核心而运作的。对于另一类可提出审查要求的主体来说,其申请并不一定会启动该机制,因为全国人大常委会工作机构只有在认为“必要时”才会将审查“建议”(不同于前述有权机关提出的审查“要求”)分送有关的专门委员会进行审查、提出意见。

上述法律条款中所规定的这一制度有两点值得注意的特征,一是在现实的层面上,到目前为止,尚没有第一款中所规定的有权国家机关提请全国人大常委会就法律规范的违宪性问题进行审查,而如前文注中提到的“北大三博士上书全国人大要求审查《城市流浪乞讨人员收容遣送办法》合宪性”以及“北大五教授就拆迁条例上书全国人大”等按照后一款规定程序所提出的审查要求并未得到有效的回应;二是从规范的层面来看,无论是有权机关还是除有权机关之外的社会团体、企事业组织和普通公民,能够质疑其合宪性并提请审查的最高位阶法律规范为行政法规,换句话说,对于法律的合宪性问题这些主体并无提请审查的权利。

根据我国宪法和立法法的规定,有权制定法律的主体为全国人民代表大会及其常务委员会。根据《立法法》第 97 条的规定,全国人民代表大会有权改变或者撤销它的常务委员会制定的不适当的法律,但该法对这一撤销权力所应遵循的具体程序并没有详细规定。不过结合我国的实际情况来看,全国人大每年只召开一次会议,会期相对较短,会议代表人数众多,很难保证在繁重复杂的会议任务之外全国人大会有足够的精力与时间去关注其常委会所制定法律的“适当”与否问题,因此这一规定的实效不容高估。除此之外,全国人大自身所制定的法律是否就不会存在“不适当”的问题?恐怕任何高效而完美的立法程序都难以对之做出保证。如果全国人大制定的法律出现了与宪法相违背的情况,除了诉诸终极性的民主压力之外,似乎并无更为便捷有效的体制内机制对之做出纠正。因此,对于除宪法之外的最高位阶的法律规范来说,即使在文本的意义上,目前也不存在有效的监督机制,这对于宪法的解释与实施而言,不得不说是一个重大的缺陷。

上文已经提到不少关于如何启动我国宪法解释机制的设想,但不得不承认,将这种设想真正落实仍然存在一道重大的障碍。首要的问题在于,我国的宪法规定了全国人大常委会掌握基本释宪权力的释宪机制,而常委会自身又是发挥主要立法作用的立法机关,因此在实践中,具有与宪法发生冲突潜在可能性的法律大多数都是常委会制定的。前文指出,立法法规定的审查机制不足以使这一部分的法律得到有效的审查。而同时作为释宪机关与立法机关的全国人大常委会在实践中必然会产生这样的一种倾向：自身制定的法律默认是符合宪法规定的，不会与宪法发生冲突。即使真正存在冲突，常委会也没有足够的动力去纠正自身的错误。另外，虽然可将纠正错误的希望寄托于下一届的常委会，但由于作为一个机关，常委会权力的行使具有一定的惯性，在没有足够外部压力的条件下不可高估其自身纠正机制的有效性。退一步来说，即使这种纠正机制真的能发挥作用，其社会成本也必将非常之高。如果我们在一定程度上承认"自己不做自己案件的法官"这一英美法原则具有合理性与某种"普适性"的话，可以看出，这种具有双重身份的释宪机制恰恰是在"做自己案件的法官。"在这样的结构之下，宪法自身设计释宪机制时所应内含的公正性追求是否能够实现是颇值得怀疑的。除此之外，还有一个问题值得注意，由于全国人大常委会是全国人大的常设机构，对于那部分由全国人大制定的法律来说，常委会是否也可以依照上述的释宪程序对之进行审查？宪法规定了全国人大常委会既有解释宪法的权力，同时具有解释法律的权力，这里的法律既包括常委会制定的法律，也包括全国人大制定的法律，因此从文义上来看这种审查权力是符合逻辑的。只是假如这一部分法律与宪法之间存在冲突的话，全国人大常委会将通过一种什么样的程序对之进行纠正？从目前的宪法制度体系来看，这一问题的答案并不明确。

除了依照宪法来审查全国人大及其常委会制定的法律之外，大量较低位阶的法律规范如行政法规、规章等同样存在违反宪法以及法律的可能。对于并非由全国人大常委会自身制定的法律规范来说，其是否就有足够的动力去启动这一机制对之进行有效的审查？立法法的规定主要是针对这一部分的法律规范的审查来设置相应程序的，从立法主体、立法程序等方面来说，这一部分的法律规范相较之于全国人大及其常委会制定的法律，其与宪法及上位法律规范存在冲突的可能性更大，因此对之重点关注是符合逻辑的，但以结果主义的视角观察之，这一规定同样没有收到预期的实效。前引《立法法》第 99 条第 1 款规定的诸多有权提请审查的机关，很多是相应法律规范的制定者，如国务院、中央军事委员会及各省、自治区、直辖市的人民代表大会常务委员会分别可以制定诸如行政法规、地方性法规等法律规范,它们在提请全国人大常委会对相应法律规范进行审查时同样会面临某种形式的“做自己案件法官”的问题,这可以在一定程度上解释有权机关提请审查这一路径的动力匮乏状况。对于司法机关来说,由于行政诉讼法对于受案范围的限制等原因,导致这一启动审查的程序机制亦不畅通。至于有权机关以外的普通公民、社会团体、企事业单位提请审查的情形,除了其不具有必然启动审查程序的效果外,政策上的考量也是重要的原因,如果全国人大常委会依此路径接受申请启动审查程序的话,可能会造成大量审查要求涌入人大常委会而导致其应接不暇的后果,相较之于司法机关日常的分散式个案审查模式,在社会转型时期,由各级立法机关与政府的不当行为所积累的社会矛盾容易通过这一途径不时地爆发出来,释宪机关对于这一机制的启动之所以慎之又慎,可以说其背后有着深刻的社会心理基础。

回过头来看前述两条宪法解释路径中的第一条,对于另一种形式的宪法解释,即全国人大常委会对于宪法具体含义的主动解释来说,倒是有过先例,在1983年,全国人大常委会曾对新设立的国家安全机关具体职权作过规定:

第六届全国人民代表大会第一次会议决定设立的国家安全机关,承担原由公安机关主管的间谍、特务案件的侦查工作,是国家公安机关的性质,因而国家安全机关可以行使宪法和法律规定的公安机关的侦查、拘留、预审和执行逮捕的职权。[23]

该规定很明显是对于宪法中规定的公安机关职权的解释,附文中还列举了相关的宪法与刑事诉讼法条文进行补充说明。从职权的角度来讲,全国人大常委会根据法律制度变迁的需要对于宪法作出适时的解释,使之能够适应社会新状况的需要,完全是宪法解释制度的题中应有之义,司法机关在个案争讼的语境下对法律实施状况及其对普通公民的影响能够进行较为细致入微的观察,而掌握立法权与释宪权的全国人大常委会作为“高高在上”的国家机关的常设机构,是否能把握社会变迁对于法律

---

[23] 《全国人民代表大会常务委员会关于国家安全机关行使公安机关的侦查、拘留、预审和执行逮捕的职权的决定》(1983年9月2日第六届全国人民代表大会常务委员会第二次会议通过)。

体系的影响是存疑的，这就为其能否及时根据需求对宪法作出解释设置了一道障碍。前引例证中的主动解释更多是为了配合新设立的国家机关作出的“配套解释”，这样的情况毕竟不常见。而且从程序上来讲，目前无论是宪法还是立法法都没有对这样的主动解释作出程序性规定，㉔全国人大常委会在动力不足的情况下又缺乏可预期的解释模式，这也就不难理解为什么现实中对于宪法解释的需求与日俱增，这样的解释决定却寥寥可数。因此，通过上述的分析可知，在法律规定层面上的两条宪法解释路径，即主动解释与以违宪审查的方式进行解释的路径，都没能完成制度设计初衷所赋予的任务。

除了上述制度设计上的现实因素之外，制度背后的政治因素同样是我国宪法解释现状形成的重要原因。主流的观点认为，我国的“政体”是“人民代表大会制度”，也即现行《宪法》第 2 条所规定的，“中华人民共和国的一切权力属于人民。人民行使国家权力的机关是全国人民代表大会和地方各级人民代表大会。人民依照法律规定，通过各种途径和形式，管理国家事务，管理经济和文化事业，管理社会事务”。这一制度之所以被强调，是因其背后暗含了一种与西方的代议制政体的对立性区别。简言之，也就是“民主集中制”和“制约与平衡”的区别。“三权分立”“议会内阁制”这样的西方现代政治制度因其鲜明的“资本主义色彩”而长期被我们国家的官方话语体系所拒斥，如前任全国人大常委会吴邦国委员长所指出的，“从中国国情出发，郑重表明我们不搞多党轮流执政，不搞指导思想多元化，不搞‘三权鼎立’和两院制，不搞联邦制，不搞私有化”。㉕ 以“三权鼎立”“两院制”为标签的西方政治制度因其内部有效的制衡机制特别是司法独立制度，使得宪法的实施压力能够通过司法机关的常规力量释放出来。坚持“民主集中制”下的议行合一制度意味强调全国人大常委会作为“最高权力机关”的制度特色，其相反的方向为不接受外部力量

㉔ 《全国人民代表大会常务委员会议事规则》对于议案的提出和审议程序有着较为详细的规定，其中当然可以包括宪法解释议案的提出与审议，这样的程序是否足以支撑宪法解释职权的运作以及能否凸显宪法解释的重要性与特殊性不无疑问，参见秦前红：《制定〈宪法解释程序法〉已是当务之急》，载 http://opinion. caixin. com/2015 - 06 - 02/100815455_all. html#page2，最后访问时间：2015 年 12 月 29 日。

㉕ 吴邦国：《全国人民代表大会常务委员会工作报告——2011 年 3 月 10 日在第十一届全国人民代表大会第四次会议上》。

对其权威性的质疑，突破制度现实的外部释宪动力恐怕更难以发挥实际的作用。

四、结语：引入“体制内”的“外部”动力

前文中已经提到，释宪制度由于动力匮乏无法有效地运行，所造成的一个最为终极的后果就是宪法无法获得有效的实施。这一后果可以说是一切关于宪法问题含混不清之处的原因。除此之外，按照上文中提到的我国释宪制度的两条路径来看，无论是全国人大常委会主动对宪法进行解释，还是根据申请在对行政法规等法律规范进行审查的过程中对宪法进行解释，其结果都是对宪法的抽象解释，即使这两条解释路径都能充分发挥其效用，成为日常运转中的宪法制度，相对于在司法场域之下以个案解释的方式对宪法条款含义的具体阐明，这种方式对于提升普通公民的宪法观感、加强其宪法意识，提高宪法在社会中的“存在感”来说依然有着其难以跨越的制度性障碍，更何况这两条路径本身在今天仍然基本处于沉睡状态。

中国共产党十八届四中全会通过的《中共中央关于全面推进依法治国若干重大问题的决定》指出要完善以宪法为核心的中国特色社会主义法律体系，加强宪法实施，具体说来，则是要“完善全国人大及其常委会宪法监督制度，健全宪法解释程序机制。加强备案审查制度和能力建设，把所有规范性文件纳入备案审查范围，依法撤销和纠正违宪违法的规范性文件，禁止地方制发带有立法性质的文件”。这一主张依然坚持现行宪法框架所限定的范围，而由于其在引领法律制度改革中的主导作用，可以想见，关于释宪制度未来的发展，只有在不突破既定制度的基础上激活既定的释宪程序才具有最大的现实可能性。

其实对于我国的释宪制度来说，并非不存在任何制度内的参照系，根据宪法规定，全国人大常委会除解释宪法外，还有一项重要职权即解释法律，包括对全国人大制定的法律及全国人大常委会制定的法律的解释。相对于释宪制度的沉睡状态来说，全国人大常委会的法律解释机制在某种程度上来说是在有效地运行之中，这特别表现在其对《香港特别行政区基本法》（以下简称《香港基本法》）的数次解释之中。这些解释既有全国人大常委会主动作出的，[26]也有根据香港特别行政区终审法院的申请作出的，[27]这两类不同途径的解释对于香港以及内地社会都造成了巨大的影响。为什么全国人大常委会在解释《香港基本法》这一"宪法性法律"时表现出了比解释宪法大得多的积极性？或者说其动力何在？究其原因，也不外乎政治的与规范的两种动力来源。首先，香港问题是关系国家统一与稳定、涉及复杂的国内政治与国际政治问题的重大宪制性问题，中央政府肩负着对其进行妥善处理的高度政治责任，并且，这在很大程度上影响执政党执政的合法性根基是否稳固。全国人大常委会对《香港基本法》的解释，是不断因应香港与内地社会需求调适缓和矛盾的重要手段。其次，《香港基本法》对于自身的解释规定了较为具体的程序，特别是该法第158条第3款对于香港特区终审法院提请全国人大常委会解释基本法的规定，[28]为全国人大常委会对《香港基本法》的抽象解释与香港法院的个案适用架起了一道沟通的桥梁，香港特区的法院把来自个案中的释法动力"上移"给了全国人大常委会，而全国人大常委会在这样的"压力"之下则必须启动《香港基本法》的解释机制。

我们在这一例证中看到了全国人大常委会"释法机制"较为充足的动力来源，无论是政治考量还是法律程序所提供的动力，其共同的特点在于这样的动力来源于"体制内"，因此不会对法律体系乃至社会秩序造成较大的冲击，但同时，这样的动力并不产生于全国人大常委会自身，从而也减少了其不可预测性。由于《香港基本法》是由全国人民代表大会制定通过的基本法律，作为全国人大常设机构的常委会对其进行解释虽仍难逃"做自己案件法官"的质疑，但在我国现行的制度设计之下，这一模式已经

---

[26] 如《全国人民代表大会常务委员会关于〈中华人民共和国香港特别行政区基本法〉附件一第七条和附件二第三条的解释》（2004年4月6日第十届全国人民代表大会常务委员会第八次会议通过）。

[27] 如《全国人民代表大会常务委员会关于〈中华人民共和国香港特别行政区基本法〉第十三条第一款和第十九条的解释》（2011年8月26日第十一届全国人民代表大会常务委员会第二十二次会议通过）。

[28] "香港特别行政区法院在审理案件时对本法的其他条款也可解释。但如香港特别行政区法院在审理案件时需要对本法关于中央人民政府管理的事务或中央和香港特别行政区关系的条款进行解释，而该条款的解释又影响到案件的判决，在对该案件作出不可上诉的终局判决前，应由香港特别行政区终审法院请全国人民代表大会常务委员会对有关条款作出解释。"

是较能发挥实效的选择。

因此,对于我国宪法的实施这一迫切问题来说,重要的方向是如何能够在不突破现有宪制架构的基础上,适当引入外部力量(这里的外部相对于作为释宪主体的全国人大常委会而言)形成对于释宪机制的启动而言的驱动力,从而督促释宪主体能够认真对待手中所掌握的解释宪法,纠正违宪行为的权力,使宪法的实施能够步入常态化的轨道。对于前述持不同学术主张的宪法学者来说,这样的一种结果能够提供一个有效对话的基本平台,从而在众多的分歧中求得最低限度的共识,即在完成从"非常政治"到"日常政治"转型的基础上,为宪法的解释技术提供发挥作用的基础,反过来通过宪法的解释,也能够缓解政治现实主义取向的理论视角所着重关注的政治运行"潜规则"与宪法规范本身之间的张力,[29]同时,司法机关也能在这一过程中贡献更多的力量。

[29] 参见郑贤君:《宪法解释是政治法律化的基本途径——兼议司法释宪的形式化特征》,载郑贤君:《宪法方法论》,中国民主法制出版社2008年版。

●设区的市立法权限范围之理解

刘　亮*

一、问题之提出

党的十八届三中全会通过的《中共中央关于全面深化改革若干重大问题的决定》提出“逐步增加有地方立法权的较大的市数量”。党的十八届四中全会通过的《中共中央关于全面推进依法治国若干重大问题的决定》(以下简称四中全会《决定》)提出“明确地方立法权限和范围,依法赋予设区的市地方立法权”。随后,全会精神经由国家立法机关通过法律修改程序,成为《立法法》修正案的一部分。《全国人民代表大会关于修改〈中华人民共和国立法法〉的决定》赋予设区的市的人民代表大会及其常务委员会:

根据本市的具体情况和实际需要,在不同宪法、法律、行政法规和本省、自治区的地方性法规相抵触的前提下,可以对城乡建设与管理、环境保护、历史文化保护等方面的事项制定地方性法规,法律对设区的市制定地方性法规的事项另有规定的,从其规定。

省、自治区的人民政府所在地的市,经济特区所在地的市和国务院已经批准的较大的市已经制定的地方性法规,涉及本条第2款规定事项范围以外的,继续有效。①

从《立法法》的修改来看,赋予了设区的市地方立法权,同时限定立法

---

* 刘亮,华东政法大学宪法学与行政法学专业2015级博士生。

① 《全国人民代表大会关于修改〈中华人民共和国立法法〉的决定》,载 http://www.npc.gov.cn/npc/xinwen/2015-03/18/content_1930129.htm,最后访问时间:2016年8月16日。本文仅研究设区的市的地方性法规立法权限范围,不涉及地方政府规章的立法权限范围。

权力行使的权限范围。地方立法权主体的扩容问题,已经引起学者广泛关注,尽管普遍认为会带来种种挑战,总体上对于地方立法权主体的扩容持赞成态度;[②]相对而言,设区的市立法权限范围并未受到足够重视。[③]事实上,设区的市取得地方立法权已经是不争的事实,如何发挥地方积极性的同时保证法制的统一,避免原先较大的市立法过程中产生的问题,对设区的市的立法权限范围进行规范才是关键问题。之前,无论是省级立法主体还是较大的市作为地方性法规的制定主体,其立法权限范围均采用消极限制方式。而对于设区的市,《立法法》在保留原先的消极限制的基础上,通过积极列举的方式对设区的市的立法权限进行限制。在赋予所有设区的市立法权之后,我国的立法体制已经悄然变化,"从原来特例式、散点分布的'较大的市'立法格局全面拓展为普遍性、面状分布的设区的市立法格局"。[④] 自下而上,设区的市与民众的关系最为密切,在充分保证公众对于立法过程参与的基础上,能够最直接反映人民的需求;自上而下,设区的市是国家治理体系内最低层级的立法主体,国家治理体系的现代化是治理方式的法治化过程,设区的市是国家法律和政策在地方的传达者,设区的市的立法成效直接决定国家治理在基层的有效程度。

实践中,从部分设区的市已经制定的"制定地方性法规条例"来看,重

② 如有学者认为"对宪法的监督和实施提出更高的挑战""这是对我国现行立法体制的一次重大调整,也是本次修改过程中最具宪制性意义的一项修改。"参见焦洪昌、马骁:《地方立法权扩容与国家治理现代化》,载《中共中央党校学报》2014 年第 5 期。如有学者认为"地方立法依赖民主机制,但民主基础薄弱的现实条件制约立法的功能发挥""由设区的市进行立法是地方自主权的表现,也是实现地方政权机构和居民的意志、利益的基本方式。"参见秦前红、李少文:《地方立法权扩张的因应之策》,载《法学》2015 年第 7 期。如有学者认为"对法制统一、地方立法能力和立法质量也带来了风险和挑战""地方立法主体扩容,不仅是弥补原立法体制不足的客观需要,而且是全面推进依法治国、全面深化改革以及促进国家治理体系和治理能力现代化的内在需求,具有重要且长远的意义。"参见马英娟:《地方立法主体扩容:现实需求与面临挑战》,载《上海师范大学学报》(哲学社会科学版)2015 年第 3 期。

③ 笔者所能查阅到公开发表的研究设区的市立法权限范围的论文较少,主要参见郭思源:《论设区的市立法权范围——兼评〈立法法〉修正案第 31 条》,载《研究生法学》2015 年第 3 期;程庆栋:《论设区的市的立法权:权限范围与权力行使》,载《政治与法律》2015 年第 8 期;郑毅:《对我国〈立法法〉修改后若干疑难问题的诠释与回应》,载《政治与法律》2016 年第 1 期;易有禄:《设区市立法权的权限解析》,载《政法论丛》2016 年第 2 期;陈国刚:《论设区的市地方立法权限——基于〈立法法〉的梳理与解读》,载《学习与探索》2016 年第 7 期。

④ 郑磊:《设区的市开始立法的确定与筹备——以〈立法法〉第 72 条第 4 款为中心的分析》,载《学习与探索》2016 年第 7 期。

复《立法法》关于设区的市立法权限的规定为常态，也有个别市对立法权限予以回避。如台州市，在《台州市制定地方性法规条例》有关该市立法权限，仅规定“市人民代表大会及其常务委员会依照法律规定的权限制定地方性法规”，至于其中的法律指什么，并未说明。“当前，设区的市在遇到具体立法项目是否属于三个方面的事项不好把握时，往往是向省、自治区人大常委会法工委进行请示沟通，省、自治区人大法工委认为有必要时，再与全国人大常委会法工委进行沟通。”⑤且不论法工委的答复是否具有法律解释的效力，但各省、自治区的意见是否一致存有极大的疑义，再者，考虑到我国法律监督机制运行的实际效果不佳，不排除个别设区的市不经沟通径自立法。法工委的答复给地方也带来一些困惑，有地方立法工作人员表示“对上述事项范围，各方面认识不尽一致，特别是对于哪些事项属于城市建设和管理事项，认识和理解上的分歧较大”，按其理解“对城市建设和管理等事项，应作狭义理解和解释”，但“就义务献血、职业教育等事项请示全国人大法工委，法工委电话答复该事项属于城市建设与管理事项。这种解释显然对城市管理作了广义解释”。⑥ 原来一些较大的市对修改后的立法权限有所质疑，如昆明市表示“与我省其他州市相比，承担的事务多，需要通过立法调整的事项广泛，立法需求可能会超越立法法规定的立法权限”。⑦

理论上，有学者认识到“立法机关关于设区的立法权限的认识尚不清晰，需要在实践的基础上进一步研究确定”。⑧ 有学者认为“这一规定（设区的市立法权限范围规定）非常具有概括性和不确定性”。⑨ 目前，学者对于立法权限范围的理解主要试图对其进行文义解释，由此认为一个重

---

⑤ 陈国刚：《论设区的市地方立法权限——基于〈立法法〉的梳理与解读》，载《学习与探索》2016 年第 7 期。

⑥ 张国强：《关于设区的市行使地方立法权的有关问题——在 2015 年 6 月“人大在全面推进依法治国中的作用”研讨会上的交流发言》，载 http://www.npc.gov.cn/npc/bmzz/llyjh/2016-06/03/content_1991074.htm，最后访问时间：2016 年 8 月 16 日。

⑦ 《云南省人大常委会副主任赴昆明市调研立法工作》，载 http://www.npc.gov.cn/npc/sjb/2016-07/07/content_1994332.htm，最后访问时间：2016 年 8 月 16 日。

⑧ 马英娟：《地方立法主体扩容：现实需求与面临挑战》，载《上海师范大学学报》（哲学社会科学版）2015 年第 3 期。

⑨ 程庆栋：《论设区的市的立法权：权限范围与权力行使》，载《政治与法律》2015 年第 8 期。

要争议是“等方面的事项”中的“等”是“等内等”抑或是“等外等”，有学者基于“‘等外等’的解释显然将导致（对地方立法权）羁控的努力归于徒劳”“既然有‘范围以外’的提法，则意味‘范围’本身的明确性，即仅限于三项列举的事项”“相关权威人士的立场也清楚明示了‘等内等’的意涵”三点理由认为“此处的‘等’应作‘等内等’解”。[⑩] 另有学者对《立法法》中所有的“等”字进行分析，得出“等外等”的结论，但考虑到立法目的在于对权力的限制，因此认为“该‘等外等’的内容应是须有法律的明确规定才可以确定，是一种‘有限制的等外等’”。[⑪] 另一个重要争议是“城乡建设与管理”是否该作扩大解释。有学者对于扩大解释持反对态度，但又承认“在既有的规范资源条件下，对‘城乡建设与管理’的解释事实上还是较为宽泛的，不确定空间亦相对较多”，矛盾的心情使其转而求诸“全国人大尽速出台权威的法律解释”。[⑫] 另有学者从充分保证地方自主性的目的出发，主张扩大解释。[⑬] 不难看出，仅从文本出发，各种解释皆有支持依据，而从主观意愿出发，以扩大解释为主。但无论哪种解释也都存在自相矛盾之处，关键在于如何去伪存真，将一些误导性的依据排除，才有可能探知规定的真实内涵。此外，必须说明的是，立法权限范围主要指能在多大范围内行使立法权，应当在多大范围内行使立法权，事实上在多大范围内行使立法权的问题。[⑭] “能”“应当”和“事实上”之间是怎样的关系，目前的研究对此三项并不做区分，有混淆的嫌疑，加剧了理解的困难。在笔者看来，“能”的问题是立法的目的所在，也是权力行使的依据，但在“能”的问题无法解决之时，“应当”和“事实上”是理解“能”的关键，与“应当”和“事实上”差距过大的立法科学性是有待商榷的。因此，单一的理解路径无助于准确理解规定的内涵，必须从多个角度同时进行。

---

⑩ 参见郑毅：《对我国〈立法法〉修改后若干疑难问题的诠释与回应》，载《政治与法律》2016年第1期。

⑪ 参见郭思源：《论设区的市立法权范围——兼评〈立法法〉修正案第31条》，载《研究生法学》2015年第3期。

⑫ 郑毅：《对我国〈立法法〉修改后若干疑难问题的诠释与回应》，载《政治与法律》2016年第1期。

⑬ 参见程雪阳：《合理扩大地方立法权》，载《中国社会科学报》2014年9月24日第8版。

⑭ 周旺生：《立法学教程》，北京大学出版社2006年版，第222页。

本文以设区的市的积极立法权限范围为研究对象，探知其真实内涵。对于年代久远的法律文本而言，受到社会变迁的制约，立法原意未必能够适用于当下，正是原旨主义解释方法为人所诟病之处。但对于新近制定或修改的法律而言，立法原意是理解规范内涵最为权威的依据，笔者正是秉持这一立场。而立法原意的探寻，主要依托于立法过程中的论争、立法者对于法律条文的说明等，因此，在理解设区的市立法权限范围的真实内涵时，优先于通过从立法过程中追寻该条款的内涵。

二、"为了明确而明确"的超逻辑权限范围创设

自四中全会《决定》提出要"依法赋予设区的市地方立法权"，设区的市立法权限范围⑮问题相伴而生。从《立法法》修改稿的初次审议开始，设区的市的立法权限经过数次修改。

（一）设区的市立法权限范围规定形成的过程

2014 年 8 月 31 日第十二届全国人大常委会第十次会议初次审议了《中华人民共和国立法法修正案（草案）》（以下简称一审稿），草案中规定"较大的市制定地方性法规限于城市建设、市容卫生、环境保护等城市管理方面的事项"。⑯ 其中，"较大的市"包括所有设区的市。

2014 年 12 月，第十二届全国人大常委会第十二次会议对修正案草案二次审议稿进行了审议，在《中华人民共和国立法法修正案（草案二次审议稿）》（以下简称二审稿）中，修改为：

可以对城市建设、城市管理、环境保护等方面的事项，制定地方性法规，但法律对较大的市制定地方性法规的事项另有规定的除外。

省、自治区的人民政府所在地的市，经济特区所在地的市和国务院已经批准的较大的市已经制定的地方性法规，涉及本条第 2 款规定事项范

⑮ 在《立法法》修改过程中，最初使用"较大的市"来概括所有设区的市，这一过程不再赘述；在历次修改草案中，设区的市人民政府规章制定权限与地方性法规制定权限范围存在差异，最终修改决定中实现统一，关于地方性法规与地方政府规章权限范围是否必须一致，笔者将另作讨论，本文不再涉及，仅讨论设区的市地方性法规权限范围问题。

⑯ 《中华人民共和国立法法修正案（草案）》，载 http://www.npc.gov.cn/npc/lfzt/2014/2014-08/31/content_1876776.htm，最后访问时间：2016 年 8 月 16 日。

围以外的，继续有效。⑰

2015年3月8日在第十二届全国人民代表大会第三次会议上，李建国副委员长作《关于〈中华人民共和国立法法修正案（草案）〉的说明》（以下简称《说明》）：

修正案草案在依法赋予所有设区的市地方立法权的同时，明确设区的市可以对“城乡建设与管理、环境保护、历史文化保护等方面的事项”制定地方性法规，法律对较大的市制定地方性法规的事项另有规定的，从其规定。原有49个较大的市已经制定的地方性法规，涉及上述事项范围以外的，继续有效。⑱

2015年3月12日第十二届全国人民代表大会第三次会议主席团第二次会议通过《第十二届全国人民代表大会法律委员会关于〈中华人民共和国立法法修正案（草案）〉审议结果的报告》（以下简称《报告》），《报告》指出“这样规定（关于设区的市地方立法的权限）能够适应地方实际需要，建议维持修正案草案的规定。”⑲

2015年3月15日第十二届全国人民代表大会第三次会议通过《全国人民代表大会关于修改〈中华人民共和国立法法〉的决定》，内容如上文所述。

（二）设区的市立法权限范围规定形成过程中的争议

从两次常委会审议稿到最终的人代会审议稿，设区的市立法权限范围规定三易其稿，并伴随诸多争议。

针对一审稿中设区的市地方性法规权限范围的规定，一些已有地方立法权的较大的市、其他设区的市提出“草案将较大的市的立法权限限于城市管理方面的事项，与目前较大的市地方立法工作的实际不尽一致，权限范围有些窄，且这些地方已经制定的地方性法规是否继续有效也需要

---

⑰ 《中华人民共和国立法法修正案（草案）（二次审议稿）》，载 http://www.npc.gov.cn/npc/lfzt/2014/2014-12/30/content_1892183.htm，最后访问时间：2016年8月16日。

⑱ 李建国：《关于〈中华人民共和国立法法修正案（草案）〉的说明》，载 http://www.npc.gov.cn/npc/xinwen/2015-03/09/content_1916887.htm，最后访问时间：2016年8月16日。

⑲ 《第十二届全国人民代表大会法律委员会关于〈中华人民共和国立法法修正案（草案）〉审议结果的报告》，载 http://www.npc.gov.cn/wxzl/gongbao/2015-05/07/content_1939079.htm，最后访问时间：2016年8月16日。

明确”。[20] 法律委员会认为：

较大的市是省、自治区行政区域的组成部分，赋予设区的市立法权，既要使其可以根据城市的特点制定规范，也要避免重复立法，维护法制统一，在中国特色社会主义法律体系已经形成的情况下，对较大的市的立法权限进行界定是必要的。但法律对需要由较大的市制定地方性法规的事项另有规定的，可从其规定。[21]

在二审稿审议过程中，有全国人大常委会委员针对二审稿有关较大的市的立法权限问题，提出：

第72条规定了“较大的市的立法问题”，立法内容、范围应该是城乡建设、城乡管理、环境保护，建议把“城市”修改为“城乡”。现在这些地级市管的相当一大部分是农村，农村里面很多事情实际上是关于建设、规划、管理、环境保护的，这样修改和它的行政管辖权就一致了，所以，修改为“对辖区的城乡建设、城乡管理、环境保护的事项”。[22]

另有委员提出：

立法权放开后，仅限定城市建设、城市管理、环境保护方面的事项，又显得范围太窄，设区的市不仅管城市，还要管乡村，所以建议将“城市建设、城市管理”改为“城乡建设、城乡管理”，另外建议扩大到社会管理和民生保障等地方性事务。[23]

应松年认为，“对设区的市的立法权限作适当限定是必要的”，“如对设区的市的立法权不作限制，不利于公民权利的保护”。[24]

---

[20] 《全国人民代表大会法律委员会关于〈中华人民共和国立法法修正案（草案）〉修改情况的汇报》，载 http://www.npc.gov.cn/npc/lfzt/2014/2014-12/30/content_1892194.htm，最后访问时间：2016年8月16日。

[21] 《全国人民代表大会法律委员会关于〈中华人民共和国立法法修正案（草案）〉修改情况的汇报》，载 http://www.npc.gov.cn/npc/lfzt/2014/2014-12/30/content_1892194.htm，最后访问时间：2016年8月16日。

[22] 马瑞文：《“较大的市”应明确为“设区的市和自治州”》，载 http://www.npc.gov.cn/npc/lfzt/2014/2015-02/15/content_1900602.htm，最后访问时间：2016年8月16日。

[23] 刘政奎：《建议将设区的市地方立法权范围扩展为“城乡建设、城乡管理”》，载 http://www.npc.gov.cn/npc/lfzt/2014/2015-02/15/content_1900568.htm，最后访问时间：2016年8月16日。

[24] 《地方立法权·单独表决·备案审查——聚焦立法法修正案草案二审》，载 http://www.npc.gov.cn/npc/xinwen/lfgz/2014-12/23/content_1890212.htm，最后访问时间：2016年8月16日。

《说明》指出这一规定的原因，即“为落实好党中央的精神，既要依法赋予所有设区的市地方立法权，以适应地方的实际需要，又要相应明确其地方立法权限和范围，避免重复立法，维护国家法制统一”。㉕

《报告》中列举了部分代表与修改稿中设区的市立法权限不同的意见：

有的代表建议对设区的市的地方立法权限不作限制；有的代表建议增加一些事项，包括教育、城乡规划、社会管理、社会保障、经济发展、民生保障、生态建设、自然资源保护等；有的代表建议对已经享有地方立法权的49个较大的市的立法权限不作限制，实行“老城老办法、新城新办法”；也有的代表认为应当对所有设区的市一视同仁。㉖

同时，表明了法律委员会维持修改草案的理由：

“城乡建设与管理、环境保护、历史文化保护等方面的事项”，范围是比较宽的。比如，从城乡建设与管理看，就包括城乡规划、基础设施建设、市政管理等；从环境保护看，按照环境保护法的规定，范围包括大气、水、海洋、土地、矿藏、森林、草原、湿地、野生生物、自然遗迹、人文遗迹等；从目前49个较大的市已制定的地方性法规涉及的领域看，修正案草案规定的范围基本上都可以涵盖。同时，草案规定还考虑了原有49个较大的市的情况，规定其已制定的地方性法规继续有效。㉗

从历次修改草稿以及各方的意见来看，可以将设区的市立法权限的争议进行概括如下：

首先，是否需要对设区的市立法权限进行限制。这一问题几乎不存在争议，四中全会《决定》中提出“明确立法权力边界，从体制机制和工作程序上有效防止部门利益和地方保护主义法律化”。

其次，应以怎样的方式进行限制。争议在于是消极限制还是积极限

㉕ 李建国：《关于〈中华人民共和国立法法修正案（草案）〉的说明》，载 http://www.npc.gov.cn/npc/xinwen/2015-03/09/content_1916887.htm，最后访问时间：2016年8月16日。

㉖ 《第十二届全国人民代表大会法律委员会关于〈中华人民共和国立法法修正案（草案）〉审议结果的报告》，载 http://www.npc.gov.cn/wxzl/gongbao/2015-05/07/content_1939079.htm，最后访问时间：2016年8月16日。

㉗ 《第十二届全国人民代表大会法律委员会关于〈中华人民共和国立法法修正案（草案）〉审议结果的报告》，载 http://www.npc.gov.cn/wxzl/gongbao/2015-05/07/content_1939079.htm，最后访问时间：2016年8月16日。

制，概括式限制还是列举式限制。基于对四中全会《决定》中“明确权限”的理解，普遍理解为正向列举式限制。实际上，在《立法法》制定之初，即有主张“在划分地方性法规的权限范围时，应对地方性法规可以制定的事项作出列举式的具体规定，以解决目前地方性法规制定过程中出现的问题”，当时的解释是“这种方式与我国的单一制国家的国家结构形式是不符的，实践中也是做不到的”。[28] 2015 年之后，我国的国家结构形式未有变更，实践中做不到之事又如何突然能够做到了？

最后，应将设区的市立法权限限制在哪些事项上。这是争议的焦点。从不同意见来看，主要认为现有的三类事项过于狭隘。从“城市建设、市容卫生、环境保护等城市管理方面的事项”到“城市建设、城市管理、环境保护”，再到“城乡建设与管理、环境保护、历史文化保护”，从“城市”到“城乡”看似扩大了范围，其时并无实质区别；按照一审稿，“建设”是“管理”的下位概念，二审稿和最终稿将之并列，这一变动本身说明“管理”的具体内涵是不清楚的。有学者认为应对管理作狭义理解，认为城乡建设与管理包括“城乡规划方面的事务、有关房地产事务的建设与管理、基础设施的建设与相关事务的管理”，[29]该学者依据为何并未说明。从《说明》来看，同时强调适应地方的实际需要和明确权限范围，后者的目的在于避免重复立法和维护国家法制统一，限制权限范围与避免重复立法并无逻辑联系，恰恰是过小的立法权限限制设区的市从实际出发的能力，可能加剧重复立法。而限制权限范围与国家法制统一的逻辑联系也不紧密，从较大的市多年来的立法实践来看，并未对我国的法制统一构成怎样的冲击，退一步说，法制统一问题不在于立法主体的权限问题，而在于法律监督体系的完备。因此，《说明》对于理解设区的市立法权限范围并无太多参考价值，修改的过程并不能准确地揭示规定的内涵。

《报告》中法律委员会的说明似乎消除了疑虑，“从目前 49 个较大的市已制定的地方性法规涉及的领域看，修正案草案规定的范围基本上都

---

[28] 乔晓阳主编：《立法法讲话》，中国民主法制出版社 2000 年版，第 238 页。

[29] 程庆栋：《论设区的市的立法权：权限范围与权力行使》，载《政治与法律》2015 年第 8 期。

可以涵盖”。[30] 但也正是这一说明，暴露了立法者为了完成四中全会《决定》中“明确”的任务，而进行的超逻辑“明确”。一方面，四中全会《决定》中要求明确的权限和范围是“地方立法”，省级人大及其常委会也是地方立法主体，为何在《立法法》修改中并没有将之与设区的市一视同仁，固然因为省级人大及其常委会的地方立法权是宪法授予，对该地方立法权进行限制缺乏宪法依据，但全国人大及其常委会基于立法权和宪法解释权对设置立法权限范围并不当然违宪。因此区别对待并非基于规范的考量，而是存在其他理论与实践上的困难，选择优先对设区的市的立法权限范围进行限定是立法法修改时选择的策略，但实际上明确范围的难度并没有明显的减弱。另一方面，在《报告》之前，一审稿对于权限范围的设置以及后两次的修改，均未提及原先较大的市的立法实践，而在修改稿已经确认的情况下，超验地认为该列举的范围能够覆盖较大的市的立法实践，存在明显的逻辑顺序颠倒。

在法工委副主任郑淑娜看来，“在制定立法计划、在立法过程当中要严格按照这三个权限进行”。[31] 而在全国人大法律委员会主任委员乔晓阳看来，“范围实际上是很宽泛的，是能够适应地方实际需要的，足够地方立法发挥作用”。[32] 这是立法机关工作人员关于设区的市立法权限范围认识中矛盾的缩影。从立法原意来看，可以确定的是“等”应当作“等内”理解，而该条款关键的问题在于三类事项是作严格的文义解释，还是扩大解释？显然，立法者对此没有更多的说明，或者说，说明存在自相矛盾之处，并不能准确地“说明”该如何解释。严格的文义解释也好，扩大解释也好必须在立法原意之外寻找依据。

---

[30] 《第十二届全国人民代表大会法律委员会关于〈中华人民共和国立法法修正案（草案）〉审议结果的报告》，载 http://www.npc.gov.cn/wxzl/gongbao/2015-05/07/content_1939079.htm，最后访问时间：2016 年 8 月 16 日。

[31] 《全国人大常委会法工委副主任郑淑娜谈地方立法权：稳步推进初见成效》，载 http://www.npc.gov.cn/npc/dbdhhy/12_4/2016-03/11/content_1977473.htm，最后访问时间：2016 年 8 月 16 日。

[32] 乔晓阳：《地方立法要守住维护法制统一的底线》，载《法制日报》2015 年 9 月 18 日第 3 版。

三、设区的市立法权限范围应作扩大解释

上文已提及，无论是实务界还是理论界，皆不乏主张扩大解释的声音，但往往对于为何需要扩大解释缺乏说理的过程。“立法法是关于国家立法制度的重要法律。”“宪法、全国人大组织法、地方组织法对立法权限的划分、立法程序、法律解释等问题作了基本规定。”[33]《立法法》不是我国立法制度的唯一法律依据，《立法法》的制定需要依据《宪法》，并且与其他法律法规保持法制的统一。同时，也应该对现实有所回应。

笔者拟从法律体系的一致性和实际需要出发，探寻是否应对三项立法权限进行扩大解释。

（一）设区的市立法权限的宪法依据

在《立法法》制定之初，关于《立法法》将地方立法权赋予较大的市是否违宪曾有过争议，本次《立法法》的修改，将地方立法权的主体由较大的市扩张为所有设区的市以及部分不设区的“地级市”，似乎明显超出了宪法文本的规定，是否违宪。违宪与否并非本文讨论的重点，笔者赞成有关学者的观点“授予地方立法权符合民主和自治的要求，也体现了八二宪法的实验精神，契合治理体系现代化的目标”。[34] 此外，宪法没有规定中央军事委员会制定军事法规的权力，而是在《立法法》中规定的，并未引发违宪与否的争议，也从侧面印证了赋予设区的市地方立法权不违宪。

《宪法》第3条第4款规定：“中央和地方的国家机构职权的划分，遵循在中央的统一领导下，充分发挥地方的主动性、积极性的原则”，这一条通常被认为是宪法关于中央与地方关系的原则性规定，这一规定本身不是中央或地方国家机关权力的依据。设区的市立法权限的宪法依据主要体现在设区的市人大及其常委会职权的规定以及设区的市人民政府的职权规定中，前者固然无甚意义，至于后者，地方各级人大是地方国家权力机关，是人民行使国家权力的机关，恰如全国人大有权针对国务院职权范

---

[33] 顾昂然：《关于〈中华人民共和国立法法（草案）〉的说明——2000年3月9日在第九届全国人民代表大会第三次会议上》，载乔晓阳主编：《立法法讲话》，中国民主法治出版社2000年版。

[34] 李少文：《地方立法权扩张的合宪性与宪法发展》，载《华东政法大学学报》2016年第2期。

围内的任何事项进行立法,在全国人大不具备立法能力或者由国务院制定行政法规更为合适的情况下,授权国务院先行制定行政法规不等于全国人大在该事项上无权。这一原理适用于处理任一层级的国家机关之间的关系。区别在于,地方各级人民代表大会及其常务委员会的权力受制于中央以及上级国家权力机关,因此,地方各级人民代表大会及其常务委员会的权力范围有所节制。如依据现行法律,县级人大不具备通过立法规范地方权力运作的权力。在肯定设区的市具备地方立法权的情况下,设区的市国家权力机构的关系即发生了变化,设区的市人大及其常委会有权就政府管理事项,在不违背法律、行政法规、上级国家权力机关制定的地方性法规的情况下,应属当然之意。在确定设区的市地方性法规立法权限范围时,应同时参考宪法关于地方人大及其常委会职权的规定,以及地方人民政府的职权规定。

就设区的市人大的职权来看,《宪法》第99条的职权大致分为五类:(1)保证宪法、法律、行政法规的遵守和执行;(2)通过和发布决议;(3)审查和决定地方的经济建设、文化建设和公共事业建设的计划;(4)审查和批准本行政区域内的国民经济和社会发展计划、预算以及它们的执行情况的报告;(5)改变或者撤销本级人民代表大会常务委员会不适当的决定。其中,(1)是概括性的规定;(2)(5)是单纯权力行使方式的规定;(3)(4)是权力行使方式+权力行使范围。与"城乡建设与管理、环境保护、历史文化保护"三类事项进行比较,(3)(4)所列举的权限范围显然与此相距甚远,不适宜作为参考依据。

就地方政府的职权来看,《宪法》第107条第1款规定的事项包括"经济、教育、科学、文化、卫生、体育事业、城乡建设事业和财政、民政、公安、民族事务、司法行政、监察、计划生育",其中,文化包括"历史文化保护","城乡建设与管理"包括城乡建设事业,意味设区的市立法权限范围在此能找到部分依据。问题因此而产生,事项之间何种差异决定设区的市对有些事项能够制定地方性法规,而其他事项则不适宜,《立法法》修改过程中没有对此作出回应。退一步来讲,《立法法》没有列举三类事项,是否意味能针对上述各种事项制定地方性法规,笔者认为是肯定的,除非法律另有规定。

综上所述,宪法并未明确对于设区的市权限范围进行规范,但依据宪法的规定，设区的市立法权限范围应该较为宽泛，至少对于可能的权限范围内的事项没有进行区分。

（二）设区的市立法权限的组织法依据

众所周知，最先赋予较大的市地方立法权的并非宪法和立法法，而是《中华人民共和国地方各级人民代表大会和地方各级人民政府组织法》[35]（以下简称《地方组织法》），《地方组织法》是地方立法的重要依据。值得注意的是，于《立法法》之后修改的《地方组织法》，仅是将“省、自治区的人民政府所在地的市和经国务院批准的较大的市”修改为“设区的市”，而对其立法权限未作修改。从《地方组织法》对县级以上的地方各级人民代表大会行使的职权的细化来看，包括：（三）讨论、决定本行政区域内的政治、经济、教育、科学、文化、卫生、环境和资源保护、民政、民族等工作的重大事项；（十二）保护社会主义的全民所有的财产和劳动群众集体所有的财产，保护公民私人所有的合法财产，维护社会秩序，保障公民的人身权利、民主权利和其他权利；（十三）保护各种经济组织的合法权益；（十四）保障少数民族的权利；（十五）保障宪法和法律赋予妇女的男女平等、同工同酬和婚姻自由等各项权利。设区的市通过怎样的方式来决定重大事项，又如何履行保护义务，四中全会决定强调“实现立法和改革决策相衔接，做到重大改革于法有据、立法主动适应改革和经济社会发展需要”“加强重点领域立法”，对于设区的市来说，在取得地方立法权之后，通过制定地方性法规无疑是最好的方式。组织法对于设区的市的立法权限采用反向限制的方式，对于人大及其常委会职权中列举的事项也未作区分，可以推知，《立法法》关于设区的市立法权限范围的规定明显小于组织法的规定。

宪法和组织法对于设区的市的立法权限范围没有正面的规定，《立法法》对于权限范围的设定与此两部法律虽不可谓冲突，但如若对三类事项进行狭义的理解，显然有限缩设区的市立法权限的嫌疑。因此，从体系性

---

[35] 中华人民共和国第十二届全国人民代表大会常务委员会第十六次会议于2015年8月29日通过《全国人民代表大会常务委员会关于修改〈中华人民共和国地方各级人民代表大会和地方各级人民政府组织法〉、〈中华人民共和国全国人民代表大会和地方各级人民代表大会选举法〉、〈中华人民共和国全国人民代表大会和地方各级人民代表大会代表法〉的决定》。

的角度看,《立法法》的规定不能作狭义理解。

(三)现实需求及平等原则的要求

赋予地方地方性法规制定权,是符合客观实际的。正如彭真同志所言,"全国'一刀切',那就很难适应千差万别的具体情况,不是挂一漏万,就是主观主义,实践证明不行"。[36] 而地方立法的依据,彭真讲得很清楚,"一是根据当地具体情况;二是省、自治区、直辖市的实际需要。限制只有一条,就是同国家宪法、法律、政策、法令、政令不抵触"。[37] 在立法权限没有更多的限制之前,省级人大、较大的市的人大的立法权限范围只有消极限制,考虑到没有地方性法规由于违反根据"具体情况"和"实际需要"而被宣布为违宪或违法,可以认为地方立法遵循了这一立法原则。对地方立法权限进行限制有其必要性,但仍需符合"具体情况"和"实际需要"应当同样无可置疑,体现在设区的市的立法权限范围设置上,即要求其范围是根据设区的市的"具体情况"和"实际需要"来设置。

在由全国人大常委会法制工作委员会国家法室编写的《中华人民共和国立法法释义》中也提到"总体上看,上述规定能够适应地方实际需要"。[38] 有学者统计后发现,"在2001年至2012年间,各市关于城乡建设与管理、环境保护、历史文化保护等事项的地方性法规占到了法规总数的47%至63%"。[39] 意味,三项立法事项仅能满足地方一半的需要。提到平等,通常认为宪法上的平等是公民个人之间的平等,实际上公民群体之间同样存在平等问题。原先较大的市享有地方立法权已经引起广泛争议,以温州市为代表的"申大"的市之所以数年坚持申请获得较大的市的资格,无非是为了实现群体的平等,进而谋求发展机会的均等。

此次对于设区的市立法权限的规定,表面上实现了市级公民群体的平等,实际上,通过"省、自治区的人民政府所在地的市,经济特区所在地的市和国务院批准的较大的市已经制定的地方性法规,涉及本条第二款

---

[36] 彭真:《彭真文选》,人民出版社1991年版,第387页。

[37] 彭真:《彭真文选》,人民出版社1991年版,第386页。

[38] 全国人大常委会法制工作委员会国家法室编:《中华人民共和国立法法释义》,法制出版社2015年版,第229页。

[39] 程庆栋:《论设区的市的立法权:权限范围与权力行使》,载《政治与法律》2015年第8期。

规定事项范围以外的,继续有效"使得公民群体之间的不平等固化。为了消弭市级公民群体之间发展权利的鸿沟,唯有尽量缩小设区的市的立法权限与原较大的市的立法权限的差异。换言之,只有对设区的市的立法权限范围进行扩大解释,才能满足设区的市,尤其是新增的取得地方立法权的市的需求,才能符合平等原则的要求。

四、以实践为依据理解立法权限范围

在明确应对设区的市立法权限范围的设置进行扩大解释的前提下,涉及如何扩大解释的问题。毫无边界地对城乡建设与管理进行扩大解释显然并不符合立法原意,对于现实中被严重诟病的重复立法现象无法妥善解决,扩大解释也应当有所依循,宪法、组织法也能为地方立法提供一定的规范依据,在《立法法》颁布之前,省级立法主体和较大的市立法正是以宪法和组织法为依据的。但在《立法法》颁布以后,在《立法法》已经有明确的规范依据的情况下,可以参考宪法和组织法确立《立法法》具体条文的内涵,但不宜再直接以宪法和组织法为依据来立法,否则会违反法律体系的一致性,这一点应该无须过多强调。因此,尽管从宪法和组织法中能够得出立法权限范围条款应作扩大解释的结论,但无法直接用来界定立法权限范围。立法权限范围条款的理解最终还是要以实践为依据确立具体的立法权限范围内的事项。在理解设区的市的立法权限范围时,同时涉及另一个问题,即设区的市在《立法法》规定的立法权限范围内有多大的立法权限,即设区的市是否能够针对立法权限范围内的所有事项进行立法?

(一)设区的市立法权限范围的性质

上文已提到,在《立法法》制定之初,针对采列举方式界定地方性法规的权限时,当时认为实践中是做不到的。在之后的研究中,有学者将立法权限不清晰归咎于未采用列举方式界定地方立法权限,认为"不列举地方专有立法权,会使地方立法具有较粗的线条和一定的弹性,难以把握分寸,给立法带来混乱、重复、越权等弊端"。[40] 另有学者以此为基础,认为

[40] 汤唯、毕可志:《地方立法的民主化与科学化构想》,北京大学出版社 2002 年版,第136 页。

“只有地方享有专属立法权,才有可能详细列举地方的有权立法事项,进而才能将中央与地方的权限划分法治化”。[41] 按照这一逻辑,列举了设区的市的立法权限范围即意味设区的市享有该立法权限范围内的专属立法权。关于专属立法权问题,笔者赞成“从我国的宪法体制、历史传统和立法实践来看,不能认定地方享有专有立法权”。[42] 该学者的观点同时对上述观点予以否定,在其看来“地方不享有专有立法权,并不意味地方立法的范围缺乏特定性,地方立法有自己偏重的领域”。[43] 按照这一理解,参照地方专属立法权对于地方立法权限范围的界定,未尝不可。因此,不能因为对设区的市立法权限范围进行规定,即认为该范围内的事项属于设区的市的专属立法权,主要是起指引性作用,引导设区的市主要针对哪些事项进行立法。

(二)以较大的市的立法实践为依据

上文提到,《立法法》在确立设区的市的立法权限范围时存在超逻辑的嫌疑,《立法法》制定之时并未见有关于原先较大的市立法实践的总结。但并不妨碍在确定设区的市的立法权限范围时,以较大的市的立法实践为参考依据。

之所以以较大的市的立法实践为参考依据,原因有三:一是较大的市在行政级别、规模方面与设区的市存在较高的相似度;二是上文提到的实现市级权力机关的权力平等,不能在较大的市通过地方立法实现快速发展之后,禁止其他设区的市通过同样的途径实现发展;三是原先较大的市尽管数量不多,但分布较为分散,在各省均有较大的市,其立法实践能够反映出不同地区的需求,有着多元的立法经验。

有学者对杭州市、青岛市、苏州市和郑州市四市在2001年至2012年间制定、修改的地方性法规作为样本进行统计分析,[44]发现四市的立法实践中,除了对明显属于城乡建设与管理、环境保护、历史文化保护的事项如城乡规划与建设、房地产开发建设与管理、市政公用与环卫事项、交通

---

[41] 孙波:《论地方专属立法权》,载《当代法学》2008年第2期。

[42] 许安标:《关于中央与地方立法权限的划分》,载《中国法学》1996年第3期。

[43] 许安标:《关于中央与地方立法权限的划分》,载《中国法学》1996年第3期。

[44] 程庆栋:《论设区的市的立法权:权限范围与权力行使》,载《政治与法律》2015年第8期。

运输、环境保护和历史文化保护进行立法外，还对城市人口管理、社会治安管理、社会公共事业管理、劳动与社会保障、其他社会事务、公共经济管理、法制建设以及其他一些无法归类的事项进行立法。如果对49个较大的市逐一进行立法，相信实际的立法事项范围仍会扩大，如银川市的立法事项涵盖“市政管理、市容卫生管理、城市交通管理、清真食品管理、矿产资源管理、城市规划管理、建筑管理，以及基本农田保护”，[45]银川市引以为豪的《银川市清真食品管理规定》很难纳入上述四市的立法事项范围内，但这样的立法无疑是具有重要的法制意义的，满足了当地的实际需要。在笔者看来，尽管牵强，但上述各种事项还是有纳入“城乡建设与管理”可能性的。

（三）实践对于设区的市立法权限的限制

之前学者关注的焦点是中央与地方权限的划分标准，在设区的市普遍具有地方立法权之后，中央与地方立法权限划分不变的情况下，由设区的市形成的新的立法层级与其上位的省级地方立法权限之间的划分问题成为新的焦点。因此，立法权限划分标准应以解决省级地方立法权限与市级地方立法权限的划分为主。必须明确的是，与不存在只能由地方立法而中央不能染指的地方专属立法权相同，在地方上也不存在只能由设区的市制定而省级人大不能染指的设区的市的专属立法权。因此，所谓权限划分，也仅是设置设区的市偏重的立法领域。

有学者主张以“辅助原则”[46]来划分省、设区的市之间的立法权限，认为“省、设区的市之间重叠的立法权应当先由较低层级的设区的市来行使，在设区的市能够较好地进行规制时，省级立法主体不应行使立法权；只有在设区的市依靠自身能力无法解决的情况下，才应由省级立法主体

---

[45] 银川市人大常委会法制委员会：《从地方立法工作看我市法制建设进程》，载全国人大常委会办公厅研究室编：《纪念地方人大设立常委会30周年文集》（中），中国法制出版社2009年版，第1075页。

[46] 辅助原则强调事务应当优先由能够圆满完成目标的最低层级的单位来处理，个人能予以解决的问题，就由个人来解决，而不应由国家或者社会来解决；社会能予以解决的问题，就由社会来解决，而不应由国家来解决；地方能予以解决的问题，就由地方来予以解决，而不应由中央来解决。参见程庆栋：《论设区的市的立法权：权限范围与权力行使》，载《政治与法律》2015年第8期。

行使立法权”。[47] 辅助原则运用的前提是权限划分的双方存在较多的权限重叠情况,在如何行使权力时遵循的一套原则,这一理论本身无助于明确双方的立法权限范围。在中央与地方权限划分的实践当中通常有两种具体的标准与方法:第一种是主要以立法事项的“重要程度”作为划分标准;第二种是主要以立法事项的“影响范围”。[48] 我国在中央与地方立法权限划分上主要采用“重要程度”标准,因此划定中央的专属立法权,地方立法主体不能染指,但在省级立法主体与市级立法主体之间,单独划定市级立法主体的立法权限范围,其三类事项显然不属于不重要的事项,可见,划分的依据非“重要程度”标准。以“影响范围”标准来审视,三类事项确实属于更适宜在市级进行统一规范的事项。

关于设区的市的立法权限范围,《立法法》中有“法律对设区的市制定地方性法规的事项另有规定的,从其规定”。这里的法律是狭义的法律,还是广义的法律,即包括宪法、法律、行政法规、地方性法规?笔者倾向于作广义理解,设区的市也是宪法实施主体,在有限的范围内能够直接实施宪法;行政法规是国务院制定的面向全国有效的规范性文件,国务院认为由设区的市承担立法任务未尝不可,但也应有所限制,即不排斥省级立法主体制定省级层面统一实施的地方性法规,因此,更适宜将最终的立法主体决定权赋予省级人大或其常委会;省级立法主体意识到全省层面进行统一规范存在难度时,应当有权要求设区的市进行立法。

以较大的市的立法实践来确定设区的市理论上的立法权限范围,但并非设区的市有权对权限范围的所有事项进行优先立法,有些明显需要在省级层面进行统一规范或者需要跨区域统筹的事项不宜纳入设区的市的权限范围内。当然,是由省级立法主体制定地方性法规还是交由设区的市制定地方性法规,除非法律直接授权设区的市人大或其常委会,否则均由省级立法主体决定。

---

[47] 程庆栋:《论设区的市的立法权:权限范围与权力行使》,载《政治与法律》2015 年第 8 期。

[48] 参见封丽霞:《中央与地方立法权限的划分标准:“重要程度”还是“影响范围”?》,载《法制与社会发展》2008 年第 5 期。

五、结语

在赋予设区的市地方性法规立法权限后，有一种担忧是原先一个省只有少量的较大的市，省级人大常委会批准地方性法规的压力并不大。在立法主体扩张后，省级人大常委会是否还能应对自如，这样的担心有一定道理，尤其是立法权限范围规范的方式变更后，原先积累的地方性法规监督的经验是否还能适用？笔者对此持乐观态度。省级人大常委会批准时仍应以消极限制的审查为主，对于立法事项是否属于三类事项，应秉持宽容的态度，尽量减少对于立法权限的正面审查。这样一方面能够保证设区的市立法积极性，另一方面也能确保原先的经验继续适用，提高地方性法规批准的效率。总体而言，设区的市立法权限范围的设定对于地方立法监督没有太多的影响。

经验研究

●大学治理和大学章程的实施
——基于教育部92份高等学校章程核准书的分析

湛中乐　赵　玄*

一、引言:后章程时代的大学治理

长期以来,我国的高等学校一直没有自己的章程。1998年《高等教育法》颁行后,"章程"成为设立高等学校的法定要件之一。对于既有的高等学校而言,这一规定无形当中宣告了它们因无章程而办学的非法状态。为恢复合法的办学状态,制定章程成为高等学校亟须完成的一项"法定"任务。然而,这项工作的直接推动力量源自国家教育行政主管部门,高等学校对此态度却冷热不一。① 以致2005年12月《吉林大学章程》通过后,大学章程又陷沉寂。直至教育部《高等学校章程制定暂行办法》开始实施的2012年,大学章程建设方再次被重视起来。与之前仅仅为了填补办法的合法要件不同,章程被寄予更多的价值期望,被视为大学治理特别是现代大学制度得以实现的重要依靠和保障。从这个意义上来看,大学自身也具有一定的动力,积极性和主动性明显增强。当然,这仍然与国家权力的强势推动密不可分。

2016年4月24日教育部签发了第八批共9份高等学校章程核准书,

---

* 湛中乐,北京大学法学院教授,教育部人文社科重点研究基地北京大学宪法与行政法研究中心研究员,北京大学教育法研究中心主任。赵玄,北京大学法学院宪法学与行政法学专业博士研究生。本文系全国教育科学"十一五"规划课题"高校行政和学术权力的运行机制研究"(BIA100081)的阶段性成果。

① 参见马陆亭:《大学章程建设的"冷"与"热"》,载《现代教育管理》2013年第9期。

加上2013年、2014年和2015年签发的七批，经教育部核准的大学章程已经有93份。与此同时，省级教育行政主管部门亦按部就班地开展章程核准工作，据不完全统计，各省核准大学章程已逾1163份。[②] 按照教育部《关于加快推进高等学校章程制定、核准与实施工作的通知》所规定的时间表，2015年年底前所有高校章程均应完成核准工作。随着所有高校都将拥有了属于本校的章程，我国的大学治理亦步入后章程时代。在后章程时代，章程的制定工作将暂告一个段落，章程的实施将成为章程建设的工作重心。章程实施的过程无疑也是大学治理的过程。治理理念引入大学，既是对管理思维长期盘踞大学的纠偏尝试，也是对学术自治的大学本真的回归努力。在章程制定之时，大学治理被视为一以贯之的目标，章程制定者将静态的、理想化的大学治理形态通过规则固定在章程的字里行间。待章程核准生效之日，静态的大学治理形态应通过章程的实施落实到动态的大学治理过程中来。一言以蔽之，后章程时代的大学治理为依章而行的治理，大学治理的过程就是章程实施的过程。

大学章程实施主要指将已经生效的章程作为大学现实运行的基本依据和准则，由大学成员和大学利害相关者等加以遵守、执行和适用的过程。严格按照章程推进大学治理是章程实施的基本路径，章程生效是章程实施的前提条件，而对章程的解释、监督和修改则是章程有效实施不可或缺的重要保障。基于此，本文将以大学章程实施为中心，着重探讨大学章程实施的形态和路径，兼谈大学章程的生效要件和大学章程实施的保障机制。为便于实际观察大学章程的实施机制，特选取教育部核准的92份高等学校章程核准书作为分析样本，[③]希冀借此描摹出中国大学章程实施的基本形态。

② 笔者2016年11月10日登录各省级教育行政部门门户网站，通过站内查询和搜索获知各省级教育行政部门核准章程数分别为：河南70、北京23、湖南30、湖北27、广东85、广西55、四川69、陕西62、辽宁61、吉林59、江西54、天津3、上海3、云南18、福建49、山西51、河北32、山东102、江苏82、黑龙江6、浙江63、重庆22、甘肃9、贵州54、内蒙古4、新疆19、宁夏12、安徽29、青海3、海南7，共计1163。

③ 说明：教育部网站在公布第八批核准的9份章程中没有编号第91号的章程核准书，故本文仅基于92份章程进行分析。本文所引用章程条款均来自教育部门户网站公布的相应高校章程核准书所附文本，不另作说明。

二、大学章程实施的前提条件

大学章程的生效是大学章程实施的前提条件，只有已经发生效力的章程才会进入实施过程，未生效的大学章程谈不上实施问题。那么，大学章程达到何种程度或状态才能生效？按照《高等教育法》和《高等学校章程制定暂行办法》的有关规定，大学章程须依法制定、报有司核准并公开发布方能生效。具体而言，大学章程的制定程序、核准程序和生效日的确定是大学章程生效即大学章程实施前提条件的重要的三部曲。

（一）大学章程须经法定的程序制定

按照《高等学校章程制定暂行办法》第3章“章程制定程序”的规定，首先，大学章程须经起草以及校内外利害关系者的广泛讨论与协商形成章程草案；其次，章程草案须经教职工代表大会讨论、校长办公会审议并由学校党委会审定，形成章程核准稿；最后，章程核准稿经校长签发报送核准机关。原则上，教职工代表大会、校长办公会和学校党委会三机构审议和最终的校长签发章程核准稿构成了大学章程制定的四个不可或缺的环节。这四个环节分别呼应了大学中的民主管理机构、行政议事机构、政治领导机构以及大学的法定代表人。从该规章的行文来看，此四环节应顺序承接。但是从教育部核准的92份章程来看，章程的制定程序不一而足。具体有以下四种：

1. 两环节制定程序

在92份章程核准书中，通过两个环节来制定章程的高校仅有四所，且这四所高校的两个环节又各不相同。其中，《对外经济贸易大学章程》规定的是“学校党委会审议加校长签发”模式；而《东北大学章程》和《哈尔滨工业大学章程》则是“教职工代表大会讨论加党委审定”模式，同时两章程又以具体审定者分别为“党委会”和“党委常委会”而不同；《暨南大学章程》则采用了“教职工代表大会讨论加党政联席会审定”的模式。这四所高校唯一相似之处，就是无一例外地将“校长办公会”置于章程制定程序之外。

2. 三环节制定程序

采用三环节制定章程的高校为数最多，92份章程核准书有65份均属此类，占比逾70%。具体又分为五类：一是经教职工代表代会讨论、党委会审定、校长签发的，有1所高校；二是经教职工代表大会讨论、校长办公会审议、党委会审定的，有41所高校；三是经教职工代表代会讨论、校长办公会审议、党委常委会审定的，有8所高校；四是经教职工代表大会讨论、校务会议审议、党委会审定的，有12所高校；五是经校长办公会审议、教职工代表大会讨论、党委会审定的，有3所高校。65所高校中除1所外，均未将"校长签发"作为章程制定的必经程序。此外，值得注意的是，在大学章程中，校务会议不同于校长办公会，尤其体现在二者在组成人员方面存在显著差异。校党委书记或其他校党委成员以及重要的行政职能部门负责人一般会成为校务会议的组成人员，但在校长办公会中这些人员往往列席参加。如按照《中国矿业大学（徐州）章程》第49条第3款的规定：校务会议除校长外，组成人员包括校党委书记、副校长、校长助理、校长办公室主任和校工会主席、监察处处长。根据《上海外国语大学章程》第14条的规定，校长办公会由校长、副校长、总会计师、校长助理、校长办公室主任等组成。

3. 四环节制定程序

相对于三环节制定程序，四环节主要补充了作为第四环节的"校长签发"手续，在92份章程核准书中有22份属于此例。但从样本章程统计来看，前三环节又呈现复杂多样态势。具体而言，有1所高校和5所高校分别以"党政联席会"和"校务会议"替代了本应作为第二环节的"校长办公会"；有4所高校以"党委常委会"替代了本应作为第三环节的"党委会"；较为特殊的是中央音乐学院在其章程中，将"校长办公会、学校党委常委会审定"放在"学校教代会审议"之前，明显混淆了"审定"与"审议"的概念，当属规定明显不当。综合观之，仅有12所高校的章程完全按照《高等学校章程制定暂行办法》所规定的四环节作了相应规范。

4. 五环节制定程序

《北京大学章程》当属92份章程中最独特的，其规定了五环节的章程制定程序，分别是：一经学校教职工代表大会讨论；二经校务委员会审议；三经校长办公会议审议；四经校党委审定；五由校长签发。即在《高等学校章程制定暂行办法》规定的四环节之中，加入"校务委员会审议"环节。根据《北京大学章程》第29条的规定，校务委员会是学校的咨询议事和监督机构，是社会参与学校治理的组织形式，同教育部《普通高等学校理事会规程(试行)》所规定的理事会性质和职能相一致。这一环节的加入无疑又增加了章程制定过程的民主程度。

综上观之,虽然仅有12所高校的章程明确规定了教育部规章所要求的四环节,但并不表明其余80所高校的章程必然违法。由于章程制定的上位法依据有《高等学校章程制定暂行办法》,其规定的章程制定程序不会因具体高校章程中未明确规定而判定章程本身的违法与否。然而,不得不说,大学章程中列明的规定明显违反法律法规的强制性要求,章程自身须进行检讨。或许因为追赶计划的原因,前述情形完全可由教育部在核准章程过程中予以纠正。申言之,教育部对92份章程均进行了核准,在很大程度上就默许了各有关章程的相应规定,即肯定了这些大学章程均依法制定。

(二)大学章程须经依法核准

历经高校内部程序,章程核准稿和有关说明将由校长签发报送有权核准机关,章程开始进入核准程序。当然,按照《高等学校章程制定暂行办法》的规定,部分高校还须先将章程报送其主管部门获取同意,作为章程核准前的前置程序。在教育部核准的92份章程中,有17份即如此,分别是:经由工业和信息化部同意的北京理工大学、北京航空航天大学、南京理工大学、南京航空航天大学、西北工业大学、哈尔滨工业大学、哈尔滨工程大学共7份章程;经国家民族委员会同意的中央民族大学章程;经国家体育总局同意的北京体育大学章程;经中国科学院同意的中国科学技术大学和中国科学院大学共2份章程;经国务院侨务办公室同意的暨南大学章程;经交通运输部同意的大连海事大学章程;经中国民用航空局同意的中国民航大学和广州民航职业技术学院共2份章程;经外交部同意的外交学院章程;经全国妇联同意的中华女子学院章程。对于大部分高校而言,因其隶属于国家教育部或省级教育行政主管部门,其章程无须其他部门同意,将直接进入有权机关的核准程序中来。

根据《高等学校章程制定暂行办法》的规定和教育部在核准大学章程中的具体实践,章程的核准程序主要有初审程序、评议程序、公示程序、审议程序和签发核准书五个步骤。具体而言:一是初步审查。即核准机关收到高校章程核准稿和说明材料后,将其交由机关专门机构对章程核准稿的合法性、适当性、规范性以及制定程序,进行初步审查。当教育部作为章程核准机关时,初步审查程序由教育部法制办公室负责进行。二是评议程序。即对初审通过的章程核准稿,由章程核准委员会进行专门性和权威性的评价和讨论。教育部章程核准委员会由教育部、有关主管部门推荐代表,高校、社会代表以及相关领域的专家组成。评议采取通讯评议与会议评议相结合的方式,对待评议章程给出相关结论。三是公示程序。即由核准机关将经过评议的章程通过适当渠道向社会公开,进而接受社会各界人士的意见和建议。就教育部核准的章程而言,此程序仅在第一批次的核准中采用过,此后再未触动该程序。当时,教育部在其官方网站发布了《关于中国人民大学等6所高校章程核准稿公开征求意见的公告》,公告指出教育部章程核准委员会已经对这六所高校的章程进行了评议,限期接受各界人士的意见和建议,并附有各高校章程的核准稿。④四是审议程序。经过章程核准委员会评议或公示程序的章程,一般会由相关高校根据评议意见作出相应的修改,修改后的核准稿无原则性或重大违法时,会由负责初审的专门机构提交核准机关审议。92份章程均由教育部法制办交付教育部部务会议审议通过。五是签发核准书。审议通过的大学章程不会即刻得到核准,而是先由相关高校或教育部法制办根据审议意见对章程进行相应修改。但是,这种修改一般无关乎重大原则规定。经过修改的章程核准稿以核准机关负责人签发《高等学校章程核准书》的书面形式予以正式核准。

(三)大学章程的生效日期须明白确定

核准是章程生效的关键一步,其生效日期的确定尤其重要,因为这直接关系大学章程实施的起点。但是,被核准章程和核准书对生效日期的确定存在紧张关系。从核准书来看,章程的核准之日为章程的生效之日。以教育部第七批核准书为例,章程经部务会议审议通过的日期是2015年5月26日,核准书的签发日期是2015年6月26日,对外公布核准书的日期是2015年6月29日。按照核准书载明的“核准书所附章程为最终文本,自即日起生效”,此处的“即日”应为核准书的落款日即签发日期。从被核准章程来看,在92份章程中,有4份章程未明确生效日期;有6份章

④ 参见湛中乐、王春蕾:《大学章程核准中的若干问题探讨》,载《国家教育行政学院学报》2014年第7期。

程规定自核准之日生效;而多达82份章程均规定以章程公布之日为生效日。由此形成了核准书单一生效模式与章程多种生效模式的冲突,突出表现为核准之日生效与公布之日生效之间的矛盾,这也反映了核准书与被核准章程之间的冲突。即便章程未规定生效日或规定的生效日同核准书所载核准之日生效一致,章程和核准书之间就不会存在冲突,但由于核准之日会稍晚于章程公布之日(如前例中前后相差3日),按照公布方对外发生效力的法律准则,核准之日的章程虽生效,但并不对相关主体行为发生效力。

其实,不论是公布之日生效还是核准之日生效,只须将核准书的核准日和其公布日做到一致即可。这要求核准机关必须做到当日签发的核准书当日必须对社会公布,具体可通过核准机关的官方网站公布,同时即刻送达相关高校并责令其当日在学校内对全校公布。由此,核准生效之日与章程公布之日统一起来,核准书与章程在此规则上相协调,确保大学章程生效日期的唯一性和确定性。唯有如此,大学章程的实施起点方有据可依。

三、大学章程的效力及其实施形态

大学章程经依法制定、核准并公布始生效,章程生效之日为章程实施之日。大学章程进入实施阶段,主要需要解决两个方面的问题:一是大学章程在多大范围内实施,即大学章程能够在时间和空间上对相关主体所产生的约束力。申言之,其主要包括大学章程的时间效力、空间效力和对人效力。同时,这里还隐含着大学章程与国家法律法规之间的效力边界划分,亦即大学章程的效力位阶问题。二是大学章程如何实施,即大学章程实施具体呈现出来的形态和路径有哪些。这主要包括抽象的实施、具体的执行和对章程的遵守与适用等。

(一)大学章程的效力

1.大学章程的时间效力

大学章程的时间效力是指大学章程开始生效与效力终止的时间,表征的是大学章程效力在时间轴上的持续性。一般而言,大学章程会伴随大学的存续而持续存在,因而大学章程没有必要指明何时其效力终止。如前文所述,反倒是章程的生效时间是一定要明白无误地规定清楚的。

根据前文对教育部核准的92份高校章程的梳理可知,当前大学章程的生效日期尚存在不清楚明白之处,而此种情况的存在同现行的核准机制有莫大干系。我们知道,除4份高校章程未规定章程的生效日期外,其余88份高校章程绝大多数以公布章程之日为生效日期,少部分以核准章程之日为生效日期。不论以公布之日还是核准之日,章程生效的日期均应该是唯一的和确定的。之所以造成章程生效日期的冲突,在于章程核准书画蛇添足,于核准的章程文本之外再规定章程生效日期,从而形成了生效日期的冲突。解决这一冲突的方法,除前文指出的核准书签发当日即予以公布外,取消核准书中"自即日起生效"的表述也可选择。毕竟对章程的核准宣示了教育行政主管部门对章程的认可,当然涵括对章程所规定生效日期的认可。若再于核准书中另行指定章程生效日期,显属不妥。当然,对于那些未明示生效日期的高校章程,教育部门完全可以在核准过程中要求相关高校补充完善。无论如何,章程的时间效力是面向未来的。大学原有规章制度与章程规定不一致的,自然应以生效的章程为准,但对于章程生效日期之前已经按照原有规章制度行为的将继续有效存续。换言之,章程的时间效力不具有溯及既往的效力。

2. 大学章程的空间效力

大学章程的空间效力是指大学章程在哪些地域有效力、适用于哪些区域,也可以说是章程实施的地域范围。一般而言,大学章程的空间效力及于大学章程所确定的校区范围,即大学章程在大学校区内产生效力。校区包括高校法定住所地校区以及其他依法设立的校区。以中国人民大学为例,其章程的第2条第2款规定:"学校法定住所为北京市海淀区中关村大街59号。学校设有中关村校区、通州校区、老校区和苏州校区,学校经举办者批准可视需要设立和调整校区及校址。"由此可知,《中国人民大学章程》的空间效力范围包括其中关村校区、通州校区、老校区、苏州校区和将来可能设立的新校区。由于每所高校校区数量不一、面积有大有小,这就在一定程度上决定了章程空间效力的大小不一。但是,大学章程并不绝对地直接约束凡是存在于校区范围内的人或者事。与之相应的是,对于存在于校区范围之外的人或者事,大学章程并不绝对地不产生约束力。申言之,对于大学章程而言,空间只是说明章程效力的一个表征维度而已。

3. 大学章程的对人效力

大学章程的对人效力是指大学章程效力所及的对象范围，即能够对什么人、什么事产生效力。当然，这里的“人”不仅仅包括自然人，还包括组织在内。其中，自然人主要有教职工、学生、校友、举办者的代表、理事会校外理事（董事）、学术委员会校外委员等。组织则指学校本身、举办者、各级党组织、校级各行政部门、校院学术委员会、学位评定委员会及分会、各院系所和研究中心、各群团组织、教职工代表大会、工会、理事会（董事会）、基金会、校友会、校办产业组织、校属各单位等。大学章程涉及的自然人和组织虽然众多，但呈现出以人为中心、以组织为载体的特征。易言之，大学所涉及的各个组织均由相关人员组成，这些组织及其组成人员自然受到大学章程的约束，除组织组成人员外，大学章程所约束的“人”基本限于构成大学成员主体的教职工和学生。

大学章程的对人效力主要表现为对“人”权利的赋予和义务的确定上，即章程保障哪些“人”享有哪些权利或职权，要求哪些“人”应当担负哪些义务或责任。这一点在各个大学章程之中表现较为明显。以对教职工和学生的规定为例，在 92 份核准章程中，有 73 所高校将“教职工”和“学生”在其章程中分别以独立一章来加以规范，其余 19 份章程则是将“教职工”与“学生”合在一章作为学校成员或办学主体来规范。无论是单独成章还是合为一章，章程均详细列举了教职工和学生的权利与义务。值得注意的是，为突出“学生”在大学中的主体地位，在 92 份章程中，有 33 份章程将“学生”的规定放在“教职工”之前。与此同时，各个章程对以党委、校长、学术委员会等为代表的高校治理组织着墨尤多，将它们各自的职责、组成和基本的运行机制均一一详加规范。

4. 大学章程的效力位阶

大学章程制定并产生效力本无可非议，问题是相对于国家法律体系而言，大学章程的效力究竟几何。毫无疑问的是，大学章程不属于一般意义上法律体系所确定的规范范畴。从这个角度来看，大学章程的效力与国家法律法规似乎没有干系。但是，从这些后补充大学章程的制定过程来看，公权力的痕迹非常明显，特别是作为部门规章的《高等学校章程制定暂行办法》的颁布实施，对推动本轮章程建设具有决定性作用。然而，即便如此，大学章程作为依据位列规章的规则制定，其效力似乎低于该规章，如此也就将大学章程排除出了国家正式的法律渊源之列，故而仍谈不上什么效力位阶的问题。此外，由于章程的生效需要国家或地方教育行政主管部门的核准，而核准章程又被列为相关部门的行政许可事项。申言之，教育部门核准章程不是以高校举办者的身份予以最终认可，而是作为高校管理者行使的对相对人的一种许可权。在这个层面上，大学章程被视为与公司章程无异，但其实远没有如此简单。

按照《教育法》和《高等教育法》的规定，章程本应于大学设立之前提交于有关教育主管部门，其作为审批材料之一种，对此类大学章程的核准毫无疑问应理解为一种许可或确认，总之应归为行政法上行政行为之列。而教育部核准的92份章程则不然，它们一方面承担呼应法律要求进而消除非法办学状态的历史任务，另一方面更起到国家高等教育深化改革的新使命。教育部在大学章程制定和核准过程中，作为大学举办者的具体代表和作为大学管理者的主管部门两种角色交替且繁复出现，以致对章程的核准不仅仅被视为行政许可，更被理解为对章程效力或权威的一种"副署"。因此，从国家整个法规范体系来看，将章程效力作为紧邻教育规章但高于其他规范性文件的理解无疑是恰当的。同时，从回归大学章程本源来看，大学章程的效力主要是一种特定的横向约束力，即其主要对平权关系中的大学利益相关者产生约束力，且在此种情形下章程享有最高的效力，高于大学之内及相关的制度规程。但若处在纵向的调整关系中，大学章程则反受国家法律法规的制约。

(二)大学章程的实施形态

大学章程的实施形态是章程在大学实际运行中得以贯彻落实所呈现的具体途径。囿于笔者自身能力，故借鉴法律的实施方式，结合大学章程的具体情况，着重从依章制规的抽象实施、依章治校的具体执行、依章而为的严格遵守和援章审查的有限适用四个方面来阐述一二。

1. 依章制规

顾名思义，依章制规是指以大学章程为依据，学校及其他有权机构按照一定程序制定具体制度规程。如果将大学章程比作国家宪法，依章制规则类似依据宪法制定法律及依照法律制定行政法规、地方性法规等法律规范。它是将章程中较为概括性、原则性的规定具体化的过程，结果表现为我们所熟知的校规校纪。相对于具体的执行章程，依章制规的行为应视为一种抽象的实施。换言之,依据章程制定的各种校规校纪本身就是对章程的实施。因章程制定前不少校规校纪依然存在,故将与章程规定不一致的原有规章制度进行修改也是在实施章程,也属于依章制规的范畴。结合章程来看,依章制规确实也主要表现为制定校内组织章程与议事规则以及修改旧有校规校纪两个方面。

就制定校内组织章程或议事规则而言,大学章程中一般会专门予以明确指示。以首批核准的《东南大学章程》为例,其第 39 条第 4 款规定:"校长办公会议议事规则另行制定。"而该条前三款已经明确规定了校长办公会议的职责、组成人员和列席人员,显然缺失议事规则,故而在章程中予以指引,为将来制定议事规则作为依据,当然也可视为一项章程义务。再以《北京大学章程》为例,监察委员会的设立是其一大特色,该章程第 30 条前三款在分别规定了监察委员会的人员组成、职责和原则后,第 4 款规定:"学校制定监察委员会章程。监察委员会按其章程开展工作。"从而要求北京大学应依据该款规定尽快制定详尽具体的监察委员会章程,同时在组成和职责等方面要遵循章程的既定规则。

就修改旧有校规校纪而言,章程的制定虽不免对既有校规校纪进行参照,但不得不说,与时俱进的章程难以呈现与它们完全一致的规定。因此,新章程同旧规则之间的矛盾就不可避免,进而依据新章程对旧规则加以修改或者废止等就是继后之事。在 92 份核准章程中,有 41 份章程在附则中明确规定了章程在学校中的最高效力地位,其他旧有规则与章程规定不一致的应当加以修改,或者以章程的规定为准。此外,制定新的校规校纪也属于章程实施的范畴,只是章程制定在后的缘故,这方面的章程实施在短时间内可能为数不多。

2. 依章治校

在本部分,依章治校作狭义理解,系指学校治理机构按照章程规定履行职责进而治理学校的过程,可视为对章程的具体执行。因《高等教育法》已明确规定我国公立高校实行党委领导下的校长负责制,在法律没有修改之前,章程对于学校治理结构的可创造空间较为狭窄,从而导致被核准章程之间在治理结构或管理体制上十分相像。具体来看,治理结构主要由纵横结构组成,其中纵向治理结构又主要由校院两级组成,具体表现为纵向校院之间的权力分配;横向治理结构则主要是政治权力、行政权力、学术权力以及民主管理权力的职能分工。以学校层面的横向治理结构来看，主要包括校党委、校长、学术委员会、教代会、学代会以及理事会等，它们共同构成依章治校的主要力量，下面主要就前三者进行阐述。

其一，党委是依章治校的领导者，应当肩负起相应的领导职责。92份教育部核准章程中，均明确宣告学校党委是学校的领导核心，统一领导学校工作。其中，武汉理工大学、上海交通大学、山东大学和北京师范大学的4份章程规定，学校党委对学校的整体工作具有最高决策权。同时，除《清华大学章程》外，其余章程均详细开列了各自大学学校党委的职责，从而将法律文本中和有关学校党委规定的内容固定到章程中。如此一来，学校党委自然应按照高校最高效力的章程行为，即落实其领导权和决策权。党委通过全委会和常委会，采取“集体领导、民主集中、个别酝酿、会议决定”的议事规则，作出有关决策。

其二，校长是依章治校的主要执行者，肩负着章程实施的主要责任。校长是大学的法定代表人，同时也是学校的行政负责人。校长通过校长办公会或校务会议的形式，以“集体讨论、校长决定”的方式实现自身职责的具体落实。沿着“党委领导下的校长负责制”，不少高校在章程中对党委和校长进行了“决策”和“全面落实决策”的角色定位。换言之，党委作为依章治校的领导者，其领导权的实现以校长的具体执行和落实为必要条件。反之，校长按照章程规定的职责行为，就实现了校长对章程的实施，并由此落实了党委的决策，进而实现了党委对章程的实施。由此可见，校长的依章治校同时关联着党委的依章治校。

其三，以学术委员会为代表的学术组织在此轮章程制定中地位逐步被重视，特别是其间教育部发布了《高等学校学术委员会规程》，使很多高校在章程中宣示学术委员会为学校的最高学术权力机构，从而注定学术委员会在依章治校中的重要作用。从本质上讲，大学以学术性事务为主，同政治权力与行政权力相比，学术权力在学术事务管理中理应享有最高话语权。在章程实施的将来，学术委员会将以审定权、建议权和咨询权等不同程度地决定或参与学术事务。作为委员会机构，各委员将主要按照“一人一票、同票同权”的多数决方式对重大学术事务行使权力，从而将章程赋予的职责落实到位。

3. 依章而为

依章而为即依据章程而行为，具体指以教职工和学生为主要代表的大学成员按照章程规定行使权利并履行义务的过程。前文在述及大学章程的对人效力时已指明，教职工和学生在92份核准章程中所受到的重视，且所有章程无一例外地均规定了二者的权利与义务，使作为大学办学主体的教职工和学生在章程实施中有明确的指引。其中，教职工享有平等权、知情权、参与管理权、建议权、异议和申诉权、学术自由权、学术奖励权、待遇保障权、进修培训权以及法定、规定和约定的其他权利；教职工应履行的义务有职业操守、学术操守、教书育人、接受监督以及法定、规定和约定的其他义务。学生享有受教育权及其平等权、知情权、自由结社权、建议权、参与管理权、异议和申诉权、获得学历和学位权、获得奖助权以及法定的其他权利；学生应履行的义务包括尊敬师长、珍爱校誉、遵章守纪、按时交费、爱护校内设施以及法律规定的其他义务。不得不说，章程对于教职工和学生权利义务的规定多缺乏新意或特色，在很大程度上均是法律法规已有规定的照搬。但就章程的实施而言，列入章程的规则在实际中得到遵循才会达到实施的目的。换言之，教职工和学生对于章程所开列的权利和义务要一一遵循。同时，当他们的权益受到侵害时，章程还规定了相应的申诉机制来对其救济。

4. 援章审查

所谓援章审查，系指大学之外的教育行政主管部门、人民法院在处理涉及大学章程的申诉、诉讼时，可以参考章程的有关规定审查相关行为，并以此作出有关决定或判决。可以说，援章审查是章程适用的重要体现。与前述情形不同，若是大学之内的有关机构依据章程对有关行为进行审查，本文不将其视为章程的适用，而是将其作为保障章程实施的重要的监督机制。最高人民法院曾于甘露不服暨南大学开除学籍案中指出，人民法院在审理违纪学生因不服高等学校作出的开除学籍等严重影响其受教育权利的处分决定提起的诉讼案件时，可参考高等学校不违反上位法且已经正式公布的校级校规。[⑤] 基于此，作为校级校规最高形态的章程，自然也可成为人民法院审理此类案件的参考对象。同时，由于章程核准于

---

⑤ 《甘露不服暨南大学开除学籍决定案》，载《最高人民法院公报》2012年第7期。

国家或省级教育行政主管部门,在受理来自高校的相关申诉时,教育行政主管部门自当对章程给予应有的重视。从而使章程在诉讼和申诉过程因为适用得以实施。

四、大学章程实施的保障机制

章程被誉为大学的“小宪法”,正如宪法的实施需要完善的保障机制,大学章程的实施也应如此。大学章程的实施不会一帆风顺,各实施主体和途径很难做到完全呈现章程所规定的要求,有必要通过一定的机制加以保障。大学章程实施的保障机制可视为保障大学章程有效实施所设计的一系列条件、措施和制度的总和。从对 92 份教育部核准章程的梳理可知,当前我国大学章程实施的保障机制主要包括章程的解释和章程的监督两个方面。接下来,本部分将结合有关章程对此分别予以阐述。

(一)章程的解释

大学章程在实施过程中,有些规则可能因较为原则性或概括性,有些规则因规定存在模糊或异议,需要有权机构对章程规则含义进行说明,从而有效解决章程实施遇到的困境,这就构成对章程的解释。在这个意义上,章程的解释反向保障了章程的实施。从对 92 份教育部核准章程的梳理来看,各章程均规定了享有解释权的主体,囿于章程篇幅,并没有对什么时候解释、如何解释以及解释的效果等进行规范。但是,为有效保障章程实施起见,除确定章程解释权主体外,解释的提起、解释的程序和解释的效力也需要加以重视。

1. 解释权主体

解释权主体是指依照章程规定而对章程享有解释权的组织或机构。对照法律解释的模式,解释权主体要么是享有法律制定权的立法机关,要么是专门设立负责法律解释的机关,当然还有适用法律的司法机关。目前,我国宪法的解释权归属全国人大常委会,而宪法是由全国人大制定和修改的,常委会作为全国人大的常设机关,深晓全国人大的立宪意图,故由其解释当属妥当。对大学章程的解释而言,根据前文对大学章程制定程序的分析,学校党委或其常委会起到关键的审定章程核准稿的作用。同时,从党委在大学章程中的“领导核心”地位也可确定学校党委是大学章程的制定权主体。因此,似可推定学校党委宜作为章程的解释权主体,

92 份教育部核准章程关于解释权主体的规定也印证了这一点。具体而言,有 51 份章程规定学校党委会负责解释章程,有 38 份章程规定学校党委常委会负责解释章程,另有三所高校的章程分别以"党政联席会议"、专门设立的"章程委员会"以及"教育部或学校党委常委会"作为章程解释的有权主体。加之章程多有规定,党委常委会在党委全委会闭会期间可代行党委职权,从而使绝大多数的章程解释权主体与实际的制定权主体一致起来。

2. 解释的提起

解释的提起是指什么人或者组织在何种情形下可以向享有章程解释权的机构申请或要求解释。因为章程并未对该项内容进行规范,但并不意味着这不重要。这需要在章程实施细则或专门的保障章程实施的规程中加以规定。理论上讲,所有担负章程实施义务的"人"均可以个人名义或组织名义提起解释要求,但由此可能会造成提起的随意性,有必要以组织提起为原则,即个人也应当通过代表途径由一定的组织来提起解释。当然,为避免对个人权益造成显著侵害,也可规定一定数量的个人联合提起解释。接下来,提起解释的主体在遇到什么情形时才能行使权利呢?笔者认为,在以下四种情形下,有关组织或个人可以向章程解释权主体提起解释请求。一是当章程的规则本身语义不清,需要进一步解释;二是章程内部的条款之间存在矛盾或一定的冲突;三是章程的规则与下位阶的校纪校规存在不一致,但校纪校规的规定明显合理正当的;四是随着学校事业的发展,出现新变化、新情况、新问题,在章程未修改前需要解释的。

3. 解释的程序

章程解释的程序在广义上包括章程的提起,本文将其界定为有关主体对章程提起解释之后的程序,应主要涉及以下几个方面:一是初步审查,即由有章程解释权的主体授权的专门工作机构审查解释提起者的相关申请,对照章程制定时的意图确定有无解释的必要,必要时可以邀请相关教职工、学生、校友等的代表,征询其意见和建议。二是会议审议,即经初步审查认为应当予以解释的,由工作机构提交章程解释权组织,目前主要是党委会或其常委会,也就是通过召开党委全体会或常委会会议的形式,对待解释事项集体讨论,并作出是否解释的决定。三是作出书面解释并公布,对于应当解释的,党委会或其常委会应以一定的书面形式列明解释条款、具体含义并注明日期落款,同时通过适当方式在校内外公布,对于有明确提起者的,还应将书面解释送达相关组织或个人代表。四是教育行政主管部门的同意,即对于章程作出的解释可视为对章程的修改,严格来说果真如此还须经原章程核准机关核准。然而,毕竟核准机关已经对包括解释权条款在内的章程进行了核准,也就默示了解释不属于核准的范畴,而是高校可依章进行的自行为。但是,为保证对章程的解释不逾越章程的原则界限,保证高校举办者的正当权益,仍然有必要在解释的程序中加入核准机关的同意环节,该环节可不固定,可在初审阶段,也可在作出解释之前。

4. 解释的效力

与章程的效力类似,章程解释的效力表示解释在一定时间和空间范围内对人或事的约束力。一般而言,制定主体对文本进行的解释,其效力等同于文本本身。如全国人大常委会对法律的解释就具有与法律同样的效力。由于章程的解释权主体大部分为制定主体,因而其作出的章程解释理应享有与章程等同的效力。这在《华中师范大学章程》中得到体现,该章程第 79 条第 2 款规定:“教育部和学校党委常委会对本章程的书面解释,与章程文本具有同等效力。”结合前面的解释程序,解释与章程效力的等同对在解释程序中引入核准机关的同意环节很有必要。值得注意的是,章程解释在时间维度上有无溯及既往的效力,即解释的效力是从解释确定生效之日起面向未来的,还是也可以追溯至大学章程最初的生效日期。这一点需要在解释章程时具体考虑。

(二)章程的监督

大学章程的监督机制是保障大学章程实施的重要方式,章程的监督具体体现为依据章程对抽象的实施和具体的行为进行审查,其中对抽象实施的审查又有事前审查与事后审查之分。同时,根据履行章程监督审查的机构的不同,章程监督又呈现多元化的形态。下面将结合样本中的有关章程分别对章程审查的方式与模式进行分析说明,并在此基础上探讨章程监督机制现存的问题,进而尝试构建有关章程监督的应然形式。

1. 现行章程审查的方式和模式

在教育部核准的 92 份大学章程中,有 17 份章程为监督和保障章程的实施，分别在其附则部分简明规定了由一定机构对校规校纪和组织成员行为违反章程时予以审查的机制。虽然17份章程不足全部样本章程的1/4，可谓是绝对的少数，但仔细研究这些规则可发现，它们基本上穷尽了可能的章程审查的类型和模式。

从审查的方式来看，有抽象审查、具体审查、事前审查和事后审查。具体来说：(1)抽象审查，是指有权机构依据章程的规定对校规校纪等规范性文件进行审查，监督其有关规则是否违反章程的规定。其中，抽象审查又分为事前审查和事后审查，事前审查是指依据章程制定或修改的校规校纪等规范性文件，在其生效之前，须经过有关机构的审查核准。在章程中，其表述模式为："学校各部门可根据本章程制定具体实施细则或修改相关规章制度，并报某某机构审议核准。"⑥事后审查是指在校规校纪等规范性文件生效之后，由有权机关再对其是否符合章程要求进行审查的方式。在章程中，其表述模式为："某某机构依据章程审查学校内部规章制度。"⑦(2)具体审查，是指有权机构依据章程的规定对大学成员或组织的行为、活动进行审查，监督其行为或活动是否违反章程的规定。其在章程中的表述模式为："有权机构受理对违反本章程的管理行为、办学活动的举报和投诉。"⑧具体审查一般都是事后的审查，即不存在对行为或活动的事前控制。结合17份章程来看，仅规定抽象审查方式的有4份，其中事前审查2份、事后审查2份；仅规定具体审查方式的有4份；其余9份章程则将抽象审查与具体审查相结合，且抽象审查均为事后审查方式。

根据享有审查权的具体机构的不同，审查模式可分为制定权主体审查模式、专门机构审查模式和其他机构兼职审查模式。具体而言：(1)制定权主体审查模式，即由章程的制定权享有者负责审查，监督章程的实施。根据前文的分析，在大学之中，学校党委为审查权主体。由党委监督章程实施，其审查模式必然采用党委通常的议事规则和运行机制。在样

---

⑥ 如《东南大学章程》第85条规定：学校各部门可根据本章程制定具体实施细则或修改相关规章制度，并报学校党委会审议核准。

⑦ 如《西安电子科技大学章程》第115条规定：学校党委负责监督章程的执行情况，依据章程审查学校内部规章制度，受理对违反章程的管理行为、办学活动的举报和投诉。

⑧ 如《电子科技大学章程》第79条规定：学校办公室受理对违反本章程的管理行为、办学活动的举报和投诉。

本章程中,有4份章程即采取此种模式。(2)专门机构审查模式,为监督章程实施而设立一个专职机构,专门依据章程负责并开展抽象审查和具体审查。专门机构由于专门设立,其人员组成、运行机制等均应专门设计,必然区别于其他模式。在样本章程中,有6份章程采取此种模式,但仅有2份章程明确了专门机构的称谓,其中《北京大学章程》名曰"章程委员会",《北京航空航天大学章程》称为"章程监督委员会"。(3)其他机构兼职审查模式,即由非章程制定权主体的大学内其他既有组织机构资源承担审查职责,进而依据该机构的运行机制来监督保障章程实施。在样本章程中,有4份章程将其定位于校长办公室;有1份章程将其授予校务委员会;有1份章程将其赋予学校督查室;另有1份仅指引到"学校",未明确具体机构。

2. 现行章程监督保障机制的不足

通过前文对现行章程审查方式和模式的介绍,结合整体样本对此规定的情况,不难发现,现行章程监督保障机制尚有很多不足,具体表现为以下几个方面:

其一,章程的监督保障机制尚未受到重视。之所以有这个判断,在于有两个指标对此有较强的证明力:一是在92份教育部核准章程中,仅有17份对章程监督审查作了规定,未作规定者超过80%;二是从这17份有此规定的章程来看,其均将此放在章程的最后一章"附则"之中。作为国家"985"和"211"工程的大学章程尚且如此,国家整体大学章程对此规定不免令人生忧。究其原因,这同大学对此的认识有很大关系,仅举一例就可从侧面知晓一二。复旦大学在2011年新的学术委员会章程中未规定章程解释权的归属,有的人对此却不以为然,认为带有解释权的章程只能说明:要么没自信,章程是漏洞百出的,所以需要解释;要么是学商业行为,降低自己的身份。⑨

其二,章程实施的监督机构尚未受到重视。对于现代大学制度建设和大学治理结构的优化来说,大学章程的制定是前提,但大学章程的实施是关键。现在存在的问题是大学无论是主动还是被动,均会在章程制定

⑨ 艾飞飞:《我国高校学术委员会的构建及其运行》,复旦大学2012年硕士学位论文,第40页。

上下足功夫,但至于章程要不要实施或能不能实施则不予关心。基于此,高校自然不会深入琢磨章程实施的问题,抱着随便找一个机构来监督的心态,章程实施的监督机构多为兼职而非专职。无论是章程制定权主体审查模式,还是其他机构兼职审查模式,其组成人员和运行机制未必适合于对章程实施进行监督。从一定程度上来说,章程实施的监督具有很强的专业性,还需要较高的权威性,并且最好能够体现出其在大学之内的中立性或代表的多样性。即便是那些已明确由专门机构监督章程实施的,其专门机构要么不为人知,要么人员构成和运行机制不详,显然难堪大用。

其三,章程审查的方式与程序有待完善。尽管17份章程已经呈现出多样化的审查方式,但具体到特定的一个章程而言,多样化就成为唯一。章程选择了哪种审查方式,就注定了章程实施的保障程度。况且,17份章程并未穷尽所有可能的审查方式组合。同时,就章程审查的程序而言,所有的大学章程无疑均是缺失的。也许审查权机构的一般议事规则等运行机制可以为章程审查提供程序支撑,但仍须强调的是,章程的审查监督是需要一定专业性要求的,其审查程序不可简单等同于审查机构的既有程序。

3. 章程实施监督保障机制的新构建

通过梳理现行章程实施保障制度并对其存在的问题进行分析,可以知悉今后在章程实施监督保障机制完善上,应着力从以下几个方面来努力。

第一,专门章节规定章程实施的监督保障机制。即用专门一章或“治理结构”章中的一节,来专门规定章程实施的监督机构为何,其基本的人员组成、议事规则等;实施监督保障的程序和机制为何;具体的审查方式及各审查方式的具体程序等。这一要求实质上是改变现有章程“附则”的内容,将重要的事项置于适当的位置。

第二,设立专门的章程监督机构。章程既已核准,理应按部就班地依照执行。可以说,章程的实施在我国高等教育改革的潮流下只会越来越受到重视。党委作为章程的审定机构,既制定又监督实施在理论上可谓理想,但细究党委自身权威性虽足,但代表性或中立性严重不足,是否具备监督审查的专业性仍值得商榷。而校内其他组织,也会面临这样或那样的难题,毋宁设立专门的机构专司章程实施的监督。这一专门机构,人员组成上要体现专业性和代表性，可由法学、教育学等领域的专家充任一二，普通的教职工和学生代表也应充实其中，学校治理机构的负责人或代表、举办者的代表等也是应考虑的范围。组成人员应有定额和任期的限制，需要通过适当的民主程序产生，并经学校党委的审定，由校长予以聘任。同时，章程应明确专门机构的地位和行为效力。

第三，构筑完备的审查方式。即将抽象审查和具体审查相结合，将事前审查和事后审查贯穿起来。具体而言，针对校级校规等抽象的规范性文件，制定或修改之后应交专门机构备案，并从形式上审查其合章性。对于重要的文件，也可施以核准程序。规范性文件生效实施后，若存在违反章程的情形，此时专门机构也可事后审查。对于组织的管理行为或活动，在其正式决定实施前，也可咨询专门机构的意见，即设置事前审查，从而不致在仅有事后审查时陷于被动状态。

第四，明确章程实施的监督程序。这包括程序的启动、初步审查、机构议决、公布决定等步骤。其中，程序的启动要明确规定什么人或者组织在何时能够提起审查请求。专门机构接到审查请求后，应当组织其办事机构等按照一定标准进行初步的审查，以初步确定审查请求的必要性和正当性，以便决定是否进入下一程序。经初审的审查请求，被认为有进一步审查必要时，提交机构讨论决议，具体可由机构的议事规则来决定。机构作出的决定应当以书面的形式送达请求人，并视情况予以在一定范围内公布知晓。

在大学章程中详细规范章程实施的保障机制固然很好，但目下而言很难成行。即便如此，如校内其他组织机构规定一番也可，但其应涵括上述四个方面的基本精神。

五、结语：迈向依章治校新常态

我国的高等教育已经进入后章程时代，大学章程作为“上承国家法律法规下启内部各项规章制度的大学最高纲领”，[10]其生命在于实施。只有实施大学章程，依照章程的规定办事，依法治校才能落实到位，大学治理方可正式迈进依章治校的新常态。大学章程的实施不可天马行空，应以

---

⑩ 周光礼：《完善中国现代大学制度》，载《大学：学术版》2012 年第 1 期。

大学章程的依法制定、核准和生效为前提要件。大学章程因其属性在效力上具有一定的特殊性。大学章程最终要通过以广大教职工和学生为代表的大学成员以及以校院治理结构为代表的各种单位组织,通过权利的享有、义务的承担、职权的履行、责任的确定等实现章程的规范效果,使静态的文本行动起来,跃然于纸上。应当认识到,大学章程的实施需要切实可靠的监督机制保障,我国的大学章程在这方面尚有很大提升空间。通过重视章程实施监督机构的组织运作,充分发挥其作用和功能,必将为章程的实施注入强大力量。

迈向依章治校新常态并不意味大学章程本身已经较为完美,它仍为一块璞玉,需要在实施中不断地打磨。章程规范的质量在很大程度上决定了章程实施的效果。在国家全力推动大学章程建设的当下,各个高校应真正地予以积极迎合。高等教育体制改革突破口纵然不少,但能够充分发挥大学自主性、能动性,全方位调动大学成员的积极参与,大学章程当属不二选择。章程虽定,不合时宜者仍可及时修正;规则既明,舍之而逐其他则必将徒劳。在推进国家治理和法治国家建设的征程上,大学章程终将融入其中,其应有的价值和作用亦会渐渐显现。徒法不足以自行,大学章程的实施仍须大学全力重视,积极依章治校、依章行为。2016 年年底,各个高校都将拥有属于本校的章程。放眼未来,章程之于大学,终将不再陌生;大学之于章程,亦会习而惯之。

●全国人大代表立法提案的实证研究

——基于《全国人大常委会公报》(1983—2015)

邢斌文*

《中共中央关于全面推进依法治国若干重大问题的决定》提出:"深入推进科学立法、民主立法,更多发挥人大代表参与起草和修改法律的作用。"①全国人大代表作为国家最高权力机关的组成人员,代表全国各族人民依法行使国家最高权力,因此,全国人大代表在国家立法过程中发挥的作用尤其需要重视。根据《全国人大组织法》《代表法》和《立法法》的规定,一个代表团或者三十名以上的代表,可以向全国人民代表大会提出法律案。在我国的立法实践中,全国政协委员的提案、全国人大代表以批评和建议方式提出的相关意见都有可能影响到全国人大及其常委会的立法活动;②立法项目听证制度、法律草案公开征求意见制度等同样为人民有序参与立法提供了渠道。但在人民代表大会制度下,全国人大代表依法行使立法提案权,向全国人大提出议案,要求全国人大及其常委会制定、修改、解释、废止相关法律,是人民有序参与国家立法最主要、最正式的制度性渠道。完善全国人大代表提案制度,提高代表议案办理质量是

* 邢斌文,吉林大学法学院2014级宪法学与行政法学专业博士研究生。

本文为2016年教育部人文社会科学重点研究基地重大项目(16JJD820006)"合宪性控制的理论与实践研究"阶段成果,吉林大学司法数据应用研究中心"全面推进依法治国对策研究"项目研究成果。

① 《中共中央关于全面推进依法治国若干重大问题的决定》,人民出版社2014年版,第10~11页。

② 鞠九江:《人大代表李玉坤:国旗法的首倡者》,载《上海人大月刊》2006年第10期。

进一步推动科学立法、民主立法的必然选项。[③] 我国学界现有的相关研究成果侧重从宏观的法律制度层面对人大代表提案制度进行研究，但从1983年以来，全国人大代表提案实践的具体状况、代表议案对我国立法实践的影响及实践过程中存在的具体问题，则少有实证研究。本文拟根据《全国人民代表大会常务委员会公报》(以下简称《公报》)中披露的相关数据，对1983年以来全国人大代表提出的法律案进行初步的实证研究，尝试分析全国人大代表立法提案影响我国立法实践的路径，发现其中存在的问题，并提出具体的因应之策，以期能进一步发挥全国人大代表在我国立法实践中的积极作用。

一、全国人大代表立法提案的类别

(一)立法提案中以制定法律和修改法律的提案为主

在实践中，全国人大代表联名或代表团提出的议案按照《全国人大组织法》《代表法》和《立法法》的规定，由大会主席团交付专门委员会审议。根据《公报》刊载的信息，1983～2015年，共有10,072件代表议案交付专门委员会审议，其中代表团提出209件，三十名以上代表联名提出9863件。1983～2004年代表联名或代表团共提出13,588件议案，因代表议案绝大多数不符合议案的法定要求，经大会秘书处筛选后，只有3348件(24.6%)被交付各专门委员会审议，其余作为意见和建议由全国人大办公厅转交有关部门处理。从2005年起，全国人大常委会加强了对代表议案的质量控制，代表议案不再转为意见和建议处理，全部由大会主席团交付专门委员会审议。所有交付专门委员会审议的领衔提案人及联名人数、代表议案标题目录、专门委员会的审议报告都会统一刊载于《公报》之上，但《公报》并未披露任何关于十名以上全国人大常委会组成人员向全国人大常委会联名提出议案的具体信息。因此，本文所称的代表立法提案，是指上述10,072件交付全国人大专门委员会审议的代表议案中的法律案。

---

③ 参见张德江：《在新形势下加强和改进立法工作，拓展人民有序参与立法的途径》，载全国人大常委会办公厅编：《人民代表大会制度重要文献选编》，中国民主法制出版社、中央文献出版社2015年版，第1636页。

在10,072件交付专门委员会审议的代表议案中,没有质询案和罢免案,法律案——即立法提案占到了95%以上。在立法提案中,要求制定法律和解释法律的议案是绝大多数,要求解释法律、废止法律的议案数量极少。根据议案目录,1983～2015年明确要求作出立法解释的议案只有19件,而明确要求废止相关法律的议案只有8件,但要求制定和修改法律的议案也可能涉及解释法律或废止法律的问题。④

如图1所示,1983～2004年,交付全国人大专门委员会的议案数量呈上升趋势,尤其是在1997年之后,议案量有了急速的提升。在1983～1987年,交付专门委员会审议的议案中的立法提案并未超过一半,从1988年开始,交付专门委员会审议的议案中绝大多数为立法提案。除1990年制定法律和解释法律议案数较为接近(要求制定法律的35件,要求修改法律的32件)外,其余年份要求制定法律的议案数远高于要求修改法律的议案数量,直到2004年,情况才发生了反转。

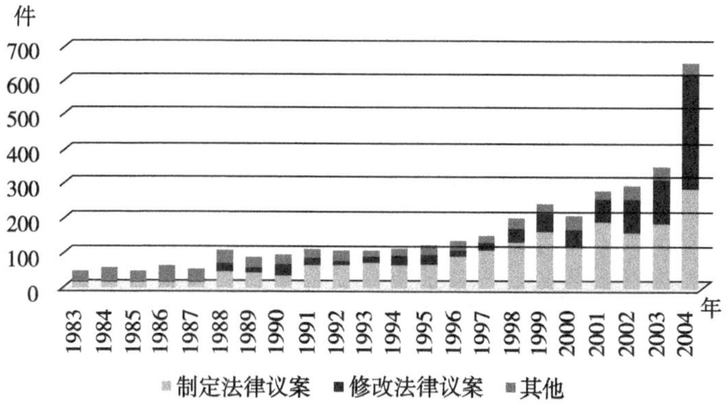

图1　1983～2004年专门委员会审议议案类别

从2005年起,代表议案全部交由专门委员会审议,全国人大对代表议案的质量要求也进一步严格。2005年5月中共中央转发了《中共全国

④　如2008年秦希燕等30名代表提出关于修改物权法的议案(第408号),要求完善对"公共利益"的界定。又如从1984年开始,全国人大代表有21年提出制定"劳动教养法""违法行为矫治法"的议案交付专门委员会审议,试图通过制定新法律取代原有的劳动教养制度的法律依据。

人大常委会党组关于进一步发挥全国人大代表作用,加强全国人大常委会制度建设的若干意见》(以下简称《若干意见》),提出"改进代表议案工作,提高议案提出和处理的质量",重申了议案的法定构成要件和内容要素,进一步规范了代表议案的提出程序和质量要求。2005 年 6 月 17 日,全国人大常委会委员长会议原则同意通过了《全国人民代表大会代表议案处理办法》(以下简称《处理办法》),对代表议案的格式、内容提出了更为具体的要求。代表议案的数量在 2006 年达到顶峰后,即呈下降趋势,但代表议案中的立法提案的比例进一步上升,整体上达到了 98.99%,在 2005 年甚至达到了 100%。在这一阶段,每年要求修改法律的议案均多于要求制定法律的议案。⑤ 这从某种程度上反映了我国立法工作重心从制定法律向修改完善法律转移的趋势。

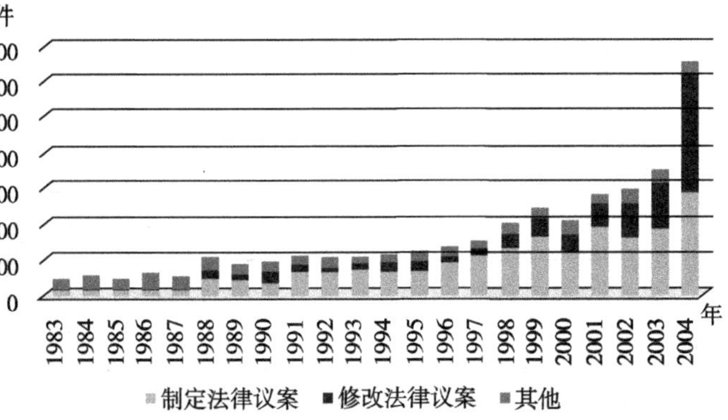

图 2　1983~2015 年专门委员会审议议案量

(二)涉及基本法律和财经类的立法提案是立法提案中的主要部分

在实践中,全国人大召开会议时,大会秘书处都会在提出议案时间截止后,将代表议案进行分类整理,向大会主席团提出代表议案的处理意见报告,再由大会主席团按照秘书处的分类将代表议案交付各专门委员会审议。大会秘书处并不是按照法律部门的分类标准将代表提出的立法提案进行分类,而是按照全国人大专门委员会的专业分工,将代表议案分为

⑤ 根据《公报》中披露的数据,要求修改完善法律的议案占法律案总数的比例,2005 年为 54.4%,2007 年为 54%,2008 年为 57.5%,2009 年为 59%,2011 年为 55.9%,2013 年为 62.34%,2015 年为 58.04%。

政治法律、财政经济、教科文卫、内务司法、外事、民族、华侨、环境资源、农村农业九类，交付各专门委员会审议，专门委员会在审议并征求相关部门和组织的意见后答复。[⑥] 由于代表议案中绝大多数为立法提案，因此立法提案即按照专门委员会的分工分为上述九类，以便充分发挥专门委员会在议案审议和法律起草方面的专业优势。但这一分类标准并不周延，执行中也不绝对，一些涉及相同立法项目的代表议案，在不同年份既可能由法律委员会审议，也可能由法律委员会之外的其他专门委员会审议；[⑦]属于同一法律部门的立法提案，在同一年也可能由不同专门委员会审议。[⑧]从实践来看，法律委员会审议的全国人大代表的立法提案，是关于财政经济、教科文卫、内务司法、环境资源、农村农业、民族、华侨、外事八个方面之外的立法提案，主要是涉及宪法性法律和部分基本法律制定、修改和解释的议案，如刑法、民法（民法通则、合同法、物权法、侵权责任法和人格权立法）、三大诉讼法、代表法、监督法和立法法。10,072 件交付专门委员会审议的代表议案中，法律委员会、财政经济委员会承担了主要的审议任务：法律委员会和财政经济委员会审议的代表议案数量占到了总数的一半以上，法律委员会和财政经济委员会交替成为每年审议代表议案数量最多的专门委员会。[⑨] 一方面，说明了全国人大代表广泛关注和参与了我国的民主法制建设；另一方面，从 20 世纪 80 年代末开始，经济立法即处于全国人大及其常委会立法工作中的首要位置，[⑩]财经类立法提案数量众多也从侧面印证了全国人大以经济立法为首要任务的立法实践。

从图 3 也可以看出，各专门委员会在审议代表立法提案方面的工作

---

⑥ 专门委员会对代表议案的审议职权，以及各专门委员会负责联系的部门和组织，参见刘政，程湘清：《民主的实践：全国人民代表大会及其常委会的组织和运作》，人民出版社 1999 年版，第 299～305 页。

⑦ 如有关制定“劳动教养法”的立法提案曾交付法律委员会审议，也曾交付内务司法委员会审议。

⑧ 如民法类立法提案，涉及民法通则（民法典）、合同法、物权法、侵权责任法的议案交付法律委员会审议，有关婚姻法、继承法、收养法的议案一般交付内务司法委员会审议，有关农村土地承包法的议案交付农委审议，有关物业管理立法的议案交付财经委审议。

⑨ 只有在 2001 年，农业与农村委员会审议代表议案的数量居首，可能是由于当时“三农问题”成为社会热点。

⑩ 江泽民：《关于做好人大工作的几点建议》，载全国人大常委会办公厅编：《人民代表大会制度重要文献选编》，中国民主法制出版社、中央文献出版社 2015 年版。

分配极不均衡,法律委员会、财政经济委员会、教科文卫委员会、内务司法委员会审议了80%以上的代表议案,而民族委员会、华侨委员会和外事委员会审议了2%的代表议案。虽然有学者认为,这一现象反映了专门委员会在立法职责方面的不平衡,应进一步合理协调法律委员会和其他专门委员会在立法过程中的职责分工。⑪ 但根据现行大会秘书处对代表立法提案的分类标准,面对大量人大代表自发提出的法律案,刻意追求各专门委员会之间审议工作量方面的平衡,并不具有可行性。

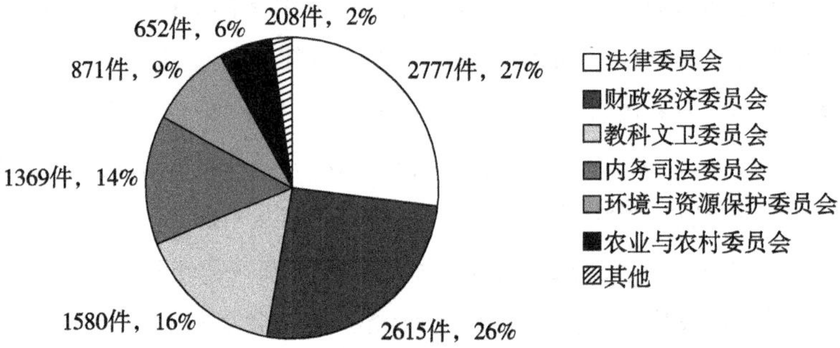

图3　1983~2015年各专门委员会审议议案量

综上,在交付全国人大专门委员会审议的代表议案中,要求制定和修改法律的议案占绝大多数,自2004年以来,要求修改法律的议案一直多于要求制定法律的议案。在立法提案中,涉及基本法律的议案和有关财经类法律的议案占一半以上。法律委员会、财政经济委员会、教科文卫委员会和内务司法委员会承担了绝大多数的代表议案审议工作。

二、全国人大代表立法提案对立法实践的影响

根据《全国人大组织法》《代表法》和《立法法》的规定,代表联名或代表团提出的法律案,由大会主席团决定是否列会议议程,或先交付专门委员会审议提出意见,再决定是否列入会议议程。在实践中,只有1993年2383名全国人大代表根据中共中央修改宪法的补充建议联名提出《对中华人民共和国宪法修正案草案的补充修正案》与全国人大常委会提出的

⑪　周伟:《各国立法机关委员会制度比较研究》,山东人民出版社2005年版,第423~424页。

宪法修正案草案合并后直接列入大会议程。[12] 在10,072件交付专门委员会审议的代表议案中,只有3件议案列入大会或常委会会议议程,且都不是法律案。[13] 目前代表议案的处理程序是“大会秘书处提出处理意见—大会主席团交付专门委员会审议—专门委员会审议并征求相关机关、组织意见—发布审议报告”。按照现行《立法法》第29条规定的三审制,全国人大代表的立法提案即便列入会议议程也不可能直接交付表决。因此,全国人大代表的立法提案对于国家立法实践并不具有直接影响。从实践来看,代表的立法提案对立法的影响具有间接性,主要表现在四个方面:

(一)影响全国人大常委会和国务院立法规划的编制

七届全国人大常委会开始探索实行中期立法规划制度,1993年年底八届全国人大常委会通过了第一个五年立法规划。[14] 立法规划制度在运行机制、效力乃至法理基础上存在一定问题,对立法实践的指导作用也并不理想,甚至与科学立法、民主立法的原则存在某种龃龉。[15] 但立法规划制度“通过有效组织协调推动立法,功不可没”,最终在2015年正式写入修改后的《立法法》。[16] 立法规划和立法计划的编制对于全国人大及其常委会的立法活动具有重要的指导作用,影响立法规划的编制即能够影响立法实践。大会秘书处多次提出“代表提案是确定五年立法规划和年度立法计划中立法项目的重要依据”,应当“积极以代表议案为依据制定立法和监督工作计划”。[17] 既存的立法规划和年度立法计划为专门委员会

---

[12] 《对中华人民共和国宪法修正案草案的补充修正案》,载《公报》1993年第3期。

[13] 武增主编:《中华人民共和国立法法解读》,中国法制出版社2015年版,第86~87页。

[14] 1988年6月25日七届全国人大常委会二次会议上印发了七届全国人大法律委员会《关于五年立法规划的初步设想》,1991年全国人大常委会又通过了《全国人大常委会立法规划》(1991年10月至1993年3月),之后的八届至十二届全国人大常委会的立法规划均为五年规划。见全国人大常委会法工委立法规划室编:《中华人民共和国立法统计》(2013年版),中国民主法制出版社2013年版,第220~242页。

[15] 刘松山:《立法规划之淡化与反思》,载《政治与法律》2014年第12期。

[16] 武增主编:《中华人民共和国立法法解读》,中国法制出版社2015年版,第12页、第195~196页。

[17] 盛华仁:《关于第十届全国人民代表大会第四次会议代表提出议案处理意见的报告》,载《公报》2006年第2期;《关于第十一届全国人民代表大会第三次会议代表提出议案处理意见的报告》,载《公报》2010年第3期。

答复立法提案提供了框架，专门委员会将代表议案涉及的立法项目以是否列入立法规划和立法计划为标准进行分类，在此基础上再提出处理意见。[18] 这一处理模式对于专门委员会提高效率，审议、答复日益增多的代表议案起到了重要作用，将代表提出的成熟、合理的立法项目列入立法规划或立法计划的处理方式也消解了将代表提出的法律案直接列入会议议程的必要性。在此机制下，代表提案对立法实践的影响首先表现为对编制立法规划和年度立法计划的影响。在实践中，代表的立法提案在某些领域具有前瞻性，《预算法》《消费者权益保障法》《政府采购法》《反洗钱法》等重要法律都是由全国人大代表在议案中提出的立法项目，被专门委员会采纳后列入全国人大常委会五年立法规划之中。[19] 另外，代表的立法提案对全国人大常委会的年度立法计划和国务院的年度立法计划可以产生更加具体的影响。全国人大常委会年度立法规划在立法项目的确定方面较之于五年立法规划更加灵活。在年度立法计划中及时吸收代表提案中的内容，可以在很大程度上弥补五年立法规划在民主性、科学性方面存在的不足。李鹏曾提出“要根据新形势、新需要，通过制定年度立法计划，对五年立法规划进行必要的调整”。[20] 大会秘书处也曾提出“把处理代表议案与实施立法和监督工作计划更好地结合起来，积极地采纳代表议案，对于具备条件的议案及时补充列入年度立法工作计划或监督工作计划”。[21] 由于我国现行有效法律60%以上是由国务院起草的，[22]通过专门委员会的建议和协调将人大代表立法提案中涉及的项目列入国务院年度

---

⑱ 较早的答复可见《全国人大财政经济委员会关于第九届全国人大第三次会议主席团交付审议的代表提出的议案审议结果的报告》，载《公报》2000年第6期。

⑲ 参见《关于第七届全国人大第一次会议主席团交付财经委员会审议的代表提出的议案审议结果的报告》，载《公报》1988年第7期；《关于第七届全国人大第四次会议主席团交付财经委员会审议的代表提出的议案审议结果的报告》，载《公报》1996年第6期；《全国人大财政经济委员会关于第八届全国人大第四次会议主席团交付审议的代表提出的议案审议结果的报告》，载《公报》1996年第8期；《全国人大财政经济委员会关于第九届全国人大第五次会议主席团交付审议的代表提出的议案审议结果的报告》，载《公报》2002年第6期。

⑳ 李鹏：《全国人民代表大会常务委员会工作报告》，载《公报》2001年第3期。

㉑ 《关于第十一届全国人民代表大会第二次会议代表提出议案处理意见的报告》，载《公报》2009年第2期。

㉒ 据全国人大常委会法工委立法规划室编：《中华人民共和国立法统计》（2013年版），中国民主法制出版社2013年版，第3～90页数据统计。

立法计划,可以对立法实践产生更具体的影响。如《消费者权益保障法》列入全国人大常委会1993年立法计划、㉓《国家通用语言文字法》列入全国人大常委会1997年立法计划、㉔《气象法》列入全国人大常委会和国务院1997年立法计划,㉕都有明确的证据证明是由于代表议案的推动。2007年《律师法》的修改则是在2003~2007年全国人大代表持续提案的影响下,促使全国人大常委会开展执法检查,逐步将这一立法项目列入全国人大常委会、国务院年度立法计划并最终出台的。㉖

(二)监督相关立法规划的落实

全国人大常委会的工作要点、立法规划、立法计划的公开的目的之一在于"便于人民群众监督我们的工作",㉗人大代表的不断提案可以督促立法规划的落实,如督促法律起草单位加快法律草案的起草,尽快将法律草案提请立法机关审议,或督促立法机关加快审议步伐,推动相关法律和行政法规出台。尤其是对于立法规划和立法计划中涉及关系复杂、起草难度大的立法项目,人大代表持续提案是凝聚立法共识的重要方式,也是督促相关法律法规尽快颁布的重要力量。最为典型的例子是《监督法》的制定。1988年人大代表提出的关于制定《监督法》的议案首次交付法律委员会审议,随后《监督法》被列入七届全国人大常委会中期立法规划和八届、九届、十届全国人大常委会五年立法规划。自1988年至2006年《监督法》颁布,连续19年间每年都有人大代表向全国人大提出相关议案,共计222件,4044人次,㉘法律委员会在每年关于代表议案的审议报告中都必须回应《监督法》的立法进度,因此"提案—审议回复"的过程既是立法过程性信息公开的重要渠道,也是一个动态的监督过程。由于国

㉓ 详情见《关于第八届全国人大第一次会议主席团交付财经委员会审议的代表提出的议案审议结果的报告》,载《公报》1993年第6期。

㉔ 汪家镠:《关于〈中华人民共和国国家通用语言文字法(草案)〉的说明》,载《公报》2000年第6期。

㉕ 《全国人大环境与资源保护委员会关于第八届全国人大第五次会议主席团交付审议的代表提出的议案审议结果的报告》,载《公报》1997年第5期。

㉖ 《全国人大内务司法委员会关于第十届全国人民代表大会第四次会议主席团交付审议的代表提出的议案审议结果的报告》,载《公报》2006年第8期。

㉗ 乔石:《通过法律来规范和指导改革开放的发展》(1993年7月2日),载乔石:《乔石谈民主与法制》(下),人民出版社2012年版。

㉘ 毛磊:《二十年磨一剑》,载《人民日报》2006年8月30日第013版。

家政治体制和经济体制的改革变动，《公务员法》《企业国有资产法》《价格法》《人口与计划生育法》等重要法律都经历了长达十余年的起草过程，全国人大代表持续的提案对于这些法律的出台有着不可忽视的督促作用。另外，一些立法项目虽然列入全国人大常委会立法规划，但制定法律的时机还不成熟，全国人大常委会认为宜先制定行政法规积累经验，因此全国人大代表相关的立法提案可能促进相关行政法规的出台。如“政府信息公开法”曾列入十届全国人大常委会立法规划二类项目，2004～2007年共有11件代表议案要求制定“政府(政务)信息公开法”，全国人大内务司法委员会和国务院法制办认为先制定行政法规总结经验，再研究立法问题，并在审议报告中披露了《政府信息公开条例》的起草进度，[29]《政府信息公开条例》最终于2007年颁布。又如自2002年起，有6件立法提案要求制定“不动产登记法”，这一立法项目也曾列入十届全国人大常委会立法规划二类项目，[30]财经委在审议相关议案时也表示“制定统一的不动产登记法律制度和建立统一的登记机构是必要的”。[31]《不动产登记条例》于2014年年底颁布。可见，代表的立提案在某种程度上能够督促立法规划和立法计划的落实，推动相关法律和行政法规的颁布。

(三)影响法律草案的内容

在法律起草过程中充分吸收代表议案的内容是提高专门委员会审议议案质量的重要方式，也是确保法律内容符合人民意愿的重要措施。对于已经列入立法规划、立法计划的立法项目，全国人大代表如果能够提出内容较为完善法律草案文本和详细的参考资料，立法提案的内容就可能在法律起草中被起草单位采纳和吸收。实践中高质量的代表议案曾受到

---

[29] 《全国人大内务司法委员会关于第十届全国人民代表大会第五次会议主席团交付审议的代表提出的议案审议结果的报告》，载《公报》2007年第7期。

[30] 全国人大常委会法工委立法规划室编：《中华人民共和国立法统计》(2013年版)，中国民主法制出版社2013年版，第239页。下文提及的立法规划内容均以此书为准，不再标明具体页码。

[31] 《全国人民代表大会财政经济委员会关于第十一届全国人民代表大会第四次会议主席团交付审议的代表提出的议案审议结果的报告》，载《公报》2011年第7期。

大会秘书处的赞许和青睐,[32]大会秘书处曾多次建议“尽可能地把代表议案文本内容和代表提出的意见吸收到法律草案中来”,[33]“把立法内容比较完整、立法条件比较成熟、文本质量比较高的代表议案作为基础,形成法律草案”。[34] 代表的立法提案影响法律草案的内容主要有两种方式:第一,在相关法律牵头起草单位完成法律起草工作前,立法提案中的内容可以直接被起草单位吸收,或成为重要参考。例如,2007 年《民事诉讼法》的修改决定是直接以全国人大代表立法提案的内容为基础形成的。[35] 法律中的某些重要条款,也是法律牵头起草单位在慎重考虑代表议案中的建议后定稿的。如《国防法》第 35 条关于军费开支采取原则表述的方法,是国防法起草委员会在综合考虑 104 名代表联名提出的议案中的建议、有关部门的建议和我国国情后决定的。[36] 第二,在法律草案表决通过之前,全国人大代表也可以在立法提案中对草案提出意见,进一步完善法律草案文本,如 1997 年 7 件涉及《合同法》的立法提案全部是人大代表对《合同法》(草案)的修改意见,2001 年 6 件涉及《婚姻法》的立法提案也全是人大代表对《婚姻法》(修正草案)的修改意见。在法律草案公开征求意见的情况下,许多全国人大代表对法律草案的意见都是以立法提案的形式提出的,相较于一般公民提出的意见和建议,全国人大代表立法提案的内容在专门委员会审议过程中更容易引起立法机关的注意。由于目前全国人大代表立法提案内容并没有统一的公开渠道,因此很难对代表的立法提案与法律文本之间的关联性进行量化分析,但从全国人大常委会办公厅联络局编的《十届全国人大代表议案选编》和《十一届全国人大代

---

[32] 例如,全国人大秘书处曾在代表议案处理报告中特别提到了任玉奇代表领衔提出的关于修改《刑事诉讼法》的议案内容详细,建议很好,并表示将认真研究。参见《全国人大法律委员会关于第十届全国人民代表大会第二次会议主席团交付审议的代表提出的议案审议结果的报告》,载《公报》2005 年第 1 期。

[33] 盛华仁:《关于第十届全国人民代表大会第三次会议代表提出议案处理意见的报告》,载《公报》2005 年第 2 期。

[34] 《关于第十一届全国人民代表大会第一次会议代表提出议案处理意见的报告》,载《公报》2008 年第 2 期。

[35] 吴邦国:《在十届全国人大常委会第二十八次会议上的讲话》,载《公报》2007 年第 5 期。

[36] 迟浩田:《关于〈中华人民共和国国防法(草案)〉的说明》,载《公报》1997 年第 2 期。

表议案选编》来看,代表议案对正式法律文本内容确实产生了广泛、具体的影响。[37]

(四)督促立法机关解决立法实践中存在的问题

虽然有些代表的立法提案涉及的立法项目并未被列入立法规划和年度立法计划,相关意见也没有被相关部门直接采纳,立法提案中揭示了许多立法实践中存在的具体问题,督促相关国家机关正视并积极研究解决这些现实问题。这一影响主要表现在两个方面:第一,全国人大代表的相关立法提案督促有关国家机关加强既有法律法规的实施,并推动全国人大常委会展开执法检查。例如,从1988年至2013年,其中有12年全国人大代表提出要求制定“教育投入法”的议案44件。自1995年《教育法》颁布后,教科文卫委员和财政部在历次答复意见中均表示,应“抓紧制定配套的行政法规”,“狠抓现行法律、法规及中央文件中有关教育投入规定的落实工作”,“加强法律监督力度,有针对性地依法敦促各级政府强化对教育投入的责任”。[38] 又如2008年之后,全国人大代表关于修改《农村土地承包法》和制定“集体土地流转法”的呼吁强烈,至2015年共有相关立法提案38件。2010年全国人大农业与农村委员会在审议和答复代表议案时,建议国务院加强法律实施,并建议全国人大常委会在2011年展开相关执法检查。[39] 第二,全国人大代表在立法提案中反映了现行法律与法律之间规定不一致、法律与行政法规之间相抵触的问题。虽然相关立法工作至今虽然尚未正式启动,但在立法提案的审议过程中,专门委员会和有关部门至少不能回避相关问题的存在。如全国人大代表提出通过修改《担保法》解决《担保法》与《物权法》规定不一致的问题,法律委员会和全国人大常委会法工委表示“正在对法律实施情况进行研究”;[40]从全国人大代表提出制定“拆迁法”“公民住宅权益保障法”“征收征用法”的议案,

---

㊲ 全国人大常委会办公厅联络局编:《十届全国人大代表议案选编》,中国民主法制出版社2008年版;《十一届全国人大代表议案选编》,中国民主法制出版社2013年版。

㊳ 典型答复可参见:《全国人大教育科学文化卫生委员会关于第九届全国人大第四次会议主席团交付审议的代表提出的议案审议结果的报告》,载《公报》2001年第7期。

㊴ 《全国人民代表大会农业与农村委员会关于第十一届全国人民代表大会第三次会议主席团交付审议的代表提出的议案》,载《公报》2011年第1期。

㊵ 《全国人民代表大会法律委员会关于第十一届全国人民代表大会第二次会议主席团交付审议的代表提出的议案审议结果的报告》,载《公报》2010年第1期。

财经委表示“通过立法规范征地拆迁行为，加强对征地拆迁过程的监管是十分必要的”，[41]相关立法提案也推动了原《拆迁条例》的废止和《国有土地上房屋征收与补偿条例》的出台；全国人大代表多次提出议案要求制定《户籍法》，内务司法委员会在审议时也承认现行《户口登记条例》的“一些条款与修订后的刑法、刑诉法等法律相抵触”。[42] 在这种情况下，全国人大代表的立法提案事实上发挥着督促国家立法机关维护法制统一的功能。基于全国人大代表提案制度，全国人大代表的立法提案比人民团体、企事业单位和公民根据《立法法》第 99 条提出的审查建议具有更大的优势，[43]能够更直接、更有力地督促立法机关正视法律与法律、法律与法规之间的不协调问题，进而为问题的解决寻找契机。

由于政府在公共事务管理领域的优势和信息占据的优势，政府主导立法进程似乎是中外立法实践的通例。[44] 在立法日益专业化的背景下，我国的国家立法活动事实上被全国人大和国务院中的专门立法工作部门所主导，[45]全国人大代表的立法提案在实践中从未被直接列入大会或常委会会议议程，因此全国人大代表在立法实践中只是处在辅助性的位置。但如上文所述，全国人大代表的立法提案仍然可以通过影响全国人大常委会和国务院立法规划的编制、监督立法规划的落实、参与法律草案内容的形成、督促有关部门加强法律实施和解决立法实践中存在的问题，间接地对我国立法实践产生广泛、具体的影响，这一过程是民意积累的过程，也是一个由量变引发质变的过程，甚至可能影响执政党的顶层设计与政治决策。因此，我们应当对全国人大代表立法提案对立法实践的影响进行理性和全面的认识。

---

[41] 《全国人大财政经济委员会关于第十届全国人民代表大会第三次会议主席团交付审议的代表提出的议案审议结果的报告》，载《公报》2005 年第 7 期。

[42] 《全国人大内务司法委员会关于第九届全国人大第五次会议主席团交付审议的代表提出的议案审议结果的报告》，载《公报》2003 年第 1 期。

[43] 全国人大代表的立法提案直接向全国人大提出，并由专门委员会审议并统一公开答复；公民和企事业单位提出的审查建议仅能针对与宪法和法律相抵触的行政法规、地方性法规、单行条例和自治条例，由人大常委会工作机构进行研究，且至今尚未形成统一的公开答复渠道。

[44] 参见张千帆主编：《宪法学》，法律出版社 2015 年版，第 334 ~ 335 页（苗连营撰）。

[45] 参见王理万：《立法官僚化：理解中国立法过程的新视角》，载《中国法律评论》2016 年第 2 期。

三、全国人大代表立法提案的问题与改进对策

(一)全国人大代表立法提案存在的问题

有学者注意到全国人大代表的立法提案存在认可度上不如机构提案、提案程序不完善等问题,[46]但上述问题并不是立法提案本身的问题,而是提案制度的问题。在现有的人大代表提案制度下,如果要进一步发挥全国人大代表参与起草和修改法律的作用,首先要正视和解决人大代表立法提案本身存在的具体问题。

在兼职代表制下,绝大多数全国人大代表并非职业的立法者,代表的立法提案在形式上和内容上都存在各种问题,主要有以下三点:

第一,代表的立法提案在形式上仍不能完全符合《立法法》的要求。根据《代表法》第9条的规定,代表向大会提出的议案应当有案由、案据和方案。而立法提案在形式上的要求比其他类别的议案更高。《立法法》原第48条明确规定:"提出法律案,应当同时提出法律草案文本及其说明,并提供必要的资料。法律草案的说明应当包括制定该法律的必要性和主要内容。"2015年修改后的《立法法》第54条实际上强化了这一要求,对法律案提出了更高的专业标准。[47] 但是在实践中,全国人大代表的立法提案并没有全部符合《立法法》规定的要件。"有的代表提出立法议案时,没有按照法律规定提交法律草案及其说明。这样的议案既不可能列入会议议程,也难以进行研究处理。"[48]即便从2005年开始,全国人大加强了对代表议案的质量控制力度,但每年交付专门委员会审议的法律案,只有一

---

[46] 邢芝凡:《全国人大代表联名立法提案制度的文本分析》,载《温州大学学报》(哲学社会科学版)2014年第4期。

[47] 修改后的《立法法》第54条为:提出法律案,应当同时提出法律草案文本及其说明,并提供必要的参阅资料。修改法律的,还应当提交修改前后的对照文本。法律草案的说明应当包括制定或者修改法律的必要性、可行性和主要内容,以及起草过程中对重大分歧意见的协调处理情况。

[48] 李飞主编:《中华人民共和国全国人民代表大会和地方各级人民代表大会代表法解读》,中国法制出版社2010年版,第51页。

半左右附有法律草案文本。[49]《若干意见》和《处理办法》也不得不变通《立法法》的规定，只要求“代表提出法律案，最好同时提出法律草案文本及其说明，并提供必要的相关资料”，“法律案最好有具体条文和说明”。[50]这实际上是全国人大常委会对现状的妥协，但这一做法本身的合法性存在问题，损害了法律和立法活动的严肃性。更为重要的是，目前全国人大代表的立法提案以修改完善法律的议案为主，更需要代表在议案中提出具体、可行的修改意见。内容草率粗糙的法律提案，不可能为立法机关提供有效、有力的参考，妨碍了立法提案对立法规划和法律文本内容产生影响，也是一种不负责任的表现。

第二，从立法提案涉及的立法项目来看，部分立法提案中涉及的相关立法项目具有明显的立法工具主义倾向。由于缺乏专业知识的支撑，部分代表提出的法律案并没有经过法学层面的认真论证。有些立法提案虽然是紧紧围绕国家发展建设大局和中央战略部署，提案初衷很好，但由于缺乏法理上的合理性论证和实践中的可行性论证，立法难度极大，即便有一些立法项目被列入全国人大常委会立法规划，甚至已经启动了起草工作，最终也不了了之。如 1998 年全国人大代表提出制定“农民权益保护法”的立法项目被采纳，[51]该立法项目曾列入九届、十届全国人大常委会五年立法规划。该立法项目的科学性受到了某些学者的质疑，[52]虽然该法草案曾报送全国人大常委会审议，[53]但随后即无下文。全国人大代表还曾提出制定“西部开发法”为“西部大开发”提供法制保障，但该立法项目在

---

[49] 根据《公报》披露的数据，大会秘书处统计，2005 年的议案全部为法律案，有 51.6% 提供了法律草案文本，2006 年的议案绝大多数是法律案，有 53.9% 提供了法律草案文本；2007 年“许多法律案有法律草案文本”；2010 年“一些全国人大代表提出了质量较高的法律草案文本”；2015 年有 41.26% 的法律案附有法律草案文本。

[50] 《处理办法》第 7 条，《若干意见》第 4 项。

[51] 《全国人大农业与农村农业委员会关于第九届全国人大一次会议主席团交付审议的代表提出的议案审议结果的报告》，载《公报》1998 年第 6 期。

[52] 赵晓耕：《三思而不行：质疑制定农民权益保护法》，载《法学家茶座》（第 7 辑），山东人民出版社 2005 年版，第 17 ~ 20 页。

[53] 《全国人大农业与农村委员会关于第十届全国人民代表大会第五次会议主席团交付审议的代表提出的议案审议结果的报告》，载《公报》2007 年第 7 期。

列入全国人大常委会立法规划并拟出草案后也不了了之。[54] 又如，从1994年开始，即有代表提出关于制定"高新技术产业开发区法"的议案，并被采纳列入全国人大常委会立法规划。但终因分歧较大，该法草案被终止审议。[55] 全国人大代表作为非职业的立法参与者，如果不以专业、务实的态度提出议案，而是在没有经过审慎的法理分析和可行性评估的情况下盲目提出议案，则立法提案会显示出非常明显的工具主义倾向，看似在努力推动法律体系的完善，实则造成了立法资源的极大浪费。

第三，从立法提案的内容上来看，部分立法提案提出的立法建议与《宪法》相抵触。《代表法》第10条明确规定全国人大代表有权依照《宪法》规定由五分之一以上代表提出修改宪法的议案。但全国人大代表在提出制定和修改一般法律时，也多次出现议案内容与宪法直接抵触的情况。1992年《代表法》颁布之前，曾多次有代表团和代表联名提出修改《宪法》和《地方组织法》的议案，要求将县乡两级人大和政府的任期由三年延长为五年，并试图在乡级人大设立常委会。[56]《代表法》颁布之后，通过提出修改法律的议案成为全国人大代表表达修宪主张的渠道之一。如曾有代表提案要求修改《人民法院组织法》，建立法院垂直领导体系，[57]但直接与《宪法》第127条第2款冲突；有些代表提案要求修改《土地管理法》第8条，[58]但《土地管理法》第8条与《宪法》第10条第1款和第2款表述几乎一致，在《宪法》尚未修改的情况下，提案内容显然也是与《宪法》冲突的。全国人大代表的提案权既是一种权利也是一种权力，[59]因此

---

[54] 2000年共有7件议案要求制定《西部开发法》，交财经委审议，《西部开发促进法》被列入十届全国人大常委会立法规划二类项目。草案于2005年上报国务院审议，即无下文。

[55] 《第九届全国人民代表大会常务委员会委员长会议关于终止审议〈新技术产业开发区法（草案）〉的报告》，载《公报》2002年第5期。

[56] 1983年黑龙江代表团提出的9号议案，1988年河南、贵州等代表团和代表联名共提出21个议案，1989年河南等代表团和代表联名提出7个议案，1990年广西、宁夏等17个议案；1991年内蒙古等4个议案，1992年贺芳等38明代表提出65号议案，云南代表团96号议案，均交付法律委员会审议。

[57] 2000年丁松等32名代表：关于建立法院垂直领导体制的议案（第855号）；2002年邵树人等32名代表：关于建立人民法院垂直码领导的体系的议案（第1125号）。

[58] 2013年黄志明等32名代表：关于修改土地管理法第二章第八条的议案（第274号）；2014年黄志明等31名代表：关于修改土地管理法第二章第八条的议案（第176号）。

[59] 胡弘弘：《论人大代表提案权的有效行使》，载《法学》2012年第5期。

全国人大代表提出法律案的行为也应当受到宪法的制约，立法提案的内容不能与《宪法》相抵触是其中应有之义。因此，全国人大代表通过提出修改法律的议案表达修宪主张的做法存在内容和程序上的瑕疵，其妥当与否十分需要讨论。在目前的法律制度下，议案内容是否与宪法相抵触也是专门委员会审议议案的重要一方面，[60]全国人大代表的立法提案也需要通过系统的考量，避免提案内容与宪法、法律抵触。如果代表的立法提案在内容上存在违宪的嫌疑，立法提案的内容也不会被立法机关采纳。

（二）提高全国人大代表立法提案质量的若干建议

对于如何提高代表提案质量，有学者已经从不同角度提出了具体对策，如优化议案产生机制，细化议案内容范围、增设议案产生前置程序、允许委托起草主体、宽限议案提交期限，以及提升人大代表提案能力，加强对人大代表的培训力度。[61] 上述建议能够促进人大代表有效行使立法提案权，提高议案质量。如果在寻求制度改造契机的同时，按照全国人大代表立法提案影响立法实践的机理和路径，充分发掘现有制度的潜在功能，更有助于进一步发挥全国人大代表在法律制定和修改过程中的作用。针对上述代表立法提案存在的问题，可以采取以下具体办法。提高立法提案的质量：

第一，全面公开代表议案内容，加强社会公众对代表提案行为的监督。部分全国人大代表的立法提案没有按照《立法法》规定附上法律草案文本，既反映了相关议案缺乏成熟性，也表现了相关代表轻率的履职态度。各级人大代表依法提出议案，是履行人大代表职责的行为，应当公开接受全体公民，特别是原选举单位选民的监督，而公开代表议案的内容，是保障社会公众监督人大代表履职的重要一环。目前全国人大代表的议案公开程度有限，公开渠道零散，公开时间滞后，[62]无法使社会公众及时全面了解代表议案，尤其是立法提案的具体内容，应建立统一的代表议案公

---

[60] 李树春主编：《人大专门委员会工作手册》，中国民主法制出版社 2009 年版，第 15 页。

[61] 胡弘弘：《论人大代表提案权的有效行使》，载《法学》2012 年第 5 期。

[62] 《公报》上仅公布了交付专门委员会审议的代表议案目录，还有一些议案散见于领衔代表的个人著作、自传中。如张仲礼：《张仲礼文献集》，上海社会科学出版社 2014 年版；尹志国：《民声问天——人大代表尹志国议案建议精选》，河南人民出版社 2011 年版。

开与查询渠道，将全国人大代表的提案行为纳入社会公众的监督之下，督促全国人大代表慎重、负责地提出议案，避免提出不符合法定要件、内容草率的议案。

首先，在每年大会主席团将代表议案交付专门委员会审议后，全国人大秘书处或全国人大常委会办事机构可以以代表团为单位，将代表议案全文在全国人大常委会官方网站上公布，[63]各代表团也可分别在各省、自治区、直辖市的人大常委会官方网站上公布（港澳台代表团代表提出的议案另行公布），以便原选举单位选民和社会公众监督。《全国人大组织法》《代表法》和《立法法》并没有规定代表议案不予公开的情形，《代表法》第6条和第45条都规定了人大代表应当主动接受原选区选民或原选举单位的监督。由于立法具有公共性，全国人大代表提出的法律案中不应该包含国家秘密、商业秘密和个人隐私，因此全面公开全国人大代表的议案内容，尤其是立法提案的内容，并不存在法律上的障碍。目前，一些基层人大已经将代表议案、建议等文件全部公开，[64]这一做法对于统一公开全国人大代表的议案具有极高的参考价值。

其次，可以鼓励全国人大代表在正式提交议案前自行公开议案内容，或在所属代表团的地方人大常委会官方网站上公开议案内容，以广泛征求原选举单位选民和社会公众的意见，进一步完善议案内容。代表议案在提交前公开征求社会公众意见，有利于提案代表进一步完善议案内容，反映人民意愿，凝聚社会共识，督促人大代表尽早着手起草议案，而不是临时抱佛脚，仓促提交议案。

最后，建立监督意见收集平台，及时收集、研究社会公众针对已公开议案的意见，对于在公开中发现问题的议案，如议案不符合法定要件、议案内容存在抄袭现象，可以以地方人大常委会或所属代表团的名义，对相关领衔代表进行约谈。[65]

---

[63] 《处理办法》第12条规定，全国人大秘书处和全国人大常委会办事机构应当应当分别对代表在大会期间和闭会期间提出的议案进行整理、分类和分析。

[64] 如浙江平湖市钟埭街道工委将平湖市人大代表中钟埭街道代表提出的议案、建议、意见等文件统一公布在其官方网站上。载 http://zdrd. pinghu. gov. cn/Home/Detail? id = 270807e8 - 9f26 - 4316 - afd7 - a48900b22014，最后访问时间：2016年3月14日。

[65] 相关地方实践，参见王学进：《抄袭提案者当以此为戒》，载《中国青年报》2015年1月29日第2版。

第二,严格执行立法提案法定标准,加强议案质量控制。对于不符合法定要件的立法提案,应当根据《处理办法》第12条第2款建议提案人修改后提出或改作建议提出。2015年修改后的《立法法》第54条在原第48条的基础上,明确规定了与法律提案同时提交的法律草案说明应包括"制定或者修改法律的必要性、可行性和主要内容和起草过程中对重大分歧意见的协调处理情况"。本条对法律提案要件作出具体规定正是针对立法实践中立法提案质量参差不齐的情况。[66] 目前在对代表议案处理过程中没有严格执行《立法法》的有关规定,对代表提出的立法提案质量要求偏低,是导致立法提案质量低下的重要原因,也为人大代表在未经严肃论证的情况下盲目提出立法项目提供了空间。全国人大代表作为非职业的立法者,提出的立法提案在专业性方面有所欠缺在所难免,但只要能够依法执行立法提案的形式标准,要求人大代表在提出立法项目时必须提供立法的必要性、可行性论证,并提供法律草案文本,就能够在很大程度督促人大代表主动发现立法提案中的问题,降低所提立法项目违反法理和立法规律的可能性。

第三,应提高全国人大代表宪法知识水平,依法参与我国宪法秩序的构建。"立法是一门科学,为了搞好立法,必须学习法律,熟悉法律,特别是学习宪法,熟悉宪法。"[67]全国人大代表作为国家立法的参与者,代表人民行使国家最高立法权,应当熟悉宪法知识,确保提案内容与宪法不直接抵触。全国人大代表应当以推动宪法具体化、维护法制统一的方式参与到我国的宪法秩序构建中。30余年来全国人大代表提出大量议案,推动了《行政诉讼法》《代表法》《监督法》《国家赔偿法》的制定和修改,或要求制定"宗教法""结社法""新闻出版法""宪法解释程序法",试图推动我国宪法的进一步具体化;或要求制定"劳动教养法""征收征用法"取代在合宪性上存在争议的法律和行政法规,以维护我国法制的统一。全国人大代表应当继续通过提出法律案推动我国重点领域的立法,协助宪法实施。对于涉及修改宪法的问题,全国人大代表可以作为建议提出,以确保立法提案内容的合宪性。

---

[66] 武增主编:《中华人民共和国立法法解读》,中国法制出版社2015年版,第203页。
[67] 彭真:《彭真文选》,人民出版社1991年版,第569页。

总而言之,在人民代表大会制度下,提高全国人大代表立法提案的质量是进一步发挥全国人大代表在立法过程中的作用的前提之一。通过提出高质量的法律案,全国人大代表才能够更为有效地影响全国人大常委会立法规划的编制,监督立法规划的落实,参与到法律草案的形成过程中,并督促全国人大及其常委会研究解决立法实践中存在的问题。全国人大代表应当以严肃、负责的态度提出法律案,并主动接受社会公众的监督,确保立法提案能够反映人民诉求,符合人民意愿,揭示社会问题,在此基础上推动我国法律体系的完善发展。

●基层政府环境保护执法：现状、问题和对策

童　彬*

一、问题提出

保护环境是国家的基本国策和政府的法定义务，政府必须处理好经济发展和环境保护之间的法律关系。《十三五规划纲要》要求："生态环境质量总体改善。生产方式和生活方式绿色、低碳水平上升。能源资源开发利用效率大幅提高，能源和水资源消耗、建设用地、碳排放总量得到有效控制，主要污染物排放总量大幅减少。"事实上，依据法律规定，政府、自然人、法人以及其他组织都有保护环境的法定义务。基层政府环境保护执法是政府依法行政和环境行政管理的重要手段，更是我国生态文明建设的法治保障和基层治理法治化的基本内容。事实上，自《环境保护法》颁布和修订以来，基层政府环境保护和环境保护执法已取得较大效果。尽管新修订的《环境保护法》已经实施，但环境保护法律规定和基层政府环境保护执法之间仍存在较大差距。环境保护法律实施需要解决"最后一公里"问题，即基层政府环境保护执法问题。"基层执法人员操控了行政程序的运作，构成了行政机关和行政相对人之间的桥梁。大多数行政相对人不会对这些基层行政执法人员和行政机关进行区别，而是把这些执法人员视为'政府'。"①在现实中，环境保护法律实施和生态文

---

* 童彬，重庆行政学院法学教研部副教授，法学博士。

本文系2015年度重庆市社科规划重大项目《提高领导干部法治思维和法治能力研究》（批准号：2015zd05）；2015年度国家民委青年项目《基层民族宗教干部法治思维和法治能力研究》（批准号：2015GM097）；2016年度重庆行政学院（中共重庆市委党校）教学研究专项项目《以法治思维和法治方式推进社会治理研究》（批准号：CQDX2016JY—006）的成果。

① 宋华琳：《基层行政执法裁量权研究》，载《清华法学》2009年第3期。

明建设以及经济建设之间的冲突和利益纷争导致环境保护执法存在诸多问题。人们生活水平的不断提高和环保观念的不断增强引发了人们对生活中的噪声、空气、水质等有着较高的要求。然而,环保部门与交通部门、公安部门、住建部门、市政部门等部门之间的职能划分存在较多交叉之处,以及环境保护处罚难、环境保护执法执行难等具体问题给环境保护带来诸多难题。加之,由于环境保护技术水平、环境执法人员短缺以及政府主管部门的利益考量,导致在基层政府环境保护执法中出现制度困境。因而,《关于省以下环保机构监测监察执法垂直管理制度改革试点工作的指导意见》明确:"加强市县环境执法工作。环境执法重心向市县下移,加强基层执法队伍建设,强化属地环境执法。"因此,基层政府环境保护执法已成为环境保护法实施的薄弱环节和需认真解决的法律问题。

二、基层政府环境保护执法的现状分析

1. 环境法治观念淡薄

依法行政和依法保护生态环境就必须坚持环境法治观念。"中国长期存在的'重城市、轻农村'的发展理念。这种理念导致了乡镇环境保护及乡镇环境保护管理长期以来没有受到环境保护立法应有的重视。"②法治经济和法治社会要求树立生态环境保护法治观念。《十三五规划纲要》指出:"法治是发展的可靠保障。……加快建设法治经济和法治社会,把经济社会发展纳入法治轨道。"在市场经济条件下,利益最大化催促着企业和个人为追逐利益而不顾环境污染问题。由于对环境保护法治的重要性认识不足,地方政府、企业和个人往往在出现大规模环境污染事件后才意识到问题的严重性。环境保护立法、环境保护执法、环境保护司法、环境保护守法、环境保护监督和环境保护法治宣传等环境保护法治体系是环境保护法治观念的制度基础。"政府环境责任不完善主要表现为:环境立法重政府环境权力轻政府环境义务、重政府环境管理轻政府环境义务、重政府环境主导轻公众环境参与、重对行政相对人的法律责任追究轻对政府的问责,导致政府在环境领域的公信力降低和执行力减弱,从而严重

---

② 王灿发:《论乡镇环境保护管理立法的不足及完善》,载《法学杂志》2009年第4期。

地影响了环境法的实效性。”③环境保护法治要求基层政府环境监管权力关进笼子是法治思维和法治方式的主要体现。就现实而言,在基层环境保护执法中,涉及生态环境保护的违法犯罪案件逐年增加。在生态环境保护中,法治思维和法治手段是最基本和最有效果的环境保护方式,尤其是在基层政府环境保护执法中。因此,提高基层政府党员干部法治思维和法治能力成为当务之急,进而需要将生态环境保护法治状况纳入考核指标体系。

2. 环境保护执法的地方保护主义

在环境保护执法中,地方保护主义成为主要障碍因素。在现行体制机制下,基层政府为实现 GDP 增长在经济发展和环境保护之间难以选择。部分基层政府与当地支柱产业存在巨大利益面前无视长远利益与眼前利益的关系。在干部考核评价体系下,部分基层政府的领导干部以利益最大化为目标和经济发展为实际效果,因而置环境保护、依法行政、市场秩序以及可持续发展于不顾。地方保护主义在环境行政管理中体现为,由于部分资源型企业缴纳利税占据地方财政主要部分,因而导致地方政府采取保护方式而没有制止环境污染行为或者关停并转相关企业。与此同时,对企业与个人环境污染行为的包庇和隐瞒形成了环境保护执法的阻力。在环保管理体制上,地方政府重发展和轻环保给地方保护主义提供了制度温床。基层政府环保执法与地方保护主义博弈之处在于执法力度问题,如依照法律规定,环境保护设施必须实施“三同时”,即与主体工程同步设计、同时施工和同时投产。没有地方政府对违法项目的支持与纵容,企业与个人无法冒着风险上马项目。甚至,许多地方出现“上有政策,下有对策”和打法律擦边球的情形。部分基层政府以降低环保标准来招商引资和设立重点保护企业,如企业排污费的减免或免收。因此,多数环境污染事件从表面上看企业应当承担法律责任,而究其实质根源在于基层政府的地方保护主义。现有环境公益诉讼主要以民事责任和刑事责任为主要对象,而忽视了环境保护的行政责任。“环境公益诉讼的受案范围除了民事纠纷还应包括行政纠纷,但现有立法并未对环境行政公益

③ 杨春桃:《我国〈环境保护法〉中政府环境责任追究制度的重构——以美国、日本环境立法经验为参考》,载《中国政法大学学报》2013 年第 3 期。

诉讼予以明确规定。现实中,负有环境保护法定职责的行政机关既有违法的'积极'作为,如违法做出环境行政决策、许可,导致生态环境破坏;也有违法的'消极'不作为,如怠于履行环境行政管理职责,导致污染事件频繁发生。"④

3. 行政力量直接干预环保执法

《环境保护法》第6条规定:"一切单位和个人都有保护环境的义务。地方各级人民政府应当对本行政区域的环境质量负责。"因此,依照法律规定,各级地方政府应当依法对行政区域内的环境质量承担法律责任,而不是行政干预环境保护行政执法。"我国基层环保部门实行双重领导制,即业务上受上级环保部门领导,行政上隶属地方政府管理,这种管辖体制造成了基层环保部门的人、财、物难免受制于地方。"⑤环境保护法律授权环保部门依法对企业或个人检查权、罚款权和建议权。然而,在基层环境保护执法过程中,各级地方政府制定各类地方规范性文件("红头文件")或"土政策"阻碍环境保护法律的实施,或地方政府干预环境保护部门不能作出责令企业停产停业整顿的决定。受到利益驱动和政绩考核,部分领导干部法治意识淡薄、不按法律法规办事和违反法律法规的程序,对环境保护执法进行行政干预、以权代法、以言代法,导致环境保护执法人员执法难和不执法。"建成法治政府是实现社会治理法治化的必要前提,只有政府依法办事,领导干部善于用法治思维思考问题,用法治方式处理问题,社会治理的相关问题才有畅通的法治解决路径。"⑥由于历史原因,部分工业企业水平不高直接表现为污染排放较难达标、治理难度大和治理成本高。"环境保护不能影响经济发展""重点工程"等因素导致在对企业排污申报、建设项目环保评估和行政处罚时地方政府领导打招呼阻碍基层政府环境保护执法。因此,政府干预、上级指令、企业上访使基层环境保护部门行政执法压力

④ 秦鹏、鄢德奎:《关于环境公益诉讼制度实施的若干思考》,载《环境保护》2015年第7期。

⑤ 陈亮文、于贤贵、朱虹辉、陈则善等:《基层环境执法存在问题、原因及对策研究》,载《资源节约与环保》2013年第7期。

⑥ 刘雪松、宁虹超:《社会治理与社会治理法治化》,载《学习与探索》2015年第10期。

巨大和困难重重。

4. 环保执法机制和程序的不规范

自《环境保护法》颁布和实施以来，环境保护已形成基本法律制度体系，并取得良好的环境保护执法局面。目前，环境保护行政执法方式包括行政检查、监督、行政许可、行政审批、行政处罚、行政强制执行等。但是，基层政府环境保护执法仍存在诸多机制和程序上的法律问题。在环境法律法规中并未明确和细化环境保护的机制、职权和程序，且环境行政处罚偏轻。“中国制定的环境法律往往比较原则化，许多方面都授权国务院或者有关部门制定实施办法。”⑦环境保护执法机制主要包括环保执法联合防治协调机制、生态补偿机制等尚不健全。《环境保护法》第20条规定：“国家建立跨行政区域的重点区域、流域环境污染和生态破坏联合防治机制，实行统一规划、统一标准、统一监测、统一的防治措施。前款规定以外的跨行政区域的环境污染和生态破坏的防治，由上级人民政府协调解决，或者由有关地方人民政府协商解决。”因此，在跨行政区域环境污染和生态破坏环境保护执法中，基层政府之间应当逐步建立和完善联合防治协调机制。此外，工作量大、责任重大和风险高使得基层环境保护执法在法律程序上具有复杂性，尤其是复杂环境污染事件。当基层环保执法人员法律素养不高时，取证难、处罚难、执行难等更为完善基层环境保护执法程序带来了全新课题。因而，基层环保执法职权不明和程序不严格严重影响了基层环境保护执法质量。

5. 基层环境保护执法队伍人员不足、素质不高和执法手段落后

新修订的《环境保护法》赋予环境保护执法人员更大行政执法权，然而，许多环境保护执法人员在执法中显得力不从心。环境保护执法的专业性和特殊性对行政执法人员的专业素养和法律素养要求很高。基层治理法治化大量工作任务在基层，环境保护执法工作主要也在基层。《全面推进依法治国若干重大问题的决定》指出：“全面推进依法治国，基础在基层，工作重点在基层。”大量的环境保护执法工作在基层政府，而非省市一级环境保护机构。乡镇一级环保机构多数处于空缺状态以至于农村环境污染问题日益突出。在基层政府环境保护部门，具备环境保护专业知识

---

⑦ 王灿发：《中国环境执法困境及破解》，载《世界环境》2010年第3期。

和法律专业知识的专业人员明显不足,其中基层环保部门编制不足造成执法人员不足的重要原因。专业人员不足、持证上岗人员不足、操作仪器人员不足等情况在基层环境保护执法中普遍存在。此外,基层环境保护执法装备不足使得环境执法工作后劲匮乏,如执法车辆不足、执法科技水平不够。多数基层财政部门没有环保设备项目经费和监管业务运行经费,因而无法购置先进仪器设备和维护已有仪器设备。在环境应急监管体系上,监测数据库、监测仪器和监测手段的缺乏导致无法对突发环境污染事件应急处理。

三、基层政府环境执法的主要问题

1. 基层政府环境执法取证难

环境保护执法的第一难题便是获得相应的环境保护执法证据。《环境行政处罚办法》第37条规定:"环境行政处罚证据,主要有书证、物证、证人证言、视听资料和计算机数据、当事人陈述、监测报告和其他鉴定结论、现场检查(勘察)笔录等形式。证据应当符合法律、法规、规章和最高人民法院有关行政执法和行政诉讼证据的规定,并经查证属实才能作为认定事实的依据。"因此,在行政执法程序中,执法证据必须具有真实性、合法性和关联性,如《行政处罚法》第37条规定:"行政机关在收集证据时,可以采取抽样取证的方法;在证据可能灭失或者以后难以取得的情况下,经行政机关批准,可以先行登记保存,并应当在七日内及时做出处理决定,在此期间,当事人或者有关人员不得销毁或者转移证据。"可见,法律和行政法规对环境保护行政处罚证据种类和证据标准作出较高规定。部分执法证据需要专业环境污染监测机构进行检测和鉴定才能作为证据,而具有鉴定资格的专业环境污染监测机构在基层为数不多。然而,秸秆焚烧、黑烟囱、工地和扬尘、噪声污染等环境污染行为由于存在规避空间而在执法中难以取证。"许多污染问题在环境执法人员赶到现场时污染物早已发生变化而导致难以取证,如部分噪声。与此同时,基层环保执法装备不足、技术手段落后、执法人员素养等系列问题直接导致对环境污染物现场取证难。"⑧

⑧ 倪千淼:《基层政府环境保护行政执法问题研究》,载《重庆行政》2016年第6期。

2. 基层政府环境保护执法处罚难

新修订的《环境保护法》和《大气污染防治法》赋予环保部门强有力执法权，但面临体制机制改革时基层政府环境保护执法处罚出现并法律适用和处罚难的制度困境。环境保护执法处罚难具体表现为：环境保护执法检查时发现多个违法行为分别或一次立案的取舍；一份行政处罚决定中数个违法行为数罚问题规定不明；新环保法规定最多可有九种处罚措施而未定何种情形可适用；实际中难以处罚总量排放；违反排污许可难以处罚；部分环境执法人员不具备采样资格而不能作出处罚；第三方运维违法行为责任主体问题；社会监测机构监测数据能否作为行政处罚依据。在环境保护行政处罚认定中，出现的常见问题有：行政违法主体错误，如将个体工商户认定为企业；行政处罚法律文书杂乱，如当事人信息不全；类似违法行为行政处罚不同；留置送达无基层组织代表签字或照相。在环境污染事件中往往还存在民事纠纷和行政处罚交叉的诸多情形。除《环境保护法》《环境行政处罚办法》等法律法规外，环境保护行政处罚相关的配套立法存在缺位的问题，如限期治理、饮用水源保护、环境监测。综合上述情况，基层政府环境保护行政处罚难直接影响环境保护执法的公信力和环保法律和法规的实施。

3. 基层政府环境保护执法执行难

基层政府环境保护执法执行难是环境保护行政管理中普遍存在的问题。然而，保证法律实施和贯彻严格执法是全面推进依法治国的重点内容。十八届四中全会决定提出："法律的生命力在于实施，法律的权威也在于实施。"环境保护执法人员并未得到法律授权从而没有强制执行权力，因而常常遭遇消极抗法和暴力抗法的情况。在行政相对人不执行行政处罚时，环境保护部门的查封、冻结、扣押、强制划拨等强制手段只能通过法院强制执行。"环境行政强制执行主要由人民法院实施，但在实践中法院执行的效果并不理想。"⑨同时，违法成本低造成环境保护行政处罚执行难。《环境保护法》第 59 条规定："企业事业单位和其他生产经营者违法排放污染物，受到罚款处罚，被责令改正，拒不改正的，依法作出处罚

⑨ 刘湘、韩玲：《基层环境执法中环境行政强制问题的探讨》，载《中国环境管理干部学院学报》2008 年第 1 期。

决定的行政机关可以自责令改正之日的次日起，按照原处罚数额按日连续处罚。前款规定的罚款处罚，依照有关法律法规按照防治污染设施的运行成本、违法行为造成的直接损失或者违法所得等因素确定的规定执行。地方性法规可以根据环境保护的实际需要，增加第一款规定的按日连续处罚的违法行为的种类。”可以发现，新修订的环境保护法已对行政处罚执行难已有相应的处理机制，但要从根本上解决执行难的问题还值得认真研究。“实践中无证排污、超标超总量排污、擅自闲置环保设施、夜间违规建设噪声扰民等环境违法显现十分普遍，这类现象的特征是违法行为及其后果持续时间较长，而环保执法部门根据现有法律规定只能认定其中一次违法行为并予以处罚，且我国法定的行政处罚程序周期一般是3个月，以致难以遏制此类现象。”⑩“一是环境罚款的组成模糊，环境罚款的组成即环境罚款应该包含哪几部分，我国在制度上并没有明确；二是罚款的设定方式不科学，现行法律制度关于环境罚款设定方式多种多样，十分混乱，不但最终确定的罚款数额过低，而且在执法过程中操作困难。”⑪事实上，在环境污染发生后，行政处罚和司法手段都难以解决环境保护问题时，社会公众往往通过信访途径解决环境污染纠纷，逐步形成“不闹不解决、小闹小解决、大闹大解决”的基层政府环境保护执法困境。

4. 基层政府环境保护执法配合难

基层政府环境保护部门执法面临执法工作与其他职能部门执法工作交叉和重叠的问题，从而导致环境行政执法与其他部门行政执法配合难的问题出现。十八届四中全会公报指出：“各级政府必须坚持在党的领导下、在法治轨道上开展工作，加快建设职能科学、权责法定、执法严明、公开公正、廉洁高效、守法诚信的法治政府。”各个执法机构与职能部门的权限和职责存在交叉，因而在执法中存在责任推诿和多头治理的问题。在环境污染事件中，国土、市政、公安、工商、卫生、安全、质监等部门均有可能与环保部门对环境污染拥有执法权，不同的是行政执法对象和行政处罚方式。在面对如此多的执法部门时，基层环境保护部门需要与其他职

⑩ 陈德敏、鄢德奎：《按日计罚的法律性质与规范建构》，载《中州学刊》2015年第6期。

⑪ 徐以祥、梁忠：《论环境罚款数额的确定》，载《法学评论》2014年第6期。

能部门协调执法工作，如质量技术监督部门对生产的质量的监督、工商部门对营业执照的管理、卫生部门对卫生许可的管理。在缺少综合行政执法的情况下，基层环境保护部门不得不求助于相关职能部门以便顺利处理环境违法事件。“单个地方政府或部门在本行政区划范围内所采取的环境规制措施已难以实现有效的防控。‘传统行政区行政’的功能局限，催生了跨界污染重政府合作治理。”⑫因此，在环境治理和依法行政中，基层政府环境保护执法体制改革需要着力于解决职能重叠、权责交叉和多头执法等问题。

四、基层政府环境保护执法的法律对策

（一）进一步完善相关法律法规

环境法律制度必须成为环境保护的根本制度和环境治理的法治基础，因而《环境保护法》应当定位于环境保护基本法。十八届五中全会强调：“加大环境治理力度，以提高环境质量为核心，实行最严格的环境保护制度。”最严格的环境保护制度首先是最严格的法律法规。为实现生态文明的目标，关于生态环境保护的基本法律、法规及配套制度需要进一步完善，以便为环境执法、环境司法提供法律文本和执法依据。尽管新环境保护法对环境标准体系有着全新目标，但是现行环境标准体系尚不能有效遏制环境污染和生态破坏。以企业环境信用评价为例，企业环境违法行为应纳入企业环境信用评价体系。“将来的制度改革应建立每个企业的环境守法和违法行为的信用档案并定期进行信用评级，而且，对那些信用评级差的企业在环保资金补贴、政府采购、银行信贷、证券上市及增股融资等方面进行限制甚至直接剥夺其资格。”⑬在环境标准体系中，经济合理性和技术可行性往往成为环境标准主要考虑因素。在立法中，保护公众健康已成为环境保护法的立法宗旨，因而环境标准体系应当充分以公众健康为主要依据。此外，在十三五期间，应明确环境保护规划和环境标准之间的法律关系。在环境标准制定中还应充分保障公众参与制度，使

---

⑫ 石佑启、黄喆：《论跨界污染治理中政府合作的法律规制模式》，载《江海学刊》2015年第6期。

⑬ 徐以祥、刘海波：《生态文明与我国环境法律责任立法的完善》，载《法学杂志》2014年第7期。

法律规定“完善公众参与程序”成为环境保护的重要环节。环境保护法律法规之间应建立区域联防联治机制和统一的区域合作规则，如《环境保护法》与《大气污染防治法》《节约能源法》《可再生能源法》等缺少环境污染控制的协调机制和联防机制，导致基层政府在水流污染和大气污染等行政执法中遭遇尴尬境地。环境保护立法中应当确立环境优先原则，尤其是在地方政府经济发展和规划制定中。最后，为加强职能部门协作执法和法律监管，应当在适当时候制定《环境保护税法》。科学设计环境保护税收法律制度和建立相关配套制度，使得基层环保部门、税务部门等共享监管信息和工作平台。

（二）基层政府环境保护政府责任制

第一，在环境污染事件中，各级政府应当成为环境保护和环境保护执法实施的法律责任主体，尤其是基层政府在环境保护中为直接责任主体。政府环境责任制主要内容包括环境污染和公害防治对策、环境标准、环境保护规划、环境年度报告、环境财政政策、环境信息公开、环境保护非政府组织、环境保护协作和国际合作等。第二，在基层政府环境保护领域中，尤其应当加强对政府环境保护的监督管理责任和环境绩效考核。“环境绩效考核制是一项重要的行政管理制度，该项制度以行政制约为机制，有利于激发行政领导的责任感，调动其在任期内完成环境保护目标的积极性。环境绩效考核制度与环境行政问责制相辅相成，目标一致。”[14]第三，十三五规划纲要提出省以下环保机构检测监察执法垂直管理制度。《关于省以下环保机构监测监察执法垂直管理制度改革试点工作的指导意见》（中办和国办印发）指出：“加强跨区域、跨流域环境管理。试点省份要积极探索按流域设置环境监管和行政执法机构、跨地区环保机构，有序整合不同领域、不同部门、不同层次的监管力量。建立案件移送、移办、联合办案机制，发挥综合行政执法的监管职能。”因此，省以下环保机构监测监察执法垂直管理制度试点改革意义重大。“借鉴美国《国家政策法》的经验，明确确立‘统一管理、分工负责’的原则，按照‘权责对等，有权必有责’的思路，通过确立相关程序和具体管理制度，清晰和合理划分各环境

⑭ 杨春桃：《我国〈环境保护法〉中政府环境责任追究制度的重构——以美国、日本环境立法经验为参考》，载《中国政法大学学报》2013 年第 3 期。

监管主体的职能，明确各自责任，处理好政府环境保护部门与土地、水利、林业、农业和矿业等行政主管部门的关系，实现对整个区域环境的保护。”⑮第四，还应加强乡镇和街道等环境保护机构的设置。以成都为例，19 个区(市)县、高新区、天府新区成都直管区的所有乡镇和街道全部设立环境保护办公室。因此，落实基层环境保护执法责任制是环境保护执法体制改革的应有之义。

(三)基层环境保护执法自由裁量权规制

第一，基层政府环境保护执法自由裁量权的有序规范可避免环境行政处罚显失公正、标准不一和行政执法人员滥用职权。《行政处罚法》第 4 条规定：“行政处罚遵循公正、公开的原则。设定和实施行政处罚必须以事实为依据，与违法行为的事实、性质、情节以及社会危害程度相当。”在基层政府环境保护执法中，行政处罚自由裁量要做到公平公正和过罚相当必须有监督和制约自由裁量的法律规则。环境行政处罚自由裁量应当坚持如下基本原则：过罚相当原则、标准一致原则、依法单处或并处原则、上位法优于下位法原则、特别法优于普通法原则、新法优于旧法原则。以过罚相当为例，《环境行政处罚办法》第 6 条规定：“同类违法行为的情节相同或者相似、社会危害程度相当的，行政处罚种类和幅度应当相当。”第二，环境保护行政处罚自由裁量权应综合考虑如下因素：环境违法行为对生态环境污染程度和社会的影响；环境违法当事人的过错问题；环境违法行为的方式；环境违法行为的危害对象；环境违法行为是初犯或再犯；环境违法行为的改正措施和改正态度。第三，在基层政府环境保护机构应当建立如下制度：行政处罚三级审批制度、重大案件集体讨论合议制度、专家论证制度、简易程序备案制度。其中，行政处罚三级审批制度为环境保护行政执法承办人在检查、调查取证、告知后拟定处罚意见；环境保护行政机构法制部门提出审核意见；环境保护机构主要负责人或分管责任人依据审核意见作出行政处罚决定。行政复议和行政诉讼通常负责审查环境保护行政处罚的合法性，而较少审查行政处罚的合理性(包括自由裁量权)。事实上，唯有在法律法规的规范下，基层环境保护执法自由

⑮ 王振红：《生态治理亟待国家战略顶层设计》，载 http://cn.chinagate.cn/news/2015-06/08/content_35763847.htm，最后访问时间：2016 年 11 月 2 日。

裁量权才会在法治轨道上运行。

(四)基层环境司法的保障机制

尽管环境保护法修订以来,基层环境保护执法已得到大力加强,但基层政府环境保护执法仍然需要人民法院的司法保障。第一,由于基层环境行政部门不具有强制执行权,因而环境行政处罚决定只能通过法院强制执行。《行政强制法》第53条规定:"当事人在法定期限内不申请行政复议或者提起行政诉讼,又不履行行政决定的,没有行政强制执行权的行政机关可以自期限届满之日起三个月内,依照本章规定申请人民法院强制执行。"第二,从本质而言,以保障公民环境权益为宗旨,环境司法通过环境保护的司法救济解决基层环境保护纠纷。普通大众对环境污染行为及其后果不具备专业知识和法律知识,社会组织通过环境公益诉讼矫正环境污染行为,从而缓解了环境行政执法的压力并使防范环境污染行为于未然。"公益诉讼机制对监督相关主体履行其环境义务具有重要的意义,因为公益诉讼是一种典型的客观诉讼,不以对原告权利和利益的侵害为起诉资格条件,是公民和社会团体根据法律的直接赋予诉权而能够提起诉讼,这种诉讼能够有效地监督相关主体,特别是行政机关依法履行其职责(义务)。"[16]《环境保护法》第58条规定:"对污染环境、破坏生态,损害社会公共利益的行为,符合下列条件的社会组织可以向人民法院提起诉讼:(一)依法在设区的市级以上人民政府民政部门登记;(二)专门从事环境保护公益活动连续五年以上且无违法记录。符合前款规定的社会组织向人民法院提起诉讼,人民法院应当依法受理。提起诉讼的社会组织不得通过诉讼牟取经济利益。"该条规定对环境公益诉讼规则设定了原则,相应的程序、举证责任、执行等具体内容尚无规定,因此需要最高人民法院以司法解释或国务院以行政法规等形式来完善。环境公益诉讼存在环境违法取证难、举证难和污染损害鉴定成本高等因素,因而需要社会组织承担较大的时间成本和资金压力。

(五)基层政府环境保护执法人员法治思维和法治能力

基层政府环境保护执法人员的法治思维和法治能力是环境保护和环

---

⑯ 徐以祥:《环境权利理论、环境义务理论及其融合》,载《甘肃政法学院学报》2015年第3期。

境法治的内在要素。第一，培养环境保护行政执法人员的规则思维和程序思维。“行政主体实施行政行为的程序不仅应当合法，而且应当合理。行政主体不得滥用行政程序权力，且自由裁量行为应当有正当且充分的理由。”⑰要认识到解决问题的根本是依靠法律法规，强调一切问题协商、纠纷解决、案件裁判、决策制定都必须在法定程序内进行，只有经过法定程序作出的判断决策才合乎法理，才具备法定的强制力和执行力。第二，作为环境保护执法人员，在行政执法过程中必须要熟悉环境法律法规、规章等规定，还得掌握相关立法解释和司法解释等制度规定。“应定期对执法案卷进行评查，找出行政执法过程中存在的问题，及时总结经验，并定期对外公布评查结果；执法人员接到针对违法行为的投诉后应及时赶赴现场，并采取有效方式制止违法行为。”⑱第三，加强环境保护政府机构法律顾问建设。建立长效、合理的保障机制，将法律顾问工作经费列入各级政府财政预算；规范法律顾问运行模式、工作流程及标准体系，把法律顾问工作纳入年度考核。第四，地方政府环境质量政绩考核体系并将环境执法素养作为干部考核的标准之一。建立环境保护行政执法跟踪监督机制。2016 年制定和实施的《建设项目环境保护事中事后监督管理办法（试行）》规定：“环保部及省级环保部门将组织开展对地方党委、政府环境保护督察以及严禁地方党政领导干部违法干预环境执法。限制、干扰和阻碍建设项目环境保护执法和监督管理的党政领导干部按照干部管理权限将有关材料及时移送纪检监察机关和组织人事部门；在建设项目事中事后监督管理中滥用职权、玩忽职守、徇私舞弊的应当给予行政处分、辞退或移交司法机关处理。”第五，开展参与型的法治教育形式。在运用传统讲解式普法方式的基础上，更多地采取典型案例、视频课件、实践教学等教学方式，组织环境保护执法人员参与行政复议、旁听行政审判等活动。

（六）加大公众参与基层政府环境保护执法力度

第一，环境保护公众有序参与环境保护是基层政府环境保护及行政

---

⑰ 童彬：《领导干部增强法治思维和法治能力的制度要求与外在环境》，载《领导科学》2014 年第 4 期（下）。

⑱ 马怀德：《我国法治政府建设现状观察：成就与挑战》，载《中国行政管理》2014 年第 6 期。

执法的客观需求。“在中国的立法规则和政府立场表达过程中，虽然存在着各种可能的民意表达和公众参与途径，但民意表达的真实性及公众参与有效性却始终令人怀疑，以‘听证会’、‘座谈会’、‘讨论会’，甚至一些地方已经开始尝试的‘公告—评论’等方式吸纳民意、提升立法和决策民主正当性的做法，存在着‘虚假繁荣’……”⑲《关于加强推进生态文明建设的意见》明确：“鼓励公众积极参与。完善公众参与制度，及时准确披露各类环境信息，扩大公开范围，保障公众知情权，维护公众环境权益。”通过信息披露制度，社会公众可知悉环境保护执法的具体情况并加以监督。《环境保护法》第9条规定：“各级人民政府应当加强环境保护宣传和普及工作，鼓励基层群众自治组织、社会组织、环境保护志愿者开展环境保护法律法规和环境保护知识的宣传，营造保护环境的良好风气。教育行政部门、学校应当将环境保护知识纳入学校教育内容，培养学生的环境保护意识。新闻媒体应当开展环境保护法律法规和环境保护知识的宣传，对环境违法行为进行舆论监督。”第二，公众参与环境保护的程序机制是公众参与基层环境保护及执法的制度保证。“如果只有公众参与原则性的规定而没有参与程序的相关规定或者参与程序的相关规定不具备操作性，则公众仍然无法真正参与到相关事务的决策和管理之中。”⑳第三，公众参与环境保护的基本方式。2015年环保部制定并实施《环境保护公众参与办法》，有助于公众参与环境保护工作和保障公民环境权益。该法第2条规定：“本办法适用于公民、法人和其他组织参与制定政策法规、实施行政许可或者行政处罚、监督违法行为、开展宣传教育等环境保护公共事务的活动。通过监督举报、听证、环境影响评价、舆论监督、环境公益诉讼等公众参与机制，社会公众可参与环境保护及其执法活动。”第四，全国各地开展了公众参与环境保护及行政执法探索并摸索公众参与的基本方式。“公众环保”“阳光环保”等公众参与环境保护及行政执法方式使社会公众积极地参与环境保护和监督环境保护执法工作。“在《环境保护法》的指导下，完善环境公开制度，使环境保护的国情教育和公众参与具

---

⑲ 王锡锌：《中国行政执法困境的个案解读》，载《法学研究》2005年第3期。

⑳ 吴凯：《新〈环境保护法〉视野下环境行政中执法风险内控机制之建构》，载《2015年全国环境资源法学研讨会论文集》。

有知情权基础；完善环境社会监督、行政监督和司法监督的机制，使公民和社会组织维护自己和公众的环境权益具有制度可能。”[21]

五、结语

尽管环境保护是基本国策和宏观政策，但国策和宏观政策的基础在于环境保护法治化。“当代中国实现国家环境保护义务，首要任务并非规范论证，而是对环境法治的现状加以判断，并选择合适的推进路径，明确立法机关、行政机关、司法机关在实现国家环境保护义务过程中，各自应发挥怎样的作用。”[22]基层政府环境保护法治建设需要用制度保护生态环境，即生态环境法治化治理。基层政府环境保护法治化主要在于建立环境保护法律体系和严格执行环境保护法律规定。《中共中央关于全面深化改革若干重大问题的决定》要求：“建设生态文明，必须建立系统完整的生态文明制度体系，实行最严格的资源保护制度、损害赔偿制度、责任追究制度，完善环境治理和生态修复制度，用制度保护生态环境。”有理由相信，唯有解决好基层政府环境保护法治建设，方能真正有环境保护的法律治理和生态文明制度体系。

---

[21] 常纪文：《论环境教育法制建设与环境保护社会治理》，载《中国环境管理》2015年第1期。

[22] 陈海嵩：《国家环境保护义务的溯源与展开》，载《法学研究》2014年第3期。

●警察行政执法中诱惑式调查的法律规制研究

高刘阳[*]

近年来,警察在实务中运用的调查手段较为多样化,但其中一些非常规调查手段招致行政相对人的质疑,也引起人们对警察行政调查行为更多的关注。行政调查是指行政主体为实现一定行政目的而收集、整理和分析有关资讯的活动,①包含填表登记、主动报告、传唤、盘查以及询问走访等多种方式。由于行政调查会与相对人的权利发生冲突,因此,在通常情况下,必须遵守正当程序的要求。但在警务实践中,随着违法行为查处难度的不断增加,为了查处某些复杂、隐蔽性强的违法行为,警察可能会采取隐瞒执法身份、故意设计特定情境或者提供条件和机会等方法,以诱使相对人实施违法行为,②同时收集信息资料和证据,以完成其行政危害防止的警察任务。③ 这种非常规的调查方式又被称为"诱惑式行政调查""陷阱执法""警察圈套"等,目前在行政法上并没有统一的概念界定。

在我国执法活动中,使用诱惑式行政调查的案例屡见报端,这也引发了社会舆论对于警察执法方式的大量讨论和关注。但是,诱惑式调查是否一定违法?这种调查方式的合理性边界在哪里,又应当通过何种方式对其进行法律规制?要探求有现实意义的答案,首先应该将诱惑式行政调查进行拆解,厘清它的类别及不同类别下的法律效果,再将诱惑调查与诱惑侦查进行对比分析,根据诱惑侦查的现有规制体系,结合诱惑调查的

* 高刘阳,清华大学法学院2014级博士研究生。本文是教育部哲学社会科学研究重大课题攻关项目"法治中国建设背景下警察权研究"(项目编号:15JZD010)的阶段性成果。

① 余凌云:《行政调查的理论与实践》,中国人民公安大学出版社2014年版,第1页。

② 梁三利、郭明:《论行政执法中的诱惑调查——上海"钓鱼执法"事件的理性思考》,载《法治论丛》2010年第2期。

③ 蔡震荣主编:《警察法总论》,一品文化2009年版,第68页。

自身特点,最终形成针对我国本土诱惑式行政调查的规制方案。

一、诱惑式行政调查的分类

我国公安机关兼具行政职能与司法职能,警察权因此亦有二元竞合性,可分为以危害防止为任务的治安管理权与以犯行追缉为任务的刑事侦查权。在此前提下,警察的各项调查活动也相应划分为行政调查与刑事侦查。目前,国内对于刑事侦查中的诱惑侦查研究较为充分,并已形成较为完备的体系,主要根据在诱惑侦查实施时,犯罪嫌疑人在主观上有无犯罪意图为标准,分为机会提供型与犯意诱发型。由此,有学者认为,诱惑式行政调查也可据此分为两类:其一是机会提供型诱惑调查,表现为相对人已经产生违法意图或已经实施违法行为,警察仅在隐瞒身份的情况下,为其提供实施违法活动的客观条件和机会;其二是犯意诱发型诱惑调查,即相对人最初并未产生违法意图,在诱惑调查人员及所设情境的诱导和刺激下才产生了违法的主观故意,进而实施了违法行为。④

(一)诱惑调查的分类标准

在警务活动的范围内,机会提供型、犯意诱发型诱惑调查之间的区别主要有以下两点:

1. 行政相对人在诱惑调查实施之前是否存在违法意图或实施过同类违法行为

警察在实施诱惑调查之前,应当初步掌握违法行为的相关信息,并对诱惑调查对象的选择持理性和审慎的态度。诱惑调查的目的是诱使违法行为的发生,从而收集证据。但是,调查对象必须是有较大可能实施违法行为的相对人及已经实施过同类违法行为的相对人,这背后的逻辑也是显而易见的,警察如果对一个善良公民进行诱导,使该公民实施在无诱导下不可能实施的违法行为,不仅该诱导行为自身显然违法,实质上也违背了警察维持社会治安秩序、预防惩治违法犯罪活动的设立目的。

就诱惑调查的分类来说,一旦相对人的违法意图是因警察在调查过程中的诱导行为引发的,则该调查属于犯意诱发型诱惑调查;而如果违法者在诱惑调查实施之前已经存在违法意图,或曾实施过同种类的违法行

④ 周欢秀:《行政诱惑调查的合法性探析》,载《法学论坛》2013 年第 7 期。

为,则可认定违法者本身就存在违法故意,该调查行为很大可能就是机会提供型诱惑调查。

2. 行政相对人的违法行为与诱惑调查之间是否存在因果关系

除了以违法意图产生的原因作为判断标准之外,违法行为的产生是否与警察的诱惑调查活动有因果关系也是划分诱惑调查的重要依据。相对人主观上存在违法意图并不必然导致违法行为的发生,如果该相对人最终实施违法行为是由于警察诱使的缘故,即违法行为的产生与警察的引诱有必然的因果关系,则这种行为是犯意诱发型诱惑调查;如果在警察没有进行诱惑式调查的情况下,行政相对人仍然会在其他情境中实施违法行为,则此时警察对其进行的调查活动属于机会提供型诱惑调查。⑤

有些学者倾向于将其分类为"显露式""勾引式"及"陷害式"非常规行政调查,但实际根据上述标准仍可归为机会提供型与犯意诱发型两类,因此不再赘述。

(二)两类诱惑调查的法律效果

诱惑式调查的分类将对其合法性产生重要影响。首先,犯意诱发型诱惑调查显然违法,其实施并非为了社会公共利益,而可能与警察执法的考核指标等因素相关,属于警察权的不当行使。在实践中,多表现为不同形态的"钓鱼执法",不仅严重侵害当事人的合法权益,也对警察群体的形象和公安机关的公信力产生了负面影响。⑥ 相对人若因警察的恶意诱惑调查而实施了违法行为,虽然仍应当依法接受相应处罚,但同时可通过行政复议、行政诉讼或国家赔偿等救济手段,要求减免处罚或赔偿损失,以维护自身的权益。

而针对机会提供型诱惑调查的合法性,要考虑的因素则更为复杂。诱惑调查作为一种非常规的调查方式,事实上违背了正当程序中的部分内容,本质上是以程序正义为代价换取惩治、打击违法活动目标的实现。机会提供型诱惑调查只适用于当事人已经存在违法意图,并在没有诱惑调查时仍将实施违法行为的情况下,即便如此,也不能一概承认机会提供

---

⑤ 郭壮伟:《行政诱惑调查取证的效力浅析》,载《时代报告》2012 年第 8 期。

⑥ 马驰骋:《诱惑性行政调查的合法性界限问题:从相关诱惑性侦查之实践说起》,载《西南政法大学学报》2014 年第 1 期。

型诱惑调查的合法性。只有在常规行政调查方式无法满足特定个案、特定种类案件调查取证的需求，不及时、有效打击该违法活动又将危及公共安全和公共利益时，机会提供型诱惑调查才能被赋予正当性与合法性。目前，我国在地方立法实践中，倾向于将诱惑式行政调查作为整体一概持否定态度，这也使诱惑调查的合法空间被严重压缩。

二、诱惑式行政调查与诱惑侦查

行政违法与犯罪行为在行为、客体上有相似性，在危害程度、情节轻重等方面有所不同，二者之间还存在一定条件下的转换关系。因此，行政法下的诱惑式行政调查与刑事侦查活动中的诱惑侦查活动也存在联系与相似性。在警务实践中，警察因具有双重任务，在行政调查过程中常发生此种情况：警察权之发动原本基于最初认定的行政事件，事后却在查处过程中，发觉该事件实则属于刑事案件，因此改用犯罪侦查程序。⑦ 此种情况在诱惑式行政调查中也并不鲜见，这也说明了诱惑式行政调查与诱惑侦查之间的紧密联系。因此，论证诱惑式行政调查的正当性可从较为成熟、争议性较小的诱惑侦查入手。

(一)诱惑侦查的概念及其法律规制

诱惑侦查的概念与诱惑调查极为相似，是指“为了侦破某些极具隐蔽性的特殊案件，侦查人员或其协助者，特意设计某种诱发犯罪的情境，或者根据犯罪活动的倾向提供其实施的条件和机会，待犯罪嫌疑人进行犯罪或自我暴露时当场将其拘捕的一种特殊侦查手段。”⑧从中我们可以看出，两者之间的主要区别是目的不同，诱惑侦查活动是以打击犯罪、以侦查为手段拘捕犯罪嫌疑人为主要目的，而诱惑调查的使用是为了查处隐蔽性较强、较为复杂难以取证的违法行为。

1. 我国对诱惑侦查的法律规制

在我国，没有针对诱惑侦查的专门立法，相关的要求和规定散见于各类法律规范中。2012 年修订的《刑事诉讼法》第 151 条规定：“为了查明

---

⑦ 李震山：《警察行政法论——自由与秩序之折冲》，元照出版公司 2007 年版，第 36 页。

⑧ 吴丹红、孙孝福：《论诱惑侦查》，载《法商研究》2001 年第 4 期。

案情,在必要的时候,经公安机关负责人决定,可以由有关人员隐匿其身份实施侦查。但是,不得诱使他人犯罪,不得采用可能危害公共安全或者发生重大人身危险的方法。"该条实际上就是对诱惑侦查的一种限制性授权,这种限制性主要体现在诱惑侦查的类型和手段上。首先,犯意诱发型诱惑侦查作为"诱使他人犯罪"的一类诱惑侦查,根据《刑事诉讼法》显然是违法的。另外,诱惑侦查的手段也被限制,法律对诱惑侦查的行使提出了满足妥当性和法益相称性的要求。因此,应当认为,诱惑侦查作为一种刑事侦查手段由此得到限制性授权,并得以合法化。[⑨]

此外,《公安机关办理刑事案件程序规定》于2013年实施,其中第262条进一步细化了《刑事诉讼法》第151条对诱惑侦查的相关规定,使其更加具体、细致。该条进一步明晰了实施诱惑侦查的行政机关以及实施人员的主体资格限制,并再次缩限了犯意诱发型诱惑侦查的内涵,但没有实质上增加诱惑侦查人员的义务,对诱惑侦查实施的方式和合法性标准也未有提及。因此,以上规定并不能完全解决诱惑侦查在警务实践中的相关问题,尤其是最重要的合法性标准仍处于空白状态。而在这两个法律文件出台之前,对诱惑侦查的合法性规定只有三个"内部规范性文件"有所涉及,[⑩]其中也没有规定具体的合法性标准,但对诱惑侦查的具体手段、审批方式和适用的案件范围作了规定。

2. 美国对诱惑侦查的法律规制

诱惑侦查的用词最早见于1880年美国学者沃顿的《刑法》,[⑪]但引起美国社会广泛关注该侦查手段的是1932年的索勒斯(*Sorrells* v. *United States*)案,[⑫]本案首次以判例确认了"陷阱抗辩"(Entrapment Defense)。[⑬]

---

⑨ 何雷:《诱惑侦查规制路径研究——以我国最新修改的〈刑事诉讼法〉第151条第一款为研究基点》,载《苏州大学学报》2013年第2期。

⑩ 这三个规范性文件分别是1995年云南省公安厅出台的《关于侦查预备贩毒案件暂行规定》,2001年四川省公检法联合制定颁发的《关于贩卖毒品案件有关犯罪预备问题的意见》及2008年最高人民法院印发的《全国部分法院审理毒品犯罪案件工作座谈会纪要》。

⑪ William E. Mixell, The Doctrine of Entrapment in the Federal Courts, *University of Pennsylvania Law Review*, 1942(3):247.

⑫ *Sorrells* v. *United States*, 287 U. S. 454(1932).

⑬ 吴丹红:《美国规制诱惑侦查的法理评介》,载《国家检察官学院学报》2001年第3期。

随后1958年的谢尔曼(Sherman v. United States)案,[14]首次确认了诱惑侦查的法律事实地位。[15] 目前,美国关于陷阱抗辩主要有主观标准说(Subjective Approach)和客观标准说(Objective Approach)。前者以犯罪嫌疑人主观上是否有犯罪倾向为标准,后者更重视诱导行为本身的合法性。一旦按照主观或者客观标准认定诱惑侦查不能满足合法诉讼原则的标准,法院就能因此认可被告公民无罪的抗辩。[16]

美国联邦最高法院对诱惑侦查的判断采用主观标准说,认为合法性的界限在于嫌疑人在进入警察设定的诱惑性犯罪陷阱之前,主观上是否已经存在实施该项犯罪的犯意。与此同时,美国一些学者及《模范刑法典》(Model Penal Code)支持客观标准说,认为应当首先判断诱惑侦查行为本身是否合法,如果嫌疑人的犯罪意图与诱惑侦查之间存在因果关系,则应当认定诱惑侦查违法。两种学说的最主要区别在于举证责任的分配不同,主观标准的举证责任分为两部分:首先嫌疑人应向法庭举证自己实施犯罪是受引诱而为之,然后由政府对嫌疑人原本就存在犯意进行举证,目的是证明犯罪本就必将发生,因此嫌疑人实施犯罪行为与诱惑侦查无关。而与此相反,客观标准说的举证责任则完全归于嫌疑人。

此后,美国司法部为美国联邦调查局下设的秘密侦查委员会(Criminal Undercover Operations Review Committee)制定了《关于秘密侦查的基准》(Attorney General's Guidelines on FBI Undercover Operations),其中主要基于美国宪法禁止反言的原则,以及宪法第四修正案排斥违法搜查、保障公民人格权的精神,对诱惑侦查进行了更为细致的规定。[17] 该基准认为,诱惑侦查的手段只能在必要情况下,且对当事人已有合理怀疑时使用,同时必须获得许可机关的事前审批。

由于美国是普通法国家,因此法院判例和《关于秘密侦查的基准》对于诱惑侦查的规制都有重要作用。此外,美国法律中只有轻罪、重罪之分,且都可在必要条件下对嫌疑人进行诱惑侦查,而其中轻罪与我国行政

---

⑭ *Sherman* v. *United States*,356 U. S. 369(1958).

⑮ Ronald J. Allen, Melissa Luttrell, Anne Kreeger, Clarifying Entrapment, *Journal of Criminal Law and Criminology*,1999(89):422.

⑯ 马跃:《美日有关诱惑侦查的法理及论争之概观》,载《法学》1988年第11期。

⑰ 马跃:《美日有关诱惑侦查的法理及论争之概观》,载《法学》1988年第11期。

处罚的内容有交叉的部分。因此,美国法律意义上的诱惑侦查实际上包含了中国行政法意义上的诱惑调查和刑事法的诱惑侦查。由此可见,为研究我国诱惑式调查的合法性要件,借鉴参考美国相关的法律经验是有一定价值的。

(二)诱惑调查与诱惑侦查的比较

从二者出现的时间先后分析,可以推断出诱惑式调查实则脱胎于诱惑侦查,是在行政违法活动日趋隐蔽、复杂的背景下衍生出的治安管理手段。从主体上来说,由于公安机关兼具行政机关与刑事侦查机关的职能,因此既可作为诱惑式行政调查的主体,又可作为刑事诱惑侦查的主体。从目的来说,警察在行政执法中的诱惑调查行为与刑事诱惑侦查行为都是通过隐蔽的方式、以获取违法或犯罪的证据为目标,进而惩治、打击违法活动。从裁量来说,二者都有被警察滥用的客观可能性,即两者都存在犯意诱发型调查、侦查类别,使原本并不会实施违法行为甚至无违法意图的人最终实施了违法行为。从形式来说,两者都以隐瞒警察身份为前提,通过欺瞒、引诱的语言和行为等方式获取相对人或犯罪嫌疑人进行违法活动或犯罪行为的证据。从结果来说,由于二者隐蔽的形式,与正常的行政调查和犯罪侦查相比,最终取得的证据被采纳的可能性较小,甚至犯意诱发型的取证方式本身都存在违法嫌疑,类似案例在实践中屡见不鲜。

尽管存在以上诸多相似,但两者本质上还是完全不同的事物,在特定领域有其特定的主体与对象,混为一谈并不可取。诱惑调查属于行政法范畴,应当适用行政法、行政诉讼法等,是公安机关以行政机关的名义为获取行政相对人实施违法行为的证据而进行的行政调查行为;而诱惑侦查主要适用刑法与刑事诉讼法,是公安机关作为刑事侦查机关为获取犯罪嫌疑人实施犯罪行为的证据而实施的侦查活动。

(三)诱惑侦查的法律规制对规范诱惑调查的积极意义

由于二者的特殊关系,对于诱惑侦查的相关立法及正当性分析对规范警察在行政执法中的诱惑调查行为具有重要的借鉴意义。此外,我国现行法律对民事诉讼中陷阱取证的有限承认,也对诱惑式行政调查的规范产生了推动作用。目前,诱惑式调查行为仍未被普通大众所接受,很大程度上是由于个案的处理违背了程序正义与自然正义,但因此就全盘否定其存在的合理性也未必可取,用法律保留原则规范诱惑调查的程序与方式就是一种可行的规制方案。

1.诱惑式行政调查的程序正义

诱惑式行政调查显然违背了一般意义上的程序正义,按照目前的通说,行政调查的通常程序主要包括表明执法身份、通知并说明理由、邀请当事人及证人到场、告知调查结果并允许当事人辩解及申诉等。[18] 这使得诱惑式调查因其隐蔽性而饱受诟病,反观诱惑侦查却能够作为一种非常规的刑事侦查手段被民众接受,这很大程度上是因为犯罪行为的较大社会危害性,使得民众对惩治犯罪的诉求突破了对程序正义的要求。因此,相应的,民众对公安机关的侦查手段就持更加宽容的态度。但实际上,机会提供型的诱惑调查与诱惑侦查究其根本,都符合波斯纳关于程序正义的"平衡论"学说,[19]其核心观点是任何法律程序的设立都需要平衡其执行的社会成本和社会收益,实现程序正义的最佳方案是实施最小化误差损失和交易成本的程序。

行政调查构成了几乎所有行政决策、决定的必经程序环节和处分基础。"先取证,后裁决"对于任何一种行政行为来说,都是一般的办案流程。在实践中,由于公安机关调查成本的有限性,面对隐蔽性较强的违法活动及反调查能力较强的行政相对人,使用一般性的调查手段难以对其取证,进而难以对当事人进行处罚,这可能会使该种类的违法活动因无法被查处而显著增加,最终将导致公安机关无法有效维持治安秩序、保护公共利益。因此,如果在穷尽常规行政调查手段仍不能实现较大额度的社会福利时,诱惑式行政调查的正当性从功利主义的角度看就可不证自明。而对于诱惑式调查因未能依法实施而造成的不公个案,"平衡论"是这样解释的,"与实质正义追求法律决策的零误差不同,程序正义能够容忍一定程度的误差,由此造成的损失将从节省信息费用方面获得超额补偿。由此看来,那种打着程序正义的旗号,鼓励政府不惜一切代价去避免执法失误的论调,恰与程序正义背道而驰"。[20]

---

⑱ 余凌云:《行政调查的理论与实践》,中国人民公安大学出版社2014年版,第16页。

⑲ [美]理查德·波斯纳:《证据法的经济分析》,徐昕、徐昀译,中国法制出版社2001年版,第37页。

⑳ 桑本谦:《"钓鱼执法"与"后钓鱼时代"的执法困境网络群体性事件的个案研究》,载《中外法学》2011年第1期。

从警察行政权的本质上解释，对于诱惑式行政调查手段的使用，应当权衡公共利益和行政相对人的合法权益，在特定情况下允许公安机关使用诱惑式的调查手段。因为如果警察使用普通的行政调查手段已经不足以打击隐蔽性强、复杂程度高的违法行为，那么诱惑调查作为必要的补充和一种“主动型的预防性治理手段”，是符合社会公益的。[21] 诱惑式调查可以有效弥补普通调查方式的不足，不仅能够提高取证效率，降低打击个案的成本，并且在依法惩处违法者的同时，也对潜在的违法人员有强力的震慑作用，进而有助于警察实现其危害防止、维护公益的行政执法目的。

2. 证据的有效性

目前，对于诱惑侦查中获得的证据效力，相关规定主要集中于《刑事诉讼法》与《刑诉法解释》，其中《刑事诉讼法》第 43 条规定，侦查人员对犯罪证据的收集必须依照法定程序，而《刑诉法解释》第 61 条规定否定了以非法方式取得的证人证言效力。这些规定事实上认定犯意诱发型诱惑侦查取得的证据无效，但对于机会提供型诱惑侦查，学界多按照有限肯定说与比例原则认定其效力，承认合法且合理的诱惑侦查取得证据的效力。

而公安机关违反现有法律，在行政调查中采用犯意诱发型手段获得的证据，其效力问题在《最高人民法院关于行政诉讼证据若干问题规定》第 57 条中有所涉及，最高人民法院认为，违反法定程序、侵害他人合法权益以及来用利诱等不正当手段获取的证据，均不能作为定案依据。对于反对诱惑式调查的学者，该条被视为对犯意诱发型与机会提供型诱惑调查的一概否定，但也有学者认为：“《证据规定》中的‘利诱’是指在正常的、证据已经形成的情形下，证据取得人对其明确知道掌握证据的人许以非法利益所得证据，此时被利诱的掌握证据者明知对其进行利诱的人的真实身份”；[22]如果这种解释成立，那么《证据规定》中的“利诱”就限定在双方买卖证据的范围内，而与诱惑式调查在违法情境设定意义上的诱使并不相关。

从实践上看，由于违法行为相应的行政处罚相较刑罚并不严厉，大多

---

[21] 陈阳：《行政法视野下的诱惑调查及其法律规制》，载《甘肃政法学院学报》2010 年第 5 期。

[22] 陈阳：《行政法视野下的诱惑调查及其法律规制》，载《甘肃政法学院学报》2010 年第 5 期。

数违法者都承认违法行为的存在,也并未对诱惑调查取得证据的有效性进行抗辩。但目前,随着公民法律意识的增强,以公安机关涉嫌"钓鱼执法"为由请求法院撤销行政处罚决定的案例数量也有所增加。笔者在北大法宝以"钓鱼执法"为关键词,共收集行政案例 140 个,其中诉公安机关的案件共 46 个,主要情况如下表所示。㉓

单位:件

案件时间	案件数量	案件涉及的违法行为						二审数量	原告胜诉案件数量
		吸毒	超速驾驶	违章停车	无证驾驶	卖淫嫖娼	其他		
2010	2	0	0	0	0	0	2	1	0
2011	3	0	0	1	0	0	2	1	0
2012	2	0	0	0	0	0	2	1	0
2013	6	0	2	0	0	0	4	3	0
2014	15	7	2	3	2	0	1	5	0
2015	18	7	1	2	1	4	3	7	0
共计	46	14	5	6	3	4	14	18	0

表格中的数据说明,随着经济水平和文化素质的提高,公民的维权意识也愈来愈强,案件数量整体呈上升趋势,但以常理判断,在涉嫌以钓鱼执法取证的案件中,目前的诉讼比例还是明显偏低的。此外,案件涉及的违法行为主要集中在处罚措施较为严厉的吸毒以及交通违法,二者共占整体案件数量的 61% 。然而,更值得关注的是原告的零胜诉率,虽然法院在判决中都对行政机关涉嫌"钓鱼执法"的抗辩进行了否定,但法院对被告的明显支持,也从侧面体现了法院对公安机关在行政违法案件中取得证据效力的宽容。

3. 法律保留

根据依法行政的要求,行政机关的任何行为都必须有法律明确授权,法无授权皆禁止。但诱惑式调查并未得到法律的明确授权。对此,有学者认为,由于行政管理活动建立在行政调查获取的信息基础上,因此调查

㉓ 案例搜索时间为 2016 年 8 月 7 日。

权实质上是行政管理权的一部分,行政主体拥有被授权范围内的行政调查权,也因此在行使该权力时有较大的裁量空间。

关于行政法意义上的法律保留原则,“侵害保留说”认为负担行政才需要法律依据,但事实上已经不能满足日趋发达的行政需要;“全部保留说”则认为所有行政行为都须有法律依据,但由于立法的滞后性,这显然是不现实的;“重要保留说”为德国联邦宪法法院所采取,认为涉及公民人身自由等重要权利的行政领域应适用法律保留原则,但“重要”一词本身的抽象性也使得实务中的操作难度较大;㉔“权力保留说”认为只要是行政主体行使行政权做出的行政行为都必须要有法律根据,而区分行政行为是否与权力有关也并非易事。

就这几种时下学说的标准来看,由于诱惑性行政调查会影响到行政相对人的程序权利与实体权利,因此即使适用最低限度的法律保留原则,也应当将诱惑调查纳入法律保留的范围。为保护行政相对人的合法权益不受公权力的侵害,应当以法律的形式为诱惑调查设置具体的合法性标准,以规范其在警务实践中的运用。

三、诱惑式行政调查的困境

诱惑式调查不仅在警务实践中引发诸多争议,该调查方式的合法性甚至在各个行政机关内部也未能形成统一意见——“同样的运用诱惑式行政调查,有的执法部门对这种调查方法持明确否定的态度,如安徽省交通厅 2008 年 6 月就发文命令禁止在交通行政领域的诱惑式行政调查;而有的部门对诱惑式行政调查在行政领域的运用则未置可否。”㉕一方是社会上将诱惑调查与“钓鱼执法”的混淆,另一方是基于社会关注的“钓鱼执法”个案而全盘否定诱惑调查的地方立法,这两方持续性的挤压,使得诱惑调查的存在空间不断被压缩,也因此陷入尴尬的僵局与现实的困境之中。

(一)诱惑调查与“钓鱼执法”

前文已述,对于诱惑调查,社会舆论并没有表现出如诱惑侦查一样的

㉔ 陈曦:《论行政法律保留原则》,载 http://www.jsfy.gov.cn/llyj/xslw/2011/08/18164020106.html,最后访问时间:2016 年 7 月 16 日。

㉕ 周欢秀:《行政诱惑调查的合法性探析》,载《法学论坛》2013 年第 7 期。

宽容,反而从总体上对其正当性抱持怀疑态度,这很大程度上是出于对诱惑调查与"钓鱼执法"概念的混淆。就中国"钓鱼执法"的出处"私家车被课以黑车扣押案"来说,上海市民因好心搭载一名自称胃痛的路人去医院,被城市交通执法大队中途拦截并认定其私家车为载客"黑车",遭到扣车与罚款 1 万元的行政处罚。这个原本只是纯粹助人为乐性质的事实行为,却在公权力和伪证的一道作用下,被划归为非法营运行为课以处罚。在该案件中,由于事实上私家车司机并未作出违法行为,城市执法大队的"钓鱼执法"行为显然不属于任何种类的诱惑调查,而是一种侵害公民合法权益的具体行政行为。

有学者简单的将此种"钓鱼执法"与诱惑式行政调查活动画等号,这显然忽视了二者之间的重要差异。由上文案例,可知"钓鱼执法"与诱惑调查最重要的区别在于行政相对人是否在警察对其设下诱捕圈套之前有违法意图。换言之,即犯意诱发型诱惑式行政调查与"钓鱼执法"的内涵有部分交叠,而机会提供型诱惑式行政调查则与其完全不同,不能混为一谈。

(二)诱惑调查的法律困境

目前,由于个案的负面影响,舆论普遍认为警察采取诱惑调查没有法律授权,因此违反了依法行政的原则。此外,立法者也认为,由于缺少法律法规的约束,公安机关在实践中可能会追求经济利益或办案效率而滥用诱惑调查,从而影响社会正常秩序,损害政府公信力。因此,各地出台的法律文件纷纷对诱惑式行政调查采取了摒弃的态度。如《湖南省规范行政裁量权办法》(2009)第 30 条、《上海市行政执法人员执法行为规范》(2010)第 8 条都事实上禁止了诱惑调查的使用,其后的《辽宁省规范行政裁量权办法》(2011)、《山东省行政程序规定》(2012)、《价格行政处罚证据规定》(2013)等文件也有相似的规定。

政府规范行政执法固然是一种法治进步的体现,但从警察权的角度分析,人民警察具有治安行政管理的职责,对于普通行政调查手段无法打击的违法活动,若不采取诱惑调查的方式,很有可能放纵违法行为,损害公共利益。因此,为完成警察任务,警察权事实上包含了合法且合理的诱惑调查权力。此外,对于诱惑调查的合法性还可借鉴美国的主观标准及客观标准进行分析,假使受诱人在受诱前就有主观上违法的故意,并且该意图与设诱人的行为没有直接的、必然的因果联系，在诱惑调查的全过程中亦并未受到外界的暴力、胁迫等影响，当事人完全由个人主观选择而做出违法行为，此时诱惑调查从本质而言属于任意调查，事实上并未侵害被调查人的合法权益，因此，在调查中获得的对被调查人的不利证据也应被视为有效。

在以往的警务活动中，人民警察采取诱惑侦查、摸排暗访等方式破获了一大批毒品、走私、黑社会性质组织等犯罪案件，得到了人民的普遍支持和舆论的好评。这说明社会舆论对于非常规调查也并非持完全否定态度，而只是对“钓鱼执法”与犯意诱发型诱惑调查、诱惑侦查等损害公民合法权益、违背社会公序良俗的手段进行了合理质疑。因此，从限制警察权滥用，保护公民权利的角度出发，重新审视诱惑式行政调查的法律规制方法有其必要性。

目前，诱惑调查已经普遍存在于行政执法的各个领域，与其试图证明这种调查方式的不合理、不合法，不如学习诱惑侦查的法律约束方式，设立对诱惑式行政调查的合法性审查标准，对其进行限制性授权。一方面，使诱惑调查行为有法可依；另一方面，也能用法律规范诱惑调查的程序，在最大限度保护社会公共利益的同时，也注重保护行政相对人的合法权益。

四、诱惑式行政调查的规制构想

诱惑调查作为行政调查的一种，在法律规制上应当参考行政调查的立法原则，厘清其内核中的正当性，同时也可参考国外诱惑侦查较为成熟的司法审查标准及现行法律规范，有限地肯定其合法性。具体来说，诱惑式调查应当遵循行政调查中一些最基本的原则，但又因其特殊的隐蔽性而与常规调查相比有显著不同，这种区分应在法律规制中有所体现。

关于行政调查的制度散见于各级行政法规、规章及规范性文件中，但总揽性的一些重要制度大致有法定程序的保障、调查的职权主义、被调查人的协助义务及信息公开等。行政调查由于可能对被调查人的实体及程序权利造成较大损害，因此普遍要求行政机关在进行行政调查时须遵守程序正义，其内容前文已述，主要包括对行政调查行为的审批，表明执法身份等。而诱惑调查最主要的特点就是执法身份的不公开，为了弥补该程序上的瑕疵，有必要从诱惑调查的审批主体、审批条件、实施主体、事中审查、事后救济等方面对其进行法律规制。

此外，对警察诱惑式行政调查的规范，可借鉴诱惑侦查，对其高效、便捷且易于实现行政目标的优势予以肯定，同时对犯意诱发型非常规调查予以禁止，并追究行政主体损害相对人合法权益的法律责任。具体而言，规制构想有以下几点：

(一)诱惑调查的主体

诱惑式调查的主体可分为审批主体和实施主体，在警察执法的范围内，诱惑调查的审批主体可限定为县级以上公安机关，在经批准后，由人民警察组织并进行诱惑调查，并且诱惑调查的实施主体应仅限于人民警察，不得授权或委托于其他公民、法人、其他组织、非公安机关的行政机关及其工作人员。

(二)诱惑调查的审批条件

人民警察进行诱惑调查应采取事前审批的方式，对调查事由、调查人员、调查方式及调查的时间地点等信息进行说明，原则上应交由县级以上公安机关负责人批准后方可实施。紧急情况下，可进行先予调查，在调查完毕后一定时间内履行审批程序，并说明紧急调查的必要性。

审批主体在审批时，需主要考虑以下因素：首先，采取诱惑调查是否有其必要性？因诱惑调查含有诱使性并存在较大的滥用风险，如果该案件以常规调查方式亦可处理，则警察此时不能使用诱惑调查。其次，诱惑调查是否可以用技术调查手段代替？如果该案件用技术手段即可获取相对人的违法证据，则不能对诱惑调查予以审批。最后，即使该案件不使用诱惑调查难以取证及查处，此违法行为是否将导致较大的公共利益损害可能？如果该违法行为实属轻微，可通过其他方式处理，则不能使用诱惑调查。

(三)诱惑调查的法律责任

如果人民警察在诱惑调查中，采取犯意诱发型手段致使被调查人做出了违法行为，此时被调查人需承担不利法律后果，但应考虑情节从轻或免于处罚。对于批准采用该犯意诱发型诱惑调查的公安机关和作为本案实施主体的人民警察应由其上级启动行政问责程序。

（四）诱惑调查的救济

诱惑调查的救济可分为事中救济和事后救济。当事人如果在诱惑调查过程中即发现调查人的执法身份，因此请求停止调查并要求对遭受的损失进行赔偿的，可请求警务督察部门对本案进行调查处理。在调查后，公安机关确认当事人存在行政违法事实，而当事人对诱惑式行政调查存有异议的，公安机关应当根据调查结果公开的原则，就事前掌握的违法可能性证据、采取非常规调查的原因、非常规调查的内容及调查结果等不涉及国家安全、商业秘密及个人隐私的信息对其进行公开。

若当事人就诱惑调查的方式及取得的证据不服，采取行政复议、行政诉讼等手段要求维护自身权益的，复议机关及法院可对诱惑调查同时采取主观标准与客观标准进行双重审查，既可审查违法意图是否在受诱之前，又可审查其违法意图与诱惑调查行为是否存在因果联系。此外，复议决定与判决中可对诱惑调查的类别进行区分，对犯意诱发型诱惑调查应持否定态度，支持原告合理的诉讼请求。而对机会提供型诱惑调查则应根据个案情况评判。

五、简短的结语

从行政调查的职权主义来看，公安机关负有概括的调查义务，对有调查的必要与可能发生的案件均应依职权启动调查程序。此外，公安机关对具体的调查方法应享有裁量权，可以运用各种合法、合理且必要的调查方法。[26] 因此，为完成警察任务，无论在法理还是实务的立场上，诱惑调查方式都有其存在的合理性，而不应被一概否定。

若诱惑调查的规制使其合法性被社会认同，则会带来两方面的影响，其一是各类行政违法活动的缩减，其二是行政复议、行政诉讼的增加，这无疑会给公权力机关带来新的挑战，但为长远计，对诱惑调查进行有效规制对法治中国的建设也是有所助益的。具体来说，以法律规范诱惑调查可参考域外经验与诱惑侦查的现有规定，在未来对诱惑调查的方式、范围和法律规制作进一步研究，使之带来最大的行政效益，又兼顾行政相对人合法权益的保障，以资横平。

---

[26] 余凌云：《行政调查的理论与实践》，中国人民公安大学出版社2014年版，第26页。

●行政诉讼规范性文件审查的现状与问题

——以“中国裁判文书网”案例为素材

贾圣真*

一、引言

2014 年修改后的《行政诉讼法》新设立了行政诉讼中的规范性文件附带审查制度(以下简称规范性文件审查制度)。在法律以两个条文(第 53 条、第 64 条)规定了这一制度之后,行政审判中如何具体操作成为理论界和实务界共同面临的迫切问题。2015 年 4 月 22 日公布的《最高人民法院关于适用〈中华人民共和国行政诉讼法〉若干问题的解释》(以下简称《适用解释》)又用两个条文(第 20 条、第 21 条)对其进行了解释,明确了提起申请的时限、对违法规范性文件的处理方式等问题。但是,这一制度的诸多方面仍留有空白,有待于进一步研究。

目前,学界关于行政诉讼规范性文件审查制度的研究主要是对这一制度的评价、对法院可能面临的一些具体问题的设想以及相应的制度构建。在该制度建立之初,由于实践尚为空白,此类研究的集中出现是可以理解的。2015 年 5 月 1 日,新《行政诉讼法》正式实施,至今已有一年多的时间,新法实施后的第一批行政判决已经产生。裁判文书上网制度的大力推行又为我们观察该制度的运行实效提供了基础。本文希望在广泛收集相关案例的基础之上,从现实切入,观察法院是如何理解和适用相应的法律条文和司法解释的,进而对该制度运行中反映出的问题进行分析。本文的案例研究,有助于呈现规范性文件审查制度的运行现实,提炼真实

---

* 贾圣真,浙江大学光华法学院宪法学与行政法学专业博士研究生。

世界中法律问题，弥补“制度建构型”研究的不足。

二、案例选取及初步分析

（一）案例检索说明

本文的案例全部来源于“中国裁判文书网”，[①]该网站是最高人民法院建立的全国性案例统一公布平台，具有权威性。[②] 目前，全国所有高级、中级人民法院全部实现生效裁判文书上网公布，28个省（自治区、直辖市）的三级法院全部实现生效裁判文书上网公布，[③]因此，从该网站上检索得到的数据应该是比较全面的。本研究设置的检索条件为：（1）案件类型：行政案件；（2）文书类型：判决书；（3）裁判日期：2015年5月1日至2016年2月1日。在此基础上，在“全文检索”一栏输入相关法条名称分别进行检索，[④]然后剔除重复案件、适用旧《行政诉讼法》的案件以及其他与规范性文件审查制度无关的案件，[⑤]共得到98个案例。这些案例成为了本文研究的基础素材。本研究的最后检索日期为2016年2月26日。为了行文的简洁，本文引用案例时将不列案例全名，读者可以根据裁判文书案号在裁判文书网查询相关案例。

（二）初步分析

在收集到的98个相关案例中，原告（含原审原告）请求与法院处理的对应情况如下：

① http://wenshu.court.gov.cn/.

② 《最高人民法院关于人民法院在互联网公布裁判文书的规定》（法释〔2013〕26号）第1条规定：“人民法院在互联网公布裁判文书，应当遵循依法、及时、规范、真实的原则”；第2条第1款规定：“最高人民法院在互联网设立中国裁判文书网，统一公布各级人民法院的生效裁判文书”。

③ 金丽娟：《关于裁判文书上网公开的问题及建议》，载《人民法院报》2016年2月3日第8版。

④ 即分别输入“《行政诉讼法》第五十三条”“《行政诉讼法》第六十四条”“《最高人民法院关于适用〈中华人民共和国行政诉讼法〉若干问题的解释》第二十条”“《最高人民法院关于适用〈中华人民共和国行政诉讼法〉若干问题的解释》第二十一条”进行检索。

⑤ 包括两类案件：一是当事人未提出审查申请，但将相关条文作为支持其诉讼主张的规范依据提交，法院在判决书中未予回应；二是规范性文件审查争议已经在一审中解决，当事人以别的理由上诉。这两类案件中，规范性文件审查程序并未开启，且判决书中也不能体现出法院的态度，故与本研究不具有关联性。

表 1　原告请求与法院处理情况

<table>
<tr><th>原告情况</th><th colspan="2">法院处理情况</th></tr>
<tr><td rowspan="5">提出审查请求　95</td><td rowspan="3">审查　8</td><td>合法　5</td></tr>
<tr><td>违法　2</td></tr>
<tr><td>规范性文件“对本案原告不适用”　1</td></tr>
<tr><td colspan="2">不审查　86</td></tr>
<tr><td colspan="2">未回应　1</td></tr>
<tr><td rowspan="2">未提出审查请求,但认为相关规范性文件不合法　2</td><td rowspan="2">审查　2</td><td>合法　1</td></tr>
<tr><td>违法　1</td></tr>
<tr><td>未提出审查请求,但以一审法院“未对规范性文件一并审查”为由上诉　1</td><td colspan="2">不审查　1</td></tr>
</table>

从上述统计可以看出,法院对规范性文件审查的态度总体比较谨慎。在所有收集到的案件中,进行审查的仅有 10 个,认定违法的仅有 3 个。其中,应原告请求而进行审查的仅有 8 个,占提出请求的案件的 8.4%,逾九成规范性文件审查申请被法院以各种理由排除审查。经整理归类,法院排除审查的理由如下:

表 2　法院排除审查的理由⑥

排除审查的理由	出现次数/次	出现频率
受诉文件不是行政行为“依据”的规范性文件	42	45.2%
未在规定时限内提出审查请求	23	24.7%
受诉文件不属于能受审查的“规范性文件”的范围	12	12.9%
原告提起的是行政赔偿诉讼	8	8.6%
原告提起的是不履行法定职责之诉	3	3.2%
新法尚未实施	3	3.2%
超过起诉期限	1	1.1%
原告未能明确需要审查的具体条款	1	1.1%
合计	93	100%

⑥　有的案例中,法院会列举多项理由排除对规范性文件的审查,所以“出现次数”的总和大于法院不审查的案件数。

三、规范性文件审查的启动条件

新《行政诉讼法》第53条和《适用解释》第20条为规范性文件审查设置了门槛，只有在满足一定的启动要件之后，才能开始对规范性文件的合法性进行审查。从实践情况来看，这些启动要件的设置，过滤了大多数的审查请求，法院对相关条文的解释和适用方法，颇有值得讨论之处。另外，在法定的启动条件之外，法院也提出了一些排除审查的理由，对于这些理由能否构成规范性文件审查的“否定性要件”，也有必要加以探讨。

（一）审查请求的提起时限

《行政诉讼法》第53条规定，对规范性文件的审查请求应当在“对行政行为提起诉讼时”提出，《适用解释》第20条规定：“公民、法人或者其他组织请求人民法院一并审查行政诉讼法第五十三条规定的规范性文件，应当在第一审开庭审理前提出；有正当理由的，也可以在法庭调查中提出。”从收集到的案例来看，很多审查请求都是在二审、重审阶段提出的，法院拒绝审查自无问题。但是，对于原告在一审阶段提出的审查请求，法院也有回避审查的倾向。[7] 例如，有的法院以“原告未能说明正当理由”为由，拒绝原告在法庭调查中提出的审查请求；[8]有的法院认为“（原告）陈述其未在开庭审理前提出审查请求系因未及时阅读宋庄镇政府提交的法律依据，本院认为该理由不属于上述规定中的正当理由”；[9]亦有法院回避对“正当理由”的判断而直接拒绝原告请求。[10] 行政诉讼案件中，“正当理由”应作宽泛理解，理由有三：一是规范性文件附带审查属于一项全新的制度，对原告而言需要一个熟悉运用的过程；二是规范性文件客观存在，行政机关在做出行政行为时，适用哪些规范性文件应该已经确定，因此，行政相对人在法庭调查阶段提出一并审查的请求，不会对被告的答辩和举证产生影响；[11]三是在行政诉讼中，原告所掌握的信息有限，

---

⑦ 笔者收集到的此类案件共有4个，全部被法院拒绝审查。

⑧ 浙江省杭州市江干区人民法院（2015）杭江行初字第22号行政判决书。

⑨ 北京市通州区人民法院（2015）通行初字第49号行政判决书。

⑩ 安徽省淮南市中级人民法院（2015）淮行终字第00031号行政判决书；浙江省德清县人民法院（2015）湖德行初字第47号行政判决书。

⑪ 陈磊：《规范性文件附带审查之实务问题探析》，载《山东审判》2015年第4期。

很可能并不清楚被告到底适用了哪些规范性文件。随着诉讼过程的进行,原告可能知悉行政机关所依据的新的规范性文件,或者对既有的规范性文件合法性产生疑问,这正是法庭调查阶段的作用。因此,宽泛解释“正当理由”,尽量准许原告在法庭调查阶段增加的审查请求,合乎《适用解释》的精神,也符合《行政诉讼法》设立规范性文件审查的目的。

(二)“规范性文件”的范围

《行政诉讼法》第53条规定的可受审查的“规范性文件”是指“国务院部门和地方人民政府及其部门制定的规范性文件”,且不包括规章。据此,不属于行政诉讼审查范围的“规范性文件”有:国务院制定的行政法规和其他规范性文件;国务院部门规章和地方政府规章;地方性法规;党委、人大、军事机关制定的其他规范性文件。从搜集到的案例来看,相当一部分的原告因不能识别“规范性文件”而提出错误的审查请求。对此,法院有必要进行释明,给原告撤回审查请求的机会。除请求审查的对象错误外,还有以下情况有必要讨论。

1. 党政机关联合发布的文件。有的案件中,原告请求审查党政机关联合发布的文件的合法性,法院认为“原告在该诉讼中持此请求不妥,且该批复亦不属规范性文件”,所以不予审查。⑫ 党政系统联合发文情况的存在,确实为法院借规范性文件审查制度介入对党的政策和活动的审查提供了契机,但是,基于政治现实,法院拒绝审查此类文件也许是更为合适的选择。如果确认此类文件的不可审查性,则有必要通过政治和行政系统的协调,尽量减少党政机关联合发文的情况,以预防规范性文件通过挂上党委的名号来逃避审查的现象。

2. 内部文件。从收集到的案例可见,尽管法律没有明确规定,但法院已经划出一个司法审查不能进入的“内部行政法”领地。法院认为,“(受诉规范性文件)主要涉及内部组织、责任设定及工作计划,均与行政机关内部管理活动相关,法院无介入判断之余地”;⑬“《行政诉讼法》第53条规定的规范性文件,是指行政机关制定的规章以下具有普遍约束力的文

⑫ 北京市怀柔区人民法院(2015)怀行初字第47号行政判决书。

⑬ 参见江苏省泰州市中级人民法院(2015)泰中行终字第00096号行政判决书引述一审法院观点部分。

件,而大金编发(2011)55号文件是关于行政机关内部机构设置和人员编制的规定,不具有外部效力,不属于规范性文件的审查范围”。[14]

本文认为,对于“内部文件”,应该区分两种情况。对于规定行政系统内部的人事、内部行为准则、任务分配、工作计划等日常管理类文件,法院原则上不予审查,这并不是因为此类文件不属于“规范性文件”,而是因为其仅针对内部事务,不会产生外部效果,也就不会影响受诉行政行为的合法性。对于涉及行政机构的主体资格和行政职权的文件,法院应该进行审查,因为“主体合法”是行政行为合法性审查要素之一,而且是最基础的要素。当前,由于组织法的缺失,行政机构的设置和行政职权的获得主要是依靠“三定方案”等规范性文件,如果不审查此类文件的合法性,即不能保证行政机构的设置和行政职权的来源合法,“如果任何文件都能够赋予行政机关以职权,那职权法定无从谈起,法治也不可求了”。[15] 对此类文件进行审查,对于保障行政组织规范的合法性,进而保障行政行为的合法性,具有积极意义。

(三)对行政行为的“依据”的理解与判断

新《行政诉讼法》创设的规范性文件审查制度是一种附带审查制度。这种“附带性”主要体现在两点:一是对规范性文件的审查只能依附于行政案件,不能独立成诉,法院只能结合案件对规范性文件进行具体性审查,而不能脱离案件进行抽象性审查;[16]二是所审查的规范性文件仅限于行政行为所“依据”的规范性文件。从收集到的案例来看,受诉文件不是行政行为“依据”的规范性文件,成为法院拒绝审查的最常见理由。例如,在一些信息公开案件中,原告要求法院审查其申请公开的文件的合法性,即明显混淆了公开内容和行政机关信息公开行为的依据。但是,对行政行为“依据”的理解与判断并非毫无疑义,何为“依据”,如何认定规范性文件是或不是行政行为的“依据”,是把握审查启动条件的一个关键问题。

1.“直接依据”或“相关依据”。

有观点认为,规范性文件必须作为执法依据引用,并且,基于该规范

---

[14] 辽宁省大连市中级人民法院(2015)大行终字第301号行政判决书。

[15] 何海波:《行政诉讼法》(修订版),法律出版社2013年版,第251页。

[16] 王红卫、廖希飞:《行政诉讼中规范性文件附带审查制度研究》,载《行政法学研究》2015年第6期。

性文件的规定，对公民、法人或者其他组织的权利义务作出直接影响。[17]也有相关案例支持了这种观点。例如，有法院认为，“虽然被告将该文件作为作出行政行为的依据提交，但根据庭审查明的事实，被告作出对原告不予办理被征地农民基本生活保障的行政行为主要理由为原告不是村经济合作社社员，不属于村经济合作社在册农业人员，故该文件并非被告作出的对原告不予办理被征地农民基本生活保障的具体行政行为的直接依据，本案中不作审查”。[18] 也有观点认为，只要规范性文件起码在形式上能为行政行为职权、内容、程序、形式等某一个或某几个方面要素的合法性提供支持，就应当认定其为行政行为的依据。[19] 笔者认为，将《行政诉讼法》第53条中“依据的规范性文件”理解为与行政行为合法性“相关”的规范性文件，更为妥当，因为此类规范性文件的违法，都有可能导致行政行为违法的后果。因此，为保障行政行为的合法性，有必要对各相关依据进行审查。

2. “依据”的判断标准

就收集到的案例来看，法院对于如何判断规范性文件是行政行为的“依据”，形成了三种标准。一是是否告知当事人，即考察行政机关在做出行政行为时，是否援引了相关规范性文件内容，这是大多数法院的做法；[20]二是是否提交给法院，即在举证、答辩等诉讼程序中，行政机关是否将相关规范性文件作为行政行为的依据向法院提交。[21] 三是进行客观化的实

---

⑰ 程琥：《新〈行政诉讼法〉中规范性文件附带审查制度研究》，载《法律适用》2015年第7期。

⑱ 浙江省海宁市人民法院（2015）嘉海行初字第5号行政判决书。

⑲ 王红卫、廖希飞：《行政诉讼中规范性文件附带审查制度研究》，载《行政法学研究》2015年第6期。

⑳ 如海南省第一中级人民法院（2015）海南一中行初字第194号行政判决书中，法院认为，“本院已查明，第265号《决定书》并未注明适用《五指山市建设用地容积率管理规定》，因此，原告请求……本院不予采纳”。

㉑ 如在绍兴市上虞区人民法院（2015）绍虞行初字第87号行政判决书中，法院认为，被告明确说明其在对原告养殖场强制拆除时“未适用上述规范性文件内容，亦未向本院就上述文件内容进行举证”；在浙江省慈溪市人民法院（2015）甬慈行初字第61号行政判决书中，法院认为“原告申请对慈政发（2013）44号文件一并进行审查，但三被告均辩称未将该规范性文件作为行政行为的依据，三被告亦未在本案诉讼中将该文件作为规范性文件依据提交”。

质审查,即由法院最终确定规范性文件是否是行政行为的依据。[22] 上述三个标准中,法院的审查程度不断深入。随着庭审过程的进行,行政机关所依据的规范性文件有可能发生变化,在做出行政行为时援引的规范性文件,不一定是提交给法院的规范性文件,而前两者又不一定是行政机关做出行为的真正依据。如果行政机关未履行告知义务,未提交其作为论证行政行为合法的依据,但其对行政机关具有拘束力,且行政行为符合其相关规定,也应当认定其为行政行为的依据。据了解,目前已有行政机关为逃避附带审查而隐瞒规范性文件的情况。[23] 因此,从实现规范性文件审查制度的目的出发,应该采用上述第三个标准,由法院在对案件事实和规范性文件内容进行审查的基础上,判断规范性文件在客观上是否决定或影响了被诉行政行为的做出及其内容。需要说明的是,这一阶段的审查是事实审查,而不是法律审查,不涉及对规范性文件的合法性判断。

《行政诉讼法》第 34 条规定:“被告对作出的行政行为负有举证责任,应当提供作出该行政行为的证据和所依据的规范性文件”,当被告未提交原告申请审查的规范性文件时,有的法院让原告承担举证责任,[24]由于原被告之间地位的不平等和掌握信息的不对称,完成上述证明是非常困难的。对此,原告可依据《行政诉讼法》第 41 条,申请法院调取证据,法院也可以依据《行政诉讼法》第 39 条、第 40 条的规定,要求被告提供或者补充证据、或者向有关行政机关调取相关证据。例如,在一个案例中,因为规范性文件的制定者和执行者并非同一主体,法院为查明争议规范性文件的真实性、合法性,即依职权询问并调取了相关文件,为彻底解决争议,又

---

[22] 参见浙江省海宁市人民法院(2015)嘉海行初字第 5 号行政判决书。又如广东省佛山市中级人民法院(2015)佛中法行终字第 392 号行政判决书中,法院认为“被上诉人并未依据南府(1998)24 号文而作出 453 号《决定书》,本院亦未将南府(1998)24 号文作为定案依据,故对于南府(1998)24 号文的合法性,本院不予审查”。

[23] 王红卫、廖希飞:《行政诉讼中规范性文件附带审查制度研究》,载《行政法学研究》2015 年第 6 期。

[24] 如在山东省淄博市中级人民法院(2015)淄行终字第 179 号行政判决书中,法院认为“原告……无证据证明被告淄博市周村区人力资源和社会保障局作出周人社工决字(2015)29 号《认定工伤决定书》依据了《淄博市工伤认定工作规程》第五条的规定,被告淄博市周村区人力资源和社会保障局对此亦不予认可。因此,原告山东博精化工机械有限公司请求本院一并对《淄博市工伤认定工作规程》第五条进行审查的要求,无事实及法律依据”。

对规范性文件的合法性进行了审查。[25]

(四)对若干否定性要素的探讨

除《行政诉讼法》第53条和《适用解释》第20条规定以外,法院还提出了一些排除审查的其他理由。为此,有必要讨论以下情况是否构成对规范性文件审查的否定性要素,从而直接排除法院的审查。

1. 案件不能进入实体裁判阶段

满足诉讼要件是法院作出本案判决的前提条件,不具备诉讼要件则诉讼程序没有必要进行下去,法院不会作出实体性裁判。[26] 由于行政诉讼中的规范性文件审查具有附带性,必须依附于一个行政诉讼案件,因此在诉讼过程中,如果发现行政案件不能进入实体裁判阶段,则法院对规范性文件的审查即不能进行,否则将成为不依附于个案的抽象审查。这种情况包括:受诉行政行为不属于受案范围、超过起诉期限、原告经法院允许撤诉等。出现上述情况,法院即无须启动对规范性文件的审查,已经开始审查的,应该终止。

2. 行政赔偿案件

法院认为,在行政赔偿诉讼中,法院仅就行政赔偿争议进行审理与裁判,原告要求对规范性文件的一并审查的申请,非本案的审查范围,其依据是1997年最高人民法院《关于审理行政赔偿案件若干问题的规定》第29条,“人民法院审理行政赔偿案件,就当事人之间的行政赔偿争议进行审理与裁判”。据此,在单纯的行政赔偿案件中,法院不能就相关规范性文件进行审查。根据《国家赔偿法》第9条,赔偿请求人可以在提起行政诉讼时一并提出国家赔偿,最高人民法院《关于审理行政赔偿案件若干问题的规定》第28条规定:“当事人在提起行政诉讼的同时一并提出行政赔偿请求,或者因具体行政行为和与行使行政职权有关的其他行为侵权造成损害一并提出行政赔偿请求的,人民法院应当分别立案,根据具体情况可以合并审理,也可以单独审理。”因此,在对行政诉讼和行政赔偿诉讼一并审理的情况下,并不妨碍法院对规范性文件的合法性审查。当事人在行政赔偿案件中请求审查的规范性文件,往往决定当事人能否获得赔偿

㉕ 江苏省泰州市中级人民法院(2015)泰中行终字第00096号行政判决书。

㉖ 邵明:《民事诉讼法学》,中国人民大学出版社2007年版,第406页。

以及赔偿数额，将行政赔偿案件与行政诉讼案件一并审理，并对涉诉规范性文件进行审查，有利于节约司法资源并彻底解决行政纠纷。

综上所述，在行政赔偿案件中，如果原告未针对行政行为提起诉讼，则法院不能对相关规范性文件进行审查；如果原告同时针对行政行为提起了诉讼，法院可以并案审理，并对相关规范性文件进行审查。

3. 不履行法定职责案件

有观点认为，由于行政不作为本身并未“依据”任何规范性文件，行政相对人提请审查属于单独提起规范性文件审查之诉，因此对不作为案件禁止提请附带审查。[27] 在收集到的案件范围内，有三个是在“不履行法定职责之诉”中提出规范性文件审查请求，均被法院拒绝的。[28] 法院的论证大同小异，均认为在不履行法定职责之诉中，被告尚未做出行政行为，也就不会将受诉规范性文件作为行政行为的依据，因此不满足《行政诉讼法》第53条“一并审查”的要求。

行政机关依据规范性文件进行的活动，并不一定总是指向积极作为的结果，根据规范性文件的内容，行政机关可能满足相对人的请求，也可能拒绝相对人的请求；可能作出行政行为，也可能不做出行政行为——因此，仅凭某案件是不履行法定职责案件，不足以成为阻碍规范性文件审查的理由。是否启动规范性文件审查，应该考察受诉规范性文件与行政机关所做出的反应的关联性，即行政机关适用该规范性文件，是否导致了其对相对人的请求做出拒绝、拖延或不予答复的结果。如果存在这种关联性，则法院可以对相关规范性文件的合法性进行审查，这有利于解决行政机关利用规范性文件推卸法定职责的现象。

---

[27] 参见陈磊：《规范性文件附带审查之实务问题探讨》，载《山东审判》2015年第4期；江必新、梁凤云：《最高人民法院新行政诉讼法司法解释理解与适用》，中国法制出版社2015年版，第201页。

[28] 关于行政不作为与不履行法定职责之间的关系，学界讨论颇多，而且并未达成一致意见[参见闫尔宝：《行政不作为重述——界定与审查》，载《甘肃行政学院学报》2008年第1期；曹福春、刘鹤：《行政不作为与行政不履行法定职责界定》，载《延边大学学报》（社会科学版）2008年第1期；章剑生：《现代行政法基本理论》（第2版），法律出版社2014年版，第882～884页]，但二者的范围与此处要讨论的问题关系不大，故在此不做严格区分。

四、规范性文件的审查方式

在本文的检索条件下共得到十个对规范性文件进行审查的案例，其中有九个案例对规范性文件的合法性进行了正面评价。另一个案例以规范性文件“对本案原告不适用”为由，回避了对涉诉规范性文件合法性的判断。[29] 规范性文件是否“对原告适用”，与其是否是“行政行为的依据”不同，后者是行政机关是否在客观上依据规范性文件对原告做出了行政行为，是一个事实问题，如果不满足这一条件，则进入不到对规范性文件的审查阶段；而前者是一个法律问题，是在行政机关客观上已经将规范性文件作为依据的情况下，法院作出了与行政机关不同的法律解释，这时法院实际上是通过对本案的法律适用过程的审查，而排斥了对规范性文件进行最终的合法性评价。本部分将通过对规范性文件合法性进行了正面评价的九个案例来分析当前法院对待规范性文件的审查方式。

（一）主动审查还是被动审查

在上述九个案例中，七个案件原告明确提出了审查请求，其他两个案件原告虽未提出审查请求，但在案件审理过程中对涉及的规范性文件的合法性提出了质疑。可见法院对规范性文件审查制度主要持一种“不告不理”的消极态度。此处的法律问题是，在《行政诉讼法》第53条规定的规范性文件审查未被提起的情况下，法院如果因原告的质疑，或者自己发现行政行为依据的规范性文件不合法，能否径行适用《行政诉讼法》第64条的规定？对此，有三种可能的解释：第一，《行政诉讼法》修改后，法院只有在原告提出审查申请的情况下，亦即只有在这一制度启动后才有审查规范性文件合法性的权力，否则既不能审查规范性文件的合法性，也不能向制定机关提出处理建议，这实际上是法院在规范性文件审查权上的倒退，显然不可取；第二，第64条以第53条的适用为前提，在当事人未提出审查申请的情况下，法院不能主动审查并做出处理，但是要确定被诉行政行为的合法性，必要涉及对所适用的法律依据进行审查，只是最终表现为

[29] 浙江省台州市中级人民法院(2015)浙台行终字第186号行政判决书。

对规范性文件的选择适用权,[30]这一解释维持了原《行政诉讼法》下的状态,将规范性文件审查作为一个“外接”于行政诉讼的、相对独立的制度;第三,第 64 条独立于第 53 条存在,即无论原告是否提出申请,法院都对规范性文件有审查权和司法建议权,只是这里的规范性文件的范围适用第 53 条的规定。上述第二、三种解释均能成立,实践中,已经有法院在原告未提出审查申请的情况下,直接指出规范性文件违法,并且援引了第 64 条的规定。[31] 这种积极主动的态度值得注意。

(二)全文审查还是部分审查

法院认为,对规范性文件的审查,应该限于行政行为依据的并对相对人权利义务产生实际影响的条款。行政诉讼中的规范性文件审查不同于人大和行政系统内部的备案审查,如果进行全面审查,法院就很可能陷入司法资源、司法能力和民主性、专业性不足的尴尬境地。[32] 法院还要求原告在审查请求中对具体条款予以明确。在原告未能明确具体条款的情况下,有的法院在释明后,结合其他理由驳回了审查申请;[33]有的法院则“根据认证意见并结合原告之主张”,自行确定了审查的范围。[34] 本文认为,在不过分占用司法资源的情况下,采取后一种做法,有助于充分保障原告诉讼权利,也有利于彻底解决被诉行政行为的合法性争议。

(三)审查标准

2000 年发布的《最高人民法院关于执行〈中华人民共和国行政诉讼法〉若干问题的解释》第 62 条第 2 款规定:“人民法院审理行政案件,可以

---

[30] 持此种观点的,如陈磊:《规范性文件附带审查之实务问题探析》,载《山东审判》2015 年第 4 期;江必新、梁凤云:《最高人民法院新行政诉讼法司法解释理解与适用》,中国法制出版社 2015 年版,第 205 页;江必新主编:《中华人民共和国行政诉讼法理解适用与实务指南》,中国法制出版社 2015 年版,第 245 页。

[31] 江苏省丹阳市人民法院(2015)丹行初字第 00052 号行政判决书。

[32] 王红卫、廖希飞:《行政诉讼中规范性文件附带审查制度研究》,载《行政法学研究》2015 年第 6 期。

[33] 浙江省慈溪市人民法院(2015)甬慈行初字第 61 号行政判决书中,法院认为“原告申请对慈政发(2013)44 号文件一并进行审查,但三被告均辩称未将该规范性文件作为行政行为的依据,三被告亦未在本案诉讼中将该文件作为规范性文件依据提交,且经本院释明并要求原告对需要审查的具体条文予以明确后,原告仍坚持要求对该规范性文件的全文进行审查,故原告该请求不符合《中华人民共和国行政诉讼法》第五十三条的规定,本院不予支持”。

[34] 江苏省泰州市中级人民法院(2015)泰中行终字第 00096 号行政判决书。

在裁判文书中引用合法有效的规章及其他规范性文件";2004 年最高人民法院发布的《关于审理行政案件适用法律规范问题的座谈会纪要》提出:"人民法院可以在裁判文书中对具体行政行为应用解释和其他规范性文件是否合法、有效、合理或适当进行评述";2009 年最高人民法院发布的《关于裁判文书引用法律法规等规范性文件的规定》第 6 条指出,根据审理案件的需要,经审查认为合法有效的其他规范性文件,可以作为裁判说理的依据。这意味,在《行政诉讼法》修改之前,法院对规范性文件的审查有"合法""有效""合理或适当"三个主要标准。在新《行政诉讼法》规定的规范性文件的审查制度中,"合法性"标准的内涵如何,是否审查规范性文件制定程序的合法性,成为法院必须面对的问题。表 3 展示了法院在判决书中明确说明的对规范性文件的审查标准。

表 3　法院对规范性文件的审查标准

案号	(内容上的)合法性	有效性	合理性	制定程序	审查结果
(2015)泰中行终字第 96 号	√	×	√	×	合法
(2015)涵行初字第 15 号	√	×	×	×	合法
(2015)吴利行初字第 15 号	√	√	√	×	合法
(2015)潭行初字第 56 号	√	×	×	×	违法
(2015)盱行初字第 35 号	√	×	×	√	合法
(2015)孙行初字第 4 号	×	×	×	√	违法
(2015)固行终字第 41 号	√	√	√	√	合法
(2015)鄂武汉中行终字第 637 号	√	√	√	×	合法
(2015)丹行初字第 52 号	√	×	×	×	违法

可见,法院对规范性文件的审查标准并不一致。在判断规范性文件内容是否合法方面,最重要的标准是是否违背了上位法(法律、法规、规章)的规定。[35] 例如,在一个案例中,法院认为"湖南省人力资源和社会保障人社函(2013)193 号复函第三条第 2 项指导意见与《工伤保险条例》第

---

[35] 江必新主编:《中华人民共和国行政诉讼法理解适用与实务指南》,中国法制出版社 2015 年版,第 244 页。

十四条第(五)、(六)项、第十五条第(一)项的法律相冲突,该复函第三条第2项的规定限缩了工伤认定的范围,从而限缩了《工伤保险条例》规定的权利,故该复函第三条第2项不合法”。[36] 同时,法院也将上级规范性文件纳入了“上位法”的范畴。例如,有法院认为,“本案所涉的实施方案和审核细则的上位法即国63号文、苏88号文中未明确规定具体认定办法以及条件等硬性标准,故市政府制定的实施方案和审核细则不存在违法情形”,[37]又如,有法院认为受诉规范性文件的规定“与商务部《标准化菜市场设置与管理规范》不一致,也与《商务部等13部门关于进一步加强农产品市场体系建设的指导意见》[商建发(2014)60号]第(七)项‘积极发展菜市场、便民菜店、平价商店、社区电商直通车等多种零售业态’的指导意见不相符,也违反国家对个体工商户实行的市场平等准入、公平待遇的原则,依据《中华人民共和国行政诉讼法》第六十四条规定,不能作为认定被诉行政行为合法的依据”。[38] 将上级规范性文件作为“上位法”对待,在解决规范性文件合法性问题之外,客观上起到了贯彻上级政府政策的功能。法院通过审查地方政策是否合乎上级政策,来代替上级行政机关实现对下级行政机关的科层监控。这也是行政诉讼在权利保障的功能以外的另一种功能。[39]

一些法院明确将“合理性”作为审查标准。例如,有法院认为,“谢春艳虽认为认定标准存在不公正与歧视,但该些标准在客观上并无不公,谢春艳亦未提供规范制订者主观上存在恶意裁量的线索”,[40]可见,法院已经将裁量行使过程中的主观因素纳入了审查视野;还有的法院将是否“符合当地实际”作为考量的因素。[41] 值得注意的是,在此类案件中,法院最后均认可了规范性文件的合理性和合法性,因此,合理性往往作为法院论证或补强规范性文件合法性的理由,而不是作为证明规范性文件违法的理由。这也说明了法院在对规范性文件合理性审查上的谨慎态度。由于

---

[36] 湖南省湘潭县人民法院(2015)潭行初字第56号行政判决书。

[37] 江苏省泰州市中级人民法院(2015)泰中行终字第00096号行政判决书。

[38] 江苏省丹阳市人民法院(2015)丹行初字第00052号行政判决书。

[39] 关于行政诉讼的科层控制功能,详见卢超:《产权变迁、行政诉讼与科层控制——以“侵犯企业经营自主权”诉讼为切入》,载《中外法学》2013年第4期。

[40] 江苏省泰州市中级人民法院(2015)泰中行终字第00096号行政判决书。

[41] 宁夏回族自治区固原市中级人民法院(2015)固行终字第41号行政判决书。

行政规范性文件中涉及大量的政策性考量,法院在专业性上并无优势,不宜介入过深。但仍应对行政裁量权的行使进行最低限度的审查,特别是参照《行政诉讼法》第 70 条第(5)、(6)项的规定,审查是否具有"滥用职权"或"明显不当"的情况。[42] 至于具体的审查方法,可以根据行政裁量理论,通过对事实认定、行政目的、法律原则等方面的考量,审查是否存在裁量的逾越和滥用。[43]

目前的权威性观点认为不应审查规范性文件制定程序的合法性,[44]但是实践中,有的法院已经开展了对程序的审查,法院的审查标准是规范性文件是否履行了"法定程序",特别是是否进行了公开。例如,在一个案例中,法院认为受诉规范性文件"不违背法律、法规的规定,且按照江苏省安监局[苏安监(2015)17 号]文件的规定上报淮安市安全生产监督管理局进行了备案。故该布点规划的通知无论在内容和程序上均符合法律的要求,是合法的",[45]在另一个案例中,法院认为受诉规范性文件"通过会议研究讨论制定……且制定后向社会进行了公开,上述规定合法有效"。[46]在唯一一个判决规范性文件制定程序违法的案例中,法院认为,"在制定辖区供热价格时应依据相关法律规定按照法定程序进行,2014 年 9 月 30 日制定的孙价发(2014)46 号关于海峰热电供热价格批复时所依据的是《黑河市人民政府关于调整黑河市区供热价格的批复》第四项的规定执行,即'必须将调整后的……非居民用户建筑层高超高供热费收费标准进行公示,主动接受社会监督'。这一公示义务应由第三人海峰公司完成,第三人对该公示内容不进行公示,不能作为该项收费的依据"。[47] 在当前尚无统一的规范性文件制定程序的情况下,制定后向社会公开,应该成为对行政机关执法依据的最低限度的要求,各地法院能否通过判决发展出

---

[42] 最高人民法院也认为,如果发现规范性文件明显不当的,也不能认定其为行政行为的依据,参见江必新、梁凤云:《最高人民法院新行政诉讼法司法解释理解与适用》,中国法制出版社 2015 年版,第 208 页。

[43] 参见王贵松:《论行政裁量的司法审查强度》,载《法商研究》2012 年第 4 期。

[44] 江必新主编:《中华人民共和国行政诉讼法理解适用与实务指南》,中国法制出版社 2015 年版,第 238 ~ 239 页。

[45] 江苏省盱眙县人民法院(2015)盱行初字第 00035 号行政判决书。

[46] 宁夏回族自治区固原市中级人民法院(2015)固行终字第 41 号行政判决书。

[47] 黑龙江省孙吴县人民法院(2015)孙行初字第 4 号行政判决书。

一套"正当程序"标准,尚需进一步观察。

(四)处理结果

法院如何对受诉规范性文件进行最终处理,取决于一个基本问题:行政相对人对规范性文件的审查申请,是不是一项独立的诉讼请求?有观点认为其不属于诉讼请求,理由是:诉讼请求是指撤销之诉、确认之诉和给付之诉,审查规范性文件不属于这三种诉讼种类中的任何一种。另外,《行政诉讼法》第53条规定的是"申请",不是起诉。[48] 也有观点认为,由于行政诉讼法中未规定相应的判决类型,也并未赋予法院对规范性文件的处理权,因此规范性文件审查申请不是真正意义上的诉讼请求,而具有"准诉讼请求"的性质。[49] 最高人民法院《适用解释》第2条明确将其界定为一项诉讼请求,这就明确了法院的裁判义务,即法院对此不能置之不理。实践中,已经有法院因"遗漏对此诉讼请求的审查,违反了法定程序"而发回重审的情况。[50]

《适用解释》第21条仅规定了对违法的规范性文件的处理方式,并不是对规范性文件审查的处理结果的完整规定,这就给法院留下了探索空间。笔者观察到,各地法院除了在判决理由部分进行说明外,还有许多不同做法,包括在主文中驳回原告审查申请、[51]确认规范性文件合法,[52]甚至确认规范性文件违法等。[53] 目前尚不能断言这种多样化的处理方式的对错,但是需要指出的是:如果将对规范性文件审查的处理结果放在裁判理由部分,则处理结果的效力也仅限于本案;如果放在判决主文部分,由于生效判决的既判力,法院对规范性文件的处理结果有可能从个案效力推广到普遍效力,这为这一制度发挥更广泛的功能提供了契机,但同时也对整个

---

[48] 江必新、梁凤云:《最高人民法院新行政诉讼法司法解释理解与适用》,中国法制出版社2015年版,第32页。

[49] 王红卫、廖希飞:《行政诉讼中规范性文件附带审查制度研究》,载《行政法学研究》2015年第6期。

[50] 湖北省鄂州市中级人民法院(2015)鄂鄂州中行终字第00019号行政裁定书。

[51] 如海南省第一中级人民法院(2015)海南一中行初字第194号行政判决书。

[52] 如江苏省盱眙县人民法院(2015)盱行初字第00035号行政判决书。

[53] 黑龙江省孙吴县人民法院(2015)孙行初字第4号行政判决书中,法院判决:"依据《中华人民共和国行政诉讼法》第五十三条、六十四条、七十四条二款(一)项的规定判决如下:确认孙吴县物价监督管理局向第三人孙吴县海峰热电有限责任公司作出的孙价发(2014)46号《关于海峰热电供热价格批复》中的第四项程序违法。"

法院系统的裁判质量以及信息公开和信息共享水平提出了更高的要求。

五、结语:在主观与客观诉讼之间

行政诉讼法依其诉讼目的和诉讼规则的不同,可以分为主观诉讼与客观诉讼,前者重在回应原告诉讼请求,实现权利保护,后者重在实现对客观法秩序的监督。本次行政诉讼法的修改在大方向上是更加强化了行政诉讼“主观诉讼”的性质,这从便利当事人起诉、完善判决形式、完善民事和行政争议交叉的处理机制等方面可以看出来。但是,《行政诉讼法》设计的规范性文件审查制度是为了纠正地方政府及其部门制定的规范性文件中越权错位的问题,从根本上减少违法行政行为,[54]这又明显带有客观诉讼的目的。将这一制度置于整个行政诉讼法的结构中,就成了一种在主观诉讼和客观诉讼之间的混合体:它依附于一个具体案件,但是又希望达到维护客观法秩序的功能;它既要围绕被诉行政行为的合法性,又要解决规范性文件的合法性,因此,在具体的操作过程中,常常面临着是否“超越个案”的选择。本文所探讨的一系列问题,都体现着夹杂在主观与客观诉讼之间的矛盾。法院对规范性文件的审查流程可用图 1 表示:

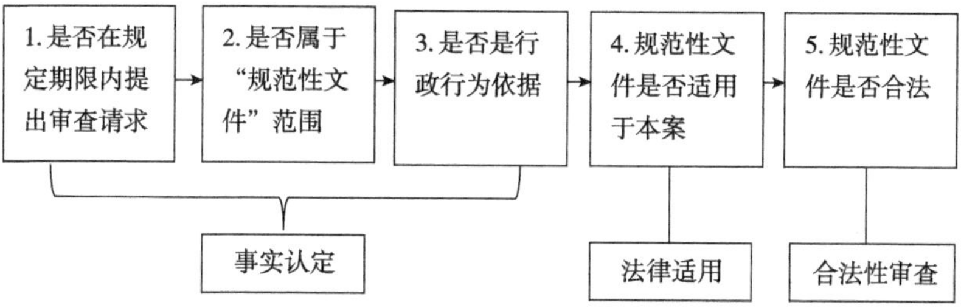

图 1　法院对规范性文件的审查流程

在这种审查流程下,只要前一步得到否定的答案,即不能进入真正的合法性审查阶段。就本文观察到的现实来看,多数法院对规范性文件审查启动条件的把握非常严格,倾向于限缩规范性文件审查的范围,这种过度限缩有时可能阻碍了对行政行为合法性的准确判断。但是,在真正启动规范性文件合法性审查后,在审查标准、处理方式等方面又有多元化的

---

[54] 参见信春鹰:《关于〈中华人民共和国行政诉讼法修正案(草案)〉的说明》,载袁杰主编:《中华人民共和国行政诉讼法解读》,中国法制出版社 2014 年版。

做法,不少法院倾向于对客观法秩序的维护。本文秉持的主要思路是:行政诉讼中对规范性文件的审查应该围绕受诉行政行为的合法性进行,但是这个合法性是包括主体、职权、行为、程序在内的全面的合法性,凡是牵连到行政行为合法性问题的规范性文件,法院均应予以考虑。审查程序不能仅仅依靠原告来推动,法院应该在释明、调取证据、判断规范性文件与行政行为之间的关联、确定应受审查的具体条文等方面发挥能动作用。概言之,“被诉行政行为的合法性”既决定了司法审查的范围(必要性),也决定了司法审查的深度(有限性)。当前应该着重克服对规范性文件审查制度启动条件过于狭隘的理解和操作方式,增加能真正进入到合法性审查阶段(图1第5步)的机会。至于法院的审查标准、处理方式等问题,在法律和司法解释留下较大空间的情况下,应该允许法院进行自主探索,留待进一步观察和研究。

有的学者对新《行政诉讼法》规定的规范性文件审查制度持批评态度,认为这种规定“不仅落后于现实,而且没有任何实际意义”。[55] 本文认为,规范性文件审查制度虽然还很不完善,但其意义是毋庸置疑的。首先,它将在旧行政诉讼法下实际上已经开展的规范性文件审查法定化、制度化,明确了相对人在行政诉讼中挑战规范性文件的权利;其次,虽然体现在法律条文中的规定显得并不十分“有力”和“超前”,然而在法律规定较为粗糙的情况下,该制度有巨大的实践空间和发展潜力,本文的案例分析对此已经有所展示。随着民众权利诉求的高涨,对规范性文件审查范围和审查深度的请求必然进一步扩张,各地法院多姿多彩的实践做法也有望释放出更大的创新能量。这一制度会在实践中逐步走向成熟,甚至有可能突破现在夹在主观与客观诉讼之间的状态,迎来进一步发展变革的空间。

---

[55] 曾祥华:《论对规范性文件的司法审查》,载《河北法学》2015年第9期。

域外撷英

●论德国行政法院和(调)解制度的历史与实践

胡晓媛*

《德国行政法院法》第106条原文

“各参与人在拥有对和解标的处分权时,为了全部或部分实现其主张,可以通过由法院、受委托的或者所请求的法官起草笔录的方式,达成一项和解。法庭和解也可以通过各参与人在法院书面接受法院、法院主席或主审法官以裁定形式做出的调解建议的方式达成。”

一、法院和解在德国行政司法领域的历史沿革

早在1909年1月21日,普鲁士高等行政法院就作出了德国历史上首次涉及通过和解(Vergleich)方式来解决行政法律争议的判决案例。① 在该案中法院首先对行政诉讼过程中达成和解的许可性予以了肯定,但同是又否定了和解具备替代法院判决而自行终结诉讼的效力。究其原因,主要是当时行政诉讼所依据的1883年《普通州行政法》(Gesetz über die allgemeine Landesverwaltung)中仅规定了决定(Bescheid)、裁定(Beschluss)以及判决(Urteil)三种法院决定形式,而只字未提和解。此外的一个理由是,当时的《普通州行政法》第60条没有像《德国民事诉讼法》第794条第1款第1项中那样承认和解具有强制执行力,由此普鲁士高等行政法院引导出行政诉讼当事人以及参与人缺乏自力终结争议的法

* 胡晓媛,华东政法大学讲师。

① 《普鲁士高等行政法院判例集》第54卷(PrOVGE 54),第87页以下。

律权力这一论断。普鲁士高等行政法院的这一观点在其1941年2月20日的另一项判决中得到了延续。② 根据该判决,由当事人达成的和解不具终结诉讼的效力,进而须经行政法院审查其有效性,即由法官基于对案情与证据的整体把握,按其自由心证作出裁判。③ 值得一提的是,由于当时的行政法院没有承认和解具有终结诉讼效力,故而实质上也没有产生分法庭和解这一与庭外和解相区分的概念。换言之,上面所提到的和解尚属于庭外和解。④

"二战"德国战败后,德国旋即被划分为四大占领区。其中美国占领区内的巴伐利亚、巴登维腾堡和黑森三个南部州于1946年年底颁布了各自的《州行政法院法》。英国占领区军政府则于1948年颁布了《关于英国占领区内行政诉讼管辖的条例》。以上两项法律文件都肯定了行政诉讼参与人在庭上达成和解的可能性。1960年4月1日生效的《德国行政法院法》(VwGO)取代了以上两部地区法律,并正式地在其第106条中规定:"各参与人在拥有对诉讼标的处分权时,为了全部或部分实现其主张,可以通过由法院、受委托的或者所请求的法官起草笔录的方式,达成一项和解。"该条内容后来于1990年12月17日接受了两处修改:即将参与人对"诉讼标的"的处分权修改为对"和解标的"的处分权,从而使即便不属于诉讼标的的主张也可以作为和解对象而纳入到和解的内容中来;⑤其次,立法者为第106条增添了第2句即:"法庭和解也可以通过各参与人在法院书面接受法院、法院主席或主审法官以裁定形式做出的调解建议的方式达成。"⑥在此,法院成为和解达成的发起人,从而更有助于和解的实现。在此需要说明的是,无论是第106条第1句中的当事人自主和解,还是第2句中的法官建议调解,都是在法庭上实现的,故而在德国法中不

② 《帝国行政公报》第62卷(PrOVG,RVBl. Bd. 62),第422页以下。

③ 自由心证是我国学者采用日本学者的译法。德文应该直译为自由证据评估原则(Grundsatz der freien Beweiswürdigung),该原则规定在当时的《普通州行政法》第79条以及现在的德国《行政法院法》第108条第1款中。

④ Reinhard Franke:Der gerichtliche Vergleich im Verwaltungsprozess,Frankfurt am Main 1996,S. 26.

⑤ 相关立法解释参见《联邦议院公报》第11/7030号(BT-Drucks. 11/7030),第29页。详见下四(一)2。

⑥ 中译文可参考[德]平特纳:《德国普通行政法》,朱林译,中国政法大学出版社1999年版,第286、292页。

做明确的区分，而统称为法院和解（Gerichtsvergleich）或者诉讼和解（Prozessvergleich）。[⑦]

二、法院和解在德国行政司法领域的实践

（一）《德国行政法院法》颁布以来法院和解的相关统计数据分析

《德国行政法院法》颁布之初的20世纪60年代，联邦德国有25%～40%的行政案件以和解方式结案，柏林地方行政法院每年以非裁判方式终结诉讼的比例高达97%，其中大多数是在原告、被告和解的基础上实现的。[⑧] 位于威斯巴登市的联邦统计局自1983年开始每年发布一份德国各级行政法院的审判工作情况统计报告，其中也包括了德国各级行政法院进行诉讼和解的相关统计数据。例如，1983年德国各级行政法院共审结了102,171件诉讼案件与30,775件临时权利保护程序。到1996年德国各级行政法院共计审结了222,664件诉讼案件与84,865件临时权利保护程序。2011年的数据则分别为124,204件与31,953件。其中行政诉讼案件的和解率在1986年为6.07%，而到了1996年则一路低至2.49%，到2011年又重回5.9%。而在临时权利保护程序中法院和解所发挥的作用相对不大，1983年最高时也只达到过2.79%的和解率，2011年的数字则为2.0%。[⑨] 德国行政法学者埃森劳尔博士曾经在分析了历年各级德国行政法院诉讼和解的各项统计数据后，做出了如下趋势性的总结：首先，法院和解作为德国行政诉讼案件的终结方式之一，长期以来在其司法实践中已经占有了一席之地；其次，在法律安定性缺失的情况下，如《德国行政法院法》60年代颁布之初与90年代两德统一之初，以法院和解作为结束行政法律争议手段的频率往往会增加；最后，高等行政法院作为一审法院时其和解率与地方行政法院的统计结果十分相近。而作为上诉或再审法院时，高等行政法院的和解率明显降低。而联邦最高行政法院的和解率几乎为零。由此可见，参与人的和解意愿往往与受理案件法院的审级

---

⑦ 参见［德］毛雷尔：《行政法学总论》，高家伟译，法律出版社2000年版，第356页。

⑧ 邹荣、贾茵：《论我国行政诉讼调解的正当性构建》，载《行政法学研究》2012年第2期。

⑨ 《德国联邦统计局第10号系列专辑2011年版》（Statistisches Bundesamt，Fachserie 10，Reihe 2.4，2011）。

密切相关。[10]

（二）《德国行政法院法》颁布以来法院和解的对象分析

分析德国已经公布的众多行政法院判例我们很容易就可以看到，就建筑管理方面的争议往往最容易达成法院和解。另外是关于税收法律领域与驾驶许可领域的争议。常见的还有建筑规划法、外国人法等。罕见成为和解对象的争议则主要出现在区域以及国土用地规划、核能利用、拒服兵役以及难民申请等领域。通常的规律是，某领域的相关法律之适用受具体事实情况影响越大，而该事实存在与否越取决于主观评测，该领域的争议就越适合于成为法院和解的对象。此外，以金钱给付为争议对象的法律领域，如社会福利救济、公职人员薪金与待遇以及企业补贴，通常可以成为法院和解的对象。只是和解的具体标的有时并不是行政机构某项给付决定本身的存废，而是如何使该行政决定中确定的具体金额数目达到各参与人均可接受的程度。

三、法院和解的法律性质及概念厘清

（一）法院和解的双重性质

《德国行政法院法》第106条虽然给法院和解设定了一系列的前提条件，但是未对法院和解作出单独的解释。故此，法院和解仍属于《德国行政程序法》第55条中规定的作为公法合同类型之一的和解合同（Vergleichvertrag），也与《德国民法典》第779条第1款第1句对和解之理解一脉相承，即各参与人在对事实内容或法律规定充分理解的情况下仍然存有之不确定状态可通过相互让步达成的和解予以消除。而恰恰是这种实体法意义上的和解与程序法意义上的诉讼终结效力的相互结合，构成了德国的法院和解制度的双重性质这一核心，两者之间密不可分。[11] 法院和解的双重属性同时也意味它必须在满足诉讼程序性要求的同时，还要符合缔结公法合同时所需的实体法要件。法院和解本身是不可撤销的，但如果法院和解中的公法合同部分被有效撤销，则法院和解亦归于无

---

⑩ Eisenlohr, *Heikki*; *Der Prozessvergleich in der Praxis der Verwaltungsgerichtsbarkeit*, Köln 1998, SS. 30–45.

⑪ 联邦最高行政法院判决（BVerWG NJW 1993, 1941）。

效。[12] 而法院和解的诉讼程序部分出现瑕疵时，则整个法院和解只具备庭外和解的效力。

（二）法院和解与庭外和解

《德国行政法院法》第106条的法院和解制度形成的同时，也意味法院和解将有别于其他行政诉讼过程中各方达成的和解，而这些和解被统称为庭外和解。参与各方的庭外和解意愿不具备《德国行政法院法》第106条中的形式要件，故不属诉讼行为（Prozesshandlung）。[13] 换言之，庭外和解仅仅是《德国行政程序法》第54条意义上的公法合同，并不具备法院和解所必需的双重属性，也不能直接终结诉讼。当事人若想要终结正在进行的诉讼程序，还须在庭外和解的基础上对法院特别表示，比如，由原告撤诉[14]或者原、被告签署"一致终结声明"（übereinstimmende Erledigungserklärung）[15]。如果一方当事人事后不遵守庭外和解所达成的协议，例如，原告不愿如约撤诉，被告可援引《德国民法典》第242条中规定的诚实信用原则主张抗辩。[16] 法院在审查庭外和解的有效性后，通常会以"不适当"（unstatthaft）为由拒绝继续审理该案。[17]

除不具备上述的直接终结诉讼效力之外，庭外和解在执行力方面也有别于法院和解。《德国行政法院法》在第168条第1款、第3款中明确认可了法院和解具有强制执行名义（Vollstreckungstitel）。而庭外和解在不被履行时，则无法像法院和解那样可以直接予以执行，而需由当事人另行在法院起诉要求对方履行。

---

[12] 汉堡高等行政法院判决（OVG Hamburg NVwZ - RR 1994, 239）。

[13] Dolderer in: Sodan/Ziekow, Verwaltungsgerichtsordnung-*Großkommentar*, 3. Aufl., § 106 Rn. 76.

[14] 《德国行政法院法》第93条第1款。

[15] 《德国行政法院法》第161条第2款。

[16] 支持民法中的诚实信用原则适用于行政诉讼法的观点参见 Schmitt/Horn, Verwaltungsprozessrecht, 15. Aufl., Rn. 133 f；持相反意见的学者则认为行政诉讼法中应该排除诚实信用原则，从而实现为诉讼的独立判断创造条件，参见 Kopp, *VwGO*, 7. Aufl. 1986, *Vorb.* § 40 Rn. 17。

[17] 联邦最高行政法院判决（BVerwG DVBl 1994, 211, 213）；联邦最高法院判决（BGH NJW 1984, 805）；明斯特高等行政法院判决（OVG Münster DÖV 1974, 835）。

四、法院和解的有效性之框架梳理

基于法院和解的双重属性，其有效成立之条件也相应地取决于：其作为缔结合同行为的实体法律要件与其作为诉讼行为的程序性要件是否得到了满足。

（一）法院和解在实体法上的有效性

1. 法院和解的适用范围

从案件角度而言，理论上法院和解允许用于所有行政法律争议的解决。无论何种类型的行政诉讼案件，既包括撤销之诉、给付之诉、义务之诉等，[18]还包括临时权利保护程序[19]与规范审查程序，[20]也不论该案件处于哪一个审级，包括第一审、上诉审还是再审阶段，都允许开展法院和解。

从时间角度来看，自案件被行政法院受理开始至诉讼有效终结为止，都允许参与人进行法院和解。在一个审级之内，法院已经作出了决定的，只要法律规定的上诉等法律救济手段的期限未届满、法院决定既判力尚未正式形成，都可以进行法院和解。而在法院受理案件之前，以及诉讼有效终结之后，都只能进行庭外和解。[21]

2. 和解标的与诉讼标的

《德国行政法院法》第 106 条采用了“和解标的”这一概念，即参与人都希望在哪些事实与法律关系上达成妥协，进而使诉讼能够终结。它有别于作为原告诉讼请求及诉讼理由的“诉讼标的”。[22] 从第 106 条原文中“全部或部分实现其主张”的措辞，就可以推导出和解标的既可与诉讼（争议）标的完全等同，也可能只是诉讼标的中的一个部分，即部分和解。部分和解的前提是行政争议具有可分性，即和解标的适合从诉讼标的中单独拿出来解决。如果是不具有可分性的事实构成要件或属于行政争议

---

[18] 对诉的类型（Klagearten）进行规范在德国行政诉讼法中是核心内容。参见 Schmitt/Horn, Verwaltungsprozessrecht, 15. Aufl., Rn. 24。参见刘飞：《行政诉讼类型制度探析——德国法的视角》，载《法学》2004 年第 3 期。

[19] 《德国行政法院法》第 80、80a 条与第 123 条。

[20] 《德国行政法院法》第 47 条。规范审查程序的法院和解在司法实践中几近为零。

[21] 明斯特高等行政法院判决（OVG Münster DÖV 1977, 790）。

[22] 参见［德］弗里德赫尔穆—胡芬：《行政诉讼法》，莫光华译，刘飞校，法律出版社 2003 年版，第 138 页以下关于行政诉讼之诉讼标的的分析。

的先决问题,通常认为不允许达成部分和解。[23] 例如,某外国人因移民局拒绝其入籍申请而提起行政诉讼。根据法律规定相对人需满足甲、乙、丙、丁四个条件时移民局方可颁发许可。在诉讼中,当事人不能仅就原告是否满足条件与乙达成和解,因为法院需要审理的是移民局拒绝入籍申请是否合法,而原告是否满足条件乙是其中不可分割的一个要件。如果双方当事人仅就这一条件达成和解,则法院将不得不在认可该事实的情况下审查被诉行政行为的合法性,从而排除了法院依职权审查此部分事实的可能。这样会产生当事人通过和解干预法院审理之嫌。

另外,和解标的也可能超越诉讼标的而就其他法律关系一并达成和解。基于法院和解的公法合同属性,当事人有权自行确定和解的内容与范围。在此,超出诉讼标的范围的和解内容是何种性质无关紧要,它也无须在事实上或者时间上与诉讼标的相关联,例如,当事人在行政诉讼的和解过程中,可以将民事法律关系也纳入和解内容中来。[24] 再如,在工伤保险劳动案件中,相对人对劳动保障部门作出的非工伤认定结论不服提起行政诉讼。如果双方在诉讼中达成法院和解。其范围可以涉及整个工伤保险法律关系,而不仅仅限于原告是否构成工伤,还包括工伤保险的支付,等等。[25]

3. 和解标的处分权

法院和解许可性的核心问题是参与人是否拥有对和解标的处分权。它同时也是行政法院和解最难把握的一个问题。这种困难尤其体现在界定行政机关作为和解一方当事人的时候。相反,另一方当事人是作为行政相对人的私人,他们往往可以自由处分其主观权利,因而其对和解标的的处分权也相对容易界定。例如,在一起涉及相邻建筑争议的法院和解中,相对人可以放弃建筑(公)法中规定其享有的相邻权,因为他对该和解标的享有处分权。但对于客观法规范的遵守不属于可处分的和解标的,因而不得放弃。

---

[23] 慕尼黑地方行政法院判决(VGH München BayVBl 1987,308,309)。

[24] 联邦最高行政法院判决(BVerWG NJW 1995,2179)。

[25] 郑宁、龙非:《行政诉讼和解的容许性要件研究》,载《法治研究》2007 年第 12 期。

与私人的处分权不同，行政机关对和解标的的处分权[26]不是来源于主权权利，而是来自管辖权。一般而言，行政机关拥有处分权至少需要满足以下几个条件：

(1)行政机关对和解标的拥有管辖权

首先，如果行政机关对争议事项本身就没有相应的事物管辖权(sachliche Zuständigkeit)，那么自然在法院和解中也无法做出有效承诺。这一点符合《德国行政程序法》第59条第2款第2项中导致公法合同无效情形之一的程序或形式错误。与之相区别的是当行政机关不具备地域管辖权(örtliche Zuständigkeit)时的情形。此时，法院和解只有在该地域管辖权缺陷属重大以及明显错误的情况下才会无效，比如，州某行政机关在和解中承诺给位于其他联邦州的一块土地颁发建筑许可。相反，如果相对人本身就享有某项法律请求权，通过与行政机关和解只是将事实与法律前提予以了澄清而已，则地域管辖权缺陷是无大碍的。这一点符合《行政程序法》第46条中规定的"对于依照第44条不能认定为无效的行政行为，不得仅仅以违反程序、形式或者地域管辖权的规定为由要求撤销该行政行为，如果这种违反明显的没有对决定发生实际影响。"当然，如果参与人当时对此地域管辖权缺陷是知悉的，则和解当然无效。

(2)和解标的可以通过公法合同协商

从实体法角度而言，如果和解之内容，于法律上根本禁止以合同方式为之，则行政机关不具备相应的处分权。这种情况在德国法中属于例外情形，因为依据《德国行政程序法》第54条，除非与法律规定相悖，行政机关都有权以合同方式活动。在德国司法实践中主要有两个例子，一个是选举结果复核程序。慕尼黑地方行政法院在1979年的一项判决中宣布针对选举复核事宜，行政机关没有处分权，也不允许进行法院和解，因为如此选举复核就失去了其应有的作用；[27]此外，联邦财政法院也曾经判决在税收方面行政机关不容许进行法院和解，因为《德国税收通则》(AO)中没有与《德国行政程序法》第54条相对应的规定，而《德国财政法院

---

[26] 德国关于处分权普遍的定义是："透过诉讼上和解所蕴含、所包含的实体法上的行政契约，必须遵守联邦以及各邦行政程序法当中有关的有效性的要件的规定。"参见《台湾本土法学》2005年6月第71期，第84页以下关于"行政诉讼上和解"的研讨。

[27] 慕尼黑地方行政法院判决(VGH München BayVBl 1979,750)。

法》中也没有《德国行政法院法》第 106 条之对应。[28]

此外,行政机关只有在事实认定或者法律适用问题上,存在客观且可信的困难,而依其合义务裁量,认为和解是一种适当的、合目的的解决方式时,才可以与相对人展开和解。[29] 缺乏这种法律与事实上的不确定性,而缔结公法合同者,是不被许可的。如果这种不确定性仅有当事一方认为存在,缔结公法合同亦不被许可。[30] 此外,这种不确定性不可仅仅以一般性的诉讼风险作为理由证明其存在。[31]

(3)行政机关合理使用了其裁量权

《德国行政程序法》第 55 条就已经明确规定了行政机关在决定是否订立和解合同时,须根据合义务的裁量,判断和解是否可以实现消除不确定性之目的。法院和解作为和解合同的一种形式,自然也要满足这一条件。实践中这一条件的意义却并不是很大,因为行政机关并没有义务去解释其在决定订立公法合同与否,以及在多大程度上对相对人做出让步时是如何裁量的,而法院对此的事后审查也因此几乎不可能。另外,裁量权毕竟要合义务的、而非无边无际的。滥用裁量权的结果会导致和解无效。比如,在达成的和解合同中忽略公益与第三人合法权益,或当事人双方彼此做出的退让明显不成比例,则构成滥用裁量权。在其基础上达成的和解也不被允许。

(二)法院和解的在程序法意义上的有效性

作为诉讼行为,法院和解的有效性自然建立在满足诉讼行为的前提条件之基础上。所涉及的法律争议须已经处于诉讼系属阶段。[32] 针对已经作了生效判决的,或者已经撤诉的案件而达成的和解,至多具有庭外和解的效力。[33]

㉘ 联邦财政法院判决(BFHE 142,549/554;Erichsen Verw-Arch 70[1979]349/356)。

㉙ 慕尼黑地方行政法院判决(VGH München BayVBl 1977,406)。

㉚ 吕纳堡高等行政法院判决(OVG Lüneburg NJW 1978,2260,2261)。

㉛ 慕尼黑地方行政法院判决(VGH München NVwZ 1989,167,168)。

㉜ 诉讼系属(Rechtshängigkeit):是德国民事诉讼法中的一个术语,指诉讼存在于法院的事实状态,即是指特定当事人之间的特定请求,已在某个法院起诉,现存在于法院而成为法院应当终结的诉讼事件之状态。参见陈卫佐译注:《德国民法典》,法律出版社 2004 年版,第 84 页。

㉝ 吕纳堡高等行政法院判决(OVG Lüneburg DVBl 1985,1325)。

依据《德国行政法院法》第106条第2句，和解可以经法院、受委托的或者所请求的法官起草笔录的方式达成。符合条件的和解，法院不得拒绝制作笔录。笔录制作人须在当事人面前宣读和解文本，或者播放庭审录音或者传阅，并在笔录上记录已经完成了以上步骤。法官在有当事人在场时，大声口授留声，而不再次宣读或者播放和解文本的，不符合程序上的要求。当事人表示同意接受法院和解建议，却未将和解文本的全部内容以及当事人对文本的接受举动在笔录上记录下来的，同样不符合程序上的要求。但是，在笔录中援引当事人达成的和解协议，且将该协议作为笔录的附件，则是采取允许的。和解文本被宣读也被当事人所接受，但法官忘记在笔录中记载下来的，可对该笔录予以事后的矫正。

《德国行政法院法》第106条第2句中规定的调解建议，是法院以裁定形式作出，且无须对此调解裁定给出理由。在该裁定中，通过常会要求当事人在一定期限内予以答复，是否接受法院的调解建议。但当事人在这个期限以后才表示接受调解的，也不影响和解达成的效力。法院出于证据安全的考虑，须送达该裁定。但是，针对该裁定的法律救济是不适当的。[34] 当事人须以书面形式，表示接受法院以裁定形式作出的调解建议。该书面形式既可以是表示接受法院笔录的书面声明，也可以是当事人草拟的、但与法院调解建议内容相吻合的文书。内容与法院调解建议不完全吻合的当事人文书，只能被视为重新缔结一项法院和解的申请。

（三）法院和解有效性要件缺失的法律后果

基于法院和解的双重属性，在判断其有效性缺失所导致的后果时，也应将确定该缺失要件为程序上的、还是实体法性的，作为出发点。这两方面的因素不可分割。因此原则上，无论是程序上的，还是实体法上的瑕疵都应导致整个法院和解归于无效。但是，如果问题是出在程序一方，法院须考察当事人实体法上的合意是否有效，并且可以视为一项庭外和解的达成。[35]

1. 实体法上的瑕疵

实体法上的瑕疵与《德国行政程序法》第59条规定的公法合同无效

---

[34] 包岑高等行政法院判决（OVG Bautzen，NVwZ-RR 1999，478）。

[35] 联邦最高行政法院判决（BVerwG DVBl 1994，211，212）。

的情形大体一致。在此不作赘述。《德国行政程序法》第59条第3款规定,无效只是涉及公法合同的一部分,认为缺少该部分就不能订立合同的,则该公法合同无效。由此也可推导出,法院和解中部分实体法内容无效,并不一定导致整个和解无效。譬如,《德国行政程序法》第58条第1款规定涉及第三人权利的公法合同,只有得到第三人的书面同意才能生效。法院和解因缺少该第三人同意而产生的实体法上的瑕疵,却不因此直接导致整个和解无效。相反,此时的和解应属于效力待定的状态。

2. 程序上的瑕疵

德国法院调解实践中,程序上的瑕疵主要涉及诉讼行为成立要件、或者法院笔录的缺陷。而这些通常会导致整个和解的无效。但如果该缺陷可依据《德国行政程序法》第45条被补正(Heilung),则此时的和解应属于效力待定的状态。譬如,不具辩护能力的当事人所达成的法院和解,可以由律师进行事后的确认。法院笔录的缺陷,则须由法庭排期开庭,将和解文本作为法院的调解建议以裁定形式交由当事人征求同意。

五、有撤回保留的法院和解

司法实践中,撤回保留(Widerrufsvorbehalt)在德国的法院和解中是非常多见的。当事人可以为该和解设定推迟生效条件或者解除条件,或者保留解除权。解除条件或者解除权本身不影响和解的生效,但可以终结和解的效力,恢复到订约之前的状态。相反,作为推迟生效条件的撤回保留则直接影响法院和解的生效与否。

(一)撤回权主体

撤回权主体可以是包括被法院附带传唤的利害相关人在内的,所有法院和解参与人。[36] 撤回权未被行使或者无效行使的,在撤回权期限到期之后,诉讼终结。此后,无论是法院还是参与和解各方都将不再有可能发挥影响。而因无权代理归于无效的撤回声明此时也无法通过事后补正的方式产生溯及力。[37] 与此相对,一般性的无权代理提起的法律救济的案件

---

[36] 吕纳堡高等行政法院判决(OVG Lüneburg DVBl 1986,1213)。

[37] 魏玛高等行政法院判决(OVW Weimar ThürVBl 1998,256)。

中,德国法院往往会赋予参与人事后补正的机会。[38]

（二）撤回条件

撤回条件既可以是时间上的期限,也可以是事实上的条件。

撤回期限由和解参与各方协商确定。依据《德国行政法院法》第60条规定,无过错但被阻碍而无法遵守法定期限者,行政法院准予回复原状。但法院和解撤回的期限并非法定期限,而实属协定的期限。撤回期限到期后,法院和解便自动生效,所回复的原状即为已经产生的法律效力。所以,第60条之规定并不适用于法院和解撤回。当然,当事人也可事先协定,一旦撤回期限无过错地被延误,和解的法律效力仍然可予以消除。这种协定往往并不符合和解参与人的利益,因而在实践中鲜有出现。

撤回的事实条件,比如,出庭的代理律师针对和解内容须征得当时不在场的当事人的同意,或行政机关的代表人须征得其所在市政府的同意之后,才能接受法院和解而做的保留。此时,只有在"同意"作为协商好的撤回事实条件被拒绝之后,才允许撤回。除此协商好的条件以外的理由,都不足以支持撤回权的行使。[39]

（三）撤回声明

作为法院和解达成的对立面,撤回和解行为也属于诉讼行为。而作为诉讼行为,撤回声明就必须向法院做出,除非另有协定。法院收到该声明后,将撤回声明记录存档,也从而知悉案件是否继续。此外,《德国行政法院法》第106条第2款就要求接受法院调解须向法院声明,推而广之,撤回该和解同样须向法院声明。向和解对方当事人提出撤回的,既没有必要,也不足以产生真正的撤回效力。

关于法院和解撤回声明是否应为要式行为,德国联邦最高法院原则上持肯定意见,认为《德国行政法院法》第81条关于诉讼须以书面形式提起的规定,也适用于撤回声明的做出。[40] 但联邦最高劳动法院在一项更早的判决中,也认可了电话形式做出的撤回声明。[41] 此外并没有对于撤回声明特别的形式性要求,唯一的要求就是撤回声明的内容表达须明白无疑。

---

[38] 联邦最高行政法院判决(BVerwGE 69,380)。

[39] 联邦最高劳动法院判例(BAG NJW 1978,1876,1877)。

[40] 联邦最高法院判例(BGH NJW 1980,1752)。

[41] 联邦最高劳动法院判例(BAG NJW 1960,1364)。

（四）收回撤回

对于已经生效的和解撤回的收回问题，须区分程序与实体法上的法律后果。在程序方面，基于程序明确性的原则，诉讼行为已经发生的程序性效力不得再被消除，即使和解各方一致同意收回撤回行为。[42] 但在实体法方面，当事人可以达成一项针对收回撤回的庭外和解。

（五）撤回的法律效果

和解撤回生效后，被撤回的和解不再具备终结诉讼的效力，诉讼因此继续进行。原则上，法院须重新组织言词审理，并作出判决。存在争议的是，法院是否可以出于节约诉讼成本的考虑，不再开庭审理，而是对撤回决定向当事人提出进一步意见。[43] 这种方式的实质是二次调解，其许可性在德国司法实践中被基本否定。[44] 依据《德国行政法院法》第 112 条的规定，判决只能由参加了（作为判决基础的）言词审理的法官或名誉法官作出。而法院刻意避免作出判决，希望当事人的协商能取而代之，实则违反了上述直接原则。

六、法院和解的强制执行

法院和解达成后，原行政行为的内容往往会发生部分或者全部的变化，而此时应该由法院还是行政机关来负责该行政行为的强制执行，是一个重要问题。这涉及两个方面：首先，行政机关执行的，须适用《德国行政执行法》，[45]而非相对复杂的法院执行程序；其次，行政行为的存续力一旦确定，则不再可能以可撤销为理由抗辩。相反，由法院执行的，如果和解达成后情势又发生变更的，则还可依据《德国行政法院法》第 167 条提起执行异议之诉（Vollstreckungsabwehrklage）。在司法实践中，即使行政行为的变化只涉及行政行为原来内容的一个部分，如从原拆除令中的三座建筑减为两座，或者建筑主管机关承诺颁发额外的营建许可，此时的执行

---

[42] 联邦最高法院判例（BGH NJW 1982，2072）。

[43] Dawin：NVwZ 1983 年第 143 页；Kopp/Schenke：《行政程序法注释》2011 版，第 106 条，第 7 页。

[44] 明斯特高等行政法院判决（OVG Münster NVwZ 1982，378）。

[45] 见《联邦法律公报》1953 年第 1 部分，第 157 页，最近一次修改见《联邦法律公报》1997 年第 1 部分，第 3039 页。详见李升、庄田园：《德国行政强制执行的方式与程序介绍》，载《行政法学研究》2011 年第 4 期。

依据仍只是法院和解。不得只将变动过的义务由法院执行,而未变动的部分由行政机关执行。[46]

根据执行债权人与债务人的不同,以及执行内容的不同,法院和解的执行程序可以划分为以下几类:

(一)公权受益时的执行

依据《德国行政法院法》第 169 条的规定,执行受益人为各级政府或公法团体的,以《行政执行法》为准。此时,负责执行的机关为一审法院的主审法官或独任法官。当然,在具体执行时,该法官可以委托另专门的执行机关或法院的执行员具体从事。

(二)针对公权的执行

若法院和解是针对行政机关的,且其在达成法院和解后拒不履行所承诺的金钱给付义务的,执行债权人可依据《德国行政法院法》第 170 条向一审法院申请执行。法院即向被申请机关的法人代表作出通知,要求其在至多一个月的期限内履行义务。行政机关仍然不予履行的,由法院确定相应的强制执行措施。执行时涉及其他机构的,请法院请求,这些机构有义务配合法院执行。

若执行内容涉及行政机关在法院和解中承诺要作出的某项行政行为的,则属于不能被他人所替代的行为(unvertretbare Handlung),法院可通过课处强制金(Zwangsgeld)的方式,促使行政机关履行义务。行政机关在法院确定的期限内仍然拒绝履行义务的,法院可以重复课处强制金,直到行政机关兑现其承诺。

(三)私人针对私人的执行

在行政法院和解中往往也会出现私人针对私人的执行问题。比如,作为被法院附带传唤的利害相关人的建房业主,向作为原告的邻居承诺实施某项建筑措施。此时的执行法律依据则为《德国行政法院法》第 167 条、第 168 条第 1 款第 3 句与《德国民事诉讼法》第 887 条与第 888 条。[47]其中《德国行政法院法》第 167 条、第 168 条第 1 款第 3 句主要是规定《德

---

[46] 慕尼黑地方行政法院判决(VGH München,BayVBl 1987,308)。

[47] 明斯特高等行政法院判决(OVG Münster,NJW 1969,524);慕尼黑地方行政法院判决(VGH München,BayVBl 1987,308)。

国行政法院法》中未作特别规定的适用《德国民事诉讼法》,以及法院和解与生效法院判决具有同等效力,构成执行凭据(Vollsteckungstitel);而《德国民事诉讼法》第888条涉及不能被他人所替代的行为,而第887条涉及能被他人所替代的行为的强制执行方式。比如,法院和解达成后,作为执行债权人的私人可以经法院授权,依据《德国民事诉讼法》第887条第1款,自力或者请求第三人实施作为执行债务人的私人之义务,所产生费用则由作为执行债务人的私人承担。

七、结语

可以肯定的是,法院和解(调解)在德国的行政司法实践中不仅不为禁止,反而基于其充分的正当性成为一项重要的机制。而这一机制也是法治精神的表现:即在强调程序正义和审判对抗性的同时,也强调行政行为的裁量灵活性与和解作为公法合同类型行为的自愿合作性。通过完善的制度设计,在诉讼和解的许可性、有效性、可撤销性以及可强制执行性等层面上保证行政诉讼和解制度的良好实施。我国《行政诉讼法》第60条规定,人民法院审理行政案件,不适用调解。但是,行政赔偿、补偿以及行政机关行使法律、法规规定的自由裁量权的案件可以调解。这在一定程度上扩大了行政诉讼调解的适用,但我们也必须看到,我们行政诉讼调解相关的规定过于原则,缺乏可操作性。德国在这方面的制度体系与积极经验值得我们学习与借鉴。

●文本、宪法解释与第二修正案
——以 *District of Columbia* v. *Heller* 为中心的分析与展开*

海　静**

“人们视她为自由的守护神……自卫的权利是首要的自然法：在绝大多数国家，试图将这一权利界定在尽可能窄的范围内都是统治者的工作。无论何地，只要维持一支常备军；无论何种理由，只要人民持有和携带武器的权利遭到剥夺，则自由，即便还没有完全消失，也是处在毁灭的边缘。”①

——[美]圣乔治·塔克，美国早期著名法学家

一、引言：第二修正案为什么重要？

在美国的政治生活中，很少有社会议题的讨论能够激起像控枪议题那样的热情和激烈。个人拥有或使用武器的权利，以及政府对之进行管控的权力不仅经常是大众传媒上争吵的议题，在一定程度上，也是法律界的重要议题。随着联邦最高法院在 2008 年判决了一个重要的第二修正案案件——*District of Columbia* v. *Heller*（以下简称 Heller 案），②围绕控枪议题的社会争论达到了白热化。这一案件的实质争议是，事实上具有禁止效果的枪支管控措施是否符合宪法第二修正案？

* 本文曾提交第八届“政治、法律与公共政策”年会讨论。

** 海静，全名敖海静，武汉大学法学院 2014 级宪法学与行政法学博士研究生。

① St. George Tucker, *Blackstone's Commentaries*, Rothman Reprints Co., 1969, p. 143.

② *District of Columbia* v. *Heller*, 554 U. S. 570(2008).

在最高法院判决前的几个月，马克·图什内特就指出，不论法院最终作出何种判决，“围绕第二修正案的宪法争议”仍将继续。③ 毫无疑问，本文的结论也证实了图什内特的预测。当然，笔者也希望本文能够为第二修正案内部的紧张关系提供一种全新的研究视角，以帮助读者反思这一持续了数十年的宪法争议所带来的各种问题。简言之，出于各种目的，宪法第二修正案事实上保障一种持有和使用武器的个人权利，同时，这种权利与兵役毫无关系。但是，这一权利并非不受任何限制，它绝不可威胁到公民的生命，以及社会的和平与安宁。进一步而言，制宪国父们之所以明确规定持有与携带武器的权利，其根本目的就在于为美国公民面对暴政时提供一种最后的保障。但是，这一事实并未授予公民针对合法政府的“起义权”。

Heller 案为我们考察第二修正案的历史和法理学提供了一个有益的切入点。很多围绕这一议题的文献都只关注到了历史变迁中的一个侧面而已，争论带有强烈的派别色彩。多数文献没有对驳正的可取之处给予应有的关注，从而使学术分歧之间缺乏一种建设性的张力。本文试图在一定程度上弥合这一鸿沟。

列文森正确地指出，那些将国家定义为“合法的暴力垄断者”的韦伯主义者是“影响深远的中央集权论者”，这种论调“明显不同于”美国的政治传统。④ 他还进一步认为，政治后果或政策目标不应当染指第二修正案，因为我们不能，也不应该“将这种后果主义的标准适用于《权利法案》的每一部分”。⑤ 因此这种建设性张力的一个方面就是美利坚传统中的个人自由观。

另外，建设一个安宁的社会也是宪政秩序的基本目标之一。然而，毫

③ Mark Tushnet, The Future of the Second Amendment, 1 *Albany Government Law Review* 354, 358 (2008).

④ Sanford Levinson, The Embarrassing Second Amendment, 99 *The Yale Law Review* 637, 650 (1989).

⑤ Id., p. 657.

无疑问的是,现今枪支的使用越来越多地与这一目标相抵牾。[⑥] 作为美国控枪派的主力,“布莱迪防止枪支暴力运动”记录了美国枪支滥用的情况。[⑦] 作为拥抢派领袖的全美步枪协会(NRA)则针锋相对地发表报告,宣称守法的公民能够合理地使用枪支,他们需要用枪来打猎、运动,甚至在面对犯罪时进行自卫。[⑧] 除了这些争论和游说,在学术界,也存在关于枪支与犯罪的关系,以及特定枪支政策效果等问题的实质性争议。[⑨] 然而,问题在于这些都是政策,而非宪法议题,它们的实践多赖于政治性的政府机构。不过,张力的另一端也就隐藏在这里:对拥有和使用武器的政府管制。

这种有关第二修正案性质的两种论点的交锋强化了法院的作用。无论如何,法院都是个人权利与政府公安权之间关系的最终裁判者。除了负有界定两者界限的责任外,基思·惠廷顿认为,制宪者还“将司法设计为一种保障联邦存续和安宁的机制”。[⑩] 也就是说,在履行裁判职能时,法院还必须以符合其根本责任——维系宪法建立的联邦——的方式行事。因此,从理论上来说,当保护一种权利会危及联邦的存在时,法院就不能保障这项权利。同样,法院也绝不能允许政府运用一项会危及宪政

---

⑥ 美国司法部统计了每年枪支暴力事件的数据。2000 年,全美共发生各类枪支暴力事件62 万多起。虽然在2011 年,这一数据下降至47.8 万起。但如果我们把时间往前推,则发现 1993 年全美发生各类枪支暴力事件达到惊人的 154.8 万起。由于基数很大,美国枪支凶杀率仍然是其他发达国家的 20 倍。近年来,美国枪支暴力事件出现了更多地向校园蔓延,与恐怖主义相关联的特征。2015 年 12 月 2 日发生的南加州枪击案更凸显了美国枪支暴力的严峻形势。以上数据可参见 Michale Planty, Jennifer L. Truman, *Firearm Violence*, 1993 - 2011 (*Special Report*), Report for U. S. Department of Justice, NCJ241730。

⑦ See Brady Campaign, *Overview on Gun Violence*, http://www. bradycampaign. org/facts/gunviolence,最后访问时间:2015 年 12 月 29 日。

⑧ NRA Institute for Legislative Action, *Armed Citizen*, http://www. nraila. org/ArmedCitizen/Default. aspx,最后访问时间:2015 年 12 月 29 日。

⑨ 有关学界争议的情况,可参见 Gary Kleck, Marc Gertz, *Armed Resistance to Crime: The Prevalence and Nature of Self-Defense with a Gun*, 86 (1) The Journal of Criminal Law and Criminology 150 (1995); Mark Duggan, *More Guns, More Crime*, 109 (5) Journal of Political Economy 1086 (2001); Philip J. Cook, Jens Ludwig, *Public Policy Perspectives: Principles for Effective Gun Policy*, 73 (2) Fordham Law Review 589 (2004); John R. Lott, Jr., *More Guns, Less Crime: Understanding Crime and Gun Control Laws*, 3rd ed., University of Chicago Press, 2010.

⑩ Keith E. Whittington, *Interpose Your Friendly Hand: Political Supports for the Exercise of Judicial Review*, 99 (4) *The American Political Science Review* 583, 586 (2005).

秩序的权力。[11]

本文的目的就是论证这一建设性张力的重要性。笔者认为，控枪派不应担忧 Heller 案为暴力与叛乱埋下了祸根。同样，拥抢派也应该看到法院意见最后的附加说明和布雷耶的异议所强调的第二修正案所内含的“公共安全”面向。[12] 此外，笔者也试图证明对第二修正案的正确解读将会为双方提供一块均可书写的法学画板。重要的是，虽然 Heller 案并非无可挑剔，但至少能够与第二修正案的正确解释相兼容。因此，它也为建立一种能为争论各方接受的有关持有和携带武器权利的法理学奠定了基础。

二、革命、自由与第二修正案

对于 18 世纪末期的北美大陆人民来说，独立战争意味一个新的历史纪元。如果说美国独立开启了一个新时代，那么共和主义就是这个时代的标志：一个民有、民治、民享的代议制政府。那时的美国人民在精神气质上也迥异于历史上的任何人群：一个献身自由的道德民族，具有尊严意识和必然要创造真正自由的责任感。[13]

然而，革命胜利不到十年，许多年轻的共和国领袖就开始担忧联邦已处在崩溃的边缘。[14] 事实上，正如戈登·伍德所观察到的，“任何对 18 世纪的政治学说有些许了解的人都忍不住认为美国正走在毁灭之路上”。[15]

---

⑪ 关于对最高法院作为联邦守护者问题的研讨，可参见 Mark A. Graber, *Dred Scott and the Problem of Constitutional Evil*, Cambridge University Press, 2006。

⑫ 法院意见以一个重要的附加说明为第二修正案的讨论作结：和大多数权利一样，受第二修正案保障的权利并非是不受限制的。从布莱克斯通到 19 世纪的案例，学者和各法院反复解释认为这一权利并非一项可以任何方式和任何目的持有和携带任何武器的权利。例如，19 世纪考察这一问题的各法院的多数意见认为，禁止携带隐藏的武器的禁令并不违反宪法第二修正案和类似的州法。尽管我们现在并未对第二修正案的全貌进行详尽的历史分析，我们的判决意见不应用于质疑长久存在的禁止重刑犯和精神病人持有枪支的法律、禁止在诸如学校和政府等敏感区域携带枪支的法律或是对武器的商业销售设立条件和资格的法律。See *District of Columbia* v. *Heller*, 554 U. S. 570 (2008), opinion of the court.

⑬ Gordon S. Wood, *The Creation of the American Republic*: 1776 – 1787, University of North Carolina Press, 1998, p. 48, p. 119; Also see Gordon S. Wood, *Classical Republicanism and the American Revolution*, 66 *Chicago-Kent Law Review* 13, 22 – 29 (1990).

⑭ See Richard Beeman, *Plain, Honest Men: The Making of American Constitution*, Random House, 2009, pp. 19 – 21.

⑮ Gordon S. Wood, *supra* note〔13〕, p. 414.

邦联国会的统治不仅无所作为，甚至连自身都是极度虚弱的。埃德蒙·摩根称之为“在权力上有名无实的政府”。[16] 对中央集权体制的长期怀疑促使《邦联条例》的制定者拒绝授予邦联国会任何实质和有形的权力。邦联不能征召常备军，无权征税，也不能管制州际和国际贸易，且不经各州一致同意，邦联国会也不得修改《邦联条例》。各州将上述权力都保留给了自己，如此一来，各州就使得自身凌驾于邦联之上。摇摇欲坠的经济——新英格兰地区各州尤其恶劣——工商业者和农场主之间的矛盾，以及政治精英对国家偿还战争债务能力的日渐忧虑，共同造就了政府管制的溃败。随着越来越多的人将这些问题的根源追溯至《邦联条例》的固有缺陷，一种呼吁召开会议解决这些问题——尤其是贸易问题——的声音兴起了。[17] 1787 年 9 月 17 日，费城制宪会议结束，代表们为美国制定了一部新宪法，提供了一个全新的政府形式。

1787 年宪法是对《邦联条例》的彻底背离。来自宾夕法尼亚州的制宪代表古弗尼尔·莫里斯在为宪法草拟序言时极为出色地为这部新宪法确定了广泛的目的：“我们联邦人民，为建立一个更加完美的联盟、树立正义、保障内部安宁、建立共同防御、促进普遍福利、保证我们自己和子孙后代的自由和幸福，特此为美利坚联邦设立和奠定这部宪法。”[18]

首先，“为建立一个更加完美的联盟”十分清晰地表明了制宪会议的目的就在于创建一个更好、更稳固的国家。序言内部的平衡状态也暗含了制宪者实现目标的规划，宪法正文则设计了实施这一规划的具体机制。序言内容实际上表明制宪者普遍认为由《邦联条例》创建的政府形式内部并无任何正义可言［请注意，宪法序言在语言上用的是“树立正义”（establish justice），而不是“促进”或“保持”正义之类的词语］。新宪法的另一个普遍目的是“促进普遍福利”。“普遍”一语就意味即便是对我们

---

⑯ Edmund S. Morgan, *Inventing the People: The Rise of Popular Sovereignty in England and America*, W. W. Norton & Co., 1988, p. 264.

⑰ 关于建国初期经济和人民生活状况的恶化与联邦宪法的制定之间的关系，可参见 Robert A. Feer, Shays' s Rebellion and the Constitution: A Study in Causation, 42 (3) *The New England Quarterly* 388 (1969).

⑱ 本文有关《邦联条例》，美国宪法及其修正案的中译文，皆采用尹宣先生的译文。另，学界在传统上一般将 state 译为“州”，尹宣先生译为“邦”，从学理上讲，也未尝不可，但为行文统一，除去文中直引尹宣先生译文部分，全文一律译为“州”。美国宪法及其修正案的中译文，可参见［美］麦迪逊：《辩论：美国制宪会议记录》，尹宣译，译林出版社 2014 年版，第 760～784 页。

深具敌意的人也几乎都能从这一广泛的原则中寻求依靠。

不可否认,联邦宪法的原始文本并不包含权利宣言的内容。因为制宪者认为其毫无价值。[19] 例如,激进的联邦党人詹姆斯·威尔逊在宾夕法尼亚州的宪法确认大会上为这种"遗漏"进行了辩护,他反问道:"谁敢保证能够将人民的所有权利都列举出来?""一旦在宪法上列举人民权利,那种列举必然是不完整的,如此一来,没有列举到的权利将被假定是制宪者有意忽略的。"[20]

然而,在这个特定议题上,威尔逊和他的联邦党盟友们最终并未获胜,《权利法案》的诞生就是最好的证明。事实上,承诺制定一部权利法案是很多州确认宪法的前提条件。[21] 最终,《权利法案》于1791年获得通过。这部法案以宪法修正案的形式确认了言论自由、宗教自由,以及刑事被告人的基本权利等。其中,法案第2条,也即宪法第二修正案规定:"保障一个邦的自由,必须有一支管理良好的民兵,不得干涉人民持有、携带武器的权利。"

建国一代普遍认为,对于确保年轻的美利坚联邦的健康和活力来说,持有和携带武器的权利是极为重要的。尽管理论资源各异,但在论及第二修正案的目的时,约瑟夫·斯托里和桑福德·列文森都强调了公民作为一个自由国家的天然捍卫者的角色,这一角色内容包括"抵御突然的外敌入侵""镇压国内暴乱",以及"反抗统治者的强取豪夺"。[22] 很多学者也认为,制宪者对人民的自卫权以及以此为目的的持有和携带武器的权利是深信不疑的。[23] 甚至连联邦党制宪会议代表詹姆斯·威尔逊也承认在反抗专制政府、入侵者和刑事罪犯之间并无实质性区别。[24] 这一立场也为近来的很多学者所认可。唐·凯特认为,自卫是天赋人权,而国父们甚至

---

⑲ 参见[美]汉密尔顿、杰伊、麦迪逊:《联邦党人文集》,程逢如、在汉、舒逊译,商务印书馆1980年版,第429页。

⑳ James Wilson, *Speech at the Pennsylvania Ratifying Convention*, circa November 1787, cited in Richard Beeman, *Plain, Honest Men: The Making of American Constitution*, Random House, 2009, p. 343.

㉑ See Saul Cornell, *The Other Founders: Anti-federalism and the Dissenting Tradition in America*, 1788 – 1828, University of North Carolina Press, 1999, pp. 32 – 34.

㉒ Sanford Levinson, *supra* note〔4〕, p. 649.

㉓ See Robert E. Salhope, The Ideological Origins of the Second Amendment, 69 *The Journal of American History* 599 (1982).

㉔ James Wilson, *Lectures on Law*, cited in Stephen P. Halbrook, *The Founders' Second Amendment: Origins of the Right to Bear Arms*, The Independent Institute Press, 2008, p. 293.

将之视为良善公民的责任和义务。㉕ 就连那些认为第二修正案旨在保障各州民兵的持枪权的学者也承认人民的自由是其终极目的。㉖ 且先不论第二修正的适用范围——即是适用于公民个人还是各州民兵——学界至少达成了这样的共识,即第二修正案试图"保障州的自由"。

三、Miller 案与 Heller 案:探究第二修正案的含义

(一)Heller 案:解释持有和携带武器的权利

如果将历史拉回到两百年前,我们会发现有关枪支的权利以及其与宪法秩序的关系问题是当时美国政治话语中十分耀眼的论题。2008 年上半年,联邦最高法院听审并裁决了一件有关第二修正案的里程碑式的案件——Heller 案。该案的事实十分简单:自 1976 年开始,作为全美最不安全的城市,华盛顿哥伦比亚特区出台了全美最严格的枪支管制法律,规定除了现役和退役的执法人员以及法律颁布之前就拥有手枪的人以外,居民一律不得拥有手枪。该地的一名合法配枪警卫 Dick Heller 由于居住在犯罪率高发区,出于自卫目的向特区政府申请在家拥有手枪的许可,但遭到拒绝。

恰巧自 2002 年,宪法学者罗伯特·列维就针对哥伦比亚特区的枪支管控法律开始招募志愿者设计试验案件,㉗进行相关诉讼。于是,拥枪派团体推出 Heller 作为原告提起诉讼,经过重重波折最终案件被送至联邦最高法院面前。

㉕ Don B. Kates, Jr., The Second Amendment and The Ideology of Self-Protection, 9 *Constitutional Commentary* 87,89(1992).然而,较早期的学者丹尼尔·麦肯纳则认为,联邦权力仅限于出于军事目的保护那些具有军事效果的武器。这种观点源于他的一贯立场。他认为,第二修正案仅禁止联邦国会为了防止人民参与民兵而解除其武装(这种解读似乎暗示联邦国会可以为了其他目的解除人民武装)。而且,他还说,在美国的法律理论当中毫无疑问存在一种自卫——不仅仅只是为了保存自身而自卫,还包括为了保卫私有财产的自卫——的权利,问题是这种自卫是否一定是指武装自卫。See Daniel J. McKenna, The Right to Keep and Bear Arms, 12 *Marquette Law Review* 138,145(1927).

㉖ See Saul Cornell, Originalism on Trial: The Use and Abuse of History in District of Columbia v. Heller, 69 *The Ohio State Law Journal* 625(2008).

㉗ 试验案件(test case),又称检验案件,是一个颇具美国司法特征的概念,是指"对政府行为的合宪性提出异议的诉讼案件。检验案件被用以获得对所异议的政府行为的司法判决。由于法院不会考虑假设的或抽象的问题,因而检验案件的提起必须以原告受到了该政府行为的直接损害为前提。它经常要求一个人故意违反一个受到怀疑的法律或条例,以确立适用于司法诉讼考虑的对抗情形。"[美]彼得·伦斯特洛姆编:《美国法律词典》,贺卫方等译,中国政法大学出版社 1999 年版,第 270~271 页。

原告律师提出,哥伦比亚特区这一极度严厉限制,甚至禁止拥有枪支的法律在合宪性方面存在重大疑问。最高法院在3月18日听取了各方的辩论,并于6月26日以5:4的比例判决哥伦比亚特区的法律违宪,并称:“公民只要基于传统的合法目的,就享有第二修正案规定的‘携带和持有武器’的权利。”[28]法院多数意见判决书由著名保守派大法官、宪法原意主义解释方法的旗手安东宁·斯卡利亚撰写。他还写道:“第二修正案保护每个人持有武器的权利,保护每个人出于诸如自卫等合法目的使用武器的权利,而这些权利与民兵兵役毫无关系。”[29]

1. 斯卡利亚大法官的多数判决

具体而言,Heller案包含三个核心含义:第一,第二修正案保障个人权利;第二,这一权利并非不受限制;第三,哥伦比亚特区的手枪禁令具有事实上的全面禁止效果,因而是违宪的。斯卡利亚说,之所以作出这样的判决,是因为法院受到如下原则的约束,即宪法的对象是众多普通选民,因此,它的含义应当按照用语的普通含义,而不是所谓的专业技术性含义来理解。[30] 然而,遗憾的是,第二修正案的用语含义并不是完全清晰的,由此则派生出有关第二修正案含义和范围的持久争论。

斯卡利亚认为,在性质上,第二修正案分为两个条款。前半部分是序言性条款,规定“保障一个邦的自由,必须有一支管理良好的民兵”。紧随其后的则是实施性条款,内容是“不得干涉人民持有、携带武器的权利”。其中,“前者在语法上并没有限制后者,而只不过是宣布了一个宪法目的而已”。[31] Heller案的最终判决就是建立在对第二修正案文本结构的这种理解的基础上。这种理解非常重要,因为在后文我们还将发现斯蒂文森大法官的异议居然也是以其为出发点。

让我们先看所谓的实施性条款。斯卡利亚将同一时代的1787年宪法和后来的《权利法案》诸条款中相似的词语采用查阅当时权威字典的极端方法来确定含义。经过分析对比,他强调,实施性条款中“人民的权利”(Right of the People)一语在含义上是十分清晰确定的,它表明州并不享

---

[28] *District of Columbia* v. *Heller*,554 U. S. 570(2008),opinion of the court.

[29] *District of Columbia* v. *Heller*,554 U. S. 570(2008),opinion of the court.

[30] *District of Columbia* v. *Heller*,554 U. S. 570(2008),opinion of the court.

[31] *District of Columbia* v. *Heller*,554 U. S. 570(2008),opinion of the court.

有这样的权利。他另外给予重点关切的语词是“持有和携带武器”(Keep and Bear Arms)。对此,他论述到,持有(to keep or to retain,not to lose)和携带(bear,carry or possess with purpose)是一种无关民兵兵役的权利。也就是说,第二修正案的实施性条款保护“持有和携带武器”(posses and carry weapons)的个人权利。[32]

再来看所谓的序言性条款。斯卡利亚认为,“管理良好的民兵”(Well ~ Regulated Militia)是一个革命时代的概念,那时候,所有身强力壮的男人都是民兵。更进一步,法院发现“保障州的自由”(Security of a Free State)一语中的“州”(state)是在政治体(polity)的意义上使用的,并非是指实际上的各州本身。[33] 因此,他认为,序言性条款宣布了一个宪法目的,即保障人民免受专制之害,但这一条款并没有将持有和携带武器的权利仅仅局限于民兵。[34] 为了论证自己的观点,斯卡利亚花费了大量笔墨(大约有40页)对历史上的事例和观点旁征博引,从革命前,到建国时代,再到内战前以至内战后的重建时期,不一而足。

作为最高法院大法官,惜墨如金、沉默保守才是常态,但斯卡利亚以这种大张旗鼓地回溯历史的方式表明态度也并非一时的头脑发热,如果我们深入分析,则会发现这一策略性的论证自有着难以置信的说服力。因为在历史上长期以来都没有常备军,自卫是天赋人权,甚至是良善公民的责任和义务,几乎所有男子都是民兵,理所当然都持枪。但这并不表示公民携带武器是因为他们是民兵。此时对人民而言,武器在某种意义上是生活必需品,其主要目的就是自卫和打猎。[35] 斯蒂文森在异议意见中举出大量“携带武器”(keep arms)在当时经常被用于关于民兵的文本中的论据来论证,即使是在第二修正案颁布时期,公民持有武器的权利就被限制在民兵中。[36] 然而,斯卡利亚却简单而有力地指出,“某类特定文本经常用到某一词语并不代表这一词语就只能被限制在这一类文本中使用,

---

㉜ *District of Columbia* v. *Heller*,554 U. S. 570(2008),opinion of the court.

㉝ *District of Columbia* v. *Heller*,554 U. S. 570(2008),opinion of the court.

㉞ *District of Columbia* v. *Heller*,554 U. S. 570(2008),opinion of the court.

㉟ *District of Columbia* v. *Heller*,554 U. S. 570(2008),opinion of the court.

㊱ *District of Columbia* v. *Heller*,554 U. S. 570(2008),Stevens J. ,Dissenting.

我也能够找到很多例子来证明这个词语也会用于非民本文本当中”。[37]斯卡利亚对历史的回顾显然是要证明这样一个事实,即公民持枪的权利是先在于宪法的历史和社会事实,这就进一步剥离了其与民兵的关系。那么,将第二修正案分为“序言性条款”和“实施性条款”,并认为两者之间无实质联系的观点就是可以接受的。“序言性条款宣布的宪法目的是防止民兵被取消,但民兵并不是美国唯一的先在价值,序言性条款也没有宣布民兵就一定比自卫和打猎更重要。”[38]如此一来,序言性条款并不构成对实施性条款的限制,则公民持有和携带武器的权利当然是一种应受宪法保护的个人权利。

2. 斯蒂文森大法官的异议:一种有限制的权利

不同于斯卡利亚注重历史上普通民众对持有武器的理解和需求,斯蒂文森虽然走的也是一条原意主义的解释路径,但迥异于斯卡利亚的思考。相比之下,斯蒂文森更加注重修正案制定时的具体语境,尤其是制定者撰写过程中的具体考虑。用当前社会科学中比较流行的话来说,斯蒂文森更重视修正案针对和要解决的具体和实际问题。

斯蒂文森在其异议开篇就宣称,Heller 案所提出的问题并不是所谓的第二修正案所保护的到底是集体权利还是个人权利。“毫无疑问,修正案保护的是一种可由个人行使的权利。”[39]然而,真正有待司法解答的问题是这一权利受法律保护的范围,也即权利的范围和限制问题。斯蒂文森认为,第二修正案保护的是“各州人民保留管理良好的民兵的权利”。[40]如此一来,持有和携带武器的权利受保护的程度就必须受到修正案序言性条款,即武器的持有和使用必须是为了民兵的良好管理这一军事目的的限制。修正案“对于保护私人持有武器缺乏兴趣,也不是它的出发点”。[41] 说白了,斯蒂文森也并不反对对第二修正案进行“序言性条款”和“实施性条款”的划分,只不过他认为两者之间并非并列的互不受制关系,

---

[37] *District of Columbia* v. *Heller*,554 U. S. 570(2008),opinion of the court. 斯卡利亚说的这种情况在实际中也的确存在。例如,建国初期的宾夕法尼亚州、佛蒙特州、北卡罗来纳州和马萨诸塞州的宪法就明确规定公民可持有、携带武器用于自卫,并没有提到民兵的问题。

[38] *District of Columbia* v. *Heller*,554 U. S. 570(2008),opinion of the court.

[39] *District of Columbia* v. *Heller*,554 U. S. 570(2008),Stevens J. ,Dissenting.

[40] *District of Columbia* v. *Heller*,554 U. S. 570(2008),Stevens J. ,Dissenting.

[41] *District of Columbia* v. *Heller*,554 U. S. 570(2008),Stevens J. ,Dissenting.

而是前者作为宪法目的会限制后者的适用范围。既然修正案并没有对公民个人持枪的权利问题发表只言片语的看法,那么“它也就没有剥夺立法机关管制公民对武器的通常性使用和持有的权力”。[42] 因此,哥伦比亚特区的枪支管制法律就是合宪的。

斯蒂文森是如何一步步推理到这样的结论的?和斯卡利亚一样,他不仅对“序言性条款”和“实施性条款”的两分法不持异议,而且也是由此切入,以逐个分析两个不同条款的方式开始他对第二修正案的文本分析的。但不同于斯卡利亚的是,斯蒂文森将修正案的价值重心放在了序言性条款上。因为在他看来,斯卡利亚的宪法原意主义所探求的实际上并不是真正的宪法原意,充其量只是当时普罗大众对修正案条款的理解。[43] 就算我们承认这也是一种对宪法原意的探求和理解,但它也并无绝对的真理性来否定对另一种宪法原意的探求——制宪者,或者说建国国父们拟就这一条款的问题意识。如要理解第二修正案的真实意涵,我们必须抛开自身基于当代社会问题背景(实际就是当代美国的枪支泛滥和枪支暴力问题)对修正案的附会,沿着制宪者的思维路径回溯到问题原点。制宪者为什么要制定第二修正案?斯蒂文森在其异议意见第三段开头写道:“第二修正案的制定是为了保护各州人民保留管理良好的民兵的权利。在各州确认宪法的过程中,各州都对联邦政府解除各州民兵武装和创建常备军从而威胁各州主权表示担忧,第二修正案就是对此的一种回应。”[44]很显然,斯蒂文森抓住了制宪时期各政治派别围绕宪法展开交锋的重点:联邦和州的分权问题,或者说如何在形成有效的联邦统治的基础上保障各州主权。这是反联邦党人当时关注的首要问题。如果我们再联系《邦联条例》和当时争论不休的常备军问题,那么我们会发现斯蒂文森对第二修正案原意的探求似乎更有说服力。

众所周知,《邦联条例》创建的政府形式是失败的,它极端地运用了“州权理论”,造成邦联国会过于孱弱,根本无力完成国家的整合和统一。这就形成1787年宪法出台的社会背景。但《邦联条例》的失败并不意味“州权理论”毫无价值,也不意味反联邦党人彻底抛弃旧有立场。就军事和国防体制

---

[42] *District of Columbia* v. *Heller*,554 U. S. 570(2008),Stevens J. ,Dissenting.

[43] 有学者就认为斯卡利亚在本案中的宪法解释方法是一种“大众意义原旨论”。参见东来、江振春:《从“持枪权”看美国宪法的解释》,载《读书》2009年第8期。

[44] *District of Columbia* v. *Heller*,554 U. S. 570(2008),Stevens J. ,Dissenting.

而言,《邦联条例》采行的是一种接近“双轨制”的体制。[45] 这体现在《邦联条例》的第6条第4款、第5款,第7条,第8条,以及第9条第1款、第5款。[46]

---

[45] 对这一“双轨制”国防体制的介绍,可参见蒋龑:《“枪支条款”还是“民兵条款”:美国宪法第二修正案研究》,载强世功主编:《政治与法律评论》(第5辑),法律出版社2014年版,第141~142页。

[46] 《邦联条例》第6条第4款:任何邦不得在和平时期保留战舰,除非邦联议会召开期间联邦认为该邦之战舰数量是保护该邦或其贸易所必需的;任何邦在和平时期不得保持任何武装部队,除非邦联议会召开期间联邦判断所保留的要塞警卫人员数量是保护该邦所必需的;但每邦应随时保留一支管理良好、遵守纪律、武器装备足够的民兵,在公共武库保存一定数量的军需、帐篷,数量适当的武器弹药,营房器材,随时听候调用。第6条第5款:未在邦联议会开会期间得到联邦的同意,任何邦不得开战,除非该邦受到敌人实际入侵,或得到情报,表明某个印第安人国家已决定侵入该邦,危险迫在眉睫,不容迟缓,来不及等待听取邦联议会召开期间联邦的决定;在邦联议会召开期间联邦决定决定宣战之前,任何邦不得向任何船只和战舰发布命令,不得颁发海上缉拿外国船只许可证和报复敌国的拘捕证,只能与邦联议会召开期间联邦已经与之宣战的王国、国家及其臣民作战,并遵守邦联议会召开期间制定的规则,除非该邦受到海盗大肆入侵,在此情况下,可派战舰出击,作战时间以危险依然存在为限,或作战到邦联议会召开期间联邦决定的时间。第7条:任何邦为共同国防而招募的陆军,所有上校和上校以下军官,由招募这些军队的各邦议会任命,或按各邦所定办法任命,军官出现空缺时,由原来任命该军官的邦任命继任者。第8条:一切战争费用,一切为建立共同国防和提供普遍福利而出现的其他费用,以及邦联议会召开期间联邦同意支出的费用,均从共同财库中支取,财库来源,由各邦按其全部土地价值分摊,包括授予和测量后分给任何个人的土地,邦联议会召开期间联邦将定期制订办法,任命人员,对土地、房屋和改良增值作出估价。各邦为交纳自己应承担的份额,可由各邦议会制定税则、征收税金,时间应在邦联议会召开期间联邦同意的时间范围以内。第9条第1款:邦联议会召开期间的联邦,独享决定战争与和平的全权,第六条所述情况例外,独享派出和接受大使、缔结条约和加入盟约的全权,但所缔结的商业条约,不得限制各邦的立法权力,按向本邦居民征税的办法,向外国人征收进口税和关税,不得禁止各邦出口和进口任何货物和商品,不得禁止各邦制定各种情形下的规则,不得决定路上或水上的俘获物是否合法,不得制定规则规定陆军和海军在为联邦服役时所获战利品如何瓜分或分配,不得在和平时期颁发海上缉拿外国船只许可证和对敌国的拘捕证,不得设立法庭审讯公海上的海盗罪和重罪,不得设立法庭接受和审理一切有关俘获物的最后上诉,除非上述法庭的法官中没有邦联议会任命的人担任。第9条第5款:邦联议会召开期间的联邦,有权指定一个委员会,在邦联议会休会期间履行职责,取名“邦际委员会”,由每邦的一名代表组成;有权任命其他委员会和文职官员,按联邦的指示处理联邦的日常事务;任命其中一人主持,但在任何三年内,任何人不得主持工作超过一年;保证为联邦的服役筹集必需的款项,为公共支出拨款和提供给养;以联邦的信用筹借贷款,发行货币,每半年将贷款和发行所得向各邦呈交账目;建立和装备一支海军;协商陆军人数;按各邦白人军民人数,向各邦分配兵员名额;此项兵员分配具有约束性,由各邦议会任命团级军官,招募兵员,按士兵规格提供服装、武器、装备,把按此规格配备服装、武器、装备的军官和士兵,在邦联议会召开期间联邦协商的时间以内,开拔到指定地点;但若邦联议会召开期间,联邦审时度势,认为有的邦不需要招募兵员,或招募的兵员可低于其配额,而其他邦招募的兵员需高于配额,仍应按配额招募这些超额兵员,配备军官、服装、武器、装备,除非该邦议会认为无法提供如此数量的兵员,在此情况下,由该邦议会视情况尽量招募配额规定的超额兵员,配备军官、服装、武器、装备。把按规格配备服装、武器、装备的军官和士兵,在邦联议会召开期间联邦协商的时间以内,开拔到指定地点。

在这一体制下，联邦在军事和国防上的权力受到极大限制，常备军基本不被接受，民兵是州的防卫主体，国防也主要依赖于各州民兵，且各州实质上掌握着民兵的控制权。然而，1787 年宪法则实质性地改变了这一体制。新宪法规定了联邦不仅有权创建常备军，而且还有权制定规则，组织、武装，并以纪律约束民兵，统辖民兵中应召为联邦服役的部分。[47] 两相对比，我们发现新宪法恰恰"遗漏"了被反联邦党人视为生命的"民兵条款"，即如同《邦联条例》中规定的那样绝对隶属于州的"民兵"。这在反联邦党人看来，不啻是对州主权的剥夺。[48] 虽然麦迪逊在制宪会议记录中并未具体透露某些代表最后拒绝在宪法草案文本上签字的原因，但通览这一记录，我们可以推测宪法对专属各州的民兵问题的"遗漏"可能是艾尔布里奇·格里、乔治·梅森等人拒绝签名，以及事后各州在宪法确认过程中激烈反对宪法的原因之一。

斯蒂文森显然看到了这一点。因此，他说，问题就在于 1787 年宪法

---

[47] 1787 年宪法第 1 条第 8 款第 12 项：招募军队，提供给养，但对这项用途的拨款不得超过两年。第 1 条第 8 款第 13 项：建立和维持一支海军。第 1 条第 8 款第 14 项：制定陆军和海军的统辖和管理条例。第 1 条第 8 款第 15 项：制定规则，征召民兵，执行联邦法律，镇压叛乱，击退入侵。第 1 条第 8 款第 16 项：制定规则，组织、武装并以纪律约束民兵，统辖民兵中应召为联邦服役的部分，把任命军官和按联邦议会制定的纪律训练民兵的权力保留给各邦。

[48] 例如，在 1787 年 8 月 19 日的制宪会议上，弗吉尼亚的制宪会议代表乔治·梅森为了反对联邦在和平时期设立常备军，作出妥协，为了共同防御，愿意把管理、训练民兵的事交给联邦，但把委任军官的权力保留给各邦。但这一提议仍然遭到艾尔斯沃斯等人的反对，他认为，要各邦牺牲管理民兵的权利可能办不到，在民兵问题上，总体政府的权力不可能贯彻到整个联邦，也不可能与各地取得协调，要各邦交出民兵管辖权，不过徒劳。迪金森也认为各邦不会愿意，也不应该交出管理民兵的权力。参见［美］麦迪逊：《辩论：美国制宪会议记录》，尹宣译，译林出版社 2014 年版，第 492、497 页。8 月 23 日，制宪会议再次讨论了民兵问题，联邦党人认为应当有统一的民兵制度，以马萨诸塞州的艾尔布里奇·格里为代表的反联邦党人则认为，联邦的这项权力，经过这样解释后，实际上是把扳机捏在联邦手里。他宁可让马萨诸塞的公民解除武装，也不要他们听从联邦的指挥，使他们服从于联邦议会，这会被视为一种专制制度。最终达成妥协的是迪金森的建议，"联邦议会制定条款，组织、武装、并用纪律约束民兵，管理民兵中为联邦服役的部分"。同时，各州代表在否决"把将军以下军官的委任留给各邦"方案后，一致同意"把委任军官的权力保留给各邦"。参见［美］麦迪逊：《辩论：美国制宪会议记录》，尹宣译，译林出版社 2014 年版，第 530 ~ 531 页。从这些细节我们也可以大致看出，民兵管理权问题也没有跳出当时联邦党人与反联邦党人关于联邦权与州权如何划分的争议论域。当联邦在这一问题上权力太大，话语太强，同样会引起反联邦党人和当时的州权派的担忧。

中对军事和国防体制权力的划分不能让反联邦党人和各州满意。[49] 那么，毫无疑问，第二修正案作为宪法增补条款，它必然是对原来宪法中有关民兵问题的联邦和各州权力划分体制的完善，它回应的是建国和制宪时期联邦党人和反联邦党人的争论，它的问题域是民兵的宪法地位和对民兵的管辖权分配问题。至此，斯蒂文森找到了所谓的"真实问题"，圈定了第二修正案的"真正原意"的可能范围。第二修正案的主旨乃是为了确立民兵权力和州权。[50] 那么，根据这种分析路径，我们可以进一步推测，制宪者在制定第二修正案时关注的重点根本就不是所谓的持枪问题，而是民兵问题，修正案的重点是"序言性条款"而非"实施性条款"，抑或我们还可以更大胆地推测，在制宪者那里根本就没有所谓的"序言性条款"和"实施性条款"之分，那是一个单一完整的条款。

斯蒂文森最后的结论是哥伦比亚特区的枪支管制法律合乎宪法。但在我看来，他对最终结论的论证似乎略显跳跃。在整个论证过程中，他的核心观点是第二修正案并不关心所谓的公民持枪的问题，而是为了确立民兵权力和州权。[51] 由此，第二修正案并不适用于 Heller 案所涉争议似乎才是更符合形式逻辑的结论。如此一来，就不能直接断言哥伦比亚特区的系争法律合宪，而毋宁应该说其合宪与否，第二修正案无法提供答案。但这种批评似乎又略显苛求。因为斯蒂文森这种以回溯历史现场寻求宪法原意的方式看似复古、学究，但其背后的真实驱动力或许仍然是当代的和现实的——无论是跳跃性地宣布系争法律合宪，还是说第二修正案不适用于本案，斯蒂文森对第二修正案问题意识的历史还原无疑蕴含着宪法对枪支管制是无言的这一现实关怀。实际上，这也的确符合他作为最高法院自由派旗手的意识形态立场。

3. 布雷耶大法官的异议：利益衡量

在对第二修正案实质内容和适用范围的解读上，布雷耶同意斯蒂文森的看法，并且也的确加入了斯蒂文森的异议。但是，布雷耶也同时提出了自己的异议意见。他在异议中指出，诸如减少暴力犯罪等合法的政府

---

[49] *District of Columbia* v. *Heller*, 554 U. S. 570 (2008), Stevens J., Dissenting.

[50] *District of Columbia* v. *Heller*, 554 U. S. 570 (2008), Stevens J., Dissenting.

[51] *District of Columbia* v. *Heller*, 554 U. S. 570 (2008), Stevens J., Dissenting.

利益可以成为政府有权管制持有和使用枪支的一个替代性理由。[52] 布雷耶认为,尽管第二修正案保护公民个人出于自卫等目的而拥有枪支的权利,但不能因此而否定政府寻求良善政策的权力。他提出了一种以利益衡量为核心的宪法解释方法。具体而言,一边是持有和携带武器的宪法公民权利,另一边是公共安全的政府利益,而所谓的利益衡量实际不过是两害相权取其轻的现实主义策略。

对布雷耶来说,第二修正案的原意是什么,制定时普通民众对之如何理解,或者说制宪者为什么要制定它,这些都不重要,他也根本不打算探求这些问题,引导他进行思考的是另一种迥异于斯蒂文森的问题意识:是什么社会问题引起了这起诉讼?第二修正案能够为当代的哪些社会问题提供政策指引?进一步而言,最高法院是应该做历史和制宪者的传声筒,还是应该适时成为社会问题的解决和控制机制?很显然,在这些问题的解答上,布雷耶既是自由主义的,也是现实主义的。他敏锐而又清晰地看到问题的症结所在——美国的枪支暴力问题。第二修正案确实制定于两百多年前,或许它当时确实被视为抗衡联邦权力,维护州权的武器,但时移世异,现在它必须调整自身的准星。因此,在布雷耶看来,就算我们承认法院多数意见对第二修正案的"个人主义"解释,我们也需要对比第二修正案所保护的"个人权利"与其所造成的社会公共安全的利益之间的抵牾。[53] 这也是一个典型的传统自由主义的权利保障及其限制的问题。然而,从这种自由主义的典型性当中,我们或许也可以读出些许无奈:美国社会中已经有2亿多支枪,枪支暴力问题也日渐突出。面对如此既成的社会现实,任何理论上的讨论或许都是无力的。现在若采取过于严格的枪支管制措施,或许反倒会使普通民众在面对枪支暴力时处于更加束手无策的境地,[54]基于此,理性的控枪派也大多反对极端的管制措施,但同样

---

[52] *District of Columbia* v. *Heller*,554 U. S. 570(2008),Breyer J. ,Dissenting.

[53] *District of Columbia* v. *Heller*,554 U. S. 570(2008),Breyer J. ,Dissenting.

[54] 例如,拥枪派就指出,控枪派最大的失误就在于无视当下2亿多支枪,并且每年都有稳定数量的武器进入美国社会的现实。对他们来说,如果加强枪支管制的话,那么这个社会到最后只有犯罪分子和想要从事犯罪的人才有枪,而这将是让人无法接受的现实。与此同时,美国有一批研究人员运用让人信服的数据论证了一个看似反常识的事实:枪支管制越严格,枪支暴力越泛滥。See Constance Emerson Crooker, *Gun Control and Gun Rights*, Greenwood Press,2003,pp. 1 -6.

出于社会治安的缘故也要求合理的枪支管制。因此,只有深刻理解了这种社会现实的辩证法,我们才能理解为何布雷耶会说“第二修正案同样关心公共安全,在理论上对枪支管制的严格审查都会在实践中转向利益衡量”。[55]

(二)Miller 案:一个先例?

在那个学者们认为最高法院的宪法实践“主要是解释自己的先例”的时代,Heller 案却为法院提供了创造一个全新判例法的独一无二的机会。[56] 大多数学者都认为,判决 Heller 案时,法院找不到任何有参考价值的先例。[57] 例如,劳伦斯·索罗姆就称 Heller 案为一块少有的、“几乎空白”的法律画板。[58] 在最高法院判决的成千上万例案件中,与第二修正案有关的仅仅只有六件,分别是 *United States* v. *Cruikshank*(1876),*Presser* v. *Illinois*(1886),*Miller* v. *Texas*(1894),*United States* v. *Miller*(1939),*District of Columbia* v. *Heller*(2008),以及 2010 年的 *McDonald* v. *City of Chicago* 等。然而,就在这极少的判例中,真正能够算作第二修正案判例的不过只是后面三件,前面几件判例虽然事实起因多源自持枪权问题,但实际在本质上是第十四修正案问题。[59] *United States* v. *Miller*(以下简称 Miller 案)是最高法院历史上第一件真正涉及第二修正案的判例。然而,遗憾的是,最高法院在该案中完全没有解释第二修正案的适用范围,反而策略性地回避这一关键问题,使得其作为第二修正案先例的意义几乎荡然无存。

---

[55] *District of Columbia* v. *Heller*,554 U. S. 570(2008),Breyer J.,Dissenting.

[56] Nelson Lund, Heller and Second Amendment Precedent, 13 *Lewis and Clark Law Review* 1(2009).

[57] Nelson Lund, The Second Amendment, Heller, and Originalist Jurisprudence, 56 *UCLA Law Review* 1343,1344(2009).

[58] Lawrence B. Solum, District of Columbia v. Heller and Originalism, 103(2) *Northwestern University Law Review* 923,925(2009).

[59] 关于 Cruikshank 案和 Presser 案与第十四修正案关系,可参见蒋龑:《“枪支条款”还是“民兵条款”:美国宪法第二修正案研究》,载强世功主编:《政治与法律评论》(第 5 辑),法律出版社 2014 年版,第 128 ~ 130 页。在 *Miller* v. *Texas* 中,法院认为得克萨斯州禁止携带武器的法律毫无必要否定公民“受自第二修正案的利益”,同时,法院还再次确认“第二和第十四修正案只能适用于联邦权力”,也拒绝考虑第二修正案是否能够通过第十四修正案的吸收来对抗州权力。See *Miller* v. *Texas*,153 U. S. 535(1894). 由此,可以看出,与 Cruikshank 案和 Presser 案一样,*Miller* v. *Texas* 在实质内容上也更多地涉及第十四修正案。

斯卡利亚和斯蒂文森都在各自的判词中讨论了Miller案，但得出了不同，甚或相互矛盾的解读。由此可见，Miller案是一个令人迷惑的“先例”。1938年，Miller和Layton因为从俄克拉何马州向阿肯色州贩卖短猎枪而被指控违反了1934年的《全国枪支法案》(NFA)。但位于阿肯色州的联邦地区法院认为与该案有关的部分NFA条文因违反宪法第二修正案而无效。有意思的是，布雷恩·弗莱认为主审法官雷根(Ragon)密谋与联邦政府勾结创造了一个《全国枪支法案》是否合宪的试验案件。雷根是一个新政的拥护者，曾于1923年至1933年代表阿肯色州第五选区担任国会议员。在此期间，他也大声疾呼联邦应强化枪支管制。事实上，他也的确不顾第二修正案的存在而对在全国范围内禁止手枪的措施明确表示支持。[60] 弗莱的观点最后似乎得到了验证——1939年，联邦政府将案件上诉至最高法院。

然而，造成Miller案日后被拥抢派和控枪派争议不休的一个原因是，这是一起缺席审判，被告和辩护律师均未出庭，没有任何代表辩方利益的论点和诉讼文书被提交至法院。最高法院最后宣布：“Miller与Layton没有提出任何证据证明他们对枪支的持有和使用与保持一支民兵具有联系，《全国枪支法案》仍然是对他们有效的法律。”法院实际上并没有明确公民个人缺乏清晰的军事用途的武器持有是否合法，相反，法院只是说这种情况下仍然要受到《全国枪支法案》规定的有关运输、税收等方面的管制。[61] 因为缺乏证据，法院最终只是撤销原判，发回重审，也没有作出有任何实质性意义的决定。[62] 在从1939年至2008年的近70年的司法实践里，这个奇怪的判决(实际上是没有任何判决)却在事实上成为第二修正案的宪法基础。

斯卡利亚和斯蒂文森都在各自判词中宣称遵循了由Miller案创造的“先例”。在Miller案中，最高法院最终判决两人因运输违反合宪的1934年《全国枪支法案》的武器而有罪，并发回重审。斯卡利亚则分析认为，法院之所以坚持有罪判决，并不是因为两人非因军事目的而持有枪支，而是

---

[60] See Brain L. Frye, The Peculiar Story of *United States* v. *Miller*, 3 *The N. Y. U Journal of Law and Liberty* 48, 61 -64(2008).

[61] *United States* v. *Miller*, 307 U. S. 174(1939).

[62] Nelson Lund, *supra* note〔56〕, p. 6.

因为案件所涉枪支——短管霰弹猎枪——不受第二修正案的保护。[63] 也就是说，尽管第二修正案保护公民持枪的权利，但是案件所涉的枪支类型，而不是两人均与民兵毫无关系的事实才是促使法院作出有罪判决的原因。

斯卡利亚继续引用 Miller 案的判词："没有任何证据能够证明此时拥有或使用这种短管霰弹猎枪与维持一支管理良好的民兵或增进其效率有任何理性联系，因此，我们不能认为第二修正案保护持有和携带这样一种武器的权利。"更进一步，他继续引用道："这类武器是否属于普通的民兵装备，或者它们是否有助于共同防御，并不在司法认知的范围内。"[64]通过这些论据，斯卡利亚认为，如果最高法院真的认为第二修正案只是保护一种与民兵服役有关的持枪权，那么法院就不会费舌讨论武器的性质，相反，则会直截了当地说两人都不是民兵。因此，斯卡利亚总结道："Miller 案不仅认同，而且积极主张第二修正案授予公民个人持有和携带武器的权利。"[65]

与此相对，斯蒂文森则认为是他的异议意见，而不是法院的多数意见才是对 Miller 案的恰当遵循。Miller 案保护为了特定军事目的而持有和携带武器的权利，"但它也没有剥夺立法机关管制公民对武器的通常性使用和持有的权力"。[66] 有趣的是，斯蒂文森也同样求助于斯卡利亚所引用的 Miller 案判词，但他给出了完全不同的解读：法院的有罪判决表明最高法院在该案中表达了对管制非出于军事用途而拥有枪支的支持。

这种乍看起来十分奇怪的现象实际并不奇怪，因为没有任何人能真正遵循所谓的"先例"——Miller 案根本就没有创造一个有约束力的先例。有很多学者都指出了最高法院对 Miller 案的误用。例如，隆德就将最高法院对 Miller 案的引用描述成"一种令人尴尬且毫无实益的对程序

---

[63] *District of Columbia* v. *Heller*, 554 U. S. 570 (2008), opinion of the court. 需要说明的是，斯卡利亚的观点并非全无道理，《全国枪支法案》将常见武器分为打猎型武器和进攻型武器，并对进攻型武器进行了诸多限制，比如，要求一些类型的武器必须在相关部门登记注册，同时还需要缴税。

[64] *District of Columbia* v. *Heller*, 554 U. S. 570 (2008), opinion of the court. 着重号为斯卡利亚所加。

[65] *District of Columbia* v. *Heller*, 554 U. S. 570 (2008), opinion of the court.

[66] *District of Columbia* v. *Heller*, 554 U. S. 570 (2008), Stevens J., Dissenting.

事实的编造”,并认为在法律上毫无必要去虚构 Miller 案“与 Heller 案对宪法的解释是相一致的”。[67] 他还指出,大法官们错误地特地引用 Miller 案或许是为了避免“司法能动主义”之嫌。[68] 也就是说,斯卡利亚和斯蒂文森之所以都引用 Miller 案来合法化自己的论点,可能并不是因为他们都认为 Miller 案确实是一个有约束力的先例。[69] 但求助于 Miller 案也没有让他们免于激烈的批评。历史学家索尔·康奈尔将斯卡利亚在 Heller 案中的推理描述为“一种最恶劣的司法能动主义”——司法决定的基础仅仅只是政策偏好,而非法律或者历史。[70]

学界对斯卡利亚和斯蒂文森的批评还算是客观公正的。在 Miller 案中,最高法院宣称:“没有任何证据能够证明此时拥有或使用这种短管霰弹猎枪与维持一支管理良好的民兵或增进其效率有任何理性联系,因此,我们不能认为第二修正案保护持有和携带这样一种武器的权利”,并由此总结道:“我们不能接受下级法院的判决,它必须被推翻。”[71]如果仔细辨析这段话的语言,我们会发现,即便不感觉逻辑混乱,也会觉得难以理解。斯蒂文森正确地指出了这段话似乎表明法院对第二修正案解释中的民兵用途倾向。然而,斯卡利亚也正确地指出了如果法院真如斯蒂文森那样

---

[67] Nelson Lund, *supra* note〔56〕, p. 2.

[68] Id., pp. 16 – 17.

[69] 事实上,遵循先例仅仅只是一种最高法院事后用以合理化自身意见的手段,目的是维护制度的合法性。See Jeffrey A. Segal, Harold J. Spaeth, The Influence of Stare Decisis on the Votes of United States Supreme Court Justices, 40(4) *American Journal of Political Science* 971(1996); Jeffrey A. Segal, Harold J. Spaeth, *The Supreme Court and the Attitudinal Model Revisited*, Cambridge University Press, 2002. 另外一个有趣的话题是,在明知 Miller 案没有提供任何有实质意义的判决意见的情况下,为什么斯卡利亚和斯蒂文森仍然不厌其烦地将该案伪装成一个有约束力的先例?在政治学界,有大量文献讨论了为什么法官会像他们两人这样运用先例。See Thomas G. Hansford, James F. Spriggs, *The Politics of Precedent on the U. S. Supreme Court*, Princeton University Press, 2006; Mark J. Richards, Herbert M. Kritzer, Jurisprudential Regimes in Supreme Court Decision Making, 96(2) *American Political Science Review* 305(2002); J. Knight, L. Epstein, The Norm of Stare Decisis, 40(4) *American Journal of Political Science* 1018(1996). 关于先例效力问题的一个总体性研究,可参见 James H. Fowler, Sangick Jeon, The Authority of Supreme Court Precedent, 30(1) *Social Networks* 16(2008).

[70] Saul Cornell, *Originalism on Trial: The Use and Abuse of History in District of Columbia* v. *Heller*, *supra* note〔26〕, p. 636.

[71] *United States* v. *Miller*, 307 U. S. 174(1939).

理解修正案的话，就明显避轻就重、违反常理。

更重要的是，斯蒂文森在写下Miller案保护"为了特定军事目的而持有和携带武器的权利，但它也没有剥夺立法机关管制公民对武器的通常性使用和持有的权力"的判词时，他就明显犯下了错误。对Miller案的无偏见的解读似乎并不支持这种见解。在这一案件中，法院因为缺乏认知而选择不作任何判断，而只是撤销原判，发回重审。斯卡利亚对Miller案的解释也好不到哪里去。他宣称Miller案涉及的问题不过是枪支的类型问题。也就是说，如果短管霰弹猎枪符合标准的军事用途，那么它就将受到第二修正案的保护。然而，正如隆德所指出的，他在Heller案的判决明确表示武器的军事用途并不是第二修正案提供保护的条件，那么，在这一判决面前，前述论调就显得尤为怪异，尽管他仍然宣称遵循了Miller案。[72]从文本来看，Miller案是一个适用范围异常狭窄的判例，它并没有正面解释第二修正案的含义和范围，判词用语也有歧义矛盾之处，仅仅只是针对自身案件事实的判决。难怪有人打趣道，对Miller案来说，唯一能够确定的就是它不能给任何一方提供明确的胜利，双方都能从中找到有利于己方的论据。

但当我们抛开具体文本语句的束缚，从另一种分析模式和问题意识的角度重新审视Miller案时，或许会发现它的"先例"意义在另一个维度是成立的。在Miller案，最高法院认为持有和携带武器的权利必须与民兵有关系才是受第二修正案保护的，这是最高法院在历史上第一次将武器和民兵联系在一起进行解释。[73] 那么，在启发的意义上，或许我们可以大胆而又合理地推测这就是最高法院将第二修正案分为所谓的"序言性条款"和"实施性条款"的源头。尤其是对斯蒂文森这样的自由派大法官来说，前文反复引用的那句判词[74]或许真就是难得的先例依据。再从Miller案的结果看，虽然最高法院并没有对第二修正案的含义一锤定音，

---

[72] See Nelson Lund, *supra* note〔56〕, pp. 8 – 10.

[73] 蒋龑：《"枪支条款"还是"民兵条款"：美国宪法第二修正案研究》，载强世功主编：《政治与法律评论》（第5辑），法律出版社2014年版，第131页。

[74] "没有任何证据能够证明此时拥有或使用这种短管霰弹猎枪与维持一支管理良好的民兵或增进其效率有任何理性联系，因此，我们不能认为第二修正案保护持有和携带这样一种武器的权利。" *United States* v. *Miller*, 307 U. S. 174(1939).

但就这个具体争议而言,肯定了《全国枪支法案》的合宪性。从70年以后的今日视角来看,这一点是无比重要的。当时的美国早已远离那个州对联邦权力感到恐惧和担忧的建国时代,日益突出的是枪支暴力泛滥的社会治安问题。最高法院在结果上肯定《全国枪支法案》的合宪性实际上是对变迁了的社会问题的适切回应。就这一点来说,它和后来的Heller案具有相同的问题域,是法院试图利用第二修正案解决枪支暴力问题的第一次尝试。或许从这个意义上,我们可以说,尽管它没有为Heller案应当如何判决提供具体指引,但仍然是一个值得参考的"先例"。

四、文本、制宪者与宪法解释

(一)Heller案:文本分析与原意主义

由于缺乏含义清晰的先例,在判决Heller案时,法院不得不依赖于文本的和历史的解释方法。尽管斯卡利亚和斯蒂文森对Miller案的解读结果迥异,但他们在论证过程中都强烈依赖于对历史文献的分析,并且互相指责对方为了自己的偏好而歪曲历史。这种指责或许不过是源于围绕第二修正案的历史文献本身也存在冲突抵牾之处,但此种历史解释的方法依然是可取的。

一般来说,不同领域的学者都认可基于文本的原意主义解释原则。例如,没有人会认为宪法第4条第4款中的"内乱"(domestic violence)一词有婚内矛盾之义。[75] 然而,当文本语焉不详时问题便产生了。因此,斯卡利亚和斯蒂文森便不约而同地为各自所持的文本语义追溯历史上的依据。

第二修正案的文本已经带来了诸多混乱。正如上文所述,第二修正案包括两个条款:序言性条款和实施性条款。斯蒂文森的异议和法院多数意见之间的主要分歧就在于对序言性条款的含义和目的的不同理解。两方都提出了各自对修正案文本和结构的分析,并且都声称具有历史依据。斯卡利亚认为序言性条款虽然宣布了宪法目的,但并没有对实施性条款的实质内容构成限制。但斯蒂文森则表示,序言性条款"设定了修正

---

[75] Nelson Lund, *supra* note〔57〕, p. 1346.

案的目的和适用对象,并且还告知了文本其他部分的含义”。[76]

另外,斯卡利亚和斯蒂文森都很详细地论述了修正案中某些特定语词的含义。诸如“民兵”(militia)、“携带”(bear),以及“武器”(arms)等词语的含义几乎被争了个遍。因为这些语义上的争论会极大地影响到每个大法官最终的解释,因此它们自有存在的价值。

1. 文本结构分析

首先,我们来分析对第二修正案的各种解释的文本结构组成。除了第二修正案以外,宪法中只有一个条款也包括序言部分——第1条第8款第8项。这一项授权国会“为促进科学和有用技艺的进步,保障作者对作品、发明者对发明在有限时间内的排他权利”。那么,在所授专利和版权明显促进了科学和有用技艺的情况下,短语“为促进科学和有用技艺的进步”是否限制国会授予专利和版权的权力呢?抑或它不过是宣布了一个立法目的而已?毫无疑问,促进这个新生共和国的科学和艺术的发展才是这个条款写入宪法的关键原因。为了对序言性条款的目的作一个解说性的对比,宪法学家罗伯特·利维和威廉·梅勒写道:

> 想象一下,如果第二修正案说:“保证一个州的自治,必须有一支受到良好教育的选民,不得干涉人民持有和阅读书籍的权利。”那么毫无疑问,没有人会认为只有已经登记的投票人(也就是选民的成员)才会有阅读的权利。[77]

对于这类序言性条款,图什内特还列举了一个真实世界中的同时代州宪的例子——1784年的新罕布什尔州宪法。该宪法宣布:“为了保证州内的自由,出版自由是不可或缺的;它应该受到保障,不受侵犯。”对此,图什内特认为序言性部分“显然是一个说明,而非一种限制:你不得以说明报社的报道与保障州内自由毫无关系来为自己起诉报社诽谤进行辩解。”[78]

现在我们再回到联邦宪法自身的序言。在其影响巨大的《美国宪法

---

[76] *District of Columbia* v. *Heller*, 554 U. S. 570 (2008), Stevens J., Dissenting.

[77] Robert A. Levy, William Mellor, *The Dirty Dozen: How Twelve Supreme Court Cases Radically Expanded Government and Eroded Freedom*, Cato Institute, 2009, pp. 113 – 114.

[78] Mark V. Tushnet, *Out of Range: Why the Constitution can't End the Battle Over Guns*, Oxford University Press, 2007, pp. 9 – 10.

评注》一书中，约瑟夫·斯托里写道："在司法活动的平常进程中，这是一个公认的格言，即制定法的序言是开启制定者意图的一把钥匙，以及制定法条款所要救济的不幸和所要实现的目的的关键。"[79]这一原则来自"普通法最早期的一些权威作品"，但是老百姓也对之特别熟悉。但另一方面，"从未诉诸序言，来扩大全国政府或任何部门的权力。它从未授予那些本身即是固有的权力；它从未通过默示而等同于扩大了被明确授予的任何权力。它从未是任何默示权力的合法来源，如果不能从宪法中得出这种权力的话。它的真正职责是，解释宪法确实所授予的权力的性质、范围和运用，而不是在实质上创造它们"。[80] 因此，当条文内容难以理解时，尤其是出现了多种不同解释时，序言或许能够给解释极有价值的指引。

另一位十分著名的法学家西奥多·塞奇维克（他的祖父西奥多·塞奇维克是《权利法案》的制定者之一）也在其著作中对宪法序言的作用作出了经典论述：

曾几何时，在英格兰和本国（指美国——作者注），制定法律时在条文前面加上前言、序言或者开场白用以表明立法的原因和动机是一种共同的实践；但实际上，序言这类事物并非制定法的必备要素，而且现在即便不是每次都省略掉这部分内容，至少也是经常如此。[81]

他接着指出，所谓序言的根本价值就在于表达立法者制定这部法律的目的。也就是说，如同斯托里一样，塞奇维克主张序言仅服务于对立法目的的解释。[82] 那么，就第二修正案而言，既然保证州的自由是其目的，则对作为实施性条款的"人民持有和携带武器的权利"自然就应作与目的相协调的解释。

关于第二修正案的文本结构，还有一个问题会让人感到迷惑不解——保守派和自由派的判决意见完全相反，但为何会一致接受了"序言性条款"和"实施性条款"的文本结构划分？我在前文的分析表明，斯蒂

---

[79] ［美］约瑟夫·斯托里：《美国宪法评注》，毛国权译，上海三联书店2006年版，第171页。

[80] ［美］约瑟夫·斯托里：《美国宪法评注》，毛国权译，上海三联书店2006年版，第172页。

[81] Theodore Sedgwick, *A Treatise on the Rules Which Govern the Interpretation and Construction of Statutory and Constitutional Law*, Fred B. Rothman & Co. , 1980, p. 43.

[82] Id. , pp. 44 – 45.

文森考古出的宪法原意似乎更支持制宪者并无此种划分意图的观点。那为何斯蒂文森仍然“不假思索”地沿用了这种分析结构？这些问题虽让人迷惑，却并非无从解答。笔者认为，古人无此意图乃是因为解决他们所认定的问题并不需要如此进行分析。然而，今人欲用第二修正案解决的问题已然发生了变化，不再是建国制宪时期的保障州权的问题了，而是当代的枪支暴力问题。即便是保守派大法官也并非不食人间烟火，斯卡利亚宣布“实施性条款”赋予了不受“序言性条款”限制的持有和携带武器的个人权利，实际也是积极回应枪支暴力的社会问题。否则就无法解释他何为如此强调公民持枪自卫的权利。[83] 斯卡利亚把允许公民持枪并用以自卫看作治理枪支暴力的一条路径，而这条路径不仅可以得到洛克式自由主义政治哲学的支持，甚至还可以得到不少当代实证分析研究成果的巩固。[84] 从反向视角来看，如果想要把第二修正案“个人权利化”，则必须突出作为修正案文本的“后款”，贬低甚至剔除可能更反映制宪原意的“前款”——所谓的序言性条款。因此，我们才看到了斯卡利亚在论证过程中有意无意地避开联邦党人和反联邦党人在制宪问题上的争论，将第二修正案的渊源传统策略性地回溯到英国《权利法案》中的持枪权条款。[85]

而对于自由派大法官斯蒂文森而言，接受这种文本结构划分同样是有用的。我在前文已经指出，时代变了，斯蒂文森在对宪法原意作历史探求的过程中实际仍然是心怀现实关怀的。尽管他探求到了历史真意，但真意对应的历史问题已经消解了。对他来说，将第二修正案的前款称作“目的性条款”或许更切题，但这并不重要，关键是在面对大多数公民已然持有枪支的社会现实的情况下将第二修正案改头换面纳入当代自由主义的权利分析范式之中，唯有如此，才能为政府的枪支管制开放出合理空间。因此，接受这种文本结构划分模式，并以“序言性条款”约束“实施性条款”就是他为枪支暴力问题提出的治理策略。

2. 文本语言分析

对于 Heller 案而言，第二修正案的文本结构并不是唯一的审查对象。

---

[83] *District of Columbia* v. *Heller*, 554 U. S. 570(2008), opinion of the court.

[84] 美国有学者运用让人信服的数据论证了一个看似反常识的事实：枪支管制越严格，枪支暴力越泛滥。See Constance Emerson Crooker, *supra* note〔54〕, pp. 1 –6.

[85] *District of Columbia* v. *Heller*, 554 U. S. 570(2008), opinion of the court.

斯卡利亚和斯蒂文森还都详细考察了条文中某些关键词语的含义。不可否认,在对修正案作为一个整体进行解释之前,弄清楚条文中关键词语的具体含义是十分必要的。大法官们以及学者们之所以几乎对每一个细微的语词的含义都展开争论,不是因为别的什么原因,不过是因为大家都了解这样一种后果,即语词的含义通常会决定法律解释的最终走向。在这一小节,我将以考察第二修正案中含义最具争议的三个语词——"人民的权利"(right of the people)、"持有和携带武器"(keep and bear arms)与"民兵"(militia)——为例来说明这一问题。

在 Heller 案的多数意见中,斯卡利亚认为,当宪法中出现"人民"(the people)一词时,它是作为所有人的惯用指称,而不是某些特定的人群。[86]当然,所有的历史文献也并非完全一致,这不仅不实际,在读者理解的角度看也是不可能的。这也就是说,在某些语境,"人民"指代的是某个特定人群,在另一些语境,则是指所有人。斯卡利亚的观点是,因为宪法其他条款中的"人民"一词都是在"所有人"(all people)的意义上运用的,那么为了保持对宪法价值的统一理解,第二修正案中的"人民"一词必然也应作此解释。

在处理"持有和携带武器"这一词组的含义时,斯卡利亚采取了查阅 18 世纪出版的词典这一极端的方法来确定词组中每一个单词的含义。他经查阅和分析后说道,"武器"(arms)一词在建国时代与今天有着相同的定义:"一个人出于自卫随身携带的,或者握在手里的,抑或愤怒时用以投掷或打击对方的任何东西。"[87]对于"持有武器"(keep arms)这个词组,由于缺乏独有的惯用含义,其实就与"拥有武器"(have weapons)同义。[88] 而"携带武器"(bear arms)则具有自己惯用的语义:出于特定的目的——对抗——而携带(武器)。通过引用 *Muscarello* v. *United States*(1998),斯卡利亚指出金斯伯格在分析这一词组在联邦刑事法律中的含义时所持的观点是这样的:"毫无疑问,这个词组的最常见的含义就是它在第二修正案中的那个意思,它指的是,'在一个人与另一个人发生冲突的时候,此人出

---

[86] *District of Columbia* v. *Heller*, 554 U. S. 570(2008), opinion of the court.

[87] Timothy Cunningham, *A New and Complete Dictionary*, 1771, cited from *District of Columbia* v. *Heller*, 554 U. S. 570(2008), opinion of the court.

[88] *District of Columbia* v. *Heller*, 554 U. S. 570(2008), opinion of the court.

于使用或者全副武装以备进攻和防卫之目的而将武器佩戴在身上,或藏在衣服内,抑或装在口袋里。'"[89]通过查阅同时代的州宪文本,斯卡利亚最终发现有九部州宪包含诸如"为了自身和州的防卫而携带武器"(bear arms in defense of themselves and the state)的语句,这就进一步巩固了他自己论据,并促使他得出"携带武器"并不需要与民兵服役有任何关系的结论。

最后,斯卡利亚认为"民兵"一词在这里指的就是所有身体健康的人。例如,在 Miller 案的判词里,民兵就是"由所有在行为能力上能够为共同防御采取协调一致行动的男性组成的"。[90] 为此,他找到了建国时代的领袖托马斯·杰弗逊对"民兵"的定义:"换言之,州的民兵就是州内所有能够持枪的男人。"[91]为了给这个定义提供更进一步的支持,他还考证了联邦国会制定的第一部《民兵法案》——《1792 年 5 月 8 日法案》——该法案规定:"各州内的每一个身体健康的白人男性自由民,只要是本州居民,年龄已满或者将满十八岁,且小于45 岁(本法有例外规定者除外)均必须各自分别参加民兵。"[92]对于斯卡利亚来说,他引用的这些论据已经非常清楚地证明了"民兵"就是指所有人,而不是州所组织或挑选出来特定人群。

在文义上,斯蒂文森也对第二修正案作了分析。他认为多数意见错误地处理了"人民的权利"(Right of the People)这个词组。宪法中的"人民"一词实际上有多种不同的含义。他写道:

法院通览了制宪者在不同宪法条款中所使用的"人民"一词的含义。在第一修正案中,没有任何词语对言论自由、出版自由和宗教自由的主体进行界定;但同一条款中的和平集会、向政府请愿、表达不满、要求申冤的权利却被描述为"人民"的权利。这两种权利关注的是集体行动。和平集会的权利保护的是参与集会的每个人的权利,它的关注对象是集会团体

---

[89] *Muscarello* v. *United States*,524 U. S. 125(1998),cited from *District of Columbia* v. *Heller*,554 U. S. 570(2008),opinion of the court.

[90] *United States* v. *Miller*,307 U. S. 174(1939).

[91] *District of Columbia* v. *Heller*,554 U. S. 570(2008),opinion of the court.

[92] Act of May 8,1792,1 Stat. 271,cited from *District of Columbia v. Heller*,554 U. S. 570(2008),opinion of the court.

的成员，而不是任何单个的个人。同样，尽管向政府请愿申冤的权利可以由个人行使，但它在性质上首先是集体性的。因为要想获得好的效果，参与请愿活动的人必须协调一致地行动。

类似地，理解第二修正案中的“人民”一词要返回去参考修正案序言性条款中所提及的主体。这些词语提醒我们个人有义务在民兵服役，这是一种修正案条款欲直接保障的，可能更加重要的集体行动。它们还提醒我们修正案的最终目的是保障各州对主权的分享。

如同第四修正案所使用的那样，“人民”一词界定了免受政府无理搜查和缉拿权利的主体。无疑，第四修正案规定的权利无需在任何集体的意义上行使。但是，这种观察并不能解决第二修正案中“人民”的含义。正如我们所看到的，这个词语在第一修正案的请愿条款和集会条款中分别意味完全不同的东西。虽然对“人民”一词的抽象界定可以在第二修正案中涵盖与在第四修正案中同样的含义，但第二修正案的序言性条款表明这个词语在第一和第二修正案中的使用是一样的，都涉及一种集体行动。相反，第四修正案规定的是一种反对政府干预的消极权利，而不是从事一种受保护行为的积极权利，因此，第四修正案涉及一种保障纯粹个人利益的权利。第二修正案中的“人民”一词也并没有将持有和携带武器的权利的主体扩展至为一支管理良好的民兵服役的语境范围之外。[93]

笔者之所以大段引述斯蒂文森的判词是想强调，即便运用类似于斯卡利亚的文本语义分析方法，斯蒂文森却得出了截然不同的结论。同样的，斯蒂文森还对“持有和携带武器”这个词组进行了语义分析。他认为，尽管法院的讨论将“持有和携带武器”作为两个“短语”（phrases）对待，但它实际上是一个单一的短语，描述的是一个单一的权利：出于军事目的并在军事活动中拥有和使用武器。对于他的文本语义分析，斯蒂文森最后总结道：“当文本中的每个单词都得到全面理解，那么对第二修正案含义最自然的解读必然是保障人民在为管理良好的民兵服役的范围内使用和拥有武器的权利。”[94]

（二）第二修正案与历史

正如充满歧义的 Miller 案导致了数十年不断的适用争议一样，有关

---

[93] *District of Columbia* v. *Heller*, 554 U. S. 570(2008), Stevens J., Dissenting.

[94] *District of Columbia* v. *Heller*, 554 U. S. 570(2008), Stevens J., Dissenting.

第二修正案的众多既有历史文献也为学者对真相的探求制造了莫大的麻烦。就社会科学研究中利用历史文献可能产生的问题而言，西达·斯考切波认为，对于一个给定的研究项目，尤其当该项目规模很大时，从学者们建构出的第二手资料中寻求论据尽管并非完全无可指摘，也是一种恰当的方式。[95] 但另一方面，恰如卢斯蒂克所指出的，研究者在从历史文献中寻求所需材料时必然存在一种选择偏见，因为历史学家所运用的有关人类行为的理论也是社会科学家所熟悉和常用的。如此一来，就很容易导致一种研究结论来源于选择性材料，且不过只是自身的一种函数关系的同义反复。[96] 因此，伴随历史文献而生的问题是它们天然就是非中立性的。由此出发，所有的二手资料都应当经过历史研究的辨析，历史文献间差异的解释也应当获得足够的重视。[97]

当然，笔者并不主张每当遇到有些许疑问的历史文献时都展开啰哩啰唆的史学辨析。但是，笔者认为持有不同判决意见的每一方最好还是认真处理好历史认知上的对立，而不只是对自己的观点概述了事。忽视反对性的历史论据，即便没有其他危害，至少也会导致卢斯蒂克所反对的选择性偏见。

斯卡利亚和斯蒂文森对特定语词的语法分析和界定之间存在极度的相互矛盾。这使得对他们所谈论的历史和历史分析方法进行深度解析在某种意义上就是必要的。然而，作为一篇以规范宪法学为指向的论文，这并非本文的目的所在（实际上，这也非本人学力所及）。因此，本文对这一问题的探究必然是简略的。

如果某人致力于研习有关第二修正案，或者更广泛地说，持枪权的历史文献，那么从表面上来看，他很可能为任何可欲的解释找到正当化论据。例如，罗伯特·萨霍普认为，制宪者肯定希望第二修正案能够保护公民在各种情况下的持枪权。公民不仅可以出于自卫而持枪，为了州和国家的防卫而持枪，甚至还可以为了让统治者对人民的权利时刻保持敏感

---

[95] See Ian Lustick, History, Historiography, and Political Science: Multiple Historical Records and the Problem of Selection Bias, 90(3) *The American Political Science Review* 605, 606(1996).

[96] Id., pp. 607 - 608.

[97] Id., pp. 614 - 616.

而持枪。[98] 马尔科姆则考察了英国普通法上持枪权的历史,并总结道:"第二修正案使得美国宪法与其英国'前辈'更相一致了。两国宪法有关持枪权规定的目的就在于保证公民自卫的手段,以及在有必要保持一支常备军期间,确保其不会对人民的自由构成威胁。"[99]纳尔逊·隆德也认为,"在建国时代,由于成建制的警察机制尚未建立,各殖民地又缺乏常备军建制,公民个人不仅是自身及其家庭的首要保卫者,当情况所需时,也是警察和士兵。因此,人们根本没有任何理由对这三种职能作出清晰的概念区分"。[100] 因此,制宪者并没有对出于自卫而持有武器的权利和出于共同防卫而持有武器的权利作出区分。

另外,卡尔·博格斯却认为对第二修正案个人权利化的解释是一种历史修正主义,并指责这些论者是"造反派"。[101] 他认为,在1960年之前,并不存在对第二修正案的个人权利化的解读,此后出现的争论完全是"枪支游说团体"(gun lobby)制造出来的。[102] 相比之下,索尔·康奈尔对这一问题的研究就显得学术化得多。通过对美国民兵历史的认真梳理和考察,他认为持有武器的权利既非一种个人权利,也非集体权利,而毋宁是一种"公民权利"(civic right)。换句话说,第二修正案阐述了一种持有和携带武器的公民责任(权利),以便公民能够参加民兵。[103] 马克·图什内特则同意康奈尔的观点,并且主张一种与公民民兵组织有关联的个人权利才是对第二修正案的最佳解释。"我们每个人都有权持有和携带武器,以便我们能够参加民兵——也就是人民本身——从而免于专制政府。"[104] 拉科夫则采取另一种不同的推理路径。他说,制宪者关于第二修正案的争论都集中在民兵问题上,相反却没有对第二修正案的范围和目的发生

---

[98] Robert E. Salhope, *supra* note〔23〕, p. 614.

[99] Joyce Lee Malcolm, *To Keep and Bear Arms: The Origins of an Anglo-American Right*, Harvard University Press, p. 164.

[100] Nelson Lund, The Second Amendment, Political Liberty, and the Right to Self-Preservation, 39 *Alabama Law Review* 103, 118(1987).

[101] Carl T. Bogus, ed., *The Second Amendment in Law and History: Historians and Constitutional Scholars on the Right to Bear Arms*, The New Press, 2000, p. 5.

[102] Id., p. 2.

[103] See Saul Cornell, *A Well-Regulated Militia: The Founding Fathers and the Origins of Gun Control in America*, Oxford University Press, pp. 205 - 208.

[104] Mark V. Tushnet, *supra* note〔78〕, pp. 25 - 26.

争议的事实本身就已经表明,以民兵为中心的解释才是制宪者的真实原意。[105]

以上关于第二修正案研究的简单回顾并不能完全反映美国法学界关于这一问题研究的全貌。但笔者试图表明的一点是,即便是竭力保持客观的学者在广泛研习历史文献之后也会得出完全不同的结论。对此,我们确无必要大惊小怪,斯卡利亚和斯蒂文森不就是这样的吗?因此,一个绝对稳妥的观点是,想仅仅依赖于回溯历史来探究第二修正案的含义是远远不够的。

鉴于历史文献的意义分歧,各州保护持枪权的条款或许能够为建国时代对第二修正案的理解提供有价值的参考语境。事实上,塞奇维克就认为,对于语义艰涩的文本进行解释的一个长期固有的原则就是,"有关同一主题的行为应当放在一起进行考察,以便获得真理性的认识"。[106] 以下列举 1776 年至 1820 年各州宪法中有关持枪权的条款:[107]

北卡罗来纳州(1776 年):人民有权为了州的防卫而持有武器。鉴于和平时期,常备军是自由的威胁,不得保持常备军。民兵必须从属和受制于文官权力。[108]

宾夕法尼亚州(1776 年):人民有权为了自卫和州的防卫而持有武器。鉴于和平时期,常备军是自由的威胁,不得保持常备军。民兵必须从属和受制于文官权力。[109]

佛蒙特州(1777 年):人民有权为了自卫和州的防卫而持有武器。鉴于和平时期,常备军是自由的威胁,不得保持常备军。民兵必须从属和受制于文官权力。[110]

马萨诸塞州(1780 年):人民有权为了共同防卫而持有和携带武器。

---

[105] See Jack N. Rakove, The Second Amendment: The Highest Stage of Originalism, 76(1) *Chicago-Kent Law Review* 103, 127 – 132(2000).

[106] Theodore Sedgwick, *supra* note〔81〕, p. 209.

[107] 关于对从建国时代到 2006 年各种持枪权条款的完整论述,可参见 Eugene Volokh, State Constitutional Rights to Keep and Bear Arms, 11(1) *Texas Review of Law and Politics* 191 (2006)。

[108] Constitution of North Carolina, A Declaration of Rights, Section XVII.

[109] Pennsylvania Constitution of 1776, Declaration of Rights, Clause XIII.

[110] Vermont Constitution, Chapter I, Article 16.

鉴于和平时期,常备军是自由的威胁,未经立法机关同意,不得保持常备军。民兵必须永远服从和受制于文官政府。[111]

宾夕法尼亚州(1780年):鉴于自卫和州的防卫之目的,公民持有武器的权利不容置疑。[112]

田纳西州(1796年):本州自由民有权为了共同防卫而持有和携带武器。[113]

肯塔基州(1799年):鉴于自卫和州的防卫之目的,公民持有武器的权利不容置疑。[114]

俄亥俄州(1802年):人民有权为了自卫和州的防卫而持有武器。鉴于和平时期,常备军是自由的威胁,不得保持常备军。民兵必须从属和受制于文官权力。[115]

密西西比州(1817年):每一位公民都有权为了自卫和州的防卫而持有武器。[116]

康涅狄格州(1818年):每一位公民都有权为了自卫和州的防卫而持有武器。[117]

亚拉巴马州(1819年):每一位公民都有权为了自卫和州的防卫而持有武器。[118]

缅因州(1819年):每一位公民都有权为了共同防卫而持有和携带武器,这一权利不容置疑。[119]

密苏里州(1820年):人民有权为了共同利益举行和平集会,有权通过请愿、抗议向政府申冤。人民为了自卫和州的防卫而持有武器的权利不容置疑。[120]

---

[111] Massachusetts Constitution, Part the First, Article 17.

[112] Pennsylvania Constitution of 1790, Article 1, Section 21.

[113] Tennessee Constitution of 1796, Article XI, Section 26.

[114] Kentucky Constitution, Bill of Rights, Section 1.

[115] Ohio Constitution of 1802, Article VIII, Section 20.

[116] Mississippi Constitution of 1817, Article 1, Section 23.

[117] Connecticut Constitution, Article I, Section 15.

[118] Alabama Constitution, Article I, Section 27.

[119] Maine Constitution of 1819, Article I, Section 16.

[120] Missouri Constitution of 1820, Article XIII, Section 3.

在那个建国制宪的激情年代，有13部州宪法包含了持枪权条款。[121]在这13部州宪中，有11部毫不隐讳地宣布持枪权是一种个人权利，分别是：亚拉巴马、康涅狄格、肯塔基、密西西比、密苏里、缅因、俄亥俄、宾夕法尼亚（1776年和1790年）、田纳西和佛蒙特。而马萨诸塞州和北卡罗来纳州宪法中的持枪权条款则并未明确其个人权利的性质。但在1921年，北卡州最高法院在*State* v. *Kerner*中宣布该条款保障的是一种个人权利。[122]另外，我们还应注意到马里兰、新泽西和纽约在同一时期制定的宪法则丝毫未涉及这一权利。

从以上列举的州宪条款来看，至少有一点可以肯定的是，当时的制宪者和批准这些宪法的各州人民普遍认为持有和携带武器的权利是一种明确赋予给公民个人的权利。条款文本也表明"州的防卫"与人民的利益密切相关，是人民十分关心的问题。然而，我们也再一次发现历史文献的不一致。至少马萨诸塞州宪法就没有明确宣布保护一种作为个人权利的持枪权，尽管它规定了持枪权条款，更不用说根本没有这种条款的马里兰、新泽西和纽约的宪法。即便没有带来其他后果，但这四个州让有关持枪权的历史范围问题的争论无休止地持续了下去。

（三）制宪者与宪法解释规则

就理解草拟和批准宪法文本时的社会背景而言，研读历史文献对于文本解释是极有帮助的。无疑，第二修正案的社会背景正是美国革命和合众国早期，尤其是制定宪法和《权利法案》的那个时代。就是因为宪法和《权利法案》都是出自建国一代领袖人物之手的工艺品，因此要彻底理解第二修正案，我们就必须十分熟悉那些制宪国父们建构和解释宪法的原则。

正如惠廷顿指出的，制宪者的"解释意图"并不具有拘束力。本文在这里的分析也不假定应当运用制宪者的解释方法来解释和理解宪法文本。更恰当地说，是因为斯卡利亚和斯蒂文森都用到了"原意主义"的方法，因此探究一下制宪者的原意主义方法论或许会有意想不到的收获。

---

[121] 需要注意的是在这13部州宪法中，宾夕法尼亚州有2部：1776年宪法和1790年宪法。

[122] *State* v. *Kerner*, 181 N. C. 574 (1921).

事实上,绝大多数形式的原意主义方法都意味在解释过程中对文本作者的回访。[123] 也就是说,当宪法文本语焉不详时,历史文献则有助于"阐明特定条款的含义,并指示出其应内含的法制原则。"[124]

从宪法制定之前直到当下,美国法一直都深受英国法律传统的影响。罗伯特·克林顿认为,制宪者,甚至大多数人民也认为宪法应按照英国历经数个世纪发展而来的普通法法学中的"解释规则"进行解释。[125] 一般来说,普通法中的法律解释规则主要包括三种。第一种是平义规则,是指制定法应当根据所用语词的平常含义进行解释,也就是说,语词应当按照最常用和最广为人知的含义以及它们一般和通常的用途予以解释。第二种是一致性规则,也叫"黄金规则",是指当以制定法用语的平常含义解释法律会产生不连贯、荒谬或不便利的结果时,就应当抛弃这一含义,对其予以修正。第三种是弊端规则,其内涵是制定法是为了弥补普通法的弊端和缺陷,因此,法官解释制定法时应了解该法制定前的普通法是什么,了解普通法未曾克服的弊端是什么,如此便知制定法的目的和意图,法律解释也会有的放矢。[126]

为了更加清晰地观察制宪者是如何运用这些解释规则解释宪法条款的,我们必须先对布莱克斯通、格劳秀斯和普芬道夫的相关学说做一点回顾。这三位法学家的理论在美国建国时期得到广泛的阅读,他们所主张的哲学和解释的方法曾深刻地影响了美国制宪时期的法律思维。克林顿概括了布莱克斯通的法律解释方法论,主要包括以下五个方面的内容:第一,法律语词应当依据"最常用和最广为人知的含义进行理解";第二,法律语词应当结合其在句子、段落以及章节内的语境下进行理解;第三,专业术语应当按照特定学科或主题所规定的含义进行理解;第四,如果按照语词的平常含义理解并不能获得普通人认为合理和可以接受的结果,抑或结果十分荒谬,则可以脱离平常含义进行解释;第五,解释者不应不顾

---

[123] Keith E. Whittington, *Constitutional Interpretation: Textual Meaning, Original Intent, and Judicial Review*, University Press of Kansas, 1999, p. 49.

[124] Id., p. 35.

[125] Robert Clinton, *God & Man in the Law: The Foundations of Anglo-American Constitutionalism*, University Press of Kansas, 1997, p. 112.

[126] 参见张志铭:《法律解释操作分析》,中国政法大学出版社 1998 年版,第 179 ~ 181 页。

法律的理性和精神，对立法者立法的动机和原因要给予合理关切。[127]

类似地，格劳秀斯也将法律解释视为“借助于可能的迹象而对法律意图的推理”。他认为，“这种可能的迹象有两种，即语词和含义，有时它们是分离的，而有时却又是一体的。语词应当根据当下使用语境中的自然含义，而不是词源学意义上的语法含义来理解”。当语词含义模糊时，解释者则应借助“主题、后果和上下文关系这些因素来推测其含义”。[128]

另一位颇受建国一代推崇和喜爱的法学家是普芬道夫。在其著名的《论人和公民的自然法义务》一书中，他曾用专章论述了解释问题。他写道：

对于常用的语词而言，解释的规则是，语词一般应根据其固有和广为人知的含义进行解释，与其说这种含义来自于严格的规范、语法上的类推或词源上的相似，不如说是来自对这些语词的通常用法。“就语言的含义而言，通常用法就是法律，就是标准，就是王道。”[129]

为此，他继续写道，“如果语词或者表达歧义模糊，抑或一项论述中存在相互矛盾之处，我们就需要用推测的方式来确定它的准确含义，只要这种这种解释能够消除歧义和矛盾，使对语词或文本的理解变得和谐统一”。[130] 进一步而言，“效果与后果规则则意味着，如果依照语词的简单、字面含义进行解释没有任何效果，或产生了很荒谬的结果，那么解释者就应当在避免无意义和荒谬结果的限度内偏离这种被广泛接受的含义”。[131] 最后，他还说道：“在探求文本，尤其是法律的真正含义时，考察制定法律的原因，或者促使立法者进行该项立法的动机和考虑，都是极有价值的方法，尤其是当有证据表明上述因素是立法的唯一理由时更是如此。”[132]

---

[127] See Robert Clinton, Classical Legal Naturalism and the Politics of John Marshall's Constitutional Jurisprudence, 33(4) *The John Marshall Law Review* 935, 954 - 955(2000).

[128] Id., p. 955.

[129] [德]萨缪尔·普芬道夫：《论人和公民的自然法义务》，祝杰、韦洪发译，吉林人民出版社 2011 年版，第 79 页。译文根据英译本有所调整。

[130] [德]萨缪尔·普芬道夫：《论人和公民的自然法义务》，祝杰、韦洪发译，吉林人民出版社 2011 年版，第 79 页。译文根据英译本有所调整。

[131] [德]萨缪尔·普芬道夫：《论人和公民的自然法义务》，祝杰、韦洪发译，吉林人民出版社 2011 年版，第 79 页。译文根据英译本有所调整。

[132] [德]萨缪尔·普芬道夫：《论人和公民的自然法义务》，祝杰、韦洪发译，吉林人民出版社 2011 年版，第 80 页。译文根据英译本有所调整。

可以看出,在法律解释的方法论问题上,布莱克斯通、格劳秀斯和普芬道夫之间存在很大的共识。在对制宪者法律思想的塑造上,这三位法学家也有举足轻重的影响力。毫无疑问,他们所主张的这些后来广为接受的解释方法不仅制宪者在使用,推而广之,那些受制宪者之“托”从事宪法解释的法官也在用。作为宪法之父,詹姆斯·麦迪逊就思考过宪法解释问题,他在其1830年写给赫伯特的信中写道:

因为存在法律解释的规则,则必然也存在类似的宪法解释规则。在这些明确、合理的指导原则当中,适合美国宪法解释实践的有:(1)制定宪法用以克服的弊端和缺陷;(2)制宪时代普遍流行的有关宪法的评注;(3)早期慎重和持续的宪法实践要优于在未及全面考虑,仅服从于个人或政党权势变迁的解释。[133]

与此同时,另一建国领袖托马斯·杰弗逊也说道:“就(宪法)解释问题而言,我们必须先回到制宪的那个年代,追溯在制宪辩论中最终确定的宪法精义,而不仅仅只试图从文本中挖掘可能蕴含的含义,或是试图发明一个与原意相悖的含义。”[134]

在理论上,西奥多·塞奇维克通过研析布莱克斯通、科克等人的学说,为上述国父们的观点作了最好的背书。他指出,对歧义文本进行解释的目标乃是认识立法者制定法律的意图和他们试图寻求的改善措施。[135]

但如果放宽历史的视界,我们似乎会发现布莱克斯通这些法学家和麦迪逊、杰弗逊这些作为制宪者的政治家之间的某种“差异”:法学家更多地强调了文本和语义意义上的原意,只有在文本语焉不详时,才求助于立法者的意图,而政治家似乎更强调制宪者的原意。但实际上这种“差异”只存在于处于当代的我们的头脑中,因为在制宪者看来,他们不可能选择不能正确表达他们制宪意图的语言表述,对文本语义的正确解释就是在识别他们的意图,反过来说,也只有制宪者的意图才是文本用语所要表达的正常含义。我们之所以产生这种“差异”的认识,是因为我们和制宪者、宪法文本存在广阔的时空距离,这种时空距离使得我们更容易接受现代

---

[133] James Madison, *Letter to M. L. Hurlbert*, in Gaillard Hunt, ed., *The Writings of James Madison, Volume IX*, 1819 – 1836, G. P. Putnam's son, 1910, p. 372.

[134] Letter from Thomas Jefferson to Justice William Johnson of 6/12/1823.

[135] See Theodore Sedgwick, *supra* note〔81〕, pp. 193 – 198.

哲学阐释学关于文本、作者和读者关系的理论解读。[136] 也就是说，对我们而言，制宪者已经死了，宪法文本的读者也换成了两百多年后的我们。相较于那些和宪法同时代的制宪者和人民，我们更容易从文本中读出不同于他们，而只属于我们的宪法原意。只有存在这种广阔的时空距离，我们才会有意识地认识到"宪法原意"和"制宪者原意"可能是两个有差异的概念。[137] 如此，我们便可理解为什么尽管鲍威尔承认在建国时代的宪法论述中存在"原意"和"制宪者意图"的不同诉求，但并不认为它代表一种原旨主义原意的早期版本。相反，他认为"宪法应该像其他任何法律文本那样根据其语言表述得到解释才是那些费城制宪代表们关于宪法解释的期望。"[138]如此，我们又回到了制宪者如何对待宪法文本语义的问题。费城

[136] 20世纪的著名哲学家维特根斯坦认为，语言游戏是一种话语实践，是一种实践方式，绝非一种"闲扯"和"思辨"。语言游戏的规则就是语法，这种语法并非如传统的语言本质主义那样具有一成不变的规定性，语法规则只是描述语言游戏，但不规定语言游戏，也就是说语法总是随使用主体和时代的不同而有流变的可能性。参见［奥］维特根斯坦：《维特根斯坦读本》，陈嘉映主编、主译，新世界出版社2010年版，第67、106页。当代另一位著名哲学家伽达默尔也说，文字文本凝结了作者的理想，他试图通过自己确定的理想向文本的读者有效地传达信息，为他人的行为提供指导。这是文本的优点，但是也是其缺点。就法律规则来说，当它作为一种文字文本被制定出来之后，就完全脱离了立法之初的立法意图、议会讨论和社会背景。如果文本文本本身发生误解，不论误解是由立法者造成的，还是由于法官缺乏与原初立法者相类似的思想背景造成的，文字文本自身都是无能为力的。因此，书面文字是与各种理解境遇相分离的，这就是文字文本的"无助性"。这种"无助性"赋予了法官极大的主观能动性，对法律文本意义的理解就不再仅仅是对立法当初意义的复制，脱离立法原初背景的法官在解释法律过程中不可避免地发挥自己的创造性，将自己的"前见"带入对法律规则的意义建构当中。"不要从语法学和语言学的角度来看文本，亦即不要把它看作完成品，文本就是单纯的中间产品，是理解事件种的一个阶段，作为这样一个阶段，它必须包括某种抽象，亦即甚至把这个阶段也孤立化和固定化。"参见［德］汉斯—格奥尔格·伽达默尔：《诠释学II：真理与方法——补充和索引》，洪汉鼎译，商务印书馆2007年版，第411、415页；［德］汉斯—格奥尔格·伽达默尔：《诠释学I：真理与方法——哲学诠释学》，洪汉鼎译，商务印书馆2007年版，第530页。

[137] 例如，巴尔金就认为文本的语义是一回事，期待将这种含义运用于未来的案件则是另一回事。他说道："一般来说，原意主义者认为如果我们不按照制宪时对宪法的原始理解来运用宪法文本，我们就没有遵循宪法用语的含义，就没有忠于作为法律的宪法。但这些人显然混淆了两种不同的观点——宪法文本被期待的运用方式和宪法的原意，前者并不是有约束力的法律，而后者才是。实际上，很多声称仅对宪法原意有兴趣的原意主义者——像安东宁·斯卡利亚大法官——恰恰在他们的实践中促进了这种混淆。"See Jack M. Balkin, Abortion and Original Meaning, 24 *Constitutional Commentary* 291, 292 - 293 (2007).

[138] H. Jefferson Powell, The Original Understanding of Original Intent, 98(5) *Harvard Law Review* 885, 903 (1985).

会议上，制宪代表们不仅就一些宪法条款中的特定用语展开了大量讨论，[139]而且并不希望未来的宪法解释者求助于任何超越文本的意图。[140] 就对待文本的方法而言，制宪者共享着传统普通法的解释理论，即由他们所草拟的这份宪法文本应当根据语词固有的含义或通过传统的个案分析的司法程序进行解释。[141]

制宪者主张回到传统普通法的解释理论的观点还可以从另一个视角进行说明。一般来说，美国人都认为《邦联条例》是各主权州之间的一份契约，[142]这在联邦党人看来就是其最重大的缺陷之一，而联邦宪法的一大优势就在于否定了这种美国政体的州契约模式。[143] 联邦党人将各州人民

---

[139] 例如，针对赋予联邦国会就海上犯罪进行立法的权力的条款展开的激烈讨论就是制宪会议十分关注文本语词精确性的例证。这份由详情委员会提出的方案规定联邦国会有权"宣布法律，处罚公海上的海盗罪和重罪"。对此，麦迪逊认为"处罚"一词是多余的，应予删除，用"宣布"统率全句。梅森则表示反对，认为这种省略会造成国会仅能定义海上犯罪，却不能处罚它们的尴尬。伦道夫则并不关注"处罚"一词，认为即便删除这个词也并不排除国会对此立法的权力。有意思的是，他怀疑"宣布"这个动词的"效力"。莫里斯则建议删掉"宣布法律"，直接用"处罚"作为动词开始整个句子。与此同时，麦迪逊与威尔逊就"重罪"一词的精确性也展开了争论。参见[美]麦迪逊：《辩论：美国制宪会议记录》，尹宣译，译林出版社2014年版，第486~487页。实际上，这种针对文本用词和含义的讨论在整个会议过程非常多。

[140] 在制宪会议的最后一天的议程中，对于如何处理会议记录和其他文件，有人提议要么销毁，要么由会议主席负责保管，目的就是要防止这些信息泄露，被那些反对采纳宪法的人滥用。最终会议决定先由华盛顿负责保存这些文件，待联邦国会成立后再行决定。[美]麦迪逊：《辩论：美国制宪会议记录》，尹宣译，译林出版社2014年版，第703页。实际上，制宪会议记录此后一直处于保密状态，直到30年后的1819年才由当时的总统门罗下令解密出版。关于制宪会议记录的解密和成书过程，可参见[美]麦迪逊：《美国制宪会议记录辩论》，尹宣译，辽宁教育出版社2003年版，第1~18页。

[141] 例如，麦迪逊在制宪会议上就主张应该把司法权限制在司法性质以内的案件，在并非司法性质的案件中，解释宪法的权力不应授予法官。会议最终同意约翰逊博士关于最高法院司法权范围的建议，但同时也一致认为根据这一方案，司法权会限制在司法性质以内的案件。另一个关于"不得制定溯及既往的法律"的讨论也反映了大多数制宪代表都是从语词固有含义理解文本的，其中，迪金森为确定这个词组的含义，还查阅了布莱克斯通的《英国法评注》，考察了其在普通法脉络中的解释。[美]麦迪逊：《辩论：美国制宪会议记录》，尹宣译，译林出版社2014年版，第559、570、681页。

[142] H. Jefferson Powell, *supra* note〔138〕, p. 904.

[143] 参见[美]汉密尔顿、杰伊、麦迪逊：《联邦党人文集》，程逢如、在汉、舒逊译，商务印书馆1980年版，第73页。汉密尔顿和麦迪逊还通过分析历史上存在的与《邦联条款》设计的政体极为相似的政治组织的衰败来说明《邦联条例》的这一缺陷，并指出历史上的阿哈伊亚同盟之所以没有同期衰败，就是"因为在那里这种政府受到了邦联的总权威和法律的制约"，试图以此论证联邦宪法建立强大联邦政府的正当性。参见[美]汉密尔顿、杰伊、麦迪逊：《联邦党人文集》，程逢如、在汉、舒逊译，商务印书馆1980年版，第86~91页。

批准制宪会议提出的宪法草案的过程类比为立法机关通过某个委员会提出的立法草案的过程。没有人民的同意,这份宪法草案不过就是一份建议,就是没有任何的权威一纸空文。[144] 根据这一类比,许多联邦党人坚决主张宪法应当根据普通法理论中用以解释制定法的基本原理来进行解释。[145]

然而,这种对盎格鲁-撒克逊普通法传统的回归却面对着难以自洽的内在矛盾。联邦宪法建立的是一种宪制政体,而不是议会政体。在英国的议会政体下,宪法是不成文的,立法机关的任何立法都具有同样的效力。议会的立法与诸如《大宪章》《权利法案》这样的古典文献分享着同样的尊荣,议会本身才是最高权威所在,可以根据自身意愿修改任何法律。与此不同,《联邦宪法》确立的则是一种宪政体制,即作为一类法律规则集合的宪法本身,而不是任何机关,才具有最高性。[146] 如此,从逻辑上建立某种形式的宪法审查就成必需,尽管不必然是司法审查。既有宪法审查存在,解释宪法则诚属必需。这似乎又回到之前论及的宪法解释问题,有循环论证之嫌。实则不然,制宪者意图的重要性就隐藏在这一独特的宪政体制背后,而同时强调严格尊重文本的"平义规则"也有自身的逻辑必然性。严格尊重文义意味政府只被许可做宪法文本明确允许做的事,平义规则是有限政府原则的逻辑性结果。但是,这只是一种理论逻辑上的推演。正如同有限政府并不必然是有效政府,平义规则也并不必然就是限权的规则。用当今的眼光来看,这种解释规则往往会导向机械化的宪法解释实践。20世纪30年代的最高法院就是这种实践的化身,当时的欧文·罗伯茨大法官对此作了最好的注脚:

我们不应误解了在这一案件中法院能起的作用。很多时候,人们会认为法院有权力控制或否决人民代表的行为,这显然是一种误解。宪法是由人民制定和颁布的联邦最高法律。所有立法都必须符合宪法的原

[144] [美]汉密尔顿、杰伊、麦迪逊:《联邦党人文集》,程逢如、在汉、舒逊译,商务印书馆1980年版,第202页。反联邦党人攻击制宪会议是在寻求"制定"宪法,但麦迪逊反驳说制宪会议的权力"只是顾问和建议的权力"。

[145] [美]汉密尔顿、杰伊、麦迪逊:《联邦党人文集》,程逢如、在汉、舒逊译,商务印书馆1980年版,第393~394页。

[146] 宪法第6条第2款:宪法、为实现宪法而制定的联邦立法、根据联邦授权已经缔结和将要缔结的条约,为联邦最高法律;各邦宪法和立法若与联邦最高法律抵触,各邦法官应受最高法律约束。

则。当一项国会立法因为被怀疑违反宪法而在法院受到挑战时，司法部门仅仅只有一项职责，那就是找到这项立法所涉及的宪法条款并对其是否符合宪法作出裁判。法院的所有工作，以至于说所能做的所有工作不过就是宣布它对这一问题的最终判断。法院仅有的权力不过是进行判断的权力。对于立法机关的政策选择，法院既不能表示赞同，也不能表达异议，其既微妙又困难的任务就是确定并宣布立法到底是忠于了还是违反了宪法，一旦作出判断，其工作也就终结了。[147]

理论上似乎会更多限制代议制政府权力的平义规则反而在实践中放任政府的政策选择，但是它在另一重意义上限制了释宪者——法院——的恣意：宪法没有预设人民都是聪明且永不犯错的。因此，尊重代议制政府的英宪精义在美国宪法的框架中被用另一种话语表达了出来。平义规则固然有助于明确立法界限，但也更容易使释宪者受到监督。然而，在一种迥异于议会政体的宪制政体中，平义规则的缺陷也是明显的——想一想隔离但平等的系列判例——究其原因，它无法和一种二元式法律层级观——宪法是高级法——产生合理的逻辑勾连。在我看来，这就是两百多年来制宪者意图被释宪者不断提及的根本原因。宪法为什么具有约束普通立法的最高性？因为它是由制宪者制定的。制宪者与立法者，或者说人民与代议士是根本不同的，后者是由前者创制的。作为一种宪法解释方法，制宪者意图的吸引力就建立在这样一种前提之上，即制宪是一个政治体生命历程中真正的开创性事件，是一个通过采纳最有可能对所有人都公正的规则——因为他们出于事先对各自利益最终会受到政治过程的何种对待的精确理解而达成的同意——而树立正义秩序的独一无二的机会。[148] 对于某个具体的宪法案件来说，制宪者意图的解释方法并不见得会比其他方法更有效地找到条文含义，[149]而是说这种内置于宪制政体结构

---

[147] *United State* v. *Butler*, 297 U. S. 1 (1936), opinion of court.

[148] Craig R. Ducat, *Constitutional Interpretation*, Wadsworth, Cengage Learning, 2009, p. 79.

[149] 关于制宪者意图解释方法的缺陷，可参见 Paul A. Brest, The Misconceived Quest for the Original Understanding, 60 *Boston University Law Review* 204 (1980); Richard S. Kay, Adherence to the Original Intentions in Constitutional Adjudication: Three Objections and Responses, 82 *Northwestern University Law Review* 226 (1988). 有关这一问题的论战文集，可参见 Jack N. Rakove, ed., *Interpreting the Constitution: The Debate over Original Intent*, Northwestern University Press, 1990。

的分析和论证框架本身就具有强化合法性的功能。原本属意宪法文本作为解释原点的制宪者无论如何也想不到他们反倒成了释宪者的政治王牌,然而,有趣的是这正是他们自己所创立的宪制政体的自然结果。

五、重新解释第二修正案:一个尝试

(一)制宪者的第二修正案

上节讨论了宪法解释的规则,继之而来的问题则是应该如何解释第二修正案?正如前文所展示,由于句法和所用语词的原因,对第二修正案进行纯文本分析并不完全可取。一般来说,文本分析的下一步就是语篇分析——一种更加注重上下文脉络关系的体系化的分析方法。那么,我们就应该将系争条款放入更宏大的文本背景——《权利法案》和联邦宪法——中进行分析。在《权利法案》中,第一、二、四和九修正案都明确宣布保障"人民"的权利。据我所知,没有任何人会认为言论自由是保留给州而不是保留给个人的权利。同样,第四修正案也从未被解释为保障各州免受不合理的搜查或扣押。事实上,宪法从未谈到所谓的州的权利,提及的不过是州的权力。因此,将第二修正案解释为一种以州为主体的权利会破坏其与宪法和《权利法案》其他条款之间的和谐关系。[150]

事实上,在《权利法案》颁布之前,"权利"(right)一词在宪法中仅仅出现过一次——宪法第1条第8款"保障作者对作品、发明者对发明在有限时间内的排他权利"。很显然,这是一种个人权利,不是集体的、州的或政治体的权利。《权利法案》则有六处使用到"权利"一词:第一修正案保障"人民和平集会、向政府请愿、表达不满、要求申冤的权利";第二修正案提到"人民持有和携带武器的权利";第四修正案宣布"人民的人身、住宅、文件、财产权利受到保护,不得侵犯,不得无理搜查或缉拿";第六修正案则保障刑事被告"由中立的陪审团尽快举行公开审讯的权利";类似地,第七修正案保障了所有美国人"在普通法诉讼中由陪审团审讯的权利"和免受双重审理的权利;最后也是最清晰的是第九修正案,它宣布"宪法列举的若干明确权利,不得被解释为否认或蔑视人民所保留的其他权利"。

---

[150] See Stephen P. Halbrook, *The Founders' Second Amendment: Origins of the Right to Bear Arms*, The Independent Institute Press, 2008, pp. 323–338.

可以很清楚地看出，宪法和《权利法案》中的每一处“权利”用语都是指人民的权利，也就是每一个人的权利。

1. 制宪者的声音

显然，运用这种由单个条款逐步扩及整部法典的文本分析方法最终得出了持有和携带武器的权利是一种个人权利的结论，但这仍没有排除所有有关第二修正案含义的“合理怀疑”。我们还必须进一步分析并解释文本中含义模糊之处。制宪者的解释规则表明斯卡利亚和斯蒂文森向制宪史寻求答案的方向是对的，然而，它并不是让我们去回顾语词运用的历史，而毋宁是第二修正案试图解决什么社会或政治弊病。回顾历史之后，如果仍然存在“合理怀疑”，我们就将转向考察“当时流行的评论”，也就是制宪者自己有关第二修正案、自由、暴政以及武器等议题的论述。

我们以对制宪者试图以第二修正案解决什么弊病的探求开始历史分析之旅。为了搞清楚这个问题，我们必须回顾制宪者与同时代人们的言论。例如，正像当时著名的反联邦党人坦奇·考克斯[151]在《联邦宪法修正案第一部分评注》中所认为的，“不对人民负责的统治者可能企图实行暴政，偶尔为了保卫祖国而组织起来的军队也可能滥用权力伤害同胞，因此，本条款确认人民持有和携带他们自己的武器的权利”。[152] 同样的，当时著名的辞典编纂家和政论家诺亚·韦伯斯特也评述道：

> 正如欧洲的每个王国发生的那样，在一支常备军能够统治之前，人民必须解除武装。但在美国，最高权力不可能通过武力执行不公正的法律，因为所有人民都是有武装的，并由此形成一支不屈从于基于任何借口组

---

[151] 坦奇·考克斯（1755—1824年），美国早期著名的政治经济学家，国家主义经济学派的先驱，主张一种农业和工业并重的均衡自足的经济政策，著有《美国经济发展研究》等书。除此之外，考克斯还是一名重要的反联邦党领袖，是出席大陆会议的宾夕法尼亚州代表，是最早对联邦宪法修正案，尤其是第二修正案展开评述和研究的学者，曾于1789年6月以“一个宾夕法尼亚人”的笔名在《联邦公报》上发表《联邦宪法修正案第一部分评注》。关于考克斯的生平及其关于第二修正案的学说，可参见 Stephen P. Halbrook, David B. Kopel, Tench Coxe and the Right to Keep and Bear Arms, 1787 – 1823, 7 *William &Mary Bill of Rights Journal* 347(1999)。

[152] Tench Coxe, Remarks on the First Part of the Amendments to the Federal Constitution, cited in Id., p. 367.

建起来的常备军。[153]

的确,第一届国会围绕是否有必要在建立全国性军队问题上给予各州和人民一个适当的承诺展开了很多辩论。如果我们考察第二修正修正案的起草历程,就会发现很多有趣的细节。第一,在最初的几个草案中,“不得干涉人民持有和携带武器的权利”是这个修正案中的第一个条款,也就是说,不存在所谓的序言性条款,而且所有有关民兵的条款都紧随其后。[154] 第二,在一些早期的草案中,民兵被清晰地定义为“由全体人民组成”。[155] 这一用语毫无疑问意味修正案所期待的民兵范围是所有公民。第三,许多在国会两院传阅的修正案草案都包含以下内容:“鉴于和平时期,常备军是自由的威胁,未经国会两院 2/3 议员同意,不得保留常备军。”[156]由此可见,第一届国会仍然深感常备军的威胁。各方代表间的争论也进一步证明了确保自由免受常备军的威胁正是起草第二修正案最重要的原因。[157]

这种观点也得到了建国和制宪时期许多著名人物的响应。例如,理查德·亨利·李[158]认为:“为了保存自由,让全体人民——尤其是年轻

---

[153] Noah Webster, *An Examination into the Leading Principles of the Federal Constitution*, Philadelphia, 17 October 1787, cited in Jacob G. Hornberger, Richard Ebeling, ed., *The Tyranny of Gun Control*, Future of Freedom Foundation, 1997, p. 14.

[154] See Neil H. Cogan, ed., *The Complete Bill of Rights: The Drafts, Debates, Sources, and Origins*, Oxford University Press, 1997, pp. 169–170. 例如,麦迪逊的第二修正案草案:“不得干涉人民持有和携带武器的权利,一个有着良好武装、良好组织的民兵是我们国家(country)自由的最好保障,但是不得强迫因为宗教原因不愿意持有武器的人进入民兵服役。”

[155] Id., pp. 170–172.

[156] Id., pp. 172–174.

[157] Id., pp. 185–191.

[158] 理查德·亨利·李(1732—1794年),美国政治家、演说家,两届大陆会议的弗吉尼亚州代表。在第二次大陆会议上,他作为弗吉尼亚代表团团长提出了《李决议》,会议在此基础上起草了《独立宣言》,正式宣告北美脱离英国独立。作为独立战争期间最坚定的革命者,理查德·亨利·李是第一个提出北美殖民地应脱离英国独立的大陆会议代表。他也是后来《独立宣言》的签署人。在对待联邦宪法的态度上,他是著名的反联邦党领袖,强烈反对宪法,视其为对各州独立权力的极端危险的侵犯。他曾作为弗吉尼亚州的第一位联邦国会参议员,并为第十修正案的诞生发挥了重大作用。作为乔治·华盛顿政府的支持者,他对联邦宪法的偏见实际上在其实际工作中得到了相当的修正。他的儿子亨利·李后来成为弗吉尼亚州州长,孙子则是后来大名鼎鼎的南北战争时期南方军队总司令罗伯特·爱德华·李。理查德·亨利·李著有《理查德·亨利·李回忆录与书信集》(*Memoir of the Life of Richard Henry Lee, and his Correspondence*)。关于理查德·亨利·李的生平和思想,可参见 Oliver Chitwood, *Richard Henry Lee, Statesman of the Revolution*, West Virginia University Library, 1967。

人——保持武装,并学习如何使用武器是十分关键的。”[159]帕特里克·亨利[160]也表达了对此种观点的支持,他告诫弗吉尼亚民众:“每一个人都武装起来才是我们的目标……每个人都可以佩枪……难道我们真的已经退化到被如此贬低和羞辱的地步以至于都不能相信自己有武装自卫的能力?”[161]因此,第二修正案的适用对象就是“每一个持有武器的人”,其目的就是在政府权力和人民的自由之间设置永久的防火墙。

著名的乔治·梅森也在弗吉尼亚宪法批准大会上说道:“独立战争时期,狡猾的宾夕法尼亚统治者就向英国议会建议,解除人民的武装是最好和最有效地奴役他们的方法。”[162]在费城学院所做的法学讲座中,詹姆斯·威尔逊指出:

> 自卫——它被恰当地称为首要的自然法——既非任何人定法,也不能被任何国内法所废除。这项原则不仅仅局限于人身,也延伸至人的自由和财产;不仅仅局限于人自身,也延伸至所有与之有某种特定关系的人——他的妻子、父母、子女,以至仆人,不但如此,甚至延伸至任何一个身处危境的人的人身,和任何一个自由受到不义和强制侵害的人的自由。[163]

事实上,我还可以引述更多制宪者的言论来证明他们的确认为持有武器这种先在的个人权利的目的就是保障自由免受政府干涉。这无异于是说,武装的民众就是这个国家中保卫自由最可靠的力量。抑或正如《独

---

[159] Jacob G. Hornberger, Richard Ebeling, *supra* note〔153〕, p. 30.

[160] 帕特里克·亨利(1736—1799年),美国政治家、演说家。生于弗吉尼亚的一个农民家庭,自学成才,于1760年取得律师资格,曾代表弗吉尼亚参加大陆会议,是《独立宣言》的主要执笔人之一。他是当时激进反对英国,主张北美独立的代表性人物。由于他的革命主张和其极具煽动性的演说,他被誉为“美国革命之舌”,他曾在第二届弗吉尼亚大会上发表演说,要求武装弗吉尼亚民兵,对英作战,也是在这次演说中,他的“不自由,毋宁死”的名句传诵开来,成为激励美国人民争取自由、独立的不朽口号。他曾拒绝出席费城制宪会议,并在弗吉尼亚代表大会上激烈反对联邦宪法。对于《权利法案》的制定和颁布,他也作出了不可替代的贡献。但在晚年,当他看到法国大革命的疯狂后,政治立场逐步发生变化,并最终成为联邦主义者。See *Patrick Henry, Voice of the American Revolution*, Red Hill, Patrick Henry National Memorial, http://www.redhill.org/index.html,最后访问时间:2016年1月13日。

[161] Jacob G. Hornberger, Richard Ebeling, *supra* note〔153〕, p. 44.

[162] David Barton, *The Second Amendment: Preserving the Inalienable Right of Individual Self-Protection*, Wallbuilder Press, 2000, p. 27.

[163] Stephen P. Halbrook, *supra* note〔150〕, p. 293.

立宣言》签署人，后来成为著名法官的圣乔治·塔克在论及第二修正案所指出的那样，“人们视她为自由的保护神……自卫的权利是首要的自然法：在绝大多数国家，试图将这一权利界定在尽可能窄的范围内都是统治者的工作”。[164] 制宪者正是试图利用第二修正案保护人民免受政府——或者至少说暴政——的侵害。

2. 宪法语境中的“民兵”

另一个需要研究的问题是有组织的民兵真的能够防止暴政吗？也就是说，有组织的民兵能够成为针对制宪者所认为的暴政的最终防卫手段吗？言简意赅的回答应该是“不能”。正如笔者之前指出的，指导制宪者起草宪法的一个核心原则就是一致性原则。例如，西奥多·塞奇维克引述科克勋爵的话论述道：“不论对法律的质疑从何而生，即便这种质疑似乎只是针对特定的条款，整个制定法都会被整体地受到审查以确定是否能实现立法目的。”[165]也就是说，制定法的条款应当以符合制定法律的广阔语境的方式予以解释。从宪法角度讲，这意味宪法的任何条款、章节和修正案都必须以与其他条款、章节和修正案相协调，相一致的方式进行解释。

因此，就“民兵”的解释问题而言，还必须考察“民兵”一词在宪法其他条款中的使用。除了第二修正案，“民兵”一词在宪法文本中还出现了四次，其中有三次出现于第1条第8款第15项、第16项，另外一次出现于第2条第2款第1项。第1条第8款第15项、第16项规定：

联邦议会有权制定规则，征召民兵，执行联邦法律，镇压叛乱，击退入侵。

联邦议会有权制定规则，组织、武装并以纪律约束民兵，统辖民兵中应召为联邦服役的部分，把任命军官和按联邦议会制定的纪律训练民兵的权力保留给各邦。

显然，如果联邦国会有权力征召、组织、武装并以纪律约束州民兵，那么民兵就不可能成为“自由的守护神”。事实上，联邦国会显然拥有解除

---

[164] St. George Tucker, *supra* note〔1〕, p. 143.

[165] Theodore Sedgwick, *supra* note〔81〕, p. 199.

民兵武装,甚至解散民兵的宪法权力。[166] 因此,那种将“民兵”解释为“组织良好的州的民兵”,并视之为不受干涉的持有和携带武器的权利主体的第二修正案解读方式将直接抵触宪法第1条明确赋予联邦国会的两项权力。

进一步来看,宪法第2条第2款第1项规定:“总统为联邦陆军、海军、应召正为联邦服役的各邦民兵的总司令……”因此,联邦国会有权征召各州民兵为联邦服役,而在这种情况下,这些民兵必须接受总统的指挥。可以想见,这种民兵如何能成为抵御联邦专制和暴政的力量?

当我们在宪法的整体语境下来考虑“民兵”一词的解释时,就发现那种认为第二修正案的序言性条款将持有和携带武器的权利限制在了州民兵的范围内的解释显然是不足取的。宪法赋予联邦国会和总统的权力足以让联邦拥有削弱,乃至摧毁州民兵的能力——国会不仅能征召各州民兵应付某些紧急状态,总统还能够命令民兵交出州给他们装备的武器,甚至国会可以直截了当地拒绝拨款武装征召来的民兵。总而言之,将持有和携带武器的权利民兵化会使其受制于国会和总统的意志,并不能使其很好地为起草时为第二修正案所设定的“保障一个邦的自由”的目的服务。

(二)Heller案、暴政与起义

被制宪者视为关键的反抗暴政的权利——如果你愿意,也可称之为第二修正案的起义色彩——并没有迷失在法院和批评者的声音中。例如,卡尔·博格斯认为,Heller案支持并促进了对持枪权的一种起义论的论证逻辑。[167] 他说,Heller案是起义论的体现,因为它“让人民持有武器,也即一种和统治自己的政府进行战争的潜在权利合法化了”。[168] 然而,另一方面,大卫·威廉姆斯则认为,第二修正案“有意保障一种为反抗暴政而持有和携带武器的权利”,但Heller案“洗掉了修正案的这一革命色彩”。[169]

---

[166] 例如,乔治·梅森就认为国会如果拒绝装备和训练民兵,各州并没有办法抵抗,而且“解散”在某种意义上也是一种“组织”形式,这就等于赋予了国会解散民兵的权力。See *District of Columbia* v. *Heller*, 554 U. S. 570 (2008), Stevens J., Dissenting.

[167] Carl T. Bogus, Heller and Insurrectionism, 59 *Syracuse Law Review* 253, 255 (2008).

[168] Id.

[169] David C. Williams, Death to Tyrants: District of Columbia v. Heller and the Uses of Guns, 69 *The Ohio State Law Journal* 641 (2008).

也就是说,就 Heller 案与反抗暴政权利的关系问题而言,两派学者的观点不仅不同,甚至完全相互冲突和排斥。那么,他们是如何从同一个判例中发掘出不同观点的? 博格斯认为,斯卡利亚在判决中两次提到了起义论,但都缺乏权威性论证。第一次"在没有引述任何论据的情况下,斯卡利亚就直接断言:'第三,当一个国家的所有正常人都被组织起来接受军事训练时,他们就能很好地防止暴政。'"第二次斯卡利亚说道:"如果组织良好的民兵是第二修正案的唯一制度性受益人,那么就无法保证民兵会作为一种防止暴政的力量存在。"[170]威廉姆斯将 Heller 案的法院判决作为一个整体加以考察,并以此支持他的论断。他认为,法院通过先承认了人民有武装自己准备起义的权利,再继而以将这一权利范围界定在传统的合法目的范围内的方式实际上消除了修正案的"革命色彩"。[171]

博格斯提醒读者,许多建国领袖——包括乔治·华盛顿、詹姆斯·麦迪逊、塞缪尔·亚当斯、约翰·杰伊、约翰·马歇尔,以及本杰明·富兰克林——都表达过对马萨诸塞州镇压谢司起义的支持。[172] 除此之外,他还提供了一个依据宪法建立联邦政府之后的事例。他指出,为应对所谓的 1794 年的"威士忌叛乱",华盛顿亲自带领 1200 名士兵镇压那些偏远地区自己武装起来反抗联邦威士忌税的农民。[173] 显然,博格斯是想让我们相信建国一代并没有接受所谓的抵抗权。[174]

威廉姆斯认为,法院对第二修正案的关注重点从反抗暴政转向自卫"标志着关于建国领袖世界观的一次深刻转变"。[175] 通过 Heller 案,有关第二修正案的争论从对武器的拥有转向了对武器的使用。在这一点上,或许威廉姆斯是对的。如果果真如此,Heller 案就创造了一种非常狭义和有限制的权利——出于传统的合法目的使用武器的权利。也就是说,武器的使用仅限于立法机关允许的目的。回想一下图什内特列举的那个 1784 年新罕布什尔州宪法的例子:如果立法机关可以界定哪些类别的新

---

[170] Carl T. Bogus, *supra* note〔167〕, p. 263.

[171] See David C. Williams, *supra* note〔169〕, pp. 648 – 649, 666 – 667.

[172] See Carl T. Bogus, *supra* note〔167〕, pp. 256 – 257.

[173] Id. , p. 257.

[174] 事实上,博格斯将杰弗逊对谢司起义的著名回应("偶尔发生一点叛乱也不是什么坏事")作为证明他革命热情"暂时消逝"的一个例证。Id. , p. 256.

[175] David C. Williams, *supra* note〔169〕, pp. 642 – 643.

闻报社可以"合法"报道,那么第一修正案保护的出版自由还有多少意义?

就 Heller 案来看,博格斯和威廉姆斯的观点分别代表了两种正相反的解读。他们的观点正是对标准的"左派"和"右派"立场的重述。也就是说,一方面,博格斯的观点——第二修正案绝对不是对某种个人权利的保障——就可以被看作一个左派的标准观点。另一方面,威廉姆斯的观点——如果第二修正案不包括一种反抗政府的持枪权,它就是完全无用的——则是相当典型的右派立场。然而,在笔者看来,这些观点都在一定程度上误入了歧途。我不打算选择一种折中主义,但仍然认为存在另一种理性的左派和右派都应予以关注的替代性观点。此外,这种替代性观点将比目前任何极端性观点更好地与宪法框架保持和谐共处的关系。在某种意义上,笔者认为这两方面的观点都正确,也都不正确。第二修正案确实保障为反抗暴政的目的而持有武器,但断然没有也绝不可能保障一种针对合法主权的起义权。

在制度功能上,宪政既要最大化公民的个人自由,又必须同时确保一个自由、繁荣能够持续增长的稳定社会。正如联邦宪法序言所宣示的,宪法的目的是十分多元化的。同时,前文讨论过的诸多权威人物——布莱克斯通、格劳秀斯、普芬道夫,以及麦迪逊和塞奇维克等——也都主张对某一文本的解释应当在上下文关系和更广阔的文本语境中进行,任何一个单独的句子或条款都不应从整体文本中拎出孤立地予以解释。

在宪法解释中,这就意味绝不能无视待解释的章节、条款在宪法框架中所处的位置及其与其他部分的关系,也意味对任何修正案的解释都不能与宪法其他部分相矛盾(当然,作为修正案修正对象的原条款除外)。对第二修正案的解释也概莫能外。回顾一下斯托里大法官对序言目的的解释——它阐明了整部制定法的目的——我们便知虽然第二修正案的"序言性条款"明确指出修正案的目的在于保障州的自由,但第二修正案必须与《权利法案》,乃至整个宪法框架融为一体至少也同样值得我们关注。

第二修正案的内容、范围和目的必须与宪法的根本宗旨保持一致。这些根本宗旨——它们就写在宪法序言里——就包括"保障内部安宁"(insure domestic tranquility)和"建立共同防御"(provide for the common defence)。如果说保障内部安宁是宪法的一个核心目的——无论制宪时还是现如今——那么,宪法的任何一部分——包括第二修正案——都没有理由违反它。如此,持有和携带武器的自由权利必然只能在和平、正义、安宁的宪法框架中存在。对政府权威的肆意反抗或叛乱绝无可能受到第二修正案的保护,对这些行为的合法化就是在为宪法自身掘墓。

制宪者认为,任何一个政府都必然有自己的立政之基,要么是法律,要么是强力,而法律才是共和制政府的正当基础。但与此同时,他们也认为,当法律"因为个人的不服从、骚乱,乃至暴乱而无法实施时",强力就成为恢复社会秩序的必然选择。[176] 18 世纪末的谢司叛乱就是一个很好的例子。这次叛乱是马萨诸塞州的一些生活潦倒的农民债务人发动的一次武装暴动,旨在要求免除债务。他们先是向州政府请愿给予税赋和债务减免,遭到拒绝后便强行关闭了当地法院以防止执行有关税赋和债务的法律,最后还武装攻打波士顿。亨利·诺克斯——一位受雇于联邦政府负责调查这次叛乱的官员——在报告中写道,叛乱分子"决心彻底消灭所有的公共和私人债务……可怕的是,这些邪恶而又野心勃勃的人威胁要彻底推翻的不仅仅只是各州宪法的形式,还有宪法的根本原则"。[177] 诺克斯所指的宪法虽然是州宪,但这一基本看法也仍然适用于联邦宪法。这些宪法最根本的目的就是要建立一个稳定且有效的政府形式,对于叛乱的认可显然与此目的截然对立。

同样的,发生在宾夕法尼亚西部的威士忌叛乱(1792—1794 年)最终也遭到了强力镇压。理查德·科恩认为,当时的华盛顿政府并没有将这一叛乱简单地看作针对联邦税务官员和政策的暴力行动,而是视这些叛乱分子为"对政府持彻底反对立场"的共和党人,[178]视他们为反政府的阴谋家。因此,汉密尔顿早在 1792 年就建议华盛顿总统"运用法律的强制力对付暴乱的犯罪分子"。[179] 然而,直到 1794 年 7 月暴乱达到了异常狂热的程度,政府才不得不诉诸武力。1794 年 8 月,两位联邦政府官员报告说他们参加了叛乱者的一次会议,会上只有一小撮人主张与政府开战,更多

---

[176] Richard H. Kohn, *The Washington Administration' s Decision to Crush the Whiskey Rebellion*,59(3)The Journal of American History 567(1972).

[177] Henry Knox, *supra* note〔14〕, pp. 16 – 17.

[178] Richard H. Kohn, *supra* note〔176〕, p. 569.

[179] Id. , p. 570.

人则表示将不惜任何代价抗税。[180] 这份报告促使华盛顿开始从弗吉尼亚、新泽西、马里兰和宾夕法尼亚各州民兵中调集军队。同年10月，华盛顿亲自率军挺进宾夕法尼亚。然而，叛乱分子在联邦军队到达前就解散了，实际战斗并未发生。

这两个例子都与制宪时的直接历史背景有关。在这两个例子中，对联邦政府极端不满的叛乱分子都对联邦发起了武装叛乱，但所有的叛乱者都遭到了政府的强力镇压。事实上，包括亨利·诺克斯、汉密尔顿、麦迪逊、华盛顿、亚当斯，以及亨利·李等建国时期的领袖都支持对叛乱者的武力镇压。然而，联邦政府却从未挑战过叛乱者拥有武器的权利。在应对威士忌叛乱的过程中，华盛顿政府从未声称叛乱者无权拥有武器，只不过宣称他们的行为破坏了社会秩序，是非法的。事实上，不论是谢司叛乱，还是后来的威士忌叛乱，参与者甚至在遭联邦武力镇压后都没有被解除武装。

联邦宪法序言已然宣布，对和平与内部安宁的追求是建立政府的当然目的。以上两个例子也十分清晰地表明，即便是制宪者也认为对武装叛乱进行强力镇压是绝对必要的。因此，从第二修正案所规定的持有和携带武器的权利中没有也不可能推导出一种武装反抗合法政府的“权利”。

(三)正确解读Heller案

分析到这里，总结笔者的观点，笔者认为第二修正案的文本结构就是模糊和混乱之源，造成了围绕条文含义解释的实质争议。然而，文本和语义分析则表明一种无涉民兵兵役的个人权利才是对第二修正案的最佳解释。这种解释不仅与制定第二修正案时的历史语境相符，同样重要的是，它也契合于整体的宪法文本。进一步而言，正与人们对最高法院Miller案的普遍认识相反，Heller案并没有推翻Miller案，甚至可以说它没有推翻任何一个有关的先例。

笔者认为，对第二修正案唯一客观的解读就是它毫无疑问保护一种持有和使用武器的个人权利，而且这一权利与为州服民兵兵役没有任何关系。建国国父们也毫无疑问地坚信个人被赋予了出于保卫他们自身，

---

[180] Richard H. Kohn, *supra* note〔176〕, p. 577.

保卫他们的自由和财产而拥有武器的自然权利。虽然修正案的“序言性条款”给解释修正案的含义造成了一些困难,但全面彻底地学理研究则表明它不过只是宣布了修正案的目的,并没有对修正案保护的权利构成实质性限制。因此,第二修正案保护一种为了“保障州的自由”而持有武器的个人权利。这种论点就使得比较一下 Heller 案判决与对第二修正案的恰当解释成为必要。

Heller 案判决虽然远非完美,但离多数学者们的观点并不遥远。例如,一方面,威廉姆斯认定,Heller 案收缩了第二修正案的恰当范围,这可能反映了最高法院——更广泛地说,包括美国整个政治精英群体——对人民的恐惧。[181] 另一方面,博格斯则认为,Heller 案为持有和携带武器的个人权利提供了一个起义反抗政府的理由,这使得武装暴动有了实际可能性。[182] 笔者以为并无任何理由为第二修正案的合理解释感到担忧,而且也确无必要对 Heller 案的判决感到失望。

Heller 案的可接受性部分源自最高法院面对的问题相当狭窄这一事实。最高法院面对的特定问题集中在一系列事实上禁止了对某一类武器的拥有和使用的制定法的合宪性上。为此,最高法院首先宣布第二修正案的确保护一种出于诸如自卫这样的“传统的合法目的”而拥有、佩戴和使用武器的个人权利。因为斯卡利亚使用了“传统的合法目的”这一短语,因此可以合理推断对使用武器进行狩猎、运动,以及其他娱乐性活动进行保障都是符合 Heller 案的精神的。然而,这些推断又明显超越了案件本身明确提出的问题。同理,保障一种反抗暴政的权利也显然不在 Heller 案的适用范围之内。因此,评论 Heller 案不应该总是探求它在哪些地方地作为还不足,反而要看到它就没有提交至法院的问题作出了明确的决定,因此,它被称为“一种最糟糕的能动主义”。

就其本身而论,既然 Heller 案的判决保护明显属于对第二修正案恰当解读的范围内的个人权利,那么我认为它就相当忠实于第二修正案。进一步而言,它也为一种有关《权利法案》的强烈的个人权利价值奠定了基础。实际上,Heller 案的适用范围相当有限——很明显,它只适用于出

---

[181] See David C. Williams, *supra* note〔169〕, pp. 668 – 669.

[182] See Carl T. Bogus, *supra* note〔167〕, pp. 266 – 267.

于自卫目的的持枪权——这表明最高法院对第二修正案内在有限的适用范围的一种承认。然而,也正是这种内在的紧张关系蕴涵并发展出了一种有关第二修正案的法理学——既强力保障持有武器的权利,同时也允许对其进行合理限制。这种法理学确保了这一权利的核心部分不受干涉,在一个安宁的社会秩序内最大化个人自由。

或许Heller案最大的问题就在于将持有和携带武器的权利与“传统的合法目的”[183]相联系。乍一看,这一判决似乎认为只有出于特定的合法目的而拥有武器才是合理的。这种观点反而造成一个宪法上的难题。如果是否保护一项宪法权利反而要取决于这项权利的合法律性,那么这项权利在性质上根本就不是宪法权利,而只是法律权利。因此,某些禁止使用武器进行诸如狩猎、自卫等活动的立法就能够使持有和携带武器的权利在事实上归于无效。根据Heller案的理由,一旦对武器的使用被判定为非法,那么对武器的拥有极有可能是非法的。即便在这种情况下,对武器的拥有是合法的,但剥夺了对武器的使用,拥有的权利也不过徒有其表而已。

另外,对“合法目的”一词附加上“传统的”修饰语则使问题更加复杂化了。虽然诸如狩猎这样具有历史合法性的使用目的从表面上看起来肯定会受到保护,但这种源自判决附带意见的法律保护所具有的价值是令人怀疑的。因为居家自卫之外的其他目的并不在Heller案为法院提出的问题的范围内。因此对于最高法院来说,明智的做法就是对居家自卫以外的其他目的不予置评。判决中最容易产生争议的是所谓的“传统的合法目的(traditionally lawful purpose)”这个歧义丛生的条件。什么才是“传统的”?合法历史持续20年?50年?还是100年?如果某种目的在某些州是不合法的,但在另一些州具有历史合法性。将“传统的合法目的”作为给予第二修正案保护的必要条件从根本上让我们确信法院在决定持有和携带武器权利的范围和规制措施的可接受性方面将具有完全的自由裁量权。如果只有出于合法目的才能持有武器,而合法目的又受制于传统,那么法院只需通过宣布什么目的是传统的,因此也是合法的,就能够随意地决定持有和携带武器的权利。

---

[183] *District of Columbia* v. *Heller*,554 U. S. 570(2008),opinion of the court.

因此,我认为,就对第二修正案的恰当解读而言,Heller 案是一个十分正确的判例。这在很大程度上是因为它的适用范围相当有限。从更广阔的背景来看,最高法院认为第二修正案保护了一种无关民兵兵役且应受管制的个人权利无疑是正确的。然而,这一判例最大的隐患就是它为对武器的拥有和使用设定了一种"传统的合法目的"条件,由此将持有和携带武器的权利置于法院几乎不受控制的自由裁量权之下。

六、不是结论的结论:自由的守护神

最高法院在 Heller 案中的核心立场是对第二修正案的恰当理解。Heller 案认为第二修正案保护个人的持枪权,因此华盛顿特区的禁止性管制措施显然是违宪的。最高法院就此打住,在多数判决内部与多数判决和异议意见的后果方面留下了相当的紧张关系。因此,正如上文提到的威廉姆斯和博格斯那样,我们可以看到来自各种左右对立的政治派别对 Heller 案的激烈反应。

但是,笔者认为相较于左右各派的观点,对于持有和携带武器的权利而言,我们今日可以提出一种更好的理解方式。首先,有必要承认第二修正案保护一种个人出于一系列目的而拥有和使用武器的权利。正如范·亚斯提尼提醒我们,不要忘记没有权利——包括持有和携带武器的权利——是绝对的,而且法律将惩罚任何权利滥用行为,但是,即便存在潜在的滥用也不得减少对权利的尊重。[184] 其次,我们应当牢记,武装暴动正是和宪法序言规定的目的截然对立的。事实上,武装暴动就是叛乱行为,因此要受到法律的惩罚。此外,宪法也明确赋予联邦国会镇压叛乱的权力。即便如此,制宪者制定第二修正案的原因是为公民提供反抗暴政的手段也是不容置疑的。

这看似是一个悖论,实则不然。在述及人民有权变革或废止一个已经违背了它本身应当追求的目标的政府时,《独立宣言》援引了人民武装反抗的权利。[185] 联邦宪法代表了一种试图建立一个稳定而又强大的联邦

---

[184] William Van Alstyne, *The Second Amendment and the Personal Right to Arms*, 43(6) Duke Law Journal 1236, 1240(1994).

[185] *Mark* v. *Tushnet*, *supra* note〔78〕, p. 12.

政府的努力,而这一政府形式又在制度上被设计为能够约束自身不去违背它应当追求目标。很快,联邦宪法也修订了,《权利法案》生效,有力地约束了联邦权力,为公民权利提供了明确的保护。在这种语境下,第二修正案的"序言性条款"可以指引,但并不能完全限制对这一修正案的解释。因此,一旦持有和携带武器的权利受到保护,我们就希望能尽我们所愿自由地行使这一权利。[186] 无论如何,这一权利必须受到保护,以便公民保有一种使用武器对抗暴政以保卫自身和他们的自由的能力。也就是说,第二修正案的目的就是为公民对抗政府权力提供一条最终的途径,因此,政府不应当解除人民的武装。正因如此,我认为对第二修正案的恰当理解应当是:

第一,第二修正案保护持有和携带武器的个人权利,这一权利与民兵兵役无关;

第二,确保反抗暴政的自由是第二修正案的最终目的,因此,政府可能毫无理由地剥夺守法的公民个人持有和携带武器的权利,以便侵蚀公民反抗暴政的能力;

第三,一旦持枪权受到保护,公民就可以出于如自卫、运动等一系列目的而使用他们的私人武器;

第四,与其他权利一样,持有和携带武器的权利也并非不受限制。

(一)*McDonald* v. *Chicago* 与第二修正案的未来

因为首都华盛顿特区属于正式的联邦行政特区,因此严格说来,Heller 案仅能拘束联邦权力,并不适用于各州。因此,Heller 案之后,拥抢派团体立即展开行动,以试图确定第二修正案是否也拘束各州和地方政府。他们在全国各地提起相关诉讼,以挑战各州或地方政府控抢措施的合宪性。在这种背景下,*McDonald* v. *Chicago*(以下简称 McDonald 案)于 2010 年成功地被送至联邦最高法院。在 McDonald 案中,最高法院被要

---

[186] 对第二修正案的这种解释,图什内特作了很清晰的说明:"第二修正案的序言性条款解释了宪法为什么会包含这一权利——为了'保证州的自由'——但并没有为权利的行使附加条件。一旦我们每个人都享有持有和携带武器的权利,我们就可能会尽可能根据自己的意愿来行使这一权利——不过始终保留了一种让我们利用这一权利来反抗政府压迫的可能性。"图什内特明确认为这种观点对于第二修正案而言是一种可能的解释,但他并未采纳,因为他认为相较于这种解释而言,还有一种具有更强的"民兵色彩"的解释方案。*Mark v. Tushnet*, *supra* note〔78〕, p. 26.

求决定第二修正案是否被第十四修正案吸纳以拘束各州。[187] 最终,最高法院判决第十四修正案事实上使得第二修正案所保护的个人的持枪权"完全适用于各州"。[188]

与 Heller 案一样,McDonald 案依然是一起按意识形态站队的 5:4 判决。[189] 由阿利托大法官撰写的法院多数判决认为,"Heller 案认可了第二修正案所保护的出于自卫而持有和携带武器的权利,而第十四修正案则吸纳了这一权利"。[190] 因此,McDonald 案推翻了最高法院有关第二修正案的 *United States* v. *Cruikshank*(1876),*Presser* v. *Illinois*(1886)和 *Miller* v. *Texas*(1894),这三个判例都认为第二修正案仅适用于联邦权力。[191]

随着"出于自卫目的"而持有和携带武器的权利被第十四修正案吸纳,我们有条件开始展望第二修正案的法理学在未来的发展。不出所料,正如它们本就不在 Heller 案的范围内,叛乱的"权利",建立私人武装的"权利",乃至拥有进攻性武器的"权利"不仅没有被第十四修正案吸纳,法院甚至都丝毫没有提及它们。这是因为在 Heller 案的框架内,没有任何一个法院会认为第二修正案保护的权利是绝对的。通过适时地遵循 Heller 案,McDonald 案仅明确吸收了"出于自卫目的而在家拥有手枪的权利"。[192] 它不可能带来建国初期荒蛮西部那样的治安混乱,更不必说会在控抢派心中埋下恐惧的种子。同样,拥枪派也几乎不会认为 Heller 案或 McDonald 案不必要地,抑或错误地限制了个人持有和携带武器的权利。

相反,我们看到的是,McDonald 案将继续调整最高法院对第二修正

---

[187] 有趣的是,上诉人在递交给最高法院的调卷申请中说,McDonald 案无疑给了最高法院一个难得的机会去纠正在 1876 年屠宰场案中的错误。上诉人认为,"McDonald 案给了最高法院一个独一无二的机会以纠正最高法院在屠宰场案中建立的关于特权与豁免权的理论,这一理论几乎架空了联邦宪法中的特权与豁免权条款"。

[188] *McDonald* v. *Chicago*,561 U. S. 3025(2010),opinion of the court.

[189] 阿利托大法官代表多数派撰写了法院判决书,另四位多数派大法官分别是:罗伯茨、斯卡利亚、肯尼迪和托马斯,其中托马斯和斯卡利亚还发表了协同意见。大法官斯蒂文森、布雷耶、金斯伯格和索托马约尔则分别发表了异议意见。

[190] *McDonald* v. *Chicago*,561 U. S. 3025(2010),opinion of the court.

[191] 需要注意的是,这三个案件被提交至最高法院时,最高法院实际上还没有任何通过第十四修正案吸纳其他《权利法案》条款的判例,反对将《权利法案》的任何条款适用于各州。这种消极的司法理念直到 1894 年的 *Hurtado v. California* 和 1897 年的 *Chicago, Burlington and Quincy RR* v. *Chicago* 才逐渐被打破。

[192] *McDonald* v. *Chicago*,561 U. S. 3025(2010),opinion of the court.

案的解释,并使其规则化。未来的第二修正案案件也将继续型塑持枪权的范围和对其的规制。换言之,不久的将来,最高法院的判例将决定对这一权利的一般限制,也就是说,出于哪些目的持有武器才是受第二修正案保护的。几乎同样可以肯定的是,未来的判例将为对持枪权的合理规制建立指导原则。正是有鉴于此,笔者认为拥枪派和控抢派都有足够的时间影响最高法院对第二修正案的解释。Heller 案犹如一张干净的白纸,的确给了最高法院一个“重述”第二修正案的难得机遇,然而,即便到了今天,这一“重述”还远未充分。它和 McDonald 案仅仅只是最高法院在不同意识形态的影响下建立第二修正案法理学的一个开端。

正如前文所述,在这种情况下,法院和双方律师都应当把对第二修正案的解释视为由学说推进的规则化过程。尽管对于第二修正案最重要的法理学“重述”暂时还未出现,但它显然应该是一种用以对持枪权的规制措施进行司法审查的标准。[193] 一般来说,对于规制基本权利——即《权利法案》中前八项修正案所列举的权利——的司法审查,最高法院会应用严格标准。[194] 实际上,除了持有和携带武器的权利、公民住宅免受驻军的权利、接受大陪审团审判的权利、在民事诉讼中由陪审团审判的权利,以及免于过多保释金和罚金的权利之外,《权利法案》中其他条款所保护的权利均被最高法院宣布为“基本权利”。[195] 如果最高法院在持枪权问题上坚持其在 Heller 案中宣布的“传统的合法目的”条件,那么某种司法审查标准的应用就显得尤为重要。

Heller 案和 McDonald 案为我们洞察最高法院审查第二修正案问题的潜在手段提供了条件。首先,在 Heller 案中,最高法院将第二修正案定位于诸如言论自由这样“具体列举的权利”序列当中,这似乎表明最高法

[193] 一般来说,这种学说标准可能就是司法审查的标准。也就是说,它为上诉人设定了一个诉讼上的标准,只有越过这个标准才有胜诉的可能。关于对这一问题的一般性论述,可参见[美]Ronald R. Hofer,“Standards of Review:Looking Beyond the Labels”,74 *Marquette Law Review* 231(1991).关于对最高法院司法审查标准的一般性介绍,可参见 William Burnham:《英美法导论》,林利芝译,中国政法大学出版社 2003 年版,第 175～183 页。

[194] Robert A. Levy, Second Amendment Redux: Scrutiny, Incorporation, and the Heller Paradox,33(1) *The Harvard Journal of Law & Public Policy* 203,205(2009).

[195] Id.,p.205,note 14.

院倾向于对控枪措施进行严格审查。[196] 其次，在 McDonald 案中，最高法院运用第十四修正案的正当程序条款吸纳了持有和携带武器的权利。罗伯特·利维认为，历史地看，“法院仅仅选择性地将正当程序条款用来吸纳那些‘对美国的正义观(the American scheme of justice)而言最为根本的’权利”。[197]

纵观最高法院的历史，如果持有和携带武器的权利被认为是根本性的权利，那么法院就会考虑采用一种严格审查标准，或者至少也会选择一种中度的，抑或中度偏高的审查标准。事实上，最高法院在多数判决中已经拒绝了由布雷耶大法官提出的“利益衡量模式”，而且很有可能会同样拒绝对于明确列举的宪法权利而言过于宽松的合理审查标准。[198] 然而，这并不意味最高法院就将严格审查对持有和携带武器的权利进行规制的法律。

有关持枪权的个人权利的解释路径必然会使法院严格审查的假设受到学者温克勒的挑战。他认为，几乎所有的州法院都表现出对立法的尊重，适用一种较宽松的审查标准，即“只要立法对持枪权的规制是合理的”就可以通过审查。[199] 因此，温克勒指出，一个多世纪以来的各州宪法实践为检验合理规制提供了丰富基础。这种检验模式实际上使任何乃至所有控枪措施都得到维持，即便这些措施事实上完全否定了持枪权。[200]

正如利维和温克勒所明确指出的，关于控枪措施的司法审查标准远未形成一个普遍接受的意见。然而，Heller 案和 McDonald 案似乎表明最高法院倾向于一种相对严格的审查标准。温克勒则中肯地指出，在那些普遍采纳一种更加尊重立法的审查标准的州仍然存在健全的持枪权。尽管运用这种标准将会使最高法院的理论与由众多州法院发展得更广泛的第二修正案理论更好地相协调，但运用严格审查标准会使第二修正案的法理学与《权利法案》的其他条款相协调。毫无疑问，平衡个人权利保护

---

[196] Robert A. Levy, Second Amendment Redux: Scrutiny, Incorporation, and the Heller Paradox, 33(1) *The Harvard Journal of Law & Public Policy* 203, p. 206.

[197] Id., p. 212.

[198] *District of Columbia* v. *Heller*, 554 U. S. 570(2008), opinion of the court.

[199] Adam Winkler, Scrutinizing the Second Amendment, 105 (4) *Michigan Law Review* 683, 686, 706(2007).

[200] Id., pp. 716 - 718.

和规制之间的关系总是很难的，尤其在拥枪派的权利主张和控抢派的规制要求之间寻求平衡就更困难了。但是，或许就在不远的将来，最高法院就会在下一个里程碑式的第二修正案判例中实现这种平衡。

当这一天来到时，最高法院既要认真对待持枪权的性质与范围，又不可避免地要在某种程度上兼顾对其进行规制的必要性。考虑到最高法院历史上的判例，以及其对第二修正案个人权利化的解释，我认为在涉及第二修正案的案件中应当采用严格审查标准。最重要的是，在严格审查标准之下，政府将承担证明责任，法律则推定人民享有自由。同时，严格审查标准将进一步巩固持枪权在宪法基本权利序列中的地位，并因此协调最高法院对基本权利体系的安排。最后，严格审查标准也不会排除对权利的合理规制。公共安全是一项令人信服的政府利益，例如，禁止精神状况不佳的人士拥有枪支的法律无疑会受到法院支持。因此，我认为，就第二修正案而言，严格审查标准是适宜的。它在允许对持枪权进行合理规制的同时也为这一个人权利提供了最强劲的宪法保护。

（二）结论

Heller 案实际上意味法院开启一个探究司法审查的新路线。最高法院在这一判例中首次探讨了第二修正案的适用范围，认为它保护一种出于自卫目的而持有和携带武器的个人权利。尽管这一判例远非完美——“传统的合法目的”这一限定性条件隐含了诸多问题——但在很大程度上，它仍是对第二修正案忠实合理的解读。对第二修正案文本、语境以及历史背景的近距离研读表明，第二修正案保护一种无关民兵兵役的持有和携带武器的个人权利，并且保护公民自由免受暴政的侵害是第二修正案的最终目的。因此，政府可能毫无理由地就剥夺守法公民持有武器的权利，以此来侵蚀公民反抗暴政的能力。一旦持有和携带武器的权利得到宪法保护，公民就能够利用他们的私人武器进行自卫、运动等一系列活动。同时，和其他任何权利一样，持有和携带武器的权利也并非不受限制。这样一种对第二修正案的解释不仅在文本语境和历史背景上具有合理性，更重要的是，它为拥枪派和控抢派之间的建设性张力提供了缓冲的渠道，以便在允许对持枪权进行合理规制的同时给予这一公民权利以强力的宪法保护。

●俄罗斯普京时代的宪政状况分析

郝　龙[*]

作为一个处在政治过渡期的世界大国,俄罗斯的社会宪政状况向来广受关注。自苏联时期开始,俄罗斯的宪法与其政治的走向就紧密相连。如果我们把2012年普京再次当选总统之前定义为“先普京时代”便可以发现,由于历史原因俄罗斯联邦所形成的强势总统的制度安排,直接影响着2012年之后“后普京时代”的俄罗斯联邦宪政。未来,俄罗斯的宪政将往何处发展?这在很大程度上取决于俄罗斯总统与宪法的关系。尤其在普京时代,俄罗斯是继续之前叶利钦时期的强权总统模式,还是转变成总统自我限权的逐渐法治规范模式,最终使处于政治过渡期的俄罗斯走向规范的法治之路?这两条路径纠缠且不断碰撞,折射出俄罗斯鲜明而独特的宪政改革之路。

一、“先普京时代”的俄罗斯宪政遗产

(一)苏联时代的强势总统历史

苏联作为俄罗斯联邦的前身与其他欧美国家相比,它的“制宪时刻”相对频繁。苏联时期一共颁布了四部宪法,第一部宪法是1918年颁布的,其有效实施时间为1918年至1925年。其余三部宪法的实施时间分别为1925年至1937年、1937年至1978年、1978年至1991年。其中值得一提的是苏联的最后一部宪法——1978年宪法。在1990年至1991年间,1978苏联宪法先后经过15次修改,最后一次修改是在1991年5月24

---

* 郝龙,国立莫斯科罗蒙诺索夫大学政治学博士,北京大学国际关系学院2016级博士后。

日。[1] 苏联解体后，俄罗斯联邦最初的1993年宪法就是由前苏联的这部宪法修改编成的。

如果我们给1918年至1991年这73年间苏联曾经颁布的上述四部宪法下一个较为概括的定义的话。那么苏联的这四部宪法中，包括一部革命性质的宪法性文件，一部共同纲领性质宪法性文件。除了这两部权利和义务结构调整的宪法性文件，其余的两部都是苏联共产主义性质的宪法。[2] 宪法是社会在特定历史条件下的必然产物，这一产物本质上具有鲜明的政治性和时代性。从苏联等多次修改宪法的时间节点，我们可以看出宪法修改和政治变化几乎是同步的。对于俄罗斯而言，宪法和政治现实可谓血肉相连，也带有每个时代政治强人的个人印记。由此导致的结果，是多次宪法修改中的一个特别现象：无论宪法如何修改，总统在宪法中的超然地位都没有被改变，总统一直被规定为权力的核心。这部分来源于苏联一直没有改变的核心权力模式，即以领袖为核心的权力集中管理模式。即使在苏联解体以后，这种苏联解体之前遗留下来的政治现象仍然没有任何改变。这一因素，决定了俄罗斯政治制度的西方民主化进程必然困难重重。

（二）俄罗斯联邦的总统地位

俄罗斯联邦1993年颁布的宪法之中，总统仍然被规定为“最高行政权人”和“首席行政执行官”。可以看出总统这个职务，显著区别于俄罗斯联邦其他政府机关，他的权力已经被明确地规定在联邦宪法之中。[3] 俄罗斯1993年联邦宪法中，第1章第90条明确指出：俄罗斯联邦总统作为独立主体行使公共权力，其中规定了包括权力的行使形式、方法，以及具体过程等细节。虽然这部宪法没有解决传统上的总统权力过大问题。但是这部宪法在其他规定上，可以说已经类似于西方民主国家。因此，关于这部宪法的颁布，俄联邦宪法法院主席佐雷金认为：“我们现在每年庆祝

---

① Дегтев Г. В. Становление и развитие института президентства в России：теоретико-правовые и конституционные основы. М. ,2005. С. 73 – 74.

② 参见 Козловае. И. , О. Е. Кутафиню. Конституционное право россии. М. Юристь. 2001。

③ Дегтев Г. В. Становление и развитие института президентства в России：теоретико-правовые и конституционные основы. М. ,2005. С. 74.

的俄罗斯联邦宪法纪念日，它的诞生不是为了某人或者某些人的政治利益，它的诞生是为了维护俄罗斯国家。俄罗斯宪法根据国际标准，保障一切权利——无论是个人的、还是政治的或者社会的。在这些权利保障中，最重要的不是富人和国家的权力，而是保障社会民众的权利。因为社会民众的权利才是最不可分割、不可侵犯的权利。"④这一说法代表了当时俄罗斯的宪法和联邦法学界对俄罗斯联邦 1993 宪法颁布的普遍看法。但是，之后在 1993 年宪法具体实施的部分过程中，俄罗斯宪法法学界几度发出了与之前不同的质疑声。

与苏联时期 1978 宪法相比，1993 年俄罗斯联邦宪法有了较大变化，对总统权力进行了削弱。根据俄罗斯联邦政府在 1978 年以前的宪法，总统拥有最高的行政权力。但是，按照 1993 年宪法的规定，这一条款并没有被列入宪法中任何关于政府分支机构的规定。⑤ 对此绝大多数俄罗斯专家学者的观点认为，这在宪法法律中是俄罗斯联邦作为一个相对民主的总统制国家的实际体现。但是，俄罗斯联邦 1993 宪法中规定，总统权力在行政权力的形成和行政行为方面具有监督权。从客观上讲，这一条款明显地降低了俄罗斯学者所认为的"相对民主"，降低了俄联邦宪法的民主程度。而且，这一条款也降低了宪法宣言，关于政府权力独立执行分支的有效施行程度。对此，俄罗斯宪法法学界的专家学者们普遍认为，俄联邦宪法中对于总统权力的这一"削弱"并不是根本性的。俄罗斯联邦总统权力过大的这一问题，更不会是个简单的单一问题。总统权力过大这一问题，必将会导致权力核心圈的整体性权力过大，从而最终导致俄罗斯联邦社会法治的大面积倒退。总统权力过大这一问题，在俄罗斯宪法史上本来就有着根深蒂固的历史渊源。而且现在看来总统权力过大，俨然成为这片土地特有的社会文化。

(三)俄罗斯联邦宪法法院与总统权力

在普京成为俄罗斯的总统之前，俄罗斯宪法法学界的专家学者们就

---

④ Хабриева Т. Я., Чиркин В. Е. Теория современной конституции. М.: Норма, 2005. С. 235.

⑤ Конституция РФ 1993 года-фикция Конституция Основной закон РСФСР 1978 – действуетзакон РСФСР 1978 – действует. Русская дипломатия/ Проблемы России https://cont.ws/tag/20，最后访问时间：2016 年 11 月 2 日。

已经指出:俄罗斯在联邦宪法中就赋予总统首席执行官的权力,必将导致俄罗斯联邦宪法法院成为保障总统地位的工具,而不是广义上保障俄罗斯民众人权的宪法法院。⑥ 在宪法中规定总统权利,这一行为本身就已经决定宪法不可能彻底地保障客观性和公正性。⑦ 需要指出的是俄罗斯绝大部分专家学者均认为,俄罗斯联邦1993宪法中存在总统身份和法律地位混同。关于这一负面问题的产生,西方学者认为应该主要归结于宪法立法时俄罗斯时任总统叶利钦的个人主张。现今俄罗斯面临的情况是,总统权力过大且任期不明确的这一问题影响了国家内部的有效权力监督和管理。这一问题直接影响了俄罗斯中高层国家政权的高级官员实际任期变动。事实上俄罗斯现在高级官员的变动变得更加困难,客观上加大了行政腐败问题治理的难度。

关于俄罗斯的宪法法院从表面的功能上来看,它是保障俄罗斯宪法具体实施的国家权力机构。从历史渊源上来讲,早在苏联时期就已经存在类似于宪法法院的组织机构"苏联宪法审查委员会"(Комитет конституционного надзора СССР),可以说宪法法院在这片土地上有着深厚的历史渊源。在19世纪80年代的苏联时期就有国会议员提出,需要为监督苏联宪法实施设立专门的审查监督委员会的建议。宪法审查监督委员会这一专门机构的主要功能是,用于负责审查行政部门对宪法的实际遵守情况。不过直到苏联解体不久之前,这一建议才被采纳实践。1988年12月1日,苏联宪法第125条中加入了关于成立宪法委员会的条款。条款中指出,要建立由23名高水平专家律师和政治家组成的宪法审查监督委员会,成员由苏联全国人大选出,并涵盖15个加盟共和国。直至1990年12月15日,第一次在苏联宪法备忘录中,第一次出现宪法法庭一词。在1991年6月12日,通过了成立宪法法庭的议案,而苏联宪法法庭,就是现在俄罗斯联邦宪法法庭的前身。

俄联邦宪法被赋予取消国际合同、联邦法律、政府法规、俄罗斯联邦总统令,以及不符合宪法的法律和其他俄罗斯联邦主体的法律和规范性

---

⑥ Лучин В. О. Конституция Российской Федерации. Проблемы реализации. М., 2002. С. 451.

⑦ Куриленко А. В. Понятие и содержание деятельности Президента РФ в качестве гаранта Конституции России // Юридический мир. 2011. N 8. С. 24 – 26.

法律行为。如果在某个区创建了宪法法院(法定法院),那么这个宪法法院就可以检查该区域的俄罗斯联邦主体法律相应主体条例,省长(市长)和相应地区政府的决定是否符合宪法给出合宪性评价,最后以宪法法令的形式作出判决。值得一提的是,俄罗斯联邦最高法院无法对联邦法律和俄联邦主体法律(地区)擅自采取任何行动。但是,联邦最高法院在其管辖范围内如果发生具体行政规章或者条文不合法的情况下,可以像宪法法院一样对其判决取消或者终止。行政规章和条文可以是俄联邦总统令效力、俄联邦政府、联邦执行机构和政府团体的决议。但是,如果具体的行政规章或条文涉及不符合俄罗斯联邦宪法,那么对于该文件的判决仅能由联邦宪法法院作出。⑧

但是,在实施中联邦宪法法院所发挥的实际作用可以说有些差强人意。其中较为重要的因素就是俄联邦总统权力过大,以及随之而来的由于相关制度不完善引起的联邦行政系统整体的权力扩大。俄罗斯部分学者认为,在普京当政初期,这个权力过大的状况就已经存在。例如,1993年俄罗斯宪法在第84条第2款规定,总统有权解散国家杜马议会。在第111条第4款规定,在国家杜马三次否决联邦总理人选后,由俄联邦总统任命总理,解散国家杜马并确定新的选举。这些严重扩张总统职权的条款,均在普京执政期间被通过,宪法法院并没有对这些问题加以调整。⑨西方学者认为这一问题一直延续至今,是因为俄罗斯在宪法立法上没有对总统权力彻底的加以规范,导致在特殊情况下无法避免因总统权力过大而产生的整体行政权力扩大滥用和越权使用。俄罗斯的独特历史人文背景,造就了其独特的俄罗斯民族性格。普通民众已经习惯集中管理的国家模式,在高危机情势下更会产生群体团结的社会效应。这一点从俄罗斯总统普京在2014年乌克兰事件之后,俄罗斯经济被美国严重制裁的情况下,其支持率不降反升这一现象中就可以略知一二。

⑧ 俄罗斯联邦宪法法庭官方网站网/宪法法庭史。http://www.ksrf.ru/ru/Info/History/Pages/default.aspx,最后访问时间:2016年11月5日。

⑨ См.:Научно-практический комментарий к Конституции Российской Федерации / Отв. ред. В. В. Лазарев. М.,1997. С. 385;Авакьян С. А. Федеральное Собрание-парламент России. М.,1999. С. 279;Поленина С. В. Законотворчество в Российской Федерации. М.,1996. С. 115.

（四）俄罗斯总统对联邦法律的影响

其实早在普京执政以前的叶利钦时代，俄罗斯总统权力过大就已经被俄罗斯专家学者所关注。俄罗斯学者奥昆科夫甚至认为，俄罗斯总统在宪法中的超然地位对于俄罗斯来说未必是坏事，这可以反向刺激立法系统提高立法质量，从而减少现行联邦法律的缺陷。因为，从目前来看俄罗斯总统普京是一个符合其身份的爱国主义者和民众利益维护者，国家杜马和议会在立法时如果考虑到"总统因素"，可以促进其制定更加符合国家和民众利益的优质法律。[10] 从叶利钦时代开始，总统权力就有了明显扩张趋势，而叶利钦在任期间也多次使用自身权力影响联邦法律实施。例如，联邦法律1999年10月6日第184－F3条，关于《俄罗斯联邦主体国家权力的执行机构和立法（代表）机构的普遍原则》，[11]其中规定了俄罗斯总统干涉俄罗斯联邦主体代表国家权力的立法机构的法律原则，根据俄罗斯联邦宪法和联邦层面的法律执行，其中包括以下文件：宪法（条例）、俄罗斯联邦主体法，或者俄罗斯联邦主体国家权力立法机构其他的规范条款（该法律的第3条第27段）。除此之外，该条款下仍有关于俄罗斯总统在调解和解决分歧的条款规定。简单来说，就是在俄罗斯总统不同意法院判决的情况下，有权向相关法院进行干涉。[12] 叶利钦对于法律的这一系列干涉，体现出总统不受限制的强大权力。

前国家高级工作人员也曾表示，叶利钦总统在执政期间曾迫使其使用总统令监督法律，并且在自身行动中怠于执行。例如，根据俄罗斯联邦1993年宪法第1章第107条第1款，指定的法律草案，经上议院批准后，俄罗斯联邦国家杜马，应在5日提交总统签署。根据俄罗斯联邦宪法第1章第107条第2款，总统应在14日之内签署并公布。总统还在14天内签署并公开其联邦法律。然而，实际的执行情况并非如此，总统签署的联邦法律时会拖延更长的时间。例如，1997年5月俄罗斯议会通过了《俄罗斯联邦政府宪法》，并由国家杜马交总统签署。但是，实际的签署时间，被拖延到了1997年12月17日，而且应对这种缺乏责任的延迟，在俄罗斯有明

---

[10] Окуньков Л. А. Вето Президента // Журнал российского права. 1998. N 2. С. 11.

[11] СЗ РФ 18.10.1999, N 42, ст. 5005.

[12] "Парламентская газета", N 99, 01.06.2001.

显的立法缺失。⑬

二、普京执政后两条宪政路径的缠绕

2000年普京正式执政以后，俄罗斯在政治社会上仍然处于过渡时期。一方面，普京时代延续了之前叶利钦时期的强权总统模式；另一方面，总统也进行了一定的自我限权，使处于政治过渡期的俄罗斯在一定程度上走向规范的法治之路。这两条相互矛盾的路径，呈现出复杂而纠缠的特色。

当前，俄罗斯本土学者普遍认为，俄罗斯联邦宪法及实施并没有得到现任总统普京的充分重视。尤其是2012年普京成功继续就任总统以后，对俄罗斯联邦宪法中关于总统任期的规定作了修改。这一行为，毫无疑问扩大了已经十分强势的总统权力。另外，根据俄罗斯宪法学者的梳理，强势的总统权力也未必意味宪政的消失。

首先，广为西方宪法学者所诟病的总统裁量权问题。俄罗斯科学院副主席、法学家哈比里耶娃指出：自由裁量权的存在是客观现象，并且尤其存在无可替代的客观价值。世界上任何国家都存在自由裁量权，其存在本身并不违反民主原则和法治原则。当然，自由裁量权的使用需要建立在不会导致大规模反抗权威，不侵犯人权和尊重公民权利与自由的基础上。自由裁量权没有消除俄罗斯联邦公民的宪法权利，联邦公民有权提出关于反对总统权力滥用的司法秩序。

其次，俄罗斯国家实际利益面前，总统普京却主动进行了与自身利益相悖的“自我限权”。部分俄罗斯法学专家和学者认为在普京成为总统之后，并不像外界所说的那样只顾及自身政治利益专营权力。从某些角度可以认为他是俄罗斯的爱国主义者。因为，在普京当政后改变了一些之前的联邦法律条款。使俄罗斯宪法的具体实施，以及对总统权力的明确规范等方面有了较大的提高。笔者曾在2015年，参加了在俄罗斯审计署

⑬ Только в 1995 году по этим основаниям Президентом было возвращено свыше трети законов. Злоупотребление таким мощным средством воздействия главы государства на парламент, как право отлагательного вето, недопустимо, поскольку его регулярное применение может только осложнить отношения между Президентом и депутатским корпусом.

举行的“世界比较法研究大会”，会议期间关于普京执政以后使得联邦法律更加规范这一看法，曾向俄罗斯联邦立法比较法学院季哈米洛夫教授求证。季哈米洛夫教授对这一观点表示赞同，并从个人角度作了诠释加以肯定。用他的话来说，普京在执政以后通过了限制总统权力的联邦法律，这等于是在限制他自身的权利。这一有益于俄罗斯国家发展的行为，促使俄罗斯总统权力的实施更加科学化、规范化、程序合法化。对此，他还列举了普京签署法案限制自身总统权力的实例。例如，普京执政以后，2000 年 7 月 11 日签署了宪法解释条规定案，通过对总统健康情况进行规定。修正案对俄罗斯联邦宪法第 91 条和第 92 条第 2 款有关总统提前结束任期的规定做了如下改变。2000 年 7 月 11 日，通过宪法解释条规定案编号 N 12 – P“如果总统的健康状况下降，无法恢复健康。这种情况下不能领导国家，总统将提前结束任期。”间接提高总统权力行使质量。

许多俄罗斯学者认为，普京签署限制总统权力的法案在某种程度上客观牺牲了其作为总统的个人利益，在立法上避免了俄罗斯总统因健康状况造成的国家政治社会混乱。但是，也有部分俄罗斯学者有着不同的声音。例如，俄罗斯远东所副教授研究院斯米尔诺夫认为，普京此举也可以说是为了他个人的政治利益。因为在当时俄罗斯的政治竞争情况下，普京的个人身体状况好于政治上对其相对有“威胁”的其他政客。当时他正是用了这个方法，巩固了个人权利，并排除了部分对其“有威胁”的、持不同政见的政治家。关于这一问题，笔者曾向部分俄罗斯法学专家和政治学专家咨询过，并未得出非常确切的言论。因此，我们无须在此做过多的臆测。但以上例证事实至少可以说明，在普京时代俄罗斯宪政和法治状况确实受到总统的个人影响。俄罗斯学者认为，总统普京的介入刺激了立法系统提高立法质量，从而减少了法律缺陷，对俄罗斯的社会法治和宪政有一定的推动作用。西方学者认为，司法独立是民主的基础，任何干涉司法的行为都是不合理和不正确的。

三、基于实例的解读

我们可以根据俄联邦宪法法院近期的实际活动，进一步解读在普京时代俄罗斯联邦宪法的具体实施状况。

(一)联邦宪法法院审查权限的扩大

2015年6月8日俄罗斯联邦法院法院根据宪法第1章第52条和第53条对俄罗斯联邦民事诉讼法第256条的第一部分判罚进行合宪性评价。受质疑的审查的项目是未经三个月审查程序,提前解除了楚瓦什共和国国会议员罗曼诺夫的职务。宪法法院根据其违反宪法第52条和第53条,以及第96条和第97条判决之前裁判无效,自裁判生效之日起恢复其职务。并且向原判决法院提出,向被执行人赔偿精神损失费3,000,000卢布。公民的决定、国家权力机关的作为(不作为)地方自治机关、官方、国家或者市政员工、法院判决确定这些不合法性生效。⑭ 此次判决证明俄罗斯联邦宪法法院,有权审查已生效的行政判决,并且其效力可以涉及地区共和国议会阶层。这一事例体现了俄罗斯宪法在实体效力上,可以有权解决共和国议会一层的违宪问题。于2015年3月,前萨哈林州州长霍罗沙文因为受贿问题被免除职务,并接受司法审查。据俄罗斯法学专家学者的说法,这是俄罗斯第一次将腐败问题的管理提高到州长层面。而2015年6月宪法法院的这次判罚,是俄罗斯联邦宪法法院在针对民法的具体实施中,第一次涉及州长这一层面官员任免相关问题。可以看作普京执政以后,俄罗斯联邦宪法法院在实际案例中的权力范围扩大。从这一具体案例中,可以抽象出两个辩证的相关问题。首先是欧美学者所认为的,俄罗斯的总统权力过大这一问题,在俄司法层面的影响似乎正在逐渐扩大。其次是俄罗斯本国学者的观点,俄罗斯总统权力相对大的这一管理模式从某种程度上来讲反而促进了社会法治的发展。俄罗斯联邦宪法法院在实施的过程中权限得到扩大,对俄罗斯腐败问题的震慑和公民宪法权力的维护起到了一定程度的促进作用。

(二)法官在俄罗斯联邦的地位

2015年5月14日,俄罗斯联邦宪法法院第9号令,根据俄罗斯联邦宪法针对俄罗斯联邦法律第11条款第5项"关于法官在俄罗斯联邦的地位"进行审查,并作出合宪性评价。该受审查的争议条款涉及法院法官在审查刑事案件期间被调任到另一法院,导致原刑事案件需要任命另一法

⑭ Постановление Конституционного Суда от 08.06.2015 N 14-П По делу о проверке конституционного части первой статьи 256. 俄罗斯联邦宪法法庭令。

官进行继续审理的问题。

俄罗斯联邦宪法法院认为,该条款的规定在某种程度上不符合俄罗斯联邦现行宪法法律。因为,该条款涉嫌违反联邦宪法中所规定的在刑事案件审查法过程中法官的权力与组织条件的一致性。于刑事案件审判期间指定法官到另一个法院,并重新任命新法官审理原刑事案件的这一事实,实质上改变了法官对案件的审理状态。从而,给刑事案件审查中法官审理的客观性带来了很大的不确定性。联邦宪法法庭确认,该条款客观上违反了联邦宪法中规定的刑事案件审查过程中法官的权力与组织条件的一致性。因此,俄罗斯联邦宪法法院判决该法律条款无效。[15]

目前,俄罗斯许多涉及联邦宪法的问题审查都是依据普京所签署的一系列文件而进行的。俄罗斯联邦宪法法庭针对该条款的审理,也是根据总统普京的总统令要求进行的。西方学者普遍认为,俄罗斯联邦宪法法庭根据总统令审查法条的合宪性这一行为,可以视为俄罗斯总统权力对联邦宪法法庭审理的直接干涉。但是,俄罗斯专家学者对此持有不同观点。他们认为,总统普京的这一行为从客观角度上维护了联邦宪法的实际实施,可以视为总统权力对宪法实施的实际促进作用。因为俄罗斯政治学和社会学专家学者普遍认为,俄罗斯特有的民族性和社会政治特点决定,国家管理层面的先进意识对联邦法律的完善有着促进作用,对俄罗斯社会法治问题来说,是一种较为实际和有效的解决方案。但是,西方学者普遍认为这种法治依赖的存在,使俄罗斯联邦在司法实施方面避免不了国家管理层意志的干预,以及国家管理层必须优先意识到法治存在的问题。并且强调,任何行政干预立法或者司法的行为都破坏了"西方民主"的本质土壤。

(三)卫国战争时代老兵和和平时代军警的尊荣待

现今和平时代的军警,能否享有卫国战争时代的老兵所享有的尊荣待遇?从这个问题的判决上,可以发现普京总统的个人价值观也起到了较大影响作用。

---

⑮ Постановлением от 14 мая 2015 года N 9-П Конституционный Суд дал оценку конституционности пункта 5 статьи 11 Закона Российской Федерации "О статусе судей в Российской Федерации". 2015 年 5 月 15 日,俄罗斯联邦宪法法庭第 9 号令。

2015年5月26日,俄罗斯联邦宪法法院发布第11号令,针对俄罗斯联邦法律第12条款第五部分"关于某些联邦执行机构工作人员的社会保障和修改俄罗斯联邦的某些立法行为"的具体条款进行了合宪性评价。最后,联邦宪法法院认为,该法律条文有争议。该条款与俄罗斯联邦宪法第19条(第1、2款),第39条(第1款),第55条(第4款)规定相违背。[16]并且,联邦宪法法院认为2015年2月10日出台的俄罗斯联邦法律,擅自扩大了联邦宪法第1章第11条第2款的规定内容。关于具体违反内容方面联邦宪法法院指出,出台的该法律条文中所列出的"特殊机构和机关工作人员称号"其中的"特殊机构和机关人员"的涵盖范围被擅自扩大。该条款中原规定的保障人员范围,由此前规定的在战争中或者由于战争原因导致的"残疾"的人员和因战争原因享有"专门称号"的人员,擅自扩大加入了包括刑事执行系统岗位中因伤辞退的人员。扩大解释了宪法中的原规定,因此联邦宪法法庭认为该法律条文涉及违宪。

联邦宪法法院这次的判决引起了广泛争论,一时之间众说纷纭。部分支持此次判决的民众表示,这是宪法法院处于对俄罗斯本土民族文化的尊重。参与卫国战争的人员应享有其独有的光荣称号,由于卫国战争原因负伤获得的荣誉是无上的,不应该擅自扩大全体范围造成鱼目混珠。俄罗斯联邦需要在立法意义上,继续强化参与"伟大的卫国战争"保卫国家的老一辈抗战英雄的历史荣誉感。部分青年学者表示,联邦宪法法庭判决该法律条文无效有利于捍卫民族荣誉感,强化俄罗斯民众信仰和文化统一性。而部分从事司法执行职业和刑事案件执行相关工作者对此有着不同的看法。关于这些人员的看法,笔者曾与国立莫斯科罗蒙诺索夫大学分区的警察局局长阿娜多利耶夫娜交流过。她认为保护民众的安全是不分时期的,无论是战争时期还是现在的和平时期。任何时期都会有犯罪,与犯罪分子作正面斗争都是为了维护社会正义,并且冒着生命危险的。联邦宪法法院的此次判决不利于加强司法执行人员的使命感和荣誉

---

⑯ Постановлением от 26 мая 2015 года N 11-П Конституционный Суд дал оценку конституционности положений части 5 статьи 12 Федерального закона "О социальных гарантиях сотрудникам некоторых федеральных органов исполнительной власти и внесении изменений в отдельные законодательные акты Российской Федерации". 2015年5月26日,俄罗斯宪法法院第11号令。

感，这样的判决是不公正与不理性的。不论任何时期，能与犯罪分子作斗争维护社会的正义与和平，其工作的性质没有任何改变也没有任何区别，这样的人都应该享有共同的荣誉。并且，她希望能够要求俄罗斯联邦宪法法院对该法律条文重新审查，进行更合理的合宪性评价。

俄罗斯国立莫斯科大学校长维克多－萨多夫尼奇认为，在此案的裁判过程中，渗透着俄罗斯总统普京的一些个人意见。他认为俄罗斯联邦宪法法院应该是维护民众人权和价值观的法院，其判决应该与国内社会的主流价值观相符合。联邦宪法法院的裁判，必须要考虑到俄罗斯民众的整体民族性和文化性因素。他不无担忧地提到这次判决虽然符合社会主流的价值观，但是由于这次判决产生了太大的争议，说明这次判决的相对人群应该也是较大的社会群体。判决的实际公正程度和妥善程度尚有待思考，还需要跟踪后续的具体收尾结果。并且，他担心这样的判决是否会弱化司法执行工作者的使命感和荣誉感，需要在民族文化价值观和现实的司法行政积极性上找到一个平衡点。

笔者针对此问题咨询了一些在俄留学的西方进修学者，他们普遍认为应该平等对待卫国战士和现役军警，因为他们都是社会正义的维护者，且工作的危险性没有大的差异。

（四）刑事案件中陪审团制度的必要性

2015 年 12 月 3 日，俄罗斯总统普京向联邦议会发出了“关于刑事案件必须要有陪审团参与”的总统令，表示必须要提高法庭审理刑事案件的开放性，[17]并指出陪审团制度有利于案件的公正审理，提高案件的公众认可度。美国的专家学者认为，这种现象的产生，在于社会公众环境下的合理怀疑。陪审员由于法律基础差异，显然看法会与法院不同，甚至对法律可以起到意想不到的补充作用。[18] 因为在司法程序中，审判人员职业习惯和某些腐败问题可能导致司法审判的不公正。毕竟一个案件的审判人员

---

⑰ Послание Президента Федеральному Собранию，2015 年 12 月 3 日普京向国会签发总统令。http://www. kremlin. ru/events/president/news/50864/，最后访问时间：2016 年 4 月 21 日。

⑱ O'Malley K. Not Guilty until the Supreme Court Finds You Guilty：a Reflection on Jury Trials in Russia // Demokratizatsiya：The Journal of Post-Soviet Demokratization. 14：1（Зима 2006）. pp. 42 – 58. См. также：Burnham W.，Kahn J. Russia's Criminal Procedure Code FiveYears Out // Review of East European Law. 33：1. 2008，pp. 1 – 94.

只有一人至两人，腐败情况相对容易发生。而陪审团人数相对多，产生的程序也相对随机，很难发生腐败问题。俄罗斯联邦现行的陪审团制度，从制度上看其组成和实施的要求过于严苛。因此，应该降低陪审团组成和实施本身的制度要求，从而在刑事案件中大量普及陪审团制度，从而加强司法公正。

现有的陪审团制度要求陪审程序必须要有12名陪审人员，本身陪审团的组成就是一个比较困难的问题。12名陪审人员都有着正常的社会工作，而且案件的法庭审理又有着严苛的时间限制和要求。因此，普京总统建议陪审团人数应该减少到5～7人。减少了陪审团组成方面的制度烦琐问题，在司法程序中经常使用陪审团制度会变得更加实际。

据俄罗斯联邦2012年的统计分析，在有陪审团参与的刑事案件审判中有15%的概率得出无罪判决。虽然其中1/3被俄罗斯联邦最高法院否决，但是仍然有10%的无罪判决率。与其相对没有陪审团参与的刑事案件审判中，只有1%的审判得出无罪判决。既然得到联邦最高院的核准，那么就等于确认了这些无罪判决的合法性。因此，虽然陪审人员没有专业的法律素养，但是他们在刑事判决保护受害者权益方面的作用是有目共睹的。

对此，俄罗斯的专家学者认为总统普京的这一程序简化扩大了陪审团制度的使用率，而陪审团的使用在客观上会维护法律的合理性和社会可接受性，从而加强俄罗斯民众对法律判罚的认可程度。

对此笔者也曾询问过在俄进修的西方学者，他们普遍认为普京的这一举动简化和破坏了陪审人员的遴选程序，且在实际上减少了陪审团人数。陪审团人数的减少会客观影响陪审团的现行审议程序。因此，这一举动必然会降低俄罗斯司法的客观公正性。

四、结语

总而言之，根据现在俄罗斯联邦宪法实施的情况来看，可以得出俄罗斯虽然进行了制度改革，但是无论从社会法治现实，还是执政者的法治观念上并没有从根本上脱离老套的苏联框架模式影响。与俄罗斯相比我国的法治建设无疑是先进的。改革开放以来我国成功吸取了世界国家先进的管理经验，在社会法治方面取得了举世瞩目的成绩。习近平在首都各界纪念现行宪法公布施行30周年大会上强调,依法治国是党领导人民治理国家的基本方略,是当代中国进步、文明、理性的治国方式,法治是治国理政的基本方式,习近平总书记把坚持依法治国基本方略提了一个新的高度。在对四中全会《决定》的起草情况向全会作说明时,习近平总书记继续强调,宪法是一个国家的根本大法,是治国安邦的总章程,具有最高的法律地位、法律权威、法律效力,具有根本性、全局性、稳定性、长期性。因此,宪法具有最高的法律效力,任何法律都不能与之抵触。捍卫宪法尊严,就是捍卫党和人民共同意志的尊严。而且,习近平总书记在十八届四中全会明确提出:"运用党内法规把党要管党、从严治党落到实处,促进党员、干部带头遵守国家法律法规。"⑲

我国现行宪法从宪法修正案的内容上看有一个特点,就是反映了改革开放过程中不断解放思想。其中有从计划经济到市场经济的转变。也有从争论人权到人权入宪的变革,包括现在要求的法制治国到法治国家。中俄两国历史上在政治、社会等层面有过较深的交流合作,在今天看来仍有一些相似之处。现今的俄罗斯无论从制度、经济,还是社会法治方面都存在较大的进步空间,尤其在国家法治和宪政的优化发展方面。因此,对于现在的俄罗斯来说,相对优化的方案应该是积极与中国交流学习,借鉴较为符合现今俄罗斯社会发展状况和人文现实的成功法治经验。

⑲ 习近平总书记在首都各界纪念现行宪法公布施行30周年大会上的讲话,载http://news.xinhuanet.com/legal/2012-12/04/c_113907206.htm。

●行政救济的治理图景

——以我国台湾地区为镜鉴

金成波　覃　慧*

2014 年党的十八届四中全会《关于全面推进依法治国若干重大问题的决定》中强调“健全社会矛盾纠纷预防化解机制，完善调解、仲裁、行政裁决、行政复议、诉讼等有机衔接、互相协调的多元化纠纷解决机制”。行政救济作为多元化纠纷解决机制的重要环节之一，其制度的合理设计与体系的科学建构将为多元纠纷解决机制的建立与健全奠定基础。我国大陆地区的行政救济体系中包括行政复议、行政诉讼和信访等，尽管一直以来试图疏导信访、着力发展行政复议和行政诉讼，但是“大信访、中诉讼、小复议”的现实情景呈现出了与之相反的发展格局，大量的行政纠纷尚未得到有效的化解。未来大陆的行政救济制度需要不断探索和完善，但是，首先要对行政救济未来的治理图景进行顶层设计，这个过程中，比较法的经验非常重要，同为大陆法系且同根同源的我国台湾地区为我们提供了很好的镜鉴。

一、台湾地区行政救济制度的基本样貌

“行政救济”的概念虽日渐普遍，但仍有必要厘清其具体语境下的使用意涵，通常情况下，“法制国家的任何行政行为皆必须依循依法行政，一旦行政行为不能符合上述原则，人民有权要求国家予以救济”，①在这个意义上，行政救济是指“人民因其权益，受到公行政之公法上违法或不当

* 金成波，中央党校政法部讲师，中国政法大学法学博士；覃慧，中国政法大学法学院宪法学与行政法学专业 2014 级博士研究生。

① 陈新民：《行政法学总论》（第 9 版），自版 2015 年版，第 511 页。

行为之侵害，而向有权之国家机关请求法律救济之制度”。[②] 台湾地区行政救济制度是由“宪法”所保障，其第16条规定“人民有请愿、诉愿与诉讼之权”；第24条规定“凡公务员违法侵害人民之自由或权利者，除依法律受惩戒外，应负刑事及民事责任。被害人民就其所受损害，并得依法律向国家请求赔偿”；第77条则规定了“‘司法院’为最高司法级机关，掌理民事、刑事、行政诉讼之审判及公务员之惩戒”。由此可见，在台湾地区现行的“宪政体制”之下，为确保人民权利在受到公权力侵害时有救济的可能，形成了包括请愿与陈情、[③]诉愿、行政诉讼（包括国家赔偿）等制度在内的行政救济体系。

台湾地区的诉愿制度与大陆的行政复议制度内容基本一致，也是通过行政系统内部的层级监督实现相对人权利救济的一种制度。台湾地区的诉愿制度最初发端于清末的宪政运动，1914年“中华民国约法”将“诉愿权”确定为人民所享有的权利，后1930年制定的“诉愿法”则将人民所享受的这一权利及这一制度予以具体的规范与落实。“诉愿法”随着法律生成的时代思想与社会条件、法律实践情状以及法律所塑造的生活形态、法律现象和法治文化的变迁，历经七次修正，[④]2012年的修正最终确立了

② 陈敏：《行政法总论》（第8版），新学林出版有限公司2013年版，第1264页。

③ 请愿制度是否是应当纳入行政救济的范畴，目前在台湾地区学界仍存在争议，主张将行政争议纳入行政救济体系的支持者理由如下：第一，请愿已成为人民当家作主的过渡性权利，而为公权力的一种，也被我国台湾地区“宪法”第16条所肯认；第二，基于免于损害的发生或强化人民权利的享受或保障，其与一般行政程序同具有预防性救济的功能；第三，基于权利保护的完整性，如诉愿与行政诉讼制度所不及之范围，则允许请愿制度补充，契合现代法治国家的根本理念；第四，诉愿制度上的若干规定，如未以请愿制度予以配合则不易落实；第五，请愿制度正因缺少对立与紧张，较易使行政部门抛弃成见及本位主义，对于政务改革具有正面及积极的意义；第六，请愿因无时效的限制，对于漏网的案件及措施，可借此发挥惩前毖后的功能。同时，反对者则认为，第一，行政救济制度多限于对抗行政机关的瑕疵行为或不作为，而请愿的对象却不以此为限；第二，请愿的相对机关并不限于行政机关，民意机关亦可为之；第三，一般行政救济所具有的共同特征，辩论、两造对抗等，在请愿制度中均甚为淡薄；第四，各国学者也少将请愿制度纳入典型行政救济制度之内。参见蔡志方：《行政救济法新论》（第2版），元照出版公司2001年版，第16～17页。本文持赞成的观点，将请愿制度纳入行政救济体系，将之作为行政救济的手段之一进行讨论。

④ 台湾地区“诉愿法”于1930年制定，并于1936年、1970年、1979年、1994年、1998年、2000年及2012年经过七次修正。具体的修正内容，参见蔡志方：《我国诉愿制度之过去、现在与未来》，载氏著：《行政救济与行政法学（三）》，学林文化事业有限公司1998年版，第155～189页；张文郁：《台湾诉愿制度之过去、现在与未来》，载台湾行政法学会主编：《台湾行政法学研究会论文集（2015）》，元照出版公司2016年版，第35～80页。

现行的诉愿体制以及诉愿制度的基本架构。此外,与诉愿相关的行政命令及行政规则等,如"行政院及各级行政机关诉愿审议委员会组织规程""行政院及各级行政机关诉愿审议委员会审议规则""诉愿扣除在途期间办法",共同构成了诉愿制度运行的依据。

台湾地区行政诉讼制度肇始于1914年,"行政诉讼法"则于1932年出台,历经十一次修正,⑤最终于2012年确立了现行以"三级两审"为核心的行政诉讼体制,2014年的修法更是完善了现行行政诉讼的具体制度。值得一提的是,台湾地区的广义行政诉讼中包含国家赔偿制度。台湾地区的"国家赔偿"制度以1980年公布并于1981年7月开始实施的"国家赔偿法"为核心,该法架构了台湾地区"国家赔偿"的责任类型、请求赔偿程序、赔偿方式及范围以及"国家求偿权"等基本内容。除了这一一般性"国家赔偿"立法之外,尚有若干个别性的"国家赔偿"立法,如"土地法"第68条、"警械使用条例"第11条、"个人资料保护法"第28条、"通讯保障及监察法"第22条以及"公证法"第68条、"核子损害赔偿法"第27条等对适用国家赔偿的事由或要件进行了规范。个别法中的规定若与"国家赔偿法"的内容有所不同,其作为特别法则予以优先适用。

请愿制度尽管早在专制或帝制时期既已存在,但将之法定化则在1954年,后1970年对"请愿法"进行过一次修正,该法便被一直沿用至今;陈情制度则是仿效了日本"苦情处理"而为的立法,并由2001年开始施行的"行政程序法"专章予以规范,该部分的内容也被视为是"请愿法"之特别法。相较于诉愿与行政诉讼由"诉愿法"与"行政诉讼法"将之程序定型化的做法不同,请愿与陈情制度尽管由专门立法规范了有关内容,但并无法定要求其具有一定形式的行政不服,⑥属于非正式之行政救济制度范畴。"请愿法"中规定"人民对'国家'政策、公共利害或其权利之维护,得向职权所属之民意机关或主管行政机关请愿";"行政程序法"中则

---

⑤ 台湾地区"行政诉讼法"于1932年制定,并在1936年、1942年、1969年、1975年、1998年、2007年、2009年、2011年11月和12月及2012年、2014年的十一次修正,具体的修正内容参见李建良:《台湾行政诉讼法制的沿革、演进与发展课题》,载汤德宗、王鹏翔主编:《2006两岸法律发展:违宪审查与行政诉讼(上册)》,中央研究院法律学研究所2007年版,第259~323页;陈清秀:《行政诉讼法(修订第七版)》,元照出版公司2015年版。

⑥ 参见李震山:《行政法导论》(第10版),三民书局2015年版,第513页。

规定“人民对于行政与革之建议、行政法令之查询、行政违失之举发或行政上权益之维护,得向主管机关陈情”。因此,我们也可以从前述界定来看,就请愿与陈情的关系,请愿的范围较广,可将陈情的范围完全包括在内,也有学者指出“陈情及请愿的制度至少在行政事项——即行政请愿——已混同。”⑦需要强调的是在台湾地区行政救济体制中,请愿与陈情制度并不以保障个人权益为限,同时也及于公共利益,与一般观念中为自己利益而向主管机关或有关机关提供请求与协助有显著的区别。

二、诉愿制度的运转情况

按照台湾地区现行法制的规定,诉愿的受案范围以“行政处分”为限,任何非行政处分的事项,不适用诉愿。“行政程序法”第92条以及“诉愿法”第3条均对“行政处分”的概念进行了界定,即“行政机关就公法上具体事件所为之决定或其他公权力措施而对外直接发生法律效果之单方行政行为”;此外,针对相对人虽非特定的行政决定或措施,但依照其一般特性可以确定其范围的也被视为“行政处分”,这一概念也可类推适用到公物的设定、变更与废止或其他的一般使用者之上。

在诉愿体制的建构中分为“中央”与“地方”两个层级。“中央”层级包括“行政院”“考试院”“监察院”“司法院”及其所属部门⑧均设置了诉愿机关,具体包括:(1)不服“中央”各“部”“会”“行”“处”“局”“署”所属机关的行政处分,向各“部”“会”“行”“处”“局”“署”提起诉愿;(2)对于不服中央各“部”“会”“行”“处”“局”“署”的行政处分,向其主管院提起诉愿;(3)不服“中央”各“院”行政处分,向原“院”提起诉愿。“地方”层级,按照台湾地区“地方制度法”关于“地方组织体系”⑨的划分,包括台北市、新北市、台中市、台南市、高雄市及桃园市在内的6大直辖市及其他16

⑦ 陈新民:《行政法学总论》(第9版),自版2015年版,第459页。

⑧ 台湾地区“行政院”所属机关,包括“内政部”“国防部”“外交部”“财政部”“教育部”“法务部”“经济部”“交通部”“卫生福利部”“环保署”“海巡署”“金管会”“辅导会”“科技部”“农委会”“文化部”“劳动部”“原民会”“通传会”“中选会”“人行总处”等。

⑨ 参见台湾地区“地方制度法”第3条。

个县(市)[10]均设置了诉愿机关,具体包括:(1)不服“乡(镇、市)公所”的行政处分,向“县(市)政府”提起诉愿;(2)不服“县(市)政府”所属机关的行政处分,向“县(市)政府”提起诉愿;(3)不服“县(市)政府”的行政处分,向“中央”主管“部”“会”“行”“处”“局”“署”提起诉愿;(4)不服“直辖市政府”所属各级机关的行政处分,向“直辖市政府”提起诉愿;(5)不服“直辖市政府”的行政处分,向“中央”主管“部”“会”“行”“处”“局”“署”提出诉愿。

从台湾地区诉愿制度的实际运行来看,近十年来案件收办[11]总体来讲稳中有降,从2006年到2015年年均诉愿收办案件数件28,490件,其中“中央”一级为20,685.1件,“地方”一级为7804.9件;诉愿案件年平均办结案件数为21,837.9件,其中在“中央”一级为15,986.6件,“地方”为5852.3件。诉愿案件的结案比率达到了76.65%。考量诉愿制度在台湾地区行政救济体制中所发挥的作用,除了需要了解其基本的案件收办情况外,还需要通过以下两个指标进行判断:

第一,诉愿后提起行政诉讼的情况,这一指标一定程度上反映了诉愿制度化解纠纷的能力,以及当事人对于诉愿制度的认可程度。近十年来,针对诉愿机关的作出的诉愿决定不服而提起行政诉讼的案件平均比率为16.06%,其中,“中央”各院及所属机关的诉愿决定不服而提起行政诉讼的案件平均比率为19.70%,而在“地方”这一指标的平均比率为12.42%,“中央”略高于“地方”(见表1)。然而总体来讲,超过八成的案件通过诉愿制度解决了争议,并得到了当事人的普遍认可,可谓实现了“案结事了”;结合部分诉讼类型诉愿前置的要求,经诉愿后提起诉讼的案件平均占比较低,也说明这样的一个制度设计充分地利用了行政机关的专业优势,快速地化解了行政争议,同时也为行政诉讼提供了一个筛选与过滤的机制。

---

⑩ 台湾地区地方机关包括了台湾省政府、台北市、新北市、台中市、台南市、高雄市、桃园市、新竹县、苗栗县、南投县、彰化县、云林县、嘉义县、屏东县、宜兰县、台东县、澎湖县、金门县、连江县、基隆市、新竹市及嘉义市政府。

⑪ 案件收办数为上年未结案数与本年新收办案件数之合。

表1　近十年(2006—2015年)诉愿案件相关指标统计[12]　　单位:件

项目 年份	"中央"(此处主要指"行政院及其所属机关")				地方			
相关指标	收案数	办结案件数	提起行政诉讼案件数	所占比重	收案数	办结案件数	提起行政诉讼案件数	所占比重
2015	17,856	13,289	2019	15.19%	8335	6339	651	10.27%
2014	17,709	13,214	1916	14.50%	7827	5998	682	11.37%
2013	17,776	13,340	1789	13.41%	8190	6515	591	9.07%
2012	18,089	14,055	2021	14.38%	8333	6483	592	9.13%
2011	18,026	14,045	2885	20.54%	7373	5577	623	11.17%
2010	21,301	16,886	3404	20.16%	7304	5332	556	10.43%
2009	26,564	20,886	3865	18.51%	8517	6496	992	15.27%
2008	21,813	16,788	3891	23.18%	7328	5446	699	12.84%
2007	23,154	18,251	4970	27.29%	7593	4720	783	16.59%
2006	24,563	19,102	5698	29.83%	7249	5617	1013	18.03%

第二,诉愿后提起行政诉讼的案件裁判情况,这一指标反映了原诉愿决定的质量,是对诉愿决定的评估。同样以近十年有关的数据作为观察的对象可以发现,经过诉愿后提起行政诉讼的案件数量,具体而言,在"中央"一层,平均年裁判案件数为3939.3件,其中驳回的案件平均数为3553.8件,驳回案件的平均比率达到了90.21%,而在10%不到的撤销案件中,基于行政机关疏失的原因平均占比为28%;而非基于行政机关疏失的原因而撤销的判决占到了撤销判决中绝大多数,为72%。[13] 同样,在"地方"一层情况也类似,平均年裁判案件数为667.1件,其中驳回的案件平均数为614.7件,案件的驳回比率高达92.15%,而在约8%的撤销案件

---

⑫　统计数据来源于台湾地区"行政院"官网,载http://www.ey.gov.tw/Content_List.aspx?n=FAEEE2F9798A98FD,最后访问时间:2016年9月10日。

⑬　非基于行政机关的疏失是指,基于行政诉讼时提出新证据、事实变更及法令变更等原因请求重新调查,行政法院对法令见解、事实认定与行政机关不一致,行政法院见解不一致等。

中,基于行政机关疏失的原因而被撤销的案件平均数为52.3件,占到撤销案件比重的25.43%(见表2)。以上这些数据充分说明了绝大多数诉愿决定经过法院的审查后得到了法院的认可,由此肯定了诉愿制度的作用。

表2 近十年(2006—2015年)诉愿机关诉愿决定经高等行政法院裁判结果统计⑭

单位:件

年份	“中央”(此处主要指“行政院及其所属机关”)					地方				
	裁判案件数	驳回	占比(%)	撤销(行政机关疏失)	撤销(非行政机关疏失)	裁判案件数	驳回	占比(%)	撤销(行政机关疏失)	撤销(非行政机关疏失)
2015	2681	2386	89	23	274	536	468	87.31	6	62
2014	2444	2170	88.79	40	237	534	476	89.14	3	55
2013	2573	2299	89.35	46	228	489	435	88.96	6	48
2012	3021	2721	89.74	43	268	596	562	94.30	4	30
2011	4049	3663	90.47	34	353	652	608	93.25	16	29
2010	4500	4089	90.87	58	353	620	559	90.16	18	45
2009	4841	4348	89.82	172	321	727	685	94.22	11	31
2008	5384	4936	91.68	199	249	804	765	95.15	13	26
2007	5063	4598	90.82	196	269	836	776	92.82	34	25
2006	4837	4328	89.48	272	237	877	813	92.70	22	42

台湾地区诉愿制度取得的效果与其制度安排和程序设计是密不可分的。台湾地区诉愿制度的核心配置是诉愿审议委员会,委员会吸收外部委员、对外部委员做过半数的要求、将法制专长作为委员选聘条件、委员有利害关系要回避、委员会审查、审议及决定的运行环节中以准司法性为要求,确保委员会的独立运行等,通过这样的制度安排,保证了行政诉愿

⑭ 统计数据来源于台湾地区“行政院”官网,载http://www.ey.gov.tw/Content_List.aspx?n=FAEEE2F9798A98FD,最后访问时间:2016年9月7日。

案件审理的中立性与专业性,由此维护了诉愿决定的公信力。⑮ 同时,便捷的程序适用与较短的审理期限发挥出了诉愿制度高效便民的优势,这样吸引了非常多的案件来进行诉愿。

三、行政诉讼制度的运转情况

台湾地区行政争讼法制自建制伊始,由于承袭德国模式的缘故,诉愿被认为是当事人在进入法院诉讼程序前原则上所必经的"先行程序"(Vorverfahren)⑯。依照台湾地区"行政诉讼法"的规定,行政诉讼的类型分为撤销诉讼、确认诉讼与给付诉讼等,第 4 条第 1 项要求撤销诉讼须先行诉愿,但同条第 3 项规定诉愿人以外的利害关系人,认为因诉愿人提起诉愿而所为的诉愿决定,损害其权利或法律上之利益者,得针对该诉愿决定直接向高等行政法院提起撤销诉讼,无须再一次提起诉愿,此为针对撤销诉讼诉愿前置的唯一例外。第 5 条则是关于课予义务之诉先行诉愿的要求。除此之外,其他行政诉讼类型并无诉愿前置的要求。

台湾地区的行政诉讼制度经过几轮的修订之后,现行的体制由"立法院"于 2011 年三读修正通过的新"行政诉讼法"所确立,为了实现便利民众诉讼的目的,并使公法争议案件能回归适用于行政诉讼审判程序,将过去的"二级二审"制改为"三级两审"制。具体的,在地方法院设立行政诉讼庭,办理行政诉讼简易程序的第一审案件、交通裁决第一审案件、保全证据、保全程序及强制执行等案件;高等行政法院负责审理通常程序的一审案件、简易程序与交通裁决的上诉与抗告诉讼等案件;"最高行政法院"除了负责在审理通常程序的上诉与抗告案件外,在有统一法律见解的必要性时,也受理由高等行政法院裁定移送之简易程序及交通裁决的上诉

---

⑮ 关于台湾地区诉愿审议委员会的详细介绍,参见金成波、覃慧:《台湾地区诉愿审议委员会研究——兼谈对我国大陆地区复议制度改革的启示》,载《行政法学研究》2016 年第 5 期。

⑯ 除了在撤销诉讼与课予义务的诉讼中,诉愿作为启动行政诉讼程序的必要前提外,在一些特定的行政领域,前置程序则是启动诉愿的必要条件,如"土地征收条例"第 18 条及"商标法"第 40 条关于异议程序的规定,"税捐征稽法"第 35 条关于复查程序的规定,"社会保障法"中的审议程序及"专利法"第 35 ~ 39 条中关于审查的程序等。根据学者谢荣堂的不完全统计与整理,这些前置程序大致可以分为以下五类:第一,异议程序;第二,复查程序;第三,社会保险审议程序;第四,复审程序;第五,申诉及再申诉程序等。参见谢荣堂:《诉愿及其前置程序之必要性研究》,载《军事专刊》2011 年第 57 卷第 1 期。

或抗告案件(详见表3)。

表3　三级行政法院基本情况一览表

地方法院设立行政诉讼庭(21家)	台北市地方法院、士林地方法院、新北市地方法院、桃园地方法院、新竹地方法院、苗栗地方法院、台中地方法院、南投地方法院、彰化地方法院、云林地方法院、嘉义地方法院、台南地方法院、高雄地方法院、高雄少家法院、屏东地方法院、花莲地方法院、宜兰地方法院、基隆地方法院、澎湖地方法院、金门地方法院、连江地方法院
高等行政法院(4家)	台北高等行政法院、台中高等行政法院、高雄高等行政法院、台南高等行政法院(筹备中)
“最高行政法院”(1家)	“最高行政法院”(设立在台北市)

从地方法院行政法庭收办案件的情况来看,由于行政审判系统“三级两审”这一新制从2012年9月6日后开始生效,因而与之相关的数据从2012年9月之后开始统计。按照台湾地区“司法院”2012—2015年四年的司法统计年报的数据显示,地方法院行政庭每年的案件受理量从建制伊始的2155件,迅速攀升到了2015年14,880件,呈现出了案件受理量逐年上升的趋势,也反映了民众对于地方法院行政庭的认知度也在不断提升;加之基层法庭行政法官经验的积累与办案能力的不断增强,案件结案数也呈现出快速增长的趋势,案件的结案率从过去不超过50%发展到了现在85%的结案率水平,四年平均的结案率为70.52%,使得进入到行政诉讼渠道的绝大部分案件都得到了法院的审理与裁判(见表4)。此外,由于台湾各地区经济社会与文化发展的差异,21家地方法院行政庭受理案件量之间也存在较大的差距,台北市、新北市等地的地方法院行政法庭的年均收案量均超过千件,但有些地方法院行政法庭每年竟无一件行政案件如高雄少家法院、连江地方法院。⑰

⑰　参见台湾地区“司法院”2012～2015年司法统计年报,载http://www.judicial.gov.tw/juds/,最后访问时间:2016年9月8日。

表4 台湾地区地方法院行政庭行政争讼案件办理情况统计[18] 单位:件

项目 / 年份	受理案件数			案件未终结数	案件终结数	案件终结比率(%)
	旧受	新受	合计			
2015	1655	13225	14880	2214	12666	85.12
2014	1628	5234	6682	1655	5207	77.93
2013	1217	5422	6639	1628	5011	75.48
2012	无	2155	2155	1217	938	43.53

从现已设立的三家高等行政法院受理与办理行政诉讼案件的情况来看,由于实行了“三级两审”的新制,使得过去所有一审行政案件都集中于高等行政法院的情况有所改善,第一审案件的结案数在近十年以来,特别是2012年实施新制之后,呈现出一种不断下降的趋势,达到了案件分流的目的。以近十年来的数据作为观察的对象,我们可以发现由于在新制实行以前,高等法院主要承担着不服诉愿决定或法律规定视同为诉愿决定所提起的诉讼及其他依规定由其管辖的工作,故在2006年到2011年间诉讼案件受理量较大,最高的年份甚至达到了14,582件(2006年),是施行新制之后案件受理量的一倍之多(见表5)。在新制施行之后,交通裁决与简易程序的第一审案件交由地方法院行政庭处理,使得高等行政法院得以集中精力处理一般程序的一审案件。因此,除了继续承担一审与再审案件的审理之外,同时需要处理上诉与抗告诉讼的案件,案件的年平均数为7190.25件,其中一审案件仍占据着较大的比重;从案件的结案率来看,新制施行之后高等行政法院由于需要处理上诉与抗告诉讼的案件,案件的难度与复杂程度较过去有所增加,因而在其所承担的一审案件受案量相较于过去大幅降低的情形下,案件的终结平均比率为73.63%,并无明显的提升,与新制施行之前73.90%的平均结案率基本持平。

[18] 统计数据来源于台湾地区司法统计年报,载http://www.judicial.gov.tw/juds/,最后访问时间:2016年9月7日。

表5　台湾地区高等行政法院行政争讼案件办理情况统计⑲　单位:件

项目 / 年份	受理案件数合计	终结案件数					
		第一审	上诉	再审	抗告	合计	终结比率/%
2015	7473	3036	790	500	116	5280	70.65
2014	7098	3214	742	289	132	5158	72.67
2013	6493	3252	421	259	111	4700	72.39
2012	7697	4727	1	385	3	6065	78.80
2011	8514	4919	—	533	—	6385	74.99
2010	8892	5810	—	318	—	6909	77.70
2009	9471	5983	—	400	—	7160	75.60
2008	11,607	7767	—	352	—	8917	76.82
2007	14,302	8921	—	294	—	10,145	70.93
2006	14,582	8911	—	348	—	9824	67.37

同样的,受到新制的影响,在“最高行政法院”受理案件中,总体受理案件数量较旧制时期有了明显的降幅,从过去(2006—2011年)年平均收案量9352.17件降至新制施行之后(2012—2015年)的4176.75件。其中上诉案件数量则呈现出大幅下降的趋势,从旧制时期的年平均上诉案件数3600.33件降至新制施行后1547.75件;另,再审案件数基本与旧制时期持平。此外,最高行政法院在实施新制之后案件结案比例更是高达85.23%,较过去旧制时期64.18%的结案比率有所提升(见表6)。

⑲　统计数据来源于台湾地区司法统计年报,载http://www.judicial.gov.tw/juds/,最后访问时间:2016年9月7日。

表6 台湾地区“最高行政法院”行政争讼案件办理情况统计⑳ 单位：件

年份	受理件数	终结件数				终结比率（%）
		第一审终结	上诉终结	再审终结	合计	
2015	4492	12	1333	1240	3797	84.53
2014	3793	—	1297	935	3055	80.54
2013	3564	—	1362	1049	3071	86.17
2012	4858	18	2199	1377	4356	89.67
2011	6466	1	3682	1272	5603	86.65
2010	7878	9	3076	1443	5268	66.87
2009	7976	3	3266	1143	5147	64.53
2008	10,245	3	3837	1947	6791	66.29
2007	12,110	—	4448	1168	6655	54.95
2006	11,438	—	3293	1054	5237	45.79

综合以上对从行政审判体系及各级行政法院受理案件与办结案件的情况观察与分析，我们可以看到 2012 年 9 月开始实施新制之后，全台各地方法院设置了行政庭并将之作为一级审判单位，这一设置基本覆盖了全台主要的市县及其离岛地区，使权利受到侵害的民众，得以就近且便捷地寻求帮助㉑或提出诉讼。此外，从行政诉讼案件的受理量看，近十年来年平均受案数为 19,930.5 件，由于部分行政诉讼的类型受到诉愿前置条件限制，因此行政诉讼的年平均受案数少于诉愿案件的受案量；行政诉讼的平均结案数为 14,334.5 件，结案率达到了 71.92%。换言之，超过七成的案件得到了法院的裁断。

此外，上级行政法院对原审法院所作出的裁判不服而提出的上诉或抗告的裁判结果则在一定程度上反映了原审法院的裁判水平与能力。根

⑳ 统计数据来源于台湾司法统计年报，载 http://www.judicial.gov.tw/juds/，最后访问时间：2016 年 8 月 28 日。

㉑ 台湾地区在施行二级二审的旧制时期，仅在 3 所高等行政院设置了诉讼辅导科，主要负责受理行政的咨询，特别是离岛及花东地区的民众寻求行政救济十分不便。2012 年 9 月实施新制之后，各地方法院在设置行政诉讼庭的同时，各地方法院的诉讼辅导科亦增加行政诉讼的诉讼辅导咨询业务，民众可就近咨询利用。

据台湾地区“司法院”统计年报中提供的数据,2012—2015 年针对地方行政法院的裁判结果而提出上诉或抗诉的案件,二审判决维持率分别为 100%;88.54%(上诉)、92.96%(抗告);87.53%(上诉)、87.32(抗告);81.15%(上诉)、80.75%(抗告)。[22] 又,“最高行政法院”针对高等行政法院的判决不服而提出的上诉案件裁判情况来看,近十年来,上诉案件的平均数为 2779.3 件,其中只有平均 279.85 件案件被宣告废弃原判进行重审,废弃原判决的平均比率仅为 11.18%。[23] 同样的,绝大部分的上诉案件以驳回上诉的方式宣告了原审判决并无问题。这一组观察指标也充分说明了现有的行政审判对于定分止争,化解行政纠纷发挥了积极的作用。

四、非正式的行政救济制度:请愿与陈情

台湾地区请愿制度在专制或帝制时期既已存在,建立在“官尊民卑”思想之上的这一制度仅被当成是一种恩惠而非将其作为对抗公权力的制度,其在作用上也只是用来表彰主权者的开明,广纳雅言。[24] 请愿制度发展到当代,由于民主替代了专制与帝制,人民主权思想的兴盛,请愿制度的功能也相应地有所发展,现阶段请愿制度功能不再局限于保护特定人民的权益,而是通过扩大参与层面,以实现弥补主政者智慧之不足或敦促其积极勇于作为、促进公共利益的实现等诸多重面向的积极功能。[25] 发展到今日,具有多元功能取向的请愿制度是否属于严格意义下的行政救济制度在台湾地区尚存有争议,本文从权利保护的完整性出发,以为当事人提供全面无漏洞救济为核心,将其视为行政救济体系的一部分予以讨论。请愿制度是由 1970 年“请愿法”所架构并一致沿用至今,该制度的鲜明特色表现为:第一,请愿事项范围广泛,包括了国家政策、公共利害以及人民权益保护的内容;第二,请愿的受理机关不仅局限于行政机关,还包括了各级民意机关;第三,请愿提出条件有所限制,要求不得抵触“宪法”及干

㉒ 统计数据来源于台湾司法统计年报,载 http://www.judicial.gov.tw/juds/,最后访问时间:2016 年 9 月 8 日。

㉓ 统计数据来源于台湾司法统计年报,载 http://www.judicial.gov.tw/juds/,最后访问时间:2016 年 8 月 28 日。

㉔ 参见官欧:《行政法论文选辑》,五南图书出版有限公司 1994 年版,第 508 页。

㉕ 参见蔡志方:《行政救济法新论》(第 2 版),元照出版公司 2001 年版,第 15 ~ 16 页。

预审判、应提起诉愿或行政诉讼的事项不得请愿等;第四,诉愿答询采裁量主义,但请愿的结果采强制通知主义等。

后由2011年"行政程序法"所规范的"陈情"制度进一步聚焦于向行政主管机关提出行政革新的建议、行政法令查询及行政违失行为举发、行政权益的维护的内容,该法并对陈情案件的处理原则与方式、行政机关的告知义务、不属于陈情案件等事项进行了细致的规范。相较于请愿,陈情的行使方式不再局限于书面,口头亦可为之;在处理方式上则要求陈情案件受理机关应迅速处理并尽到保密的义务;受理机关在处理陈情案件时,认为陈情有理应采取适当的措施,认为陈情无理,则应通知陈情人并说明意旨。需要说明的是陈情的适用范围限于行政机关,但其本质上属于请愿。[26]

对于陈情制度的功能定位,台湾地区"最高行政法院"曾在一则裁定(2006年裁字99号)中指出"人民陈情事件,仅为发动行政权之行使,与公共利益相关,并不涉及个人私益保障,是人民向行政机关请求为如何行政措施之行为,核其性质纯属于促请行政机关行政权之行使而已,非谓人民对行政机关行政权之发动即公法上请求权之存在。"在这一点上,请愿的指针对象也与之类似,主要是基于公共利益的案件,而非对个人权益的特别保护。对于个人权利救济的保障则主要通过诉愿与行政诉讼等正式的救济渠道来予以实现,因而请愿与陈情制度与诉愿及行政诉讼解决行政争议的类型上并无交叉。此外,尽管请愿与陈情制度已有明确的"立法"来规范制度的运行,属于法治的途径,但相较于诉愿与行政诉讼这些正式的行政救济制度,还存有一些人治的色彩,总体上并不是严格的纠纷解决机制,还是将其视为民意反映的机制、公众参与的机制更佳。

环保领域是台湾地区陈情应用最多的领域之一,以台湾地区"行政院环保署"公害陈情为例,该陈情的主要内容是针对因人为缺失导致生存环境破坏、有损或危害民众健康的现象时,民众可直接向各级环保中心报案,督促环保机关迅速处理。"环保署"的公害陈情适用于民众发现周遭的环境出现如工厂排放异味废水、露天燃烧、廊会等民俗活动扩音干扰社会生活、土地掩埋或排放不明化学物质等各类污染。根据该系统2015年

㉖ 陈敏:《行政法总论》(第8版),新学林出版有限公司2013年版,第1265~1267页。

上半年的统计数据显示,1～6月该公害陈情系统共受理案件数为133,439件,平均每日受案量为738件,其中,该系统处理陈情案件的平均时效为7.4小时,最快处理陈情案件的平均时效为2.25小时。从民调的满意度来观察,在17,903件参与民调案件的数据统计来看,对于陈情的处理表示"非常满意"与"满意"的数据合计超过了半数,达到了55.34%,另有29.98%的被调查人选择了对陈情案件的处理表示"尚可",加起来只有不到8%的被调查人表示对于陈情的处理"非常不满意"或"不满意"。[27] 从这两组数据来看,一方面,涉及环保问题与民众的生活息息相关,关注度较高,因而案件受理量相对较大;另一方面,相较于正式的救济程序,陈情等这类非正式的救济方式因并无严格的受案条件限制,其功能更多地定位于促使有关机关权力行使的发动,实现对公共利益的保障,人民对于陈情机关或请愿机关并无公法上请求权之存在。由于陈情案件处理起来并无一套统一的程序标准,可以针对具体陈情案件的特征采取灵活多样的处理方式,因此也在案件的处理保持着较高的效率;从满意度的调查来看,绝大多数接受调查人表示对于陈情的处理结果表示接受。可见,陈情制度作为一种民意沟通、民意反馈的机制发挥了积极的作用。

五、行政救济制度的合理建构——兼谈对我国大陆的镜鉴

基于以上对于台湾地区诉愿、行政诉讼以及请愿与陈情等制度的描绘,我们可以大致勾勒台湾地区行政救济体系的图景:作为非正式救济手段的请愿与陈情制度,由于其以为行政机关的革新提供建议,申请行政法令查询及行政违失行为举发、行政权益的维护等诸多为促进公益而实现的内容,在众多救济方式中其适用度最广、受案数目巨大,但这一制度兼具有快速、灵活及高效的优势,能够充分发挥汇聚民众参与、群策群力、监督行政的制度功能。诉愿与行政诉讼相较于前者,则主要针对个别违法的行政处分提供个案救济,作为正式的行政积极手段,其有严格的受案条件与处理的程序要求,其在受案数量上则远少于诉愿与陈情的数量。这其中,由于诉愿具有专业上的特殊优势加之受到部分行政诉讼类型诉愿

---

[27] 数据来自"行政院环保署"公害陈情系统2015年上半年年度统计,载http://ww3.epa.gov.tw/Public/YearStatistics.aspx,最后访问时间:2016年9月12日。

前置的要求,其受案数量最大,就诉愿裁判的结果来看,超过八九成的案件达到了定分止争的效果,诉愿制度在台湾地区行政救济体系之中起到了中流砥柱的作用。“三级两审”新制之下的行政诉讼体制则更是便利了民众选择司法救济的途径,定位于由独立且中立的法院对行政行为的适法性进行裁断,起到了非常好的效果。诉愿与行政诉讼制度分别从行政与司法两维度纠正行政机关的不法行为,共同搭建了针对违法行政处分的第一道救济防线;“国家赔偿”虽然常常作为行政诉讼的后续出现,但是作为救济的第二道防线,填补了民众因违法或不作为之公权力所生的生命、人身或财产的损害。

台湾地区行政救济的各项制度有着准确的功能定位以及与之相适应的制度设计,基本形成了正式与非正式行政救济双轨制的基本格局。相较之下,大陆正处于社会转型的关键性时期,由于“社会资源的稀缺性以及作为社会主体的人的理性之有限与德行之不足”,[28]社会矛盾与行政纠纷大量涌现,而遗憾的是我们现有的行政救济体系并不能提供很好的应对。然而,现有的行政救济体系所暴露的突出问题则表现为:信访作为一种非法定的纠纷解决方式,成为解决纠纷的主渠道。从1992年以来全国信访总量连续11年保持上升态势,并在2003年形成了“信访洪峰”,这一年全国政党信访部门共受理1272.3万(件)公民的来信来访;[29]从2005年之后尽管全国的信访总量连续五年保持了下降的趋势,但是信访数量仍在高位运行,[30]近来全国信访的绝对数字仍处于每月60万件次的高位水平。[31] 尽管信访人的诉求内容各异,但对于实现权利的救济均是其主要诉求内容,其中特别是行政相对人救济的诉求更是占到了相当大的比重。[32]与此同时,行政复议与行政诉讼作为法定纠纷解决渠道,由于当事人桎梏于复议机关中立性的疑虑、“民不告官”传统观念的遗绪、受案范围有限、

[28] 何兵主编:《和谐社会与纠纷解决机制》,北京大学出版社2007年版,第8页。

[29] 参见于建嵘:《中国信访制度的困境与出路》,载 http://www.aisixiang.com/data/59333.html,最后访问时间:2016年8月5日。

[30] 参见张红、李栋:《中国信访制度:困境与变革》,载《华中科技大学学报》(社会科学版)2012年第6期。

[31] 参见钱昊平:《信访改革“坚冰”撬动“非正常进京访”不再通报排名》,载《南方周末》2013年12月12日。

[32] 参见应星:《作为特殊行政救济的信访救济》,载《法学研究》2004年第3期。

原告胜诉率较低等诸多因素的影响,近些年来复议案件与行政诉讼的案件的受案率基本维持在10万左右,复议案件受案率更是略低于行政诉讼案件。[33] 从现有解决行政纠纷主要渠道的分布来看,呈现出了一种畸形发展样态。扭转这种畸形的发展样态,合理地安排现有救济管道以及发掘现有救济制度的潜力,台湾地区的经验提供了很好的启发:

第一,搭建分层多元的行政救济体系。“在任何国家,行政救济都不可能靠一两个机构,一两种渠道就全部解决,而必须建立多样性的、整体上和谐的行政救济体系。”[34]“分层多元”的意义在于“避免把纠纷的解决单纯寄托予某一种程序,并将其绝对化,主张以人类社会价值和手段的多元化为基本理念”;其“目的在于为人们提供多种选择的可能性(选择性),同时以每一种方式的特定价值(如经济、便利、符合情理)为当事人提供选择引导”。[35] 台湾地区的诉愿、行政诉讼、请愿与陈情等通过受案范围、主管机关及处理程序等制度设计的区隔,搭建了一个正式与非正式救济手段相结合,分层且多元的行政救济体系,为行政纠纷的解决提供了定位明晰、管道多样的救济路径。

以此经验来观察与思考大陆现行行政救济体系完善的问题,我们应当在既有的基础之上,继续强化以行政复议、行政诉讼为主体的制度建设,改革信访制度使其成为行政复议与行政诉讼制度的重要补充。行政复议除了制度本身具有行政专业、程序简便、高效便民的优点之外,在大陆地区单一制的体制之下,行政权解决纠纷本身就具有“天然”优势,因而弱化行政复议的建议并不可取。行政诉讼以机构中立、规则确定、程序公正为显著特征,虽然有人指出行政诉讼的最重要功能并“不是解决数量庞大的行政纠纷,而是通过对典型行政纠纷的裁判,为其他纠纷解决提供处理样本,也为其他当事人自行解决纠纷提供合理预期,为行政机关执法提供镜鉴”,[36]但是一直以来行政诉讼解决了大量的行政案件,特别是新行

---

[33] 参见何海波:《〈行政诉讼法〉修改之后的悬念》,载 http://opinion.caixin.com/2014-12-05/100759400.html,最后访问时间:2016年8月4日。

[34] 应松年:《完善我国的行政救济制度》,载《江海学刊》2003年第1期。

[35] 范愉:《以多元化纠纷解决机制保证社会的可持续发展》,载《法律适用》2005年第2期。

[36] 耿宝建:《“泛司法化”下的行政纠纷解决——兼谈〈行政复议法〉的修改路径》,载《中国法律评论》2016年第3期。

政诉讼法的修改之后，实行立案登记及适度地扩大行政诉讼的受案范围的新举措，案件受理数量大幅上涨，2015年全年一审行政诉讼案件达到了22万件，相较于2014年增幅超过了50%。[37] 由此，从全局的角度出发，改变现行行政复议与行政诉讼分工模糊且趋同的现状，充分发挥各自解决行政争议的优势，实现两者的良性互动与衔接则成为分层多元救济体系建构需要着力考虑的问题。此外，在畅通复议与诉讼渠道的基础之上，逐步引导信访回归到其制度设计的最初面貌，即"密切联系群众""为人民服务"及"鼓励人民群众监督自己的政府和工作人员"，[38]将之作为一种非常规的解决纠纷手段，并在救济体系中起到补充的作用。

第二，明确各救济手段的职能定位。在多元纠纷解决机制中，各个救济手段应该有所区别，各个手段职能定位应该有所不同。在台湾地区，诉愿制度中诉愿审议委员会的机构设置以中立性与准司法性为其追求，保障了案件审理过程的公正性与专业性；程序设置上，一方面，规定了灵活简便的程序与较短的审理期限条款；另一方面，要求部分行政诉讼类型的案件施行诉愿前置程序，从程序的设计促进了民众对于诉愿制度的选用。因而无论从诉愿案件的受案数，还是诉愿裁判的质量等方面考量，诉愿制度在台湾地区的行政救济体系中是无可争议的主渠道。行政诉讼制度作为司法所提供的救济，作为行政救济制度中的最后一环，其在案件的受理、审理与裁判的全过程中都有严格的制度规范与程序要求，因此，行政诉讼成为行政争议解决的最后选择。请愿与陈情制度，在台湾地区更多地将之定位为民意沟通与反馈机制，从严格意义上来讲，请愿与陈情制度很少解决个人的纠纷争议。

从大陆行政争议解决的现实情景和效果来看，发展到今日的行政救济体系已经发生了严重扭曲，参考台湾地区经验，解决现实行政救济不力的问题，要从以下几个方面对行政救济手段予以明确：首先，将行政复议

---

[37] 何海波：《从全国数据看新〈行政诉讼法〉实施效果》，载《中国法律评论》2016年第3期。

[38] 1951年6月7日政务院颁布《关于处理人民来信和接见人民工作的决定》即标志着中国信访制度的建立，关于信访制度的最初的定性可在以上这一决定中得到体现。改革开放以后先后出台的《党政机关信访工作暂行条例（草案）》（1982年2月28日）、《中共中央办公厅、国务院办公厅关于进一步加强信访工作的通知》（1989年11月19日）中将信访工作定位于密切联系群众与反对官僚主义。

打造成为行政争议解决的主渠道，发挥行政机关自己解决行政争议的优势；其次，将行政诉讼作为行政争议解决的第二选择，对于疑难、复杂的行政案件，尤其是行政复议解决不了的案件，通过行政诉讼更加严格、公正的程序予以裁断；最后，将信访制度回归到其本来的功能定位，摆正其在我国宪法框架之下的位置，发挥其“密切联系群众”与“反对官僚主义”政治功能，将之作为非常规的纠纷解决手段，在未来可以用来对那些尚不能满足行政复议、行政诉讼受案范围的案件，通过这一渠道来诉请。[39] 由此，搭建起行政复议、行政诉讼和信访三个层次的行政救济体系。

第三，推进各项行政救济手段的法制化。在全面推进依法治国的时代背景之下，任何权力的行使都不应该有法外恣意的空间，因而所有的救济手段，特别是信访制度，都应当纳入法制化的轨道。与大陆的信访制度具有一定相似性的请愿与陈情制度，尽管更多地被视为民意沟通机制，并非严格意义上的个人权利救济手段，却也有清晰明确的立法保障，具体受案范围、运作与处理等程式都有明确的法律规定。反观大陆的信访制度，除了具有宪法上的依据之外，《信访条例》之中缺乏清晰且普遍适用的运作规则，缺乏一般的程序规定，由此带来程序空转，很少能解决行政争议，但扰乱了整个社会秩序。此外，行政复议与行政诉讼制度尽管已有明确的法律作为依据，但无论是新修改的《行政诉讼法》，还是待修改的《行政复议法》，都仍存在若干提升的空间。因此，要努力推进行政救济手段的法制化。

[39] 参见范愉：《申诉机制的救济功能与信访制度的改革》，载《中国法学》2014 年第 4 期。

书评

●部门行政法研究的范本:《药品行政法专论》评介

孔祥稳*

一、引言

一般认为,行政法总论研究各个行政领域的共性问题,是对存在于各具体行政领域一般现象的高度抽象与概括。其功能旨在形塑行政所需遵循的法治国原理的基本内涵,为行政活动提供合法性的指引。[①] 而行政法的分论也可称为部门行政法,指行政法的规则和原理在各个具体行政管理领域的运用和实施。由于普通法系国家的行政法多以实用主义为基点,主要通过司法判例而非概念逻辑推演建立相关规则,因此普通法国家尽管存在对某一领域的集中研究,但并不存在部门行政法。部门行政法的概念更多存在于以德国为代表的大陆法系国家中。[②] 在我国,行政权力一贯"强势",其触角深入社会的各个层面,全面形塑着公民的生产生活。但长期以来,我国的部门行政法研究并不发达。在行政实践中,出于应对社会生活现实的需要,行政机关采取了大量新型的、难以被传统行政法学总论所涵盖的手段开展活动,但学理上对此的回应明显不足。有限的研究成果并未体现出与总论相区别的研究路径,更多的是简单重复总论的基本原理,并模式化地带入各行政领域中。

---

* 孔祥稳,中国政法大学宪法学与行政法学博士研究生。

① 宋华琳:《部门行政法与行政法总论的改革——以药品行政领域为例证》,载《当代法学》2010 年第 2 期。

② 余凌云:《部门行政法的发展与建构——以警察(行政)法学为个案的分析》,载《法学家》2006 年第 5 期。

随着行政法学研究的逐步深入，这一问题开始被行政法学界所逐步重视，一部分学者长期关注警察、都市、教育、食品药品等特定领域的行政法治实践，③从中汲取养分，形成了颇有意义的部门行政法研究成果。由南开大学宋华琳教授以其多年的药品行政法研究为基础，并将其研究成果进一步体系化，完成的《药品行政法专论》（以下简称本书），即为此中的代表作品。

如作者所言，其在研习行政法学的过程中，“一直在探索分论与总论的结合，尝试结合具体而微的部门行政法研究特别是药品行政法研究，来反哺与发展行政法总论”。④ 可以说，在部门行政法研究这一议题上，该书时刻关注部门行政法研究的功能与意义，以部门行政法与行政法总论的关系为抓手，展现了较为规范的研究范式和较为成熟的研究路径。此外，面对部门行政法研究中可能存在的诸多问题和障碍，本书以翔实的资料，抽丝剥茧的细致分析，充分证明了在部门行政法的研究上“前行没有路障”。因此，本书是当下进行部门行政法研究所不能绕过的范本，也对药品行政法、药品监管的研究不无裨益。

本书至少在三个方面提供了学术上的增量，其一，在药品监管这一领域，结合行政法治和政府规制相关理论，对药品监管中的诸多具体问题进行了理论与实践兼备的剖析；其二，在行政法总论层面，以药品监管中的具体素材和典型问题为分析蓝本，为行政法学总论的研究开阔了视野和疆域；其三，在部门行政法研究的方法论上，本书较为系统地构建并实践了部门行政法研究的进路。

二、药品监管领域具体问题研究的推进

目前，相对较多以行政学或管理学的视角对药品监管活动进行研究，

---

③ 如余凌云教授长期关注警察法，代表作有余凌云：《警察法讲义》，法律出版社2015年；朱芒教授长期关注都市法，代表作有朱芒、陈越峰主编：《现代法中的城市规划——都市法研究初步》，法律出版社2012年版；王敬波教授、湛中乐教授长期关注教育法，代表作有王敬波：《高等教育领域里的行政法问题研究》，中国法制出版社2007年版，湛中乐等著：《公立高等学校法律问题研究》，法律出版社2009年版；高秦伟教授长期关注食品法，代表作有高秦伟：《私人主体与食品安全标准制定：基于合作规制的法理》，载《中外法学》2012年第4期、《科学民主化：食品安全规制中的公众参与》，载《北京行政学院学报》2012年第5期等；宋华琳教授长期关注药品法，代表作为本书。

④ 宋华琳：《药品行政法专论》，清华大学出版社2015年版，第250页。

但法学视角展开的研究并不多见。药品作为日常生活的必需品，与公民的生命财产安全有着紧密的联系，涉及生命权、健康权等一系列基本权益；药品监管则涉及组织机构的设立、执法资源的分配、执法活动的开展等诸多公法学问题。因此，从公法学视角对药品监管问题进行研究，既是对实践的回应，也是学理发展的需求。本书在翔实的资料和坚实的理论基础之上，对药品监管领域的诸多具体问题进行了抽丝剥茧的细致分析，在一定程度上推进了相应领域的研究进展。

(一)药品监管史

中国古代是否存在行政法曾一度是学界争议的热门话题。[5] 但当这一话题的温度逐渐冷却后，对行政法史、行政学史和制度史的研究也或多或少地被遮蔽和忽略。在历史研究中，制度史的研究属于最基础和重要的部分。而在法学研究中，对制度史的梳理不仅有助于探明制度变迁的内生规律，还能够为当下的改革提供镜鉴。正如有学者所言，只要传统仍然或隐或现地存在于今天的法律实践之中，就无法否认研究中国行政法史对于解决当今中国问题的意义。[6]

本书第一章将中国药品安全规制体系的制度变迁划分为五个阶段，通过对改革开放前、新中国成立前乃至古代大量历史文献资料的分析，指明了每一阶段的制度特点，并总结了制度变迁的过程和多元化角色对政策形成的影响。在讨论中，作者没有固步于法律文本进行纯教义学分析，而是借助于新闻报道、年鉴、词条、史料、工具书等文献资料，引入了史学和其他社会科学的分析方法，全面展现了我国药品监管史变迁的脉络。这一系统梳理在一定程度上填补了我国药品监管制度史研究的空白。事实上，知道在特定的历史状况下曾经走过什么样的路，知道如何正视经验与教训，才能够更好地经营好当下。

(二)药品规制架构

近年来，学界对我国的药品规制体系已经展开了相应的研究，对专门

---

⑤ 相关讨论如艾永明：《中国古代有无行政法之我见》，载《华东政法大学学报》2002年第4期。

⑥ 何海波：《中国行政法学的外国法渊源》，载《比较法研究》2007年第6期。

规制机关——食品药品监督管理机构历次改革的得失也有相应的探讨,[7]但对于作为国家最高行政机关的国务院在行政规制中的作用还有待进一步研究。本书第四章以药品安全为切入点,讨论了国务院影响行政规制的目的、方式、途径,试图将国务院这一专门机关之外的主体纳入到规制框架体系中进行分析,是极有意义的尝试。

继剖析国务院在药品安全规制中的作用之后,本书又进一步分析了传统行政法视域之外的跨国公司对药品规制政策的影响。通过对大量实证资料的剖析,可看出跨国公司通过各种制度化和制度之外的途径,在药品规制政策形成中产生了极大的影响。这意味在分析政策形成的过程和行政任务的开展时,应该具有更宽广的视域,引入"多中心行政法"的理路,重视传统行政主体之外的其他主体对行政规制决策的影响,从而制定更为全面和合理的规制政策,防范可能发生的"被俘获"或其他风险。

(三)药品许可制度

本书第六章讨论了中国药品审评制度的改革,第七章以药品审评为例证,讨论了风险规制中的专家咨询活动。在讨论药品审评制度的过程中,作者以药品领域事先规制的特定意义为切入点,全方位审视了中国的药品审评制度,在网络优化、程序优化、标准优化及全球化视野四个方面提出了制度完善意见,将药品审评制度从单纯的行政学和管理学角度引入了法学视野中。而对药品审评中专家咨询的讨论则彰显了行政机关、学界与产业界之间剪不断理还乱的纠结,同时提出了风险规制机构自身规制能力的不足和专家咨询的非制度化这两个需要面对的核心问题。同时,本书第八章还以药品经营许可中的药店距离限制为切入,结合宪法层面的营业自由原理,讨论了对营业自由进行限制时的形式和实质规则。上述讨论将营业自由、行政法治等公法学基本原理与药品监管具体活动结合,既非在对行政法总论做"简单翻版",也并不与行政学、管理学视角

---

⑦ 相关研究可参见刘鹏:《转型中的监管型国家建设——基于对中国药品管理体制变迁(1949—2008)的案例研究》,中国社会科学出版社 2011 年版;程启智、吴晓东:《我国药品监管机构设置和职能配置的优化——基于药品安全的视角》,载《理论与改革》2011 年第 5 期;赵鹏:《食品药品和普通产品:监管体制分道抑或合流——基于问题特征和法定任务差异的分析》,载《行政法学研究》2016 年第 3 期。

的研究相雷同。[8] 不仅在智识上有所创新，还提出了完善相应领域制度的建议，兼具理论与实践的意义。

(四)药品标准

药品标准的设定和执行与医药企业的兴衰直接相关，也与消费者的生命健康安全有着紧密联系，在药品规制中发挥着重要作用。但药品标准乃至其他领域的技术标准在行政法学界还未得到应有的重视，其法律性质、制定主体、制定程序等问题均有待进一步的深入讨论。[9] 本书第九章讨论了中国药品标准相关法律制度及其改革方向，提出了完善药典委员会制度、发挥行业协会和企业作用、完善试行与修订程序、推进药品标准的信息共享与公开、推动药品标准的国际交流与合作等制度建议，将对药品标准制度的改革有所裨益。

(五)药品规制收费

行政收费问题一直是行政法学研究中的热点问题。按照学界的立法设想，在《行政处罚法》《行政许可法》《行政强制法》公布实施后，应该制定颁布的是《行政收费法》，但该法目前还一直处于研究阶段，并未进入正式立法程序。[10] 缺乏统一法典的约束，各领域的行政收费工作也就比较混乱。尽管学界对行政收费的一般原理进行了较多的讨论，[11]但针对各个具体行政管理领域的特点进行分类讨论的成果数量并不多。

在本书第十章中，作者梳理了中国现行的药品规制收费制度，结合行政规制收费的一般理论，指出了改革中国药品规制收费制度的可能性和

---

⑧ 余凌云教授将部门行政法研究中的两种研究偏向归纳为对行政法的简单翻版和对与行政管理学趋于雷同。参见余凌云：《行政法讲义》(第2版)，清华大学出版社2014年版，第64页。

⑨ 相关研究可参见宋华琳：《制度能力与司法节制——论对技术标准的司法审查》，载《当代法学》2008年第1期；宋华琳：《论技术标准的法律性质——从行政法规范体系角度的定位》，载《行政法学研究》2008年第3期；赵鹏：《食品安全标准：从双重目标回归安全保障——以生乳新国标为例》，载《北京行政学院学报》2012年第6期；刘长秋：《作为软法的行业标准研究——以卫生行业标准为视角》，载《北京理工大学学报》(社会科学版)2013年第2期；于连超：《商标对质量标准的表达及其法律责任配置解析——关注食品安全私营标准》，载《河北法学》2015年第9期等文。

⑩ 应松年口述，何海波整理：《与法同行》，中国政法大学出版社2015年版，第125页。

⑪ 可参见刘莘：《论行政收费的设定和监督》，载《政法论坛》2000年第3期；江利红：《论行政收费范围的界定》，载《法学》2012年第7期；章剑生：《行政收费的理由、依据和监督》，载《行政法学研究》2014年第2期。

具体制度建议。从研究视角和主要关注的议题来看,传统的行政收费研究延续的是自《行政处罚法》《行政许可法》《行政强制法》等国家立法所确立和贯彻的以设定权、执行权的控制为核心的研究思路,而本书对行政收费的讨论则以政府规制理论为基础,以受益者负担、药品规制收费与药品审评绩效之间的关系为切入点,将行政收费放在一个更为宽广的视域中进行检视,在法政策学的上游地带,讨论了行政收费与监管目标实现之间的关系。事实上,本书中作者一直在进行这样的尝试,试图打通传统行政法学与政府规制理论的藩篱与隔膜。

(六)域外药品规制经验的梳理与借鉴

德国学者茨威格特曾言,比较法作为一所"真理的学校",能够扩大并充实"解决办法的仓库",并向那些有批判能力的观察家提供机会,使他们能够认识"更好的解决办法"。⑫ 相较于两大法系的主要法治发达国家而言,中国的行政法仍然处于"初级阶段",这既包括了理论发展的不成熟,也指行政法在实践中的运用尚未达到其应该达到的程度。⑬ 因此,在这条后发型的法制建设道路上,外国法的学说和制度构成了中国行政法学重要的智识渊源,行政法学术著作中频繁出现的大量的外文文献引注以及对外国学说、制度的重视,构成了中国行政法学在这一阶段的重要特征。⑭

鉴于以美国为代表的部分法治发达国家药品规制体系更为健全,法治化程度更高,本书在讨论药品规制领域的具体问题时,借鉴了大量域外学术理论和实践素材。值得肯定的是,尽管外文资料在本书的参考文献中占据了大量篇幅,但作者看待外国法的态度是客观理性的,而非姿态性的。在功能主义研究方法的指引下,寻找中国与外国面临的共性问题,通

⑫ [德]K. 茨威格特、H. 克茨:《比较法总论》,潘汉典、米健、高鸿钧、贺卫方译,法律出版社2003年版,第22页。

⑬ 张千帆、赵娟、黄建军:《比较行政法——体系、制度与过程》,法律出版社2008年版,前言第4页。

⑭ 何海波:《中国行政法学的外国法渊源》,载《比较法研究》2007年第6期。中国比较行政法研究的相关讨论还可参见朱新力、骆梅英:《前行没有路障——比较行政法学与中国当代行政法学的发展》,载《中国行政法之回顾与展望——"中国行政法二十年"博鳌论坛暨中国法学会行政法学研究会2005年年会论文集》;于安:《外国行政法学在我国的引入和利用》,载《政法论坛》2006年第1期。

过对制度脉络、制度背景的梳理和分析，寻找解决实际问题的因应之道，既面向中国问题，也不失理论基础。坚持超越单纯的规则比较，重视对规则的发展演变、实际运行及经济社会文化等制度背景的研究，[15]才能获取更高价值的比较法研究成果。

三、对行政法学总论的贡献

如前所言，本书一定程度上推进了行政法学总论的相关论题。尤其是本书以药品监管中的第一手资料和具体素材为分析蓝本，在传统行政法治和新兴政府规制理论的指导下展开制度分析，为行政法学总论的研究开阔了视野和疆域。总体而言，本书在以下几个方面，为行政法学总论的研究提供了新的思路与方法。

（一）引入了行政法史的研究

受限于学科定位不清等一系列原因，我国行政法史研究一直相对薄弱。[16] 尤其是1989年《行政诉讼法》颁布之前乃至改革开放之前的行政法史，学界更是少有涉及。本书第二章考察了中国药品安全规制的发展历史，并在这一过程中分析了影响药品规制政策形成的多元角色，试图通过对药品规制制度变迁历史的描摹，来剖析规制国家建立中所面临的问题与困境。这一讨论模式给出了行政法史研究的一个可行路径。在很长时间内，行政组织的架构、行政权运行中的典型人物和事件，行政权的行使方式与结果等都藏于制度之后而未能成为主要的研究对象。本书不仅引入了部门行政法领域的制度史研究，还将与行政权组织、运作的多个因素都纳入研究范围中，扩大了制度史所涵盖的范围。因此，本书第三章对美国药品安全规制历史中"危机时刻"与"规制变迁"互动的讨论，事实上与第二章形成了相互照应，揭示了规制史研究所存在的意义，可以看作美国行政法史研究对本国行政法史研究所提供的镜鉴。

事实上，本书作者宋华琳教授长期关注行政法史和行政法学学术史，

---

⑮ 李洪雷：《中国比较行政法研究的前瞻》，载《法学研究》2012年第4期。

⑯ 关保英：《论行政法史的学科地位》，载《法制与社会发展》2008年第4期。

并完成了一系列的美国行政法史著述。⑰ 他山之石，可以攻玉，如其所言，在掌握行政法史研究方法的基础上："我们也有可能梳理中国行政法的史前史，去研究 1949 年至 1989 年的中国行政法制度史，乃至关注中国行政法正在进行、正在发生的历史。"⑱只有知道我们从哪里来，才能知道我们要到哪里去。

（二）拓展了行政组织法研究的视角

同样，相较行政行为的合法性及其司法审查等核心议题，行政组织法的研究在我国也相对薄弱。与行政行为法、行政救济法等领域的发展形成鲜明对比的是，组织法领域的法制建设多年来停滞不前，行政组织法的相关理论研究也很少有有价值的成果。⑲ 近年来，有研究者将我国行政组织法研究的缺失总结为："未梳理出清晰的学术脉络、学术界和实务界没有形成互动的研究机制、研究方法和视角上滞后。"⑳在此基础上，学界提出了修正和完善行政组织法的诸多观点，主要主张包括：重新审视行政主体理论，关注"第三部门"的兴起；关注行政组织的内部架构及运作情况等。㉑

本书第四章讨论了国务院在行政规制中的作用，通过对相关法规范的梳理和规范运作实效的分析，指出国务院可能出于多种目的、以多种方式介入药品规制行政事务，未来应当将国务院的活动和国务院与行政规制机构的互动纳入法治框架中；第五章则在实证资料的基础上，指出跨国

---

⑰ 如宋华琳：《中国的美国行政法研究——一个学术史的概观》，载《浙江学刊》2005 年第 6 期；宋华琳：《恩斯特 · 弗罗因德与美国早期行政法学》，载《华东政法大学学报》2012 年第 5 期；宋华琳：《国家建构与美国行政法的史前史》，载《华东政法大学学报》2015 年第 3 期；[美]杰里 · L. 马肖：《创设行政宪制》，宋华琳、张力译，中国政法大学出版社 2016 年版。

⑱ [美]杰里 · L. 马肖：《创设行政宪制》，宋华琳、张力译，中国政法大学出版社 2016 年版，译序第 19 页。

⑲ 杨建顺：《行政规制与权利保障》，中国人民大学出版社 2007 年版，第 189 页。

⑳ 参见王凌光、宋尧玺：《行政诉组织法与行政复议法的新发展——东亚行政法学会第十一届国际学术大会综述》，载《行政法学研究》2015 年第 4 期。

㉑ 参见薛刚凌：《我国行政主体理论之检讨——兼论全面研究行政组织法的必要性》，载《政法论坛》1998 年第 6 期；沈岿：《公共行政组织建构的合法化进路》，载《法学研究》2005 年第 4 期；胡敏洁：《给付行政与组织法的变革——立足于行政任务多元化的观察》，载《浙江学刊》2007 年第 2 期；郑春燕：《行政任务变迁下的行政组织法改革》，载《行政法学研究》2008 年第 2 期；朱新力、罗利丹：《行政组织法的功能拓展及其制度设计》，载《法治研究》2012 年第 11 期。

公司通过座谈会、听证会、接触政府官员、利用专家与传媒等各种直接或间接的方式来对政府规制体系产生影响。应当说，这一研究纳入了以往容易忽视的盲区，考量了诸多“非正式”的因素对整个规制体系的形塑和对规制主体的影响。在这一研究进路下，行政组织的实际运作、功能发挥以及可以能影响行政组织决策和执行的各种因素都被纳入行政组织法的整体框架当中，为行政组织法的研究提供了一个更为丰满和更切实有效的研究思路。如作者所言，这一尝试或许能够“拓展行政组织法的制度空间”。

（三）为类型化行政行为的精细化研究提供了素材

本书结合药品规制中的具体制度，集中分析讨论了大量的行政规制手段，如药品许可中的药品审评制度、经营许可制度，药品标准规制，药品规制中的收费等问题。本书在讨论此类问题时的一贯思路是，先对制度脉络进行梳理，然后结合行政法的一般理论明确相关制度所涉及的核心议题，进行事实、规范、价值层面的分析后，在理论与实践层面提出相应的对策建议。

从目前学界的研究成果来看，我国行政法总论部分“行政许可”“行政处罚”“行政强制”“行政收费”等类型化行政行为的基本理论框架已经初步搭建完毕，下一步的工作应是结合具体法规范，关注各个类型化的行政行为在具体行政活动中的应用，积累相应的现实素材，对一般理论进行反哺和修正，从而展开下一阶段精细化的研究。本书为此提供了若干素材。

（四）讨论了公法与私法的交界

随着规制型国家的逐渐建立，在社会生活的诸多领域，尤其是在环境、食品药品等公害领域，公法与私法交错的问题日益突出。[22] 本书第十一章注意到政府规制与侵权法可能产生的交错，以药品规制中的药品信息披露、药品标准、药品许可为例，讨论了公法领域的政府规制与私法领

[22] 相关研究可参见宋华琳：《论行政规则对司法的规范效应——以技术标准为中心的初步观察》，载《中国法学》2006 年第 6 期；解亘：《论管制规范在侵权行为法上的意义》，载《中国法学》2009 年第 2 期；傅蔚冈：《合规行为的效力：一个超越实证法的分析》，载《浙江学刊》2010 年第 4 期；杜仪方：《论合规药品致害之国家责任——基于合规药品致害的民事和行政救济的局限之展开》，载《政治与法律》2013 年第 7 期。

域的侵权法在效能、责任等方面的关系，并与相应的美国经验做了对比。

作者提出，“事先规制的优势在于规制机构有着专业化程度更高的知识专长，可以不局限于个案的得失，而在更广阔的视野下就同类问题给出处理之道；侵权法的优势在于可以独立于行政系统之外，对个案进行个别化的斟酌考虑”。㉓ 但这种本质上的差异，如何在具体领域进行应用，如何在食品、药品等高风险领域实现无缝的对接和结合，还需要进一步探索。如作者所言，本书在这一问题上的讨论仅仅是对该问题做了一个初步的整理，更多未涉及的课题还有待进一步挖掘和研究。

（五）探索了行政法学与政府规制理论的融合

从大陆法系行政法学的研究脉络来看，行政行为概念是传统行政法学的中心。传统行政法通过为特定的行为设定相应的法律要件和法律后果而实现类型化区隔，并以“行政行为”这一概念统领组织法、行为法与救济法，形成逻辑完备的理论体系，其主要的学科关怀在于依靠法院通过司法审查保证行政机关行为的合法性，维护公民权益。

但20世纪以来，行政机关所要面对和处理的事项越发繁多且日益复杂和专业化，“行政国家”开始诞生。复杂的行政实践使得诸多非正式、非典型的行政行为难以完全实现类型化从而被统一在“行政行为”的概念框架之下。㉔ 传统的合法性控制手段已经不能应对现实纷繁复杂的需要，面向行政过程，关注法政策考量的呼声日渐强烈，政府规制理论逐渐兴起。

政府规制理论发轫于20世纪60年代至70年代的美国经济学界，主要研究对象是行政机构的活动，以及行政对市场和社会的控制，其在本质上是一种问题导向的政策分析理论，是法律学科内的整合。㉕ 20世纪70年代之后，政府规制理论逐渐在美国行政法学研究中得到发展，最为代表性的宣言是要求“面向真实世界的行政法”，其研究中心之一是倡导由司法审查为中心转到行政过程为中心，追求“良好行政”。而从实现行政法治到建立“良好行政”的转变，意味行政法学的研究范式将发生变革，其面

㉓ 宋华琳：《药品行政法专论》，清华大学出版社2015年版，第199页。

㉔ 朱新力、唐明良：《现代行政活动方式的开发性研究》，载《中国法学》2007年第2期。

㉕ 朱新力、宋华琳：《现代行政法学的建构与政府规制研究的兴起》，载《法律科学》2005年第5期。

向将更宽广。政府规制涵盖了规制目标设定,规制工具选取等一系列问题,而将政府规制纳入传统行政法学的话语体系当中,需要以法学视角对规制理论框架在价值、事实、规范多个层面进行循环往复的观察与论证。本书在这方面做出了自己的努力,在对药品审评、药品规制收费等问题进行探讨的过程中,本书始终坚持以合法性判断为中心,以良好效能为追求,尝试着实现政府规制理论与传统行政法学的衔接。

四、部门行政法研究的方法论探索

作为典型的部门行政法著作,本书对部门行政法研究的方法论做了专门探讨。从学术增量来看,本书在方法论上的创新主要包括三个方面:其一,明确了部门行政法研究的功能与意义;其二,归纳和总结了部门行政法研究的具体进路,并以本书的具体研究为实例,给出了一个较好的蓝本;其三,指出了部门行政法研究需要面对的挑战,并给出了解决方案。

(一)部门行政法研究的功能与意义

有研究者提出,与自然科学和一般社会科学相区别,行政法学的研究采取的不是从特殊到一般,而是从一般到特殊的进路。这种从概念到事实的路径,往往会因为例外的出现、概念外延扩大而造成概念的抽象化,导致明确性和可操作性降低。[26] 从现代行政发展的历程来看,随着现代国家行政疆域的不断拓展,单纯依靠行政法学总论中的基本原理来处理形形色色的行政实践已经不再可能。在此背景下,部门行政法学的研究开始逐渐兴起,在满足实践需要的同时,其对总论研究的反哺价值开始也逐渐显现。本书第一章提出,部门行政法研究可能的贡献包括:推进某一特定领域的行政法制建设;完善行政法总论的学理体系;实现中国行政法学的本土化。[27]

通过部门行政法的研究推动某一特定领域的行政法治建设,是部门

---

[26] 骆梅英:《行政法学的新脸谱——写在读叶俊荣〈行政法案例分析与研究方法〉之后》,载《行政法论丛》2006 年第 9 卷。

[27] 宋华琳:《药品行政法专论》,清华大学出版社 2015 年版,第 3 ~ 4 页。章剑生教授则指出,部门行政法是行政法总论的"问题源",部门行政法是行政法的"资源",部门行政法与行政法总论之间良性互动,是现代行政法发展的内在动力。参见章剑生:《现代行政法专题》,清华大学出版社 2014 年版,第 31 页。

行政法研究的突出功能。对某一领域行政法治实践进行长期研究,能够提供兼具理论性与实用性的成果,解决我国行政法学研究中理论与实践“两张皮”的情况,真正满足实务部门的需要。近年来,各高校、研究机构纷纷成立部门行政法研究机构,如中国政法大学法治政府研究院卫生法、教育法、应急法研究中心,中央财经大学法学院食品药品法研究中心。这些研究机构的学者大多数与实务部门保持了良好的联系,通过学术研究、课题委托、共建合作、媒体影响等方式为相应领域的行政法治实践提供了宝贵的智力支持。

在部门行政法与行政法总论的关系这一议题上,按照本书第一章第六节的总结,部门行政法研究对行政法总论学理体系的完善具体表现在以下几个方面:(1)重新审视行政的利益分布,如药品规制中,用药安全的保障与药品的可及性(availability)、与药品经销商的经济利益之间存在的突出张力,要求行政法学对多元利益进行妥当的权衡;(2)抽象和提取出“中度抽象水准”的论题,进而对总论有所贡献,如药品规制作为典型的风险规制行为,其“决策与未知之中”的属性推进了“预防原则”的发展;(3)建构行政组织法,即通过对某一领域管理体制的研究梳理,弥补行政组织法研究的薄弱状态,建构更完善的行政组织法;(4)满足行政活动形式的多样性需求,即在传统行政法学以行政处理为中心的框架下,将实践中形式多样的行政活动纳入总论的法治化体系中进行调整。

事实上,部门行政法研究的拓展功能还应该包括研究方法上的拓展。具体行政领域的研究需要直接面向社会生活,解决社会生活中的实际问题。在这一过程中,纯粹的法学思维无法一劳永逸地解决所有问题,往往要求引入经济学上的成本效益分析,社会学上的定性、定量分析等研究方法。应当说,这与行政法学总论研究中更多运用法教义学和法解释学展开研究,更多追求学理体系的逻辑精美是有所区别的。本书第十章“中国药品行政规制收费制度及其改革”在分析规制收费的合理性时,就运用了大量公共经济学的理论。

在实现中国行政法学的本土化这一议题上,部门行政法研究的贡献不可磨灭。如果说我国行政法学总论的建构更多承继了德国、日本乃至我国台湾地区等大陆法系国家(地区)的理论体系的话,那么食品药品规制、教育法、规划法等领域的研究则主要是针对中国问题而开展的。在这些研究中，虽然也有比较借鉴的影子存在，但更多是从功能主义的角度出发，探寻国外制度在中国本土是否有生根发芽的可能。因为在特定的领域中进行研究，必须以实践作为分析素材，充分考量中国的现实情况、行政权运作的特殊机理、公众的特定的偏好和行为习惯等一系列因素，才有可能构建行之有效的制度。本书多个章节都在尝试进行这样的努力，如第四章"国务院在行政规制中的作用——以药品安全为例"，在分析国务院不同机构在行政规制组织中的作用的同时，还考虑到了国务院影响行政规制过程中的制度化方式和非制度化方式，即属于本土化的、具有中国特点和中国问题意识的研究。

(二)部门行政法研究的具体进路

本书第一章将现有的部门行政法研究模式归纳为六个大类：第一类为总论照搬型，仅是将总论的原理简单翻版到分论中；第二类为法律解释型，主要是对某一特定领域的法律规范进行总结、分析，从目前我国的研究现状来看，该类研究尚停留在法律汇编阶段，对具体解释方式及解释规则的研究较少；第三类为问题导向型，秉承"研究真实世界"的手法，关注实践中的具体行政领域的问题；第四类为对策建议型，多通过完成实务部门委托课题的方式开展；第五类为体系建构型，旨在围绕行政法的个别领域，建立起相应的学理体系；第六类为反哺总论型，即部门行政法的研究本身构成行政法总论的一部分，如近年来对全球行政法的研究。[28]

上述几种研究模式中，第一类照搬总论型的研究仅仅是将总论的原理照搬到各个领域中，并无太大的学术意义，应在今后的研究中慢慢减少直至杜绝；第二类法律解释型的研究在我国行政法教义学尚未完全展开的情况下，具有较大的意义，尤其是结合特定领域的行政实践，对该领域内法律解释规则的探寻兼具理论与实践意义，有待继续推进；第三类问题导向型的研究应该是目前部门行政法研究中的主流，国内部分具有强烈问题意识的研究者研究者在互联网规制、环境规制、规划法等领域结合社

---

[28] 宋华琳：《药品行政法专论》，清华大学出版社 2015 年版，第 6～10 页。

会热点事件,展开了卓有成效的研究;[29]第四类对策建议性的研究能够解决行政机关所面临的现实问题,但这种纯实践导向的研究可能会滑向实用主义的立场,从而在学术价值上有所欠缺,同时还有可能因为委托方的要求而影响到学术研究的中立性,需要研究者具体把握;第五类的研究需要有长时间的研究功底,目前已经有学者在尝试,如清华大学余凌云教授一直在尝试构建警察行政法的一般体系,[30]再如本书也是对药品行政法领域学理体系构建的尝试;目前来看,第六类研究的开展尚需时日,该类研究需以前几类研究的扎实基础为前提,否则只能是空中楼阁。

需要指出的是,该书所归纳的六类研究模式之间并不一定是泾渭分明的关系。同一个研究可能同时采用几种研究方法,包含几种功能。如该书第十一章所讨论的政府规制与侵权法交错的问题,不仅涉及对《产品质量法》《药品管理法》相关法条的解释和运用,同样也回应了现实问题,更进一步对行政法学与民法学的结合部进行了分析,对行政法学的整体疆域和视野都有所拓宽。

(三)部门行政法研究所面临的挑战

本书第一章提出,部门行政法的研究面临着一定的挑战。首先,从事部门行政法研究需要研究者具有跨学科的视野、现实主义的关怀以及解决现实问题的能力,这对行政法学者的知识结构提出了要求。在我国,法学研究者通常仅具有法学专业的教育背景,这直接导致在对特定领域的研究中出现知识供给不足的情况。而缺乏自然科学或其他社会科学的系统性训练,则导致研究者难以掌握更为全面的研究方法。反观美国,越来越多的行政法学者具有政治学、经济学、社会学、历史学等专业的博士学位(PhD),如耶鲁大学苏珊·阿克曼教授即拥有耶鲁大学经济学的硕士、博士学位;斯坦福大学奎利亚尔教授则在耶鲁大学法律博士学位之外还获得了斯坦福大学政治学博士学位;芝加哥大学奥姆瑞·本沙哈则具有

---

[29] 如周汉华:《论互联网法》,载《中国法学》2015 年第 3 期;金自宁:《跨越专业门槛的风险交流与公众参与:透视深圳西部通道环评事件》,载《中外法学》2014 年第 1 期、《风险决定的理性探求——PX 事件的启示》,载《当代法学》2014 年第 6 期;陈越峰:《城市空间利益的正当分配——从规划行政许可侵犯相邻权益案切入》,载《法学研究》2015 年第 1 期。

[30] 余凌云:《部门行政法的发展与建构——以警察(行政)法学为个案的分析》,载《法学家》2006 年第 5 期。

哈佛大学的经济学博士和法学博士学位。[31] 布雷耶大法官长期关注自然科学领域的顶尖学术刊物,甚至能够在一些自然科学类刊物上发表文章。事实上,从事部门行政法学的研究虽然不一定需要具有其他专业的学位,但需要研究者时刻关注该领域的不同学科的进展,以跨学科的眼光打破学科间的藩篱。

而关于"行政法学者对投身具体领域研究的顾虑"这一问题,从国外经验来看,部门行政法的研究往往会对行政法总论的研究产生直接的促进作用,不仅不会窒碍到总论的研究,还有可能起到正向的推动作用。以美国为例,大多数在行政法学界享有盛名的学者都以部门行政法的研究作为安身立命之本。如美国联邦最高法院大法官斯蒂芬·布雷耶在风险规制、能源法规制方面有较高造诣;耶鲁大学杰里·马肖则在行政法史、福利行政的研究上取得了丰硕的成果;"规制沙皇"凯斯·桑斯坦在风险规制、传媒规制等领域也都有着长时间且持续的研究。

在研究资料的获取上,由于我国行政机关长时间以来都存在保密和封闭的传统,导致相关文件、数据、信息、资料的获取比较困难。从实践中来看,即使研究者们有机会到行政机关进行调研,大多数也都是依托课题或者凭借私下的"关系",这无形中筑起了学术研究的高墙。对于这一问题,作者提出,"通过对法律制度的爬梳,对学术文献的整理,对中外制度的比较,对年鉴、公报、地方志、文集、回忆录、档案、报纸、互联网刊载信息的搜集,对相关事件、案例的分析,来得出对特定具体领域行政法的基本认识"。[32] 如该书第二章对中国药品监管制度变迁历史的梳理,即依据官方已经公开,有据可查的年鉴、公报等文献展开。该章内容翔实,叙述流畅,基本还原了这一制度变迁史的全貌,可称为文献研究的范本。这种研究方法或许略显"辛苦",但在资料获取还存在一定困难的当下,无疑是值得鼓励和提倡的。

五、余论:可能的完善

早在十五年前,本书的作者宋华琳就曾以《部门行政法研究初探》为

---

[31] 可参见宋华琳:《美国当代行政法学人谱》,载《公法研究》第13卷,浙江大学出版社2014年版,第200~270页。

[32] 宋华琳:《药品行政法专论》,清华大学出版社2015年版,第6页。

题，通过对国外部门行政法研究状况的评介，指出了我国部门行政法研究的落后，并从研究内容、研究方法、研究意旨、研究队伍几个方面提出了深化部门行政法研究的设想。[33] 十五年后的今天，《药品行政法专论》的付梓，标志着作者对这一问题的研究已经取得了实质性进展。

当然，没有十全十美的著作。有研究者曾言："对结构体例的摸索，是颇具开创性的挑战""部门行政法是否成熟，在很大程度上取决于其结构体例与研究内容是否具有强烈的特色，个性是否鲜明突出，是否足以'自立门户'"。[34] 本书所展开的讨论，涉及了药品监管和药品行政法中的大多数重要问题，从内容上看已经较为完整。但从建立逻辑自洽、内涵外延清晰、结构分明的学理体系和部门行政法的体例上来看，似乎还有可完善和可提高的空间。同时，本书的部分讨论更多的是框架性和概述性的讨论，更多在于问题的提出和分析，这意味在同一议题上还有可以挖掘的学术富矿，值得进一步探索。当然，这些任务或许并非一人之力可以完成，而需要更多学人的共同努力。

---

[33] 参见宋华琳、邵蓉：《部门行政法研究初探》，载《浙江省政法管理干部学院学报》2000 年第 2 期。

[34] 参见余凌云：《行政法讲义》（第 2 版），清华大学出版社 2014 年版，第 65 ~ 66 页。

访谈

●荷兰《行政法通则》访谈*

被访谈人:Prof. mr. Rob Widdershoven

Rob Widdershoven 教授是荷兰乌特勒支大学法学院欧盟行政法学教授,目前研究领域集中在欧盟法对成员国行政法的影响(特别是司法救济部分)、法律及法律原则的实施,著有《公法的欧盟化》(Europeanization of Public Law)等著作。Rob Widdershoven 教授也是荷兰最高行政法院(the council of state)仅有的两位专家顾问(advocate general)之一,为最高行政法院重大疑难案件提供咨询。

访谈人:夏雨,行政法学博士,宁波大学法学院副教授,中国政法大学博士后,荷兰乌特勒支大学访问学者。

按:20 世纪 80 年代的中国曾经有过一个行政立法组,其任务是形成我国行政法通则的草案,然而这个努力并未能给我们带来行政基本法。① 从那以后,加之世界范围内拥有行政基本法的国家少之又少,制定行政法领域的基本法似乎注定是一个过于遥远而易碎的梦。然而,随着 2008 年

* 本文是作者在荷兰乌特勒支大学法学院访学期间与 Rob Widdershoven 教授面对面访谈的基础上整理形成的,初稿形成后又与 Rob Widdershoven 教授本人逐个问题校对,特别致谢。此外,写作过程中得到章剑生教授、Marleen van Rijswick 教授、戴利萍博士、宋华琳教授的诸多帮助,一并致谢。

① 应松年:《依法行政的回顾与前瞻》,2016 年夏华东政法暑期学校讲话。

之后不少省市行政程序立法的推进，2012 年江必新等人再次提起了制定行政基本法的议题，但学界对此的反应似乎更倾向于“谨慎前行”。[②] 荷兰于 1994 年实施的《行政法通则》(Algemene wet bestuursrecht)(以下简称《通则》)一直以来给予了支持基本法可行也必要的学者们极大的鼓励和希望。作为世界上最典型的行政基本法文本，荷兰的《行政法通则》确是世界行政立法史上的一朵奇葩，它值得也应当被认真地对待。

然而，要准确地掌握《通则》并不是一件容易的事。即便是法律文本本身，当前能够获取的最新英文版本是 2009 年 10 月版，2009 年之后发生的所有变化都尚未有英文的翻译。事实上，《通则》最近一次修改生效新的内容是在 2016 年 7 月 1 日，[③]并且也已确定 2018 年 1 月 1 日将有新的内容纳入并生效，这部分内容早已在 2013 年经由议会通过。对于解读《通则》来说，更大的难度在于，仅仅通过条文而勾勒的荷兰行政法制度缺乏背景，因而也不容易为中国读者所理解，所以，为了避免诸多的误读，尽量真实、准确地呈现《通则》原貌，笔者萌发了对荷兰资深、权威行政法学教授进行访谈的念头，试图用更容易理解的语言、更简洁的内容框架来初步介绍这个多少有些神秘的《通则》。感谢 Rob Widdershoven 教授的慷慨应允，这才有了此文。

一、立法缘由

夏雨：首先非常感谢您能够接受这样一次访谈。制定一部行政法的基本法一度被认为是“不可能完成的任务”，当年的荷兰为何有此勇气想要一部《行政法通则》？在《行政法通则》之前，荷兰的行政法律状况是怎样的图景？

Prof. mr. Rob Widdershoven：我们之所以会考虑制定《行政法通则》，主要是基于五个方面的目的，这其中也涉及你提到的《行政法通则》

---

② 江必新：《迈向统一的行政基本法》，载《清华法学》2012 年第 6 期；《最高法院副院长呼吁制定“行政基本法”》，载《新京报》2012 年 3 月 25 日；宋华琳：《行政基本法要在审慎中前行》，载《法制晚报》2012 年 4 月 16 日第 5 版；傅达林：《通往行政法典化之路》，载《学习时报》2012 年 4 月 16 日第 5 版；雷振：《制定行政基本法非当务之急》，载《法制晚报》2012 年 4 月 20 日第 5 版。

③ 《行政法通则》全文及修改记录可参见此网站 http://wetten.overheid.nl/BWBR0005537/2016-07-01。

之前的行政法状况：

第一个目的是落实《宪法》义务。当时荷兰的行政法领域存在较大的复杂性和不必要的不确定性，因此荷兰《宪法》[④]在1983年修订时在《宪法》的第107条提出了制定行政法基本规则的要求。为了准备这一立法，还组建了一个委员会，由经验丰富的公务员、知名行政法学者组成。M. Scheltema这位来自格罗宁根大学的行政法教授担任行政法一般规则起草政府委员会的主席。1987年，这个Scheltema委员会公布了《行政法通则法案》，后来在这版本的基础上进行了一些修改，法案就在1989年送到议会审议，后来在1992年通过，并于1994年1月1日起生效。

第二个目的是试图通过法典的编撰（codification）把部门行政法中的错综复杂的程序性规定进行统一。在《行政法通则》之前，我们的行政法分散地存在于大量的部门法之中，例如，环境法、规划法、税收法、电信法，几乎每一个具体的管理领域都有自己的法。而且每一个不同领域中的不同法都设置了自己独有的程序性规定，甚至连每个领域中发生行政案件时如何起诉到法院的程序都是不一样的。这就造成了巨大的差异性和复杂性，于是产生了一种设想和需求，能否将这些部门行政法中事实上本质相同或相似的程序性规定进行统一立法。

第三个目的是通过立法把行政审判程序进行统一。在我们的行政诉讼制度中，行政法院部分也是相对复杂的，现在你已经知道我们的最高行政法不只1个，而是4个，但在当时这个数字是26，后来才开始削减。[⑤] 当时有这么多的最高行政法院，这些行政法院所适用的规则也不一样，因为他们处理的是来自不同领域的行政法问题，诉讼相关的规定是在不同时期被规定在不同的法中的，于是情况就变得十分复杂。所以，把适用于行政诉讼的规定进行统一也是一个强烈的需要。

第四个目的是填补空白（filling gaps）。虽然当时我们已经有了很多的部门行政立法，但是部门行政法的立法中也有很多空白之处，甚至有些领域还没有能够被调整到，对于这些领域来说事实上没有可以依赖的规

---

④ Grondwet voor het Koninkrijk der Nederlanden，1815年8月24日生效，2008年7月15日最新修订。

⑤ 目前的这四个分别是：Council of State；Central of Appeals Court；Trade and Industry Appeals Court；Appeals Court（tax division）。

则。因此,制定一部《通则》,通过行政一般法去覆盖这些立法的空白处,为这些领域供应规则,这也是一大需求。

第五个目的是进行简化(simplify),让规则对普通人而言更清晰。通过立法的努力,把分散在部门行政法中绝大部分的程序性规定都提炼到《行政法通则》之中,把这些部门行政法的立法文本都进行大量的修改,它们的程序部分都被废止了,除非《行政法通则》中对相关的适用进行了说明。简言之,部门行政法中保留实体性的规定。因此,当前在荷兰学习如环境法,你首先要学习行政法,因为环境法相关的程序性内容都在《行政法通则》之中,而它的实体法部分仍在环境立法之中。

夏雨:《通则》的制定是从无到有的过程,荷兰当时是否也参考了比较多的比较法上的内容?

Prof. mr. Rob Widdershoven:德国的行政法中有相似的制度,但又不一样,我们荷兰的《行政法通则》包含了程序、执行、诉讼等,而德国则是把这些内容进行了三分,分而立法,因此他们行政法也有通则性的法。希腊也有《行政法程序法》(Administrative Procedure Code)(1999),希腊在制定该法的过程中做了很多的比较法的研究,尤其是德国法、法国法的内容,但是荷兰在制定《行政法通则》时并没有非常关注比较法。如果要说参考或借鉴,《行政法通则》有关"基本原则"的设置参考了欧洲法院(European Court of Justice)的判例法,那些已经被欧洲法院认可和确立的原则,例如,比例原则(principle of proportionality)被纳入了其中,[⑥]因此,只能说是很少的参考。

二、反对的声音

夏雨:二十多年前的中国也曾经有过制定行政基本法的尝试,但最终以制定《行政诉讼法》告终,当年差不多同一时期的荷兰在制定《行政法通则》时是否也有一些争议?

Prof. mr. Rob Widdershoven:当时,有很多人是赞同制定《行政法通则》的,这些人具有一个共同的特征,就是在他们个人的职业生涯中是需要将行政法作为一个整体来对待的。例如,行政法学者、一些法院的法

---

⑥ Article3:4,AWB.

官、一部分的律师。这些人在学习掌握了很多个部门行政法的知识之后，都感到繁复，都希望能够确立起一些一般性的行政法共同规则。但是这种需求对于身处部门行政法之中的人来说就不是那么强烈，例如，对于一个环境行政部门的普通公务员来说，他几乎不参与其他部门行政法的事务，不涉及经济法或者税法中的不同规则，对于他们来说，原先的规则似乎不存在问题，他能够快速地从《环境法》中找到他所需要的程序规则。包括那些只从事某个领域的案件的律师来说，他们也没这个需求，经济法的律师也不关心经济法中的程序和环境法的程序是否一致。对这些人来说，现有的规则是充分的。但是，当时由于倾向于制定《行政法通则》的是学者、律师、法官，他们掌握着很大的话语权，而那些不太认同的人在公开的场合表达得不多。因此，整个氛围是倾向于制定的。

夏雨：这么看来还是有一些反对的声音，他们主要是基于什么理由反对？

Prof. mr. Rob Widdershoven：一开始的反对主要来自环境法学者。他们主张，环境法是十分特殊的，有别于其他部门行政法，例如，它涉及更加多元的主体，常常需要包括 NGO 等，《行政法通则》的制定将照顾不到环境法自身的特点。但是最终，由于环境法中原先适用的规则基本都在《行政法通则》中得到了体现，因此环境法学者不再说什么。

随后，2000 年左右经济法的学者提出了反对意见。他们也认为经济法有很大的特殊性，在主体上它们有着大量的规制机构，例如，竞争规制、电信规制等规制机构。甚至到目前为止，仍有经济法学者反对《行政法通则》，认为这个法对于环境法、规划法、建筑法等来说是合适的，但是对于经济法来说是个“恶法”，由于《行政法通则》的限制，经济法领域中很多问题都无法使用有效的手段进行规制。后来，到了 2005 年税法部门的研究者又提出了他们的意见。

这些反对意见当然也有夸大的成分，但他们的担心是《行政法通则》中包含的规则在具体部门法领域适用时可能会遇到困难，他们认为一条规则既要在规划法上适用又要在环境法中适用是有难度的。当然，除此之外，《行政法通则》的制定和实施带来的另一个结果就是提高了部门法研究的门槛，他们现在需要掌握两类法，一个是行政法，另一个是他自己领域的部门法，只有两者结合起来才能真正掌握这个领域。这对于之前从来没有跨出过自己研究领域的人来说,其抵触情绪是可以理解的。我常常去给实践部门讲有关《行政法通则》的课,我就发现,即便到了2004年还是有很多人对于1994年已经生效的规则还是没有掌握,人都是不愿意改变的,新的东西总归是一种负担。

三、特色与方法

夏雨:根据我先前的阅读,《通则》在立法形式上是非常具有特色的,您在一篇文章中也把它称为Aanbouwwet,能否请您帮助解读这种立法形式是如何操作?

Prof. mr. Rob Widdershoven:《通则》在立法的形式上是很有特色的,我们称它是一个未完成的(unfinished)立法,或者是不断添加构筑的立法(Aanbouwwet)。形象地说,它是从躯干开始,然后每隔几年就长上去一些新的部分。这是一种成熟一个部分纳入一个部分的思路,因为我们不可能一次性把所有的行政法内容都确定下来,所以就在不同的时期把不同的内容放到不同的章节中去。当前《通则》已经有四个部分(Tranche),[⑦]第一部分和第二部分是在1994年1月1日生效,这两部分也是《通则》最大的组成部分,[⑧]主要涉及行政法上的主要概念界定,行政决定一般程序、行政诉讼程序、行政异议程序(objection);[⑨]第三部分于1998年1月1日生效,涉及行政补助(subsidy)和行政执法(enforcement)等规定;之后是第四部分于2009年7月1日生效,规定了行政申诉(administrative complaint)、创设权力(attribute)、授权(delegate)、委托(mandate)等内容。原则上,还可以增新的部分,但事实上在这四个部分之后,内容已经基本包含在内了,今后更多的可能是少量的增加内容,而不是增加新的部分。

夏雨:当时为何想到要采取这种立法方式?

Prof. mr. Rob Widdershoven:除了上面提到的原因外,主要目的是不

---

⑦ "Tranche"一词的意译是指"块",例如,把蛋糕、时间切成切成一块块,但也可以理解是像构筑物一般不断往上添加。

⑧ 第一、二、三、四、六、七、八章。

⑨ 该制度与我国的行政复议有一定的相似性,但它是强制性的,要求在向法院起诉之前,必须先向原行政行为作出的机关提起行政异议程序,经过此程序后才能起诉。

要犹豫,不要认为立法还不成熟,不成熟的部分可以先放到一边,把成熟的部分先规定下来。荷兰在《民法典》的修订上就花费了大量时间,整个立法工程很大,所以当时在立行政基本法时就不是很倾向于这种立法方式。

夏雨:《通则》在形式的特殊性之外,其规定的具体内容上是否也有一些值得关注的特色制度?

Prof. mr. Rob Widdershoven:在内容上,原先的《通则》是非常学术化的,因此它的体系很美。但是在新近的发展中,政治因素的影响越来越多,根据实际需要加入的内容在增多。例如,曾经有一个时期,我们的行政机关存在效率低下的问题,办事常常拖过法定期限,因此,我们在《通则》中增加了对行政机关进行罚款的条款,在个案中,若行政机关逾期办理的,行政行对人可以从行政机关那里得到一笔赔偿。[⑩] 最近,我们又创设了一种称为"行政循环"(administrative loop)的制度,促进法院能够寻找解决案件的最终方案,而不是止步于是非对错的判断而不真正彻底解决纠纷。[⑪] 这些都是比较有特色的内容。

相信随着发展,根据社会、政治情况的需要,《通则》会纳入更多的内容,这必然会导致它的体系不再那么完美,但在另一方面它也会因此部分消解原先的书斋气。毕竟《行政法通则》不是一个为了美而美的东西,解决实际问题的能力很重要。

夏雨:据我所知,《通则》的大量规则是来源判例法的,判例法是否是《通则》规则的最大来源?

Prof. mr. Rob Widdershoven:《通则》中很多规则的确都是从当时的行政法院判例法当中提取。甚至可以肯定地说判例法是《行政法通则》条款很大的一个来源。但这个过程也是一个双向的过程,当《通则》把这些判例规则通过条款的方式固定下来后,每个条款又面临着需要被解释、被适用的情况,因此,新的判例法又会继续产生。需要注意的是,《通则》中也有些部分的规则不是来自判例法,而是一种直接的创设,例如,我们之前提到的为了改善行政效率低下而设置的对行政机关的罚款就不是来自

---

⑩ 参见《行政法通则》§4.1.3.2 和§4.1.3.3。

⑪ 参见《行政法通则》Article 8:41a、Article 8:50a 以及 Article 8:72。

判例法。但是其余的绝大部分都是有判例法基础的，这些判例通常是来自荷兰国内的行政法院，但也有的来自欧洲人权法院（European Court of Human Rights）的判例法。

夏雨：但是判例浩如烟海，尤其是在荷兰这么复杂的行政法律制度中，当时又是如何从判例到规则的？

Prof. mr. Rob Widdershoven：在案例规则的提取上，需要特别提到的是在《通则》之前，荷兰就已经有一些行政法学者通过论文、著作的方式在尝试把这些分散的判例规则体系化。后来在行政法研究协会（Administrative Law Association）的牵头下，他们甚至还启动了一项专门的计划，从浩瀚的判例法之中抽取规则，并以一部成文法典的体例形式将这些规则呈现出来，并以《行政法报告》（荷兰语简称 ABAR；英文为 General Rules of Administrative Law）的形式发布。这个报告除了条文之外，还有对条文的评论、参考判例等注释内容。这个报告第一次发布是在1968 年，比《行政法通则》早了 26 年，并且它每过几年都会公布更新版本，这完全是来自学界的自发努力，当时根本还没有要制定《行政法通则》的概念，但它为后来《行政法通则》的制定打下了很好的基础。

现在，在欧盟层面，也正在进行着这样一项相似的工作。欧盟先前的规则是基于一项一项的具体政策来实施的，因此也是非常的缺乏系统性和透明性，也十分需要整理。在德国学者的牵头下成立了一个叫 ReNEUAL（the Research Network on EU Administrative Law）[12]的组织，该组织也是由学者组成，其宗旨是把欧盟发展过程中散落在各种不同规则中行政程序法规则进行提取并体系化，为《欧盟行政程序法》立法做准备。他们有一个网站，已经提出了自己的建议文本，确立了一些规则，例如，一般性规则、行政决策程序（rule-making）、个案性行政决定的程序（single case decision-making）、合同（contract）、行政信息管理（administrative information management）。

四、实体与程序

夏雨：有人认为要在行政基本法中对行政实体法内容加以规定是十

---

⑫ 该组织的《欧盟行政程序法》（建议搞）可在该组织网站 http://www. reneual. eu/可以下载。

分困难的，而荷兰的《通则》被作为行政基本法的典范，那么在荷兰国内，大家是否有过类似实体与程序之争？

Prof. mr. Rob Widdershoven：对行政法中的实体法进行立法这是一件困难的事，这个说法本身是正确的。但也并不是不可能，这是一个程度和比例的问题，我们当然不可能穷尽所有的实体规则，也不可能包含所有的部门行政法，而只能一部分一部分地开始。

就荷兰的《行政法通则》而言，首先，它是为部门行政法提供了程序性的规则，各个部门行政法相关的实体性规则仍在部门行政法自身立法之中。从这个意义上说，很大部分内容是程序性的。但是更倾向于实体性的内容在《行政法通则》中也是有一定体现的，主要是在补助（subsidy）、行政赔偿（compensation）等内容中。

夏雨：如果非要用一个比例来说明《通则》中程序性规则占的比重，您认为大概是多少？

Prof. mr. Rob Widdershoven：90% 以上，甚至可以说 98% 的是程序问题，当然，最为重要的是，程序和实体这两者本身也不易拆分，很难说到哪里为止实体问题终止，程序问题开始。

五、如何回应行政法学的新发展

夏雨：行政法随着社会的发展变化得很快，各种新的行政任务、行为类型不断出现，《通则》是如何回应社会快速变化的需要的？

Prof. mr. Rob Widdershoven：《通则》本身是一个开放、变化着的法，真的有需要时就直接修改它，这些年来除了陆续增加到了四大部分内容之外，我们的《通则》也已经做了多次的修改，有些是大修改，有些则是不那么重要的小修改。例如，我们之前提到的法院应当尽量寻求争议案件最终解决方案的"终局性"就是基于迫切的现实需要通过修法的方式加进去的。当然，修法的程序的确需要很长的时间，有些情况下可能需要几年的时间，对中国来说可能还更快些，但对我们来说确实耗费的时间周期比较长，不过如果真需要，也是可以加快速度的，只是《通则》相关的问题从来也不紧迫。

夏雨：具体到当前行政法面临的如 PPP、行政合同，《通则》是否也有相应的内容来调整？

Prof. mr. Rob Widdershoven：对于 PPP、行政合同等问题，先从技术上说，荷兰《行政法通则》对于行政法主体的私法行为也是适用的，《行政法通则》的第 2 章、第 3 章的某些部分都涉及私法问题，通过 Article3：1，[13]行政机关要是从事某些私法行为也是适用《通则》的。但这些条款不是对行政机关某种私法行为的具体规定，而是一般性（general）的规定。

此外，《通则》Aticle1：1b 中规定了私主体如果有使用公共资金情况，[14]那么这样的组织也是适用《行政法通则》的。但在实践中发现，有时行政机关会试图建立一个私法的主体来做事，试图逃避来自公法的规制，但是我们通过判例法还是会把这些组织重新公法化。除此之外，《行政法通则》中的金钱债务部分是完全私法性质的，[15]但现在也在其中了。另外，像政府责任，国家赔偿的部分之前也是在私法中的，现在被公法化了。

但是，还有很多的重要私法行为《通则》并没有包含在内，或许这项工作真的太难了，剩下的那部分私法行为也不是法院能够审理的，这部分太难立法。公法与私法的分界之争也一直存在。

六、立法后评估

夏雨：《通则》实施之后似乎有一个比较特殊的立法后评估制度，是一种怎样的机制？

Prof. mr. Rob Widdershoven：原先的《行政法通则》第 11：1 条款中确立"在《行政法通则》生效的三年内以及在此之后每五年，司法部与内政部应当向议会提交有关本法实施情况的报告"。因此，《行政法通则》及其适用是处于定期评估之中的，这是一项法律义务。

第一次评估是在 1996 年，关于诉讼的程序，第二次是在 2001 年关于行政程序，第三次在 2006 年。每一轮的评估是有主题和重点的，通常每次都会有五个研究主题，这些研究也都形成研究报告并出版了。在 2006 年组织的第三次评估时，其中有一个主题便是"《行政法通则》的欧盟化

---

[13] Artikel 3：1：2 Op andere handelingen van bestuursorganen dan besluiten zijn de afdelingen 3. 2 tot en met 3. 4 van overeenkomstige toepassing, voor zover de aard van de handelingen zich daartegen niet verzet, AWB.

[14] Aticle1：1b een ander persoon of college, met enig openbaar gezag bekleed, AWB.

[15] Titel 4. 4. Bestuursrechtelijke geldschulden, AWB.

议程”(European agenda for the GALA),[16]其核心问题便是《行政法通则》的哪些部分是和欧盟法不一致的,或者在将来会面临不一致,以及应该区分紧迫程度并采取措施来解决。[17] 但现在这个条款已经废除了,不再是一项法律义务了。

夏雨:废除这一条的原因是什么？废除之后对《通则》是否就不评估了？

Prof. mr. Rob Widdershoven:至于废除的原因,一个是因为之前几次评估已经产生了很多的著作,我们对于《通则》的认识已经到了一定程度,无须这么大人力、物力的投入了。另一个则是政府希望不是基于法律义务来做这个事,而是一种相对灵活的基于现实需要的评估方式。因此,简单地说,我们不再需要强制性地、作为一种法律义务来对《通则》做评估了,但是其他形式的评估和研究还是在继续的。例如,我们乌特勒支大学的同事 Chris Backes 教授在 2014 年做了关于纠纷解决终局性(finalization)的研究,Ben Schueler 教授在 2015 年做了与利害关系人认定(relativity)相关的研究。

七、立法中难度最大的部分

夏雨:在整个制定过程中,如何把包罗万象的内容都照顾到,整个立法最难的部分在哪里？

Prof. mr. Rob Widdershoven:《通则》的立法的确有一定难度,但也不是不可能,因为其他国家事实上也有相似的立法,例如,德国、希腊、西班牙、美国,以及现在欧盟也在试图制定《欧盟行政程序法》,因此也是有一些国家有的。要说最困难的部分主要在于确定框架,对各个层次不同内容的设计。荷兰的《通则》就是一个贯通的整体,采用一个金字塔的形式,从上至下,是一般走向具体,例如,《行政法通则》的第 2 章公民与行政机关的关系,[18]第 3 章是行政决定的一般规定,[19]第 4 章是关于关于行政

[16] GALA, General Administrative Law Act.

[17] Sacha Prechal & Rob Widdershoven, *The Dutch General Administrative Law Act: Europe-proof? European Public Law*, Volume 15, Issue 1, Kluwer Law International, 2008, p. 82.

[18] Hoofdstuk 2. Verkeer tussen burgers en bestuursorganen, AWB.

[19] Hoofdstuk 3. Algemene bepalingen over besluiten, AWB.

决定的特别规定,[20]第5章是关于行政执法。[21] 所以当需要作出一个具体的行政决定时,需要做的就不只是看第5章,而是还需看第4章、第3章、第2章。

这样一个设计在逻辑上、体系上是很美的,设计出来也是有难度的,但这对于普通人来说是很难掌握的一个体系,你得精通整个《通则》,否则所掌握的规则就不是完整的规则。现在欧盟层面的《欧盟行政程序法》立法努力在框架上选择了一种不同的方式,他们的方式比较简单,方便找到需要的部分。此外,像德国那样分为三个部分也相对清晰。

八、历史地位与评价

夏雨:《通则》的实施也已经有二十多年了,就当前情况来看,您是如何评价《通则》的优缺点的?

Prof. mr. Rob Widdershoven:之前我们对制定行政基本法的前景也是不清晰的,这个项目很大,很有野心。但是现在回头看,应该说《行政法通则》的目的已经实现了。它的优点很明显,例如,第一,它的规则确立地比较平衡(balanced),在公民和行政机关的关系上设置得当;第二,实现了通过法典化简化规则的目的(codification),与原先规则散落各处的情况比,立法之后的确是方便了许多;第三,随着近年来政治因素的纳入逐渐增多,能够变得实用(practical),不再是一个美好的体系而已了,这是一种好的趋势。一个比较明显的缺点是这个金字塔型的体系和框架实在还是有些复杂,作为研究者我可以掌握,但是对很多普通人来说太难。

夏雨:对于未来,特别是随着欧盟行政程序立法的推进,是否会对荷兰行政法造成影响,《通则》的未来会不会有很大的变化?

Prof. mr. Rob Widdershoven:对于未来,首先要说,欧盟不能代替成员国。欧盟固然可以通过指令(directives)、规则(regulation)确定规则,但这些规则的落实仍然需要通过各成员国自身的国内法来实现的,当然主要就是国内行政法,到了荷兰自然主要很大程度依赖于《行政法通则》。而且,目前所谓的欧盟行政程序法立法只是针对欧盟委员会层面的行政

---

[20] Hoofdstuk 4. Bijzondere bepalingen over besluiten, AWB.

[21] Hoofdstuk 5. Handhaving, AWB.

程序,不涉及成员国,只是适用于"布鲁塞尔"。当然,这些规则虽然仅适用于欧盟,但事实上很可能会对我们产生实质影响。比如,我们的行政异议程序(Objection),欧盟目前没有这一程序,他们甚至认为这个程序是错误的。因此,对我们来说或许也应当多一些英文论文,让他们看看这一个制度,以免未来对我们的干预太大。从这个意义上说,积极关注欧盟立法动向,确保欧盟行政立法中确立的规则与《行政法通则》确立的规则相一致是很重要的。

九、可总结的经验

夏雨:我们对于《通则》一直都很关注,也把它作为一个行政基本法立法典范,那么从荷兰的立法经历中您觉得有哪些是特别值得被注意的、值得其他国家在作相似立法时借鉴的?

Prof. mr. Rob Widdershoven:首先,不要认为通过法典化可以终结各种问题,法典化也会带来新的问题。其次,在立法过程中应当吸纳各种各样的人,各种各样的观点和需求,立法过程本身不能太过学术化,应当务实、以解决实际问题为导向。尽量多地让部门行政法的人参加其中,他们在该领域的最前线,只有他们知道需要什么样的内容,不当的立法会造成什么样的困难。

再次,向《通则》这样的基本法的立法与修改造成的法制变化很大,因此,保持法制的一致性很重要。在荷兰,《通则》有重大修改时,主要是指对现行行政法部门法规则有很大改变时,所有相关的部门行政法中的立法都要经历一次修改,例如,废止其中的程序性内容。因此,每次有重要内容生效时,引发的其他法的修改是厚厚的一本。这个过程虽然有些复杂,但是是十分必要的,否则就会造成条文不一致的混乱现象。

最后,在具体的内容上,我认为荷兰也有一些优秀的制度,例如,行政异议程序就是一个好制度,值得参考。[22] 特别是在当前很多行政行为都是

㉒ 这个前置程序优势被认为有三:一是行政机关受益,为行政机关重新检视自己的决定提供了机会;二是法院受益,大量的案件都不再进入法院程序,因为当事人或者是在沟通过程中实现了自己的目的,或者是从中看到了自己在该案上获胜的希望很小,即便最终仍进入法院的案件都是已经经过精心准备的;三是行政相对人受益,案件可以以一种相对不正式的方式进行沟通,而不仅仅是对法律条款进行争执,沟通中还能把一些裁量性的内容都纳入考虑。

通过网上填报、自动化生成结果的时代，有许多违法的、错误的行为可能只是很简单的基本信息上的错误造成的。因此，如果只是打个电话或发个邮件就能解决的问题，就没有必要耗费巨大的社会成本到法院诉讼。可以通过非正式方式解决的问题就应当简单处理。除《通则》外，目前欧盟行政程序立法中建议的条款，例如，在行政机关在收到申请的回执上应当注明办理此事的具体联系人，这种确定谁是案件负责人的制度也很值得参考。因为个人面对的是一个冷漠的、庞大的行政系统，如果不指明谁是具体的办理人，要在庞大的行政机关背后找到一个具体的人并不容易，但荷兰目前还没有此制度。

十、对中国的建议

夏雨：再次感谢欣然接受访谈，并细致地解答了这么多疑惑，最后向您提一个问题。当前中国学者正在推动国家层面的《行政程序法》立法，但全国性的立法似有难度，因此出现了地方先行制定行政程序相关规定，从而形成“地方包围中央”之势，您如何看待这一现象？对中国的行政基本法立法是否可以提些建议？

Prof. mr. Rob Widdershoven：对中国提出建议的确有点难。荷兰的人口只有1700万，而中国很大，中国的总人口数是荷兰的80多倍，可能是欧洲总人口的两倍，情况差别很大，所以，我们的经验的参考性需要结合自身情况考虑。据我所知，中国各个地区的发展差异也很大，例如，北京、上海就相对发达，西部地区情况就没有这么好。因此，也许从地方开始也是个不错的主意，可以考虑到各个地区的差异，也从比较发达的地方开始先行立法。

若要对将来立法提建议，第一个是不要把它作为一个法律人的立法，而是人民的立法。在内容上尽量平衡，不仅有管制性的内容，更多地纳入权利保护型的内容，注重行政效率，注重对人民权利的保护。如果可以参考的话，目前欧盟的行政程序立法在结构上构建得不错，相对简单，也许是个不错的选择。另外，目前《行政法通则》还是较多地关注具体行政行为，但是对于当前诸多的规制机构立法的情况没有能够调整，事实上这种立法在正当性上存疑，且这些规则的影响力远远大于具体行政行为的影响力，值得关注。

图书在版编目(CIP)数据

行政法论丛. 第20卷 / 姜明安主编. —北京:法律出版社,2017.4
ISBN 978-7-5197-0778-1

Ⅰ.①行… Ⅱ.①姜… Ⅲ.①行政法学—文集 Ⅳ.①D912.101-53

中国版本图书馆CIP数据核字(2017)第065482号

行政法论丛(第20卷)
XINGZHENGFA LUNCONG
(DI 20 JUAN)

姜明安 主编

责任编辑 黄倩倩
装帧设计 李 瞻

出版 法律出版社
总发行 中国法律图书有限公司
经销 新华书店
印刷 北京京华虎彩印刷有限公司
责任校对 郭艳萍
责任印制 陶 松

编辑统筹 学术·对外出版分社
开本 720毫米×960毫米 1/16
印张 24.75
字数 359千
版本 2017年4月第1版
印次 2017年4月第1次印刷

法律出版社/北京市丰台区莲花池西里7号(100073)
网址/www.lawpress.com.cn
投稿邮箱/info@lawpress.com.cn
举报维权邮箱/jbwq@lawpress.com.cn
销售热线/010-63939792
咨询电话/010-63939796

中国法律图书有限公司/北京市丰台区莲花池西里7号(100073)
全国各地中法图分、子公司销售电话:
统一销售客服/400-660-6393
第一法律书店/010-63939781/9782 西安分公司/029-85330678 重庆分公司/023-67453036
上海分公司/021-62071639/1636 深圳分公司/0755-83072995

书号:ISBN 978-7-5197-0778-1 定价:69.00元
(如有缺页或倒装,中国法律图书有限公司负责退换)